Karl-Josef Kuschel

VOM STREIT ZUM WETTSTREIT DER RELIGIONEN

Lessing und die Herausforderung des Islam

Patmos Verlag Düsseldorf

Die Deutsche Bibliothek – CIP-Einheitsaufnahme

Kuschel, Karl-Josef:
Vom Streit zum Wettstreit der Religionen :
Lessing und die Herausforderung des Islam / Karl-Josef Kuschel. –
1. Aufl. – Düsseldorf : Patmos-Verl., 1998
ISBN 3-491-72391-4

1. Auflage 1998
Umschlagbild: Alter Stich aus: Jerusalem. Stadt des Friedens, Zürich — Düsseldorf 1996. Foto: Keystone/Hamburg (Szene aus „Nathan der Weise". Links: Werner Hinz als Nathan, rechts: Siegfried Wischnewski als Saladin).
Typoskript: Martin Günther, Paderborn
Druck und Bindung: Bercker GmbH, Kevelaer
ISBN 3-491-72391-4

INHALT

„So lange ich nicht sehe, daß man eins der vornehmsten Gebote des Christentums, Seinen Feind zu lieben *nicht besser beobachtet, so lange zweifle ich, ob diejenigen Christen sind, die sich davor ausgeben.“*

LESSING 1749 AN SEINEN VATER JOHANN GOTTFRIED,
PROTESTANTISCHER PFARRER ZU KAMENZ

„Es war das Resultat einer sehr ernsthaften Betrachtung über die schimpfliche Unterdrückung, in welcher ein Volk seufzen muß, das ein Christ, sollte ich meinen, nicht ohne eine Art von Ehrerbietung betrachten kann. Aus ihm, dachte ich, sind ehedem so viele Helden und Propheten aufgestanden, und jetzo zweifelt man, ob ein ehrlicher Mann unter ihm anzutreffen sei?“

LESSING 1754 ÜBER SEIN LUSTSPIEL „DIE JUDEN“

„Wirf einen Blick auf das Gesetz des Propheten Mohammed! Was findest du darinne, das nicht mit der allerstrengsten Vernunft übereinkomme? Wir glauben an einen einigen Gott: wir glauben an eine zukünftige Strafe und Belohnung, deren eine uns, nach Maßgebung unserer Taten, gewiß treffen wird. Dieses glauben wir…, davon sind wir überzeugt, und sonst von nichts!“

LESSINGS MUSLIM 1754
IN DER „RETTUNG DES HIERONYMUS CARDANUS“

HANS KÜNG

dem Vordenker
einer Theologie des Friedens
unter den Weltreligionen

ZUM 70. GEBURTSTAG

PROLOG

LESSINGS FREMDHEIT ODER: DER ISLAM ALS BEUNRUHIGUNG IN DEUTSCHLAND

„Er war ein vollendeter und vollendender Mensch des 18. Jahrhunderts, und er war ein ganzer Fremdling in dieser seiner Zeit", schrieb der große protestantische Theologe Karl Barth einst über Lessing.[1] Mehr als zweihundert Jahre nach seinem Tod (1781) können wir hinzufügen: Er, Lessing, ist ein Fremdling geblieben, auch in unserer Zeit, ein Fremdling insbesondere in Sachen Theologie der Religionen im Blick auf Judentum, Christentum und Islam. Diese Fremdheit produktiv bewußt zu machen – darum geht es in diesem Buch.

Seltsam zu denken,

- daß am Ende des 20. Jahrhunderts in Deutschland die Frage eines Zusammenlebens zwischen Juden, Christen und Muslimen noch einmal gesellschaftlich und politisch in einer Weise brisant werden würde, die Lessing sich nicht hätte träumen lassen;
- daß wir in Deutschland heute gegen dieselbe politisch motivierte Islam-Angst anzugehen haben, die schon Lessing zu seiner Zeit bekämpfte, als er der Versuchung widerstand, in Deutschland Eroberungsängste vor dem Islam zu schüren oder innerchristliche Reformgruppen als Helfershelfer des Islam zu dämonisieren;
- daß Lessings Vision eines Miteinander von Juden, Christen und Muslimen insbesondere im „gelobten Land", wie sie das Drama „Nathan der Weise" entwirft, nichts an Aktualität eingebüßt hat;
- daß weltweit aufs Neue zwischen Juden, Christen und Muslimen die alten Fragen leidenschaftlich diskutiert werden, auf welche religiösen Grundlagen ein Miteinander gestellt werden kann und soll.

[1] *K. Barth,* Lessing, in: ders., Die protestantische Theologie im 19. Jahrhundert. Ihre Vorgeschichte und ihre Geschichte, Zürich 1946, 3. Aufl. 1960, S. 208.

Dabei kann es nicht einfach darum gehen, Lessing zu „aktualisieren", als hätte es zwischen dem 18. und dem 20. Jahrhundert keine tiefgreifenden geistigen Brüche, keine radikalen gesellschaftlichen Transformationen und keine neuen globalen Konstellationen gegeben. Lessings Islam-Erfahrung ist nur sehr bedingt die unsrige, und deshalb kann sein Islam-Bild nicht all unsere Fragen an den Islam beantworten. Ohnehin wäre er der erste, der protestiert hätte gegen einen Klassiker-Heroismus, der sich an der ebenso einfältigen wie falschen Vorstellung berauscht: Die großen deutschen Dichter haben schon alles gewußt und waren uns in allem „voraus". Am Ende dieses 20. Jahrhunderts sind wir ganz anders als noch Lessing konfrontiert mit einer *Politisierung der islamischen Welt,* wie sie sich Lessing nicht hätte vorstellen können. Diese Politisierung hat zum Teil extremistische, ja terroristische Formen angenommen, die das Bild des Islam im Westen — nicht zuletzt durch einseitige Berichte in bestimmten Medien — weithin angsterfüllt verzerrt haben. Nein, ein Zurück ins 18. Jahrhundert gibt es für uns nicht, wohl aber ist das Uneingelöste von Lessings Konzeption heute fruchtbar zu machen.

Angetrieben wurde diese Studie von folgenden Motivationen:

Lessings Religionstheologie gilt vielen, insbesondere säkularhumanistisch eingestellten Zeitgenossen, als großes Modell, an dem sie sich auch heute noch orientieren. Lessing, der Aufklärer, ist für viele ein Maßstab. Dabei steht vor allem die Toleranzforderung gegenüber dem Judentum in Deutschland im Vordergrund, und in der Lessing-Forschung ist diese Dimension breit aufgearbeitet worden. *Lessing und das Judentum* — viel Forscherfleiß wurde zur Erhellung dieser Beziehung investiert, zumal mit Moses Mendelssohn ein kongenialer jüdischer Partner Lessing zur Seite stand. Zwar ist Lessings Traum von einem gleichberechtigten Neben- und Miteinander von Juden und Christen in Deutschland — betrachtet aus der „Perspektive von Auschwitz" (W. Jens) — gründlich zerfetzt worden. Aber Lessings kontrafaktischer Einsatz nicht nur für Toleranz, sondern für Hochschätzung des lebendigen Judentums in Deutschland steht uns Nachgeborenen als Aufgabe um so nötiger vor Augen.

Lessings *Verhältnis zum Islam* dagegen wurde in der Forschung so gut wie ausgeblendet. Von einigen kleineren Beiträgen abgesehen, hat die deutschsprachige Forschung zwei Jahrhunderte lang den Faktor Islam in Lessings Werk ignoriert. Und die ausländische Forschung hat zwar den Faktor Islam im 18. Jahrhundert zu untersuchen begonnen, sich dabei aber leider auf die französische und englische Literatur beschränkt und die deutsche ausgeblendet.[2] Daß in Lessing-Stücken („Die Juden", „Nathan der Weise") erstmals „edle Juden" auf einer deutschen Bühne standen, darüber ist viel geschrieben worden. Daß aber im selben „Nathan" gleich drei „edle Muslime" auf derselben Bühne stehen, wurde ignoriert oder bagatellisiert. Gewiß: Lessings großes Stück spielt im Jerusalem der Kreuzzugszeit und präsentiert einen Muslimen als gerechten, „weisen" Herrscher. Das hatte man in der Forschung nicht übersehen können. Doch diese Tatsache wurde in der Regel als Theaterorient verharmlost, bestenfalls als eine reizvolle exotisch-orientalisierende Dramenkulisse betrachtet, bei der der Autor sich nach einer Mode der Zeit gerichtet habe. Dieses Buch dagegen führt den Nachweis: Hinter den Figuren des „Nathan" steckt nicht nur eine ernsthafte Auseinandersetzung Lessings mit dem Judentum, sondern auch eine mit dem Islam. Und diese Auseinandersetzung hat eine Breite und Tiefe, die selbst Lessing-Kennern bis heute verborgen blieb.

Warum aber wurde der Faktor Islam in Lessings Werk ignoriert? War es ein Defizit an orientalistisch-islamologischem Wissen unter Lessing-Forschern, wobei Ausnahmen, wie wir sehen werden, die Regel bestätigen? War es das Ergebnis einer Kulturarroganz, die Edward W. Said als „Orientalismus" geißelte und die verhinderte, daß man unter westlichen Intellektuellen den Islam überhaupt geistig ernstnahm? War es die mangelnde gesellschaftliche Herausforderung (das Fehlen einer muslimischen Präsenz in Deutschland), welche schlicht blind machte für diese Dimension im Werk eines „deutschen Klassikers"? Vielleicht spielten alle drei Momente zusammen, und einige andere kommen noch hinzu.

2 Jüngstes Beispiel dafür ist die aus der Sicht eines Muslimen geschriebene Studie von: *A. Gunny*, Images of Islam in Eighteenth-Century Writings, London 1996.

Die neue Situation: Muslime in Deutschland

Heute ist die Situation in Deutschland anders. Die Präsenz von 2,5 Millionen Muslimen ist eine gesellschaftliche Herausforderung und zugleich eine geistig-kulturelle Beunruhigung ersten Ranges. Ja, global gesehen, ist der Islam als ein Faktor auf die Bühne der Weltpolitik zurückgekehrt wie seit dem 17. Jahrhundert nicht mehr. Die Beziehungen zwischen der westlichen Christenheit und der islamischen Welt werden von daher weltweit grundsätzlich neu überdacht. Das geistig-kulturelle Interesse am Islam ist national wie international gestiegen, nicht zuletzt, weil „der Islam" im Westen politisch, ja strategisch, als „Bedrohung" wahrgenommen wird. Manche — im Anschluß an den amerikanischen Politologen Samuel Huntington — fürchten sogar einen „Clash of Civilizations", einen „Kampf der Kulturen", und zwar vor allem zwischen den westlich und den islamisch geprägten Ländern.[3]

Es ist ein kultureller Skandal: Keine Religion der Welt ist im gegenwärtigen Europa so „dämonisiert" wie der Islam — ein signifikanter Unterschied zu allen anderen großen Weltreligionen wie etwa dem Hinduismus und dem Buddhismus. Mit Recht hat deshalb *Kai Hafez,* wissenschaftlicher Mitarbeiter am Deutschen Orient-Institut in Hamburg, in diesem Zusammenhang festgestellt: „Während mit Religionen wie dem Buddhismus oder dem Hinduismus Charaktereigenschaften wie ‚Friedfertigkeit' und ‚fernöstliche Weisheit' verbunden werden, hat der Islam als eine der größten Weltreligionen keine positiven Spuren im kollektiven deutschen Gedächtnis hinterlassen. In der Öffentlichkeit hat sich vielmehr die Erkenntnis festgesetzt, der islamische Fundamentalismus, ja möglicherweise gar der Islam oder die Muslime, seien Feinde des Westens. Bedenklich ist dabei weniger die berechtigte Kritik an staatsterroristischen und anderen gewaltsamen Erscheinungsformen des Fundamentalismus als vielmehr die nahezu ausschließliche Konzentration auf solche Phänomene. Übrig bleibt ein ‚Feindbild Islam', das heute in der Innen- wie der Außenpolitik wirksam ist."[4]

[3] *S. P. Huntington,* The Clash of Civilizations, New York 1966, dt. Der Kampf der Kulturen. Die Neugestaltung der Weltpolitik im 21. Jahrhundert, München — Wien 1996. Zur Kritik an Huntington und zum Gegenentwurf gegen die empirisch ungesicherte und politisch einseitige Konzeption dieses Politologen vgl. *H. Küng,* Das Christentum, München 1994, S. 886–897.

[4] *K. Hafez,* Feindbild Islam, in: Frankfurter Allgemeine Zeitung vom 12. 5. 1997.

Hier gilt es einen *Kontrapunkt* zu setzen. Dieser Kontrapunkt wird das „deutsche Gedächtnis" nicht über Nacht verändern. Aber dieses Buch lebt von der Überzeugung: Zum „kollektiven deutschen Gedächtnis" gehören auch die großen Schriftsteller. Gerade in Zeiten der Desorientierung waren sie nicht selten Maßstab für die Gesellschaft. Oft ignoriert, bagatellisiert, marginalisiert, aber als Maßstab gültig, als Orientierungsfiguren unverzichtbar. Erinnert sei an *Hannah Arendts* große Lessing-Rede über „Menschlichkeit in finsteren Zeiten" (1960) – den nationalsozialistischen Rassenwahn im Hintergrund, der die Menschen auf eine barbarische Weise gespalten hatte. Wider diese Spaltung der Menschen durch Ideologien welcher Art auch immer rief Hannah Arendt *Lessings Menschlichkeit* in Erinnerung:

> „Keine Einsicht in das Wesen des Islam oder das Wesen des Judentums oder das Wesen des Christentums hätte ihn (Lessing) davon abhalten können, sich mit einem überzeugten Mohammedaner oder einem frommen Juden oder einem gläubigen Christen in eine Freundschaft und das Gespräch der Freundschaft einzulassen. Gegen eine Lehre, welche die Freundschaft zwischen zwei Menschen prinzipiell unmöglich macht, hätte er vor seinem so sicheren, aber ganz ungebundenen Gewissen keine zwingende Beweise gebraucht, um sie als Irrlehre auch ‚objektiv' zu entlarven. Er hätte sich sofort auf die Seite der Menschen geschlagen und sich um die gelehrte oder ungelehrte Diskussion hüben und drüben nicht mehr sehr viel gekehrt. Das war Lessings Menschlichkeit."[5]

Erinnert sei auch an *Jean Amérys* ergreifende Rede „Lessingscher Geist und die Welt von heute" aus dem Jahre 1978 – das durch die damaligen Supermächte erzeugte „Gleichgewicht des Schreckens" im Hintergrund, die möglich gewordene „Selbstvernichtung der Welt" vor Augen. Leidenschaftlich gegen einen „neuen Obskurantismus" streitend, der bereits den „Tod des Menschen" in den Sachzwängen der „instrumentellen Vernunft" zynisch in Kauf nimmt, verwies auch dieser scharfsinnige Zeitdiagnostiker auf Lessing:

[5] *H. Arendt,* Von der Menschlichkeit in finsteren Zeiten. Rede über Lessing, München 1960, S. 49.

„Wie bitter nötig hätten wir Männer wie ihn gerade jetzt, in Tagen, da die Aufklärung in Mißkredit gerät und ein neuer Obskurantismus sich hervortut, vor dem man vielleicht später sagen wird, er sei gefährlicher gewesen als das Dunkelmanntum seines Erzfeindes, des Hauptpastors Goeze...

Die Rückbesinnung auf Lessing, auf den historischen weniger als auf den Typus, der in ihm Gestalt wurde, scheint mir das allerdringlichste Gebot zu sein. In seinem Geiste sollte jener Mensch wieder aufstehen, dessen Tod Michel Foucault feierlich verkündete. Wie ist er beschaffen? *Schön*, wie Lessing erscheint auf allen zeitgenössischen Bildnissen, die ich niemals ohne eine gewisse Zärtlichkeit betrachten kann. *Tapfer*, wie der es war, der es wagte, den ‚Anti-Goeze' und den ‚Nathan' zu schreiben. *Kritisch-gescheit* und moralisch bewegt, wie der Verfasser der ‚Erziehung des Menschengeschlechts'. *Gütig* auch und nicht zuletzt einer also, von dem vor fünf Jahrzehnten in seiner Lessing-Rede Thomas Mann gesagt hat: ‚Daß er gütig war, das ist es, was sein Volk und die Völker ihm am höchsten anrechnen sollten'".[6]

Das „kollektive deutsche Gedächtnis" also tut gut daran, sich seiner Dichter zu vergewissern, die großen Überlieferungen nicht abreißen zu lassen. Deutsche Geschichte ist auch die Geschichte ihrer Literatur. Darin sind Träume aufbewahrt, Ängste und Hoffnungen der Menschen. Mit Recht hat der Publizist *Ulrich Greiner* im Zusammenhang der jüngsten Debatte um einen Literatur-Kanon festgestellt: „Wo keine Verbindlichkeit mehr herrscht, gähnt die geschichtsvergessene Lehre. In die stolpert hinein, wer sprachlos ist und dem Müll der Bilder nicht das Eigene entgegenzusetzen weiß. Das Eigene? Es bestünde darin, daß eine oder einer, geschult an der von den Dichtern erzählten Erfahrung, ihre oder seine Erfahrung erzählen könnte, um der eigenen Geschichte bewußt zu werden."[7]

6 *J. Améry*, Lessingscher Geist und die Welt von heute. Rede zur Eröffnung des Wolfenbütteler Lessing-Hauses am 15. April 1978, Wolfenbüttel 1978, S. 5 u. S. 24f.

7 *U. Greiner*, Bücher für das ganze Leben. Brauchen wir einen neuen Literatur-Kanon?, in: DIE ZEIT vom 16. 5. 1997.

Diese neue gesellschaftliche Situation eröffnet *neue Forschungsperspektiven.* Alte Begegnungsmodelle zwischen islamischer und westlicher Welt sind heute von größtem Interesse — nicht nur für wissenschaftliche Spezialisten der Literaturgeschichte oder Islamkunde. Diese *Begegnungsmodelle im Spiegel der Dichtung* gehören ins Gesamtbild, um der bloßen Fixiertheit auf das Politische zu wehren. Politik — so wichtig sie ist — ist nun einmal nicht die ganze Wirklichkeit. Diese Banalität ist in Sachen des Islam — leider — kritisch in Erinnerung zu rufen, ist doch „Islam" für bestimmte Kreise auf das Politische, ja Fundamentalistisch-Terroristische reduziert und entsprechend angeprangert. Eifernde Publizisten wider den Islam von heute gerieren sich dabei oft genug wie eifernde Pfaffen wider den Islam von gestern.

Die Dichter aber haben mehr als andere eine Sensibilität für andere Dimensionen der islamischen Wirklichkeit: für die geistige Substanz, poetische Schönheit und theologisch-philosophische Tiefe des Islam. Es ist deshalb kein Zufall, daß in den letzten zehn Jahren große Schriftsteller neu befragt wurden. Größere und kleinere Studien zum Einfluß des Islam auf Goethe, Heine, Rückert und Rilke sind entstanden.[8] In dieser Reihe steht auch dieses Buch. Es beleuchtet einen Schriftsteller, der wie kein anderer deutscher Autor des 18. Jahrhunderts sich nicht nur auf den Islam theologisch und kulturgeschichtlich eingelassen hat, der zugleich auch die Vision eines Miteinander von Juden, Christen und Muslimen entwarf, ein „Gegenbild" zur bestehenden Gesellschaft, das bis heute „Gegenbild" geblieben ist. Später hoffe ich, weitere Studien auf diesem ungemein komplexen, aber auch spannenden Forschungsfeld vorlegen zu können, Studien zur *Wechselbeziehung zwischen Literatur und Weltreligionen,* Studien zu der Frage, wie die großen Dichter sich beeinflus-

[8] Ich verweise hier auf folgende Studien: *K. Mommsen,* Goethe und die arabische Welt, Frankfurt/M. 1988. *A. Schimmel,* Friedrich Rückert — Lebensbild und Einführung in sein Werk, Freiburg/Br. 1987. *M. Fendri,* Halbmond, Kreuz und Schibboleth. Heinrich Heine und der islamische Orient, Hamburg 1980. *A. Schimmel,* „Ein Osten, der nie alt wird". Rilke aus der Sicht einer Orientalistin, in: J. H. Solberg — J. W. Storck (Hrsg.), Rilke heute. Beziehung und Wirkungen, Frankfurt/M. 1975, S. 183–206. *J. W. Storck,* Judentum und Islam in der Sicht Rainer Maria Rilkes, in: Rilke heute. Der Ort des Dichters in der Moderne, Frankfurt/M. 1997, S. 37–78.

sen ließen von den großen Religionen der Welt (Hinduismus, Buddhismus, Konfuzianismus, Taoismus, Islam).

Mein Interesse geht dabei über ein rein literaturhistorisches hinaus. Schon dieses Buch will mehr als die oft beschworene „Forschungslücke" schließen. Es will ein *Modell von Begegnung mit dem Anderen*, dem Fremden herausarbeiten, dessen Grundstrukturen möglicherweise übertragbar wären; dessen Inspirationen heute weiterwirken könnten; dessen Erfahrungen erschlossen zu werden verdienen. Vielleicht hat ja Lessing — bei aller historischen Begrenztheit seines Modells — eine Theologie des Neben- und Miteinanders der Religionen vorausentworfen, unter deren Niveau noch allzu viele im Raum von Theologie und Gesellschaft leben. Vielleicht, daß die Auseinandersetzung mit Lessing zu dem herausfordert, was er sich selber in Sachen Islam abverlangte:

- gründliche Studien des Koran und der muslimisch-arabischen Geschichte;
- umfassende Kenntnisse der Werke zeitgenössischer Orientalistik;
- Hochschätzung der kulturellen Leistungen der Muslime vor allem auf dem Gebiet der Philosophie und Poesie;
- Ernstnehmen der theologischen Grundintention des Islam: Forderung eines Gottesglaubens in Verbindung mit verbindenden und verbindlichen sittlichen Geboten;
- Respekt vor dem Glaubenszeugnis des Anderen; Ablehnung jeglichen fanatischen Missionierungsdrangs sowie Praxis konkreten Zusammenlebens von Menschen verschiedenen Glaubens auf der Basis religiös-spiritueller Grundüberzeugungen: Gottergebenheit und Ethos.

In diesen Punkten darf es durchaus ein „Zurück zu Lessing" geben. Der „Andere" ist ihm keine störende Beunruhigung, sondern eine Infragestellung des Vertrauten, ein heilsamer Wechsel der Perspektiven, eine Bereicherung angesichts eigener Verengungen. Hier ist der Dramatiker und Kritiker des 18. Jahrhunderts vielen gerade auch in den christlichen Kirchen nach wie vor „fremd". Unter Christen ist die Ignoranz über Grundlagen der islamischen Theologie-, Philosophie- und Kulturgeschichte unbeschreiblich. Die theologischen Fakultäten, zuständig für die Pfarrer- und Religionslehrer-Ausbildung, tragen hier schwere Mitschuld. Kein Theologiestudent und keine Theologiestudentin im deutschsprachigen Raum wird im Rahmen ihres üblichen Pflichtstudienplans in umfassender Weise mit den Weltreligionen konfrontiert oder gar zu interreligiöser Dialogkompetenz ausgebildet. Ausnahmen bestätigen die Regel. Ein vertieftes Eindringen in die großen Religionen der Welt ist in den meisten Fällen Privatsache. Man glaubt, Christ sein zu können oder als Pfarrer und Religionslehrer Menschen auf das 21. Jahrhundert vorbereiten zu können, ohne sich mit den großen Religionen der Welt als *theologischer Herausforderung* ernsthaft auseinandergesetzt zu haben. Ich verweise hier auf all das, was ich in meinem Buch „Streit um Abraham. Was Juden, Christen und Muslime trennt — und was sie eint" (1994) ausgeführt habe. Das hier vorgelegte Buch schreibt die dort entwickelte Programmatik weiter.

Das Informationsdefizit unter Pfarrern und Pfarrerinnen, Religionslehrerinnen und Religionslehrern ist insbesondere erschrekkend im Blick auf den Islam, dessen Präsenz mittlerweile im gesamten deutschsprachigen Raum zu unserem Alltag gehört. Denn überall, wo man in Deutschland zum Thema Islam spricht, wäre Aufklärung dringend nötig. Seit Jahren mache ich immer wieder dieselben Erfahrungen: An der „Basis" unserer Gemeinden triumphieren die Stereotypen politischer und kultureller Verängstigung und Verachtung. Sie ersticken die Bereitschaft von Menschen, tiefer in die geistige Substanz des Islam einzudringen. „Man" weiß ja: „der" Islam ist frauenfeindlich, gewalttätig, freiheitsbedrohend und mit den modernen Menschenrechten nicht vereinbar. Hier mußte schon Lessing gegen einen „christlichen Pöbel" anschreiben, der sich darin gefiel, Andersglaubende wie die Muslime stets in einem „abscheulichen Licht" zu präsentieren. Für diese seine Gegenentwürfe wählte Lessing eine charakteristische literarische Methode. Ich werde sie im vorliegenden Buch „strategische Aufwertung" nennen.

Was heißt: Strategische Aufwertung?

Dieses Wort ist bewußt gewählt, um Lessing vor billiger Kritik von vornherein zu schützen. Und die billigste aller Kritiken könnte lauten: Lessing hatte ein naiv-schwärmerisches, ganz und gar idealisiertes Bild vom Islam als einer Vernunft-Religion, das von der politischen und sozialen Realität völlig abstrahierte. Eine solche Kritik ignoriert gerade das, was das Spezifikum des Lessingschen Entwurfs ausmacht. Denn „kalkulierte“ oder „strategische Aufwertung“ ist das Gegenteil einer naiven Idealisierung, die auf geschichtlicher Ahnungslosigkeit, sachlicher Inkompetenz und mangelndem komplexen Denken beruht. „Strategische Aufwertung“ heißt bei Lessing dies:

- Es werden — im Kontrastbild — die positiven Seiten von Personen, Religionen und Kulturen herausgestellt, ohne damit zu leugnen, daß es jeweils überall auch Negatives und Verabscheuungswürdiges gibt. Strategische Aufwertung ist das Gegenteil von *Idealisierung.*
- Das Positivbild ist eine bewußte, kalkulierte Auswahl, und diese Auswahl ist kontextbedingt. Eine Wirklichkeit soll zum Leuchten kommen, die im gesellschaftlichen Umfeld weitgehend ausgeblendet wird. Strategische Aufwertung ist daher das Gegenteil von *naiver* Idealisierung; sie ist eine bewußt vollzogene, kontextabhängige Positivzeichnung negativ besetzter Wirklichkeiten.
- Aufwertung ist nicht gleich Identifikation. Wer Personen, Religionen oder Kulturen strategisch positiv zeichnet, wird damit nicht automatisch zum Anhänger oder Bekenner dieser Personen, Religionen oder Kulturen. Der bekämpft vor allem jeden Reduktionismus und jegliche Stereotypisierung im Interesse einer höheren Komplexität. Strategische Aufwertung zielt also nicht auf Identifikation, sondern auf Gerechtigkeit im Urteil gegenüber anderen.

Anders gesagt: Wer Personen, Religionen oder Kulturen strategisch aufwertet, muß nicht alle Dimensionen dieser Phänomene präsentieren. Der muß nicht — bezogen auf unseren Fall — den ganzen Islam behandeln, alle Bereiche und Komplexe. Er muß sich nicht zum Islam bekennen. Der will in einem Negativ-Kontext durch bewußte Hervorhebung des Positiven kritisch wirken; will Stereotypen durchbrechen, Vorurteile überwinden, Ignoranz bekämpfen. Der sieht eine gängige Praxis verurteilender Abqualifizierung und setzt ihr gezielt ein positives Bild gegenüber, nicht weil er die Wirklichkeit (hier des Islam) nur rosig oder ideal sähe und nicht wüßte, daß es Negatives, Mißbräuchliches, Inhumanes, Vernunftwidriges auch in dieser Religion gibt; daß auch der Islam mißbraucht wird für Gewalt, Terror, Mord und Krieg. Der tut dies vielmehr, weil er in seinem Negativ-Kontext einen positiven Kontrapunkt erzwingen will. In diesem Sinne — kontextabhängig und damit notwendig selektiv — präsentiert Lessing sowohl das Judentum wie auch den Islam. Nirgendwo vollzieht er eine Identifikation mit dem Islam als Religion, aber sein ganzes Werk hindurch streitet er für Komplexität im Denken und Gerechtigkeit im Urteil.

Aber ist die Rückbesinnung auf Lessings Vision eines Miteinanders von Menschen verschiedener Religionen nicht ganz und gar naiv? Hat nicht die geschichtliche Erfahrung Lessings großen Entwurf längst widerlegt? Ist nicht der tagtägliche Terrorismus im Namen der Religionen, all der Fanatismus, der Haß und die Gewalt ein Hohn auf die Aufklärung, eine Absage an eine Konzeption, die auf die Kräfte der Vernunft setzt? Daß Menschen oder Nationen verschiedener Religionen jemals friedfertig miteinander leben könnten — diese schöne Phantasie der Aufklärung muß endlich als das durchschaut und abgetan werden, was sie ist: eine naive Selbsttäuschung. Und niemand unter den Gegenwartsautoren hat diese kritische Sezierung von Lessings Utopie schärfer und unerbittlicher vorgenommen als der Dramatiker George Tabori.

Nathans Tod in Europa: George Tabori 1991

Im November 1991 — ein Jahr, bevor er den wichtigsten Preis für deutschsprachige Literatur, den Büchner-Preis, erhielt — wurde *Taboris Stück „Nathans Tod"* uraufgeführt. Eine seltsame Mischform hatte der Dramatiker für sein neues Stück gewählt: Was vom ursprünglichen „Nathan" übriggeblieben war, bestand zwar noch zu 90 Prozent aus originalen Texten mit Resten aus anderen Lessing-Stücken oder aus Taboris eigener Produktion. Und doch war das klassische Stück bewußt „übermalt", ja in seiner inhaltlichen Programmatik vorsätzlich zerstört worden. Schon der Titel sollte die radikale Gegenthese signalisieren: Lessings Jude Nathan — er überlebt so wenig, wie die meisten europäischen Juden überlebt haben, die unter die Deutschen geraten waren. Aus der Perspektive von Auschwitz kann nur festgestellt werden: Die von Lessing entworfene Utopie ist zerstört. Das klassische Stück ist zu einer Ruine geworden: abgebrannt, verkohlt, verstümmelt. George Tabori, dieser

1914 in Budapest geborene Autor jüdischer Provenienz, der selber seinen Vater und viele seiner Familienmitglieder in Auschwitz verlor und dessen dramatisches Schaffen unlösbar mit dem Thema „Shoa“ verbunden ist, hat einen Anti-Nathan geschrieben — in Reaktion auf schwärzeste Erfahrungen der Geschichte.[9]

Auf ein Torso von sieben Szenen ist das klassische Stück zusammengebrochen, und von Anfang an steht es im Zeichen von Gewalt und Feuer. Die Tempelherren verwüsten Jerusalem, auf Nathan wird ein Überfall verübt, und gleich in der ersten Szene führt sich Taboris Nathan ein, indem er die Geschichte von einem Palast erzählt, in dem ein Feuer ausgebrochen ist. Niemand sei imstande gewesen, diesen Brand zu löschen, weil jeder mit seinen eigenen Interessen beschäftigt gewesen sei. Zum Glück war dies nur eine fiktive Geschichte. Aber aus der Fiktion wird im Verlaufe des Tabori-Stückes Wirklichkeit. Die Herrscher des Landes (Sultan Saladin als oberster Muslim und der Patriarch als oberster Christ) haben sich gegen den Juden verschworen: der eine will an sein Geld, der andere an seinen Glauben. Eine Geschichte von ihm hören wollen sie nicht mehr. Als Nathan (der Vorlage gemäß) dem muslimischen Sultan Saladin seine Ring-Erzählung anbietet, winkt dieser bloß noch ab:

„Erlaubst du wohl dir
Ein Geschichtchen zu erzählen.

Die Geschichte von den drei Ringen? —

Ja

Nein

Schade“[10]

[9] Zu *Taboris Werk* vgl.: *G. Schulz,* George Tabori und die Shoah, in: Theatralia Judaica (II). Nach der Shoah. Israelisch-deutsche Theaterbeziehungen seit 1949, hrsg. v. H.-P. Bayerdörfer, Tübingen 1996, S. 148–163. Ebenso: *Theater gegen das Vergessen.* Bühnenarbeit und Drama bei George Tabori, hrsg. v. H.-P. Bayerdörfer u. J. Schönert, Tübingen 1997 (für unseren Zusammenhang besonders wichtig die Beiträge zum „Nathan“ von *S. Stammen* u. *G. Brandstetter*). Zum *Wandel der Rezeption* von Lessings „Nathan“ auf deutschen Bühnen vgl. *B. Dessau,* Nathans Rückkehr. Studien zur Rezeptionsgeschichte seit 1945, Frankfurt/M. — Bern — New York 1986. *H.-P. Bayerdörfer,* „Ewiger Jude“ und „Israeli“ — Stationen der „Nathan“-Rezeption in der Bundesrepublik, in: Theatralia Judaica II, S. 71–99.

[10] Der Text von „Nathans Tod“ ist leider in der Auswahl der Theaterstücke von G. Tabori nicht greifbar. Er befindet sich im Programmheft des Bayerischen Staatsschauspiels (Resi-

In Taboris Stück also will niemand mehr die Geschichte von der religiösen Toleranz hören, schon gar nicht die Herrschenden. Sie ist ohnehin zwecklos; die Geschichte hat sie längst widerlegt. Und so hat es etwas Wahnsinniges, Irrwitziges, wenn Nathan sich die Ring-Parabel bei Tabori in dem Augenblick erzählt, in dem sein Haus brennt. Was in Lessings Stück Voraussetzung seines Dramas war (der Brand seines früheren Wohnhauses, in dem seine sieben Kinder verbrannten, oder der Brand seines jetzigen Wohnhauses, aus dem seine Tochter Recha gerettet werden konnte), ist bei Tabori der Tiefpunkt des ganzen Stücks: Ein antijüdisches Pogrom steckt Nathans Haus in Brand; der Jude holt sein verbranntes Kind heraus und erzählt sich noch einmal monoman-monologisch die Geschichte von den Ringen, verzweifelt, wahnsinnig geworden, zerstört an Leib und Seele. Während Nathan stirbt, ruft ihm die Schwester des Sultans, die Muslimin Sittah, selber eine geschändete Frau, nach:

„Saujude, sei verflucht.
Du hast mich naß gemacht.
Ich meine, meine Augen.
Jetzt stirbst du noch dazu.
Und nur um mir das Herz zu brechen.
Und nimmst meinen Haß mit ins Grab.
Hier, dein Hut.
Bist nicht der Einzige,
Der krepieren muß.
Auf allen Vieren, wie ein Tier."

Zugleich feiern die Herrschenden, Saladin, der Patriarch, die Mönche und Mamelukken mit Champagner ihren kleinen Sieg. Tabori läßt den Patriarchen das Stück so beenden — mit einem Champagnerglas in der Hand:

„Endlich verklingt
Sein lächerliches Lied,
Das törichte Märchen
Über irgendwelchen Ring.
Wir werden es nie wieder hören."

denztheater) Heft 79 (1991/92). Dieses Heft wurde mir dankenswerterweise von dort zur Verfügung gestellt.

Dieses Stück will mehr sein als eine provokative Theaterinszenierung mit dem Ziel, das deutsche Publikum zu zwingen, „sein Lieblingsmärchen als Horror-Story zu lesen"[11]. Es will mehr als raffinierte Textcollagen bieten, mehr als ein Theaterexperiment. Angesichts der geschichtlichen Erfahrung wird hier die große Utopie demontiert, die in der Aufklärung noch möglich war. Taboris Stück ist ein einziger Hohn auf den Glauben daran, daß es in einem Land wie Deutschland religiöse Toleranz und Koexistenz je geben könnte. Seine „Übermalung" des Lessingschen Stücks spiegelt denn auch seine Erfahrung von überall in Deutschland neu aufbrechenden Religions-, Rassen- und Nationalitätskonflikten wider. Er selber hat diese Absage an die aufklärerische Utopie mit den Sätzen beschrieben: „Lessings Glaube, ein kluger, ein weiser Mann wie Nathan könne einen mohammedanischen Sultan oder einen christlichen Tempelherrn durch vernünftige Argumente verändern, trifft nicht mehr. Das ist geschrieben vor Auschwitz, vor Freud."[12]

Aber wo Tabori in Sachen Aufklärung und ihrer Zerstörung wirklich steht, hat *Wolf Biermann* in seiner Laudatio auf George Tabori anläßlich des Büchner-Preises 1992 glänzend beschrieben: „Tabori erzählt Geschichten, die die ängstlichen Kinder lieber gar nicht hören wollen und von denen sie doch den Hals nicht vollkriegen. Erzähl uns mehr! Erzähl mehr vom Schlimmen, vom Blutigen, von all dem Bösen und Verrückten! Erzähl uns das Häßliche, denn Du erzählst so schön! Und weil der Erzähler totmüde ist von einer unheilbaren Trauer, und weil auch er betrübt ist über die Grenzen der Aufklärung, scherzt und spielt er und erzählt seine Geschichten so, als wären sie lauter jüdische Witze."[13] Insofern lebt auch Taboris Übermalung von der Dialektik der Zerstörung. Indem man die Vernichtung der Utopie erzählt, lebt diese im Akt der Erinnerung weiter. Der Literaturwissenschaftler *Peter Bayerdörfer* hat deshalb zu Recht in seinen Tabori-Analysen darauf hingewiesen, daß bei Tabori die „Stimme der Erzählung" überlebe: „Übrig blei-

[11] *S. Stammen*, Geschichte der Zerstörung — Zerstörung der Geschichte. „Nathans Tod" im Textvergleich mit „Nathan der Weise", in: Theater gegen das Vergessen, S. 283–318, Zitat S. 286 (s. Anm. 9).

[12] *G. Tabori*, Nathan lebt hier nicht mehr. Interview mit I. Seidenfaden, in: Hannoversche Allgemeine Zeitung vom 9. 11. 1991.

[13] *W. Biermann*, Ein herzerfrischender Skandal. Laudatio für George Tabori, in: Büchner-Preis-Reden 1984–1994, hrsg. von der Deutschen Akademie für Sprache und Dichtung, Stuttgart 1994, S. 191–203, Zitat S. 198f.

ben Erzählungen, die gegen die Geschichte angehen. Auch bei George Tabori, wie bei Paul Celan, gibt es noch Geschichten, Gedichte, ‚jenseits des Menschen'"[14].

Aber weil dies so ist, bleibt die Lessingsche Utopie unzerstörbar. Tabori hatte offensichtlich vor allem eine spezifisch europäische, ja deutsche Erfahrung zum Ausdruck gebracht. In anderen Kontinenten machen andere Menschen andere Erfahrungen mit Lessings „Nathan".

Nathans Auferstehung: Karachi, Los Angeles 1997

Die pakistanische Hafenstadt Karachi, eine Agglomeration von Millionen von Menschen, ist eine der unruhigsten, gewalttätigsten Städte der Erde. 1994/95 war es zu direkten bürgerkriegsähnlichen Exzessen gekommen, denen 3000 Menschen zum Opfer fielen. Das Goethe-Institut dort wagte in dieser Situation ein brisantes Experiment: von pakistanischen Schauspielern, unter der Leitung des deutschen Gastregisseurs Jürgen Zielinski, Lessings „Nathan der Weise" aufzuführen.[15] In Urdu war das Stück vorher übersetzt worden — und zwar von einem der bedeutendsten Regisseure und Schauspieler des gegenwärtigen Pakistan, von *Khalid Ahmad,* der außerdem die Rolle des Sufi in diesem Stück übernahm, die Rolle des Al-Hafi, von dem in diesem Buch ausführlich die Rede sein wird. Nach vielen Schwierigkeiten gelang eine eindrucksvolle Inszenierung, die ihre Wirkung auf die pakistanische Öffentlichkeit nicht verfehlte. „Nathan der Weise" — im Kontext eines muslimischen Landes wie Pakistan: dies war eine seltsame Mischung aus Realismus und Utopie, dies war aber auch ein Stück Auferstehung in einem Kontext, in dem man sie am wenigsten vermutet hätte.

Pakistan ist ein außerordentlich zerrissenes Land. Da gibt es *die*

[14] *P. Bayerdörfer,* „Ewiger Jude" und „Israeli", S. 99 (s. Anm. 9).

[15] Das Goethe-Institut Karachi und seinen hochverdienten Leiter Dr. *Martin Waelde* lernte ich 1995 persönlich kennen, als ich dort zu Vorträgen eingeladen war im Rahmen eines Symposions über ost-westliche Begegnung. Dr. Waelde hat mit dankenswerterweise sowohl Presse-Reaktionen auf die Nathan-Inszenierung zur Verfügung gestellt als auch seinen eigenen Erfahrungsbericht, wie auch die Abschrift der im gleichzeitig entstandenen Dokumentarfilm gefallenen Äußerungen der Beteiligten. Aufgrund dieser Materialien konnte ich die folgenden Passagen schreiben. Die Initiative von Dr. Waelde zu einer Auffühung des „Nathan" ausgerechnet im Kontext Karachi ist religions- und kulturpolitisch nicht hoch genug zu bewerten

Praxis religiöser Intoleranz gegenüber Minderheiten. So werden vor allem die Ahmadis, eine durch ein Parlamentdekret 1976 „exkommunizierte" islamische Gruppierung aus dem 19. Jahrhundert, mit Verfolgung überzogen, die bis hin zum Mord geht. Auch Christen und Hindus sind in Pakistan der Intoleranz ausgesetzt, die aber auch vor islamischen Minderheiten wie den Schiiten nicht haltmacht. Immer wieder kommt es zu extremen Gewaltexzessen und Massakern. Soll man in diesem gesellschaftlichen Kontext ein Stück über Religionstoleranz aufführen? Soll man ausgerechnet hier einen idealen Juden ins Licht stellen, wo doch auch in Pakistan religiöse Eiferer gegen „die Juden" hetzen und überall eine Verschwörung der Juden (Hand in Hand mit den USA) gegen die Muslime wittern?

Andererseits kennt Pakistan die große alte *Tradition der islamischen Mystik,* des Sufismus, der vor allem in den ländlichen Gebieten der Provinz Sindh, aber auch in Karachi den Volksglauben intensiv geprägt hat und prägt. Hier ergaben sich starke Bezüge zu Lessings Derwisch-Figur, Al-Hafi, der ebenfalls die Tradition des sufitischen Universalismus vertritt. Der Regisseur reiste deshalb nicht zufällig im Verlauf des Probenprozesses nach Bhit Shah, nahe der Stadt Hyderabad, um den in ganz Pakistan berühmten Sufischrein von Shah Abul Latif zu besuchen und dort den Derwischen Pakistans zu begegnen. In einem Film, der über die gesamte Produktion von „Nathan der Weise" in Karachi gedreht wurde, kommt ein alter Derwisch an diesem Schrein so zur Sprache:

> „Im Herzen lebt entweder Gott oder das Selbst, und wenn das eigene Selbst wichtiger ist, dann entfernt sich Gott. Gott kommt uns nahe, wenn wir bescheiden sind, Demut zeigen.
>
> Mein Heiliger sagt, daß der orthodoxe Klerus hier nichts zu suchen hat. Diejenigen, die die Menschen voneinander trennen wollen, werden von unserem Heiligen verabscheut...
>
> Diejenigen, die Gottes Worte eigennützig predigen, sind eigentlich wie Menschen, die einem das Messer in den Rücken stechen. Solche irreführenden Fanatiker wollen die Welt bekämpfen, während sie das Leben auf unsere Kosten genießen. Der Heilige verflucht solche Störenfriede."[16]

[16] Dieser und der folgende Text stammt aus dem *Dokumentarfilm* von *Shireen Pasha,* „Nathan in the Land of the Sufis", der über die Theaterarbeit und die Inszenierung gedreht wurde. Der

Die Bezüge zwischen „Nathan dem Weisen“ und der Spiritualität des Sufismus könnten deutlicher nicht sein. Beide verkörpern den auf friedfertige Humanität in Religiosität gegründeten Gegenentwurf gegen den Ungeist des Fanatismus, der Gewalttätigkeit, der Religionsparteiungen, der im Namen des eigenen Glaubens über Leichen zu gehen bereit ist. Der pakistanische Übersetzer, Regisseur und Schauspieler Khalid Ahmad zog denn auch kritisch-selbstkritisch überraschende Parallelen zwischen Lessings Stück und der Situation im heutigen Pakistan:

> „Dieses Stück spielt, wo Ost und West sich begegnen, in Jerusalem. Die Charaktere sind Muslime, Juden und Christen. Wie sehen wir die Figuren Nathan und Saladin in Pakistan? Als Lessing sein Stück in seinem Umfeld schrieb, war es angemessen. Er reagiert auf die Engstirnigkeit seiner eigenen Landsleute. Aber wenn dieses Stück hier aufgeführt wird, ist die Lage der Christen anders. Christen sind hier eine unterdrückte Minderheit, und wenn wir hier etwas gegen Christen sagen, würden die engstirnigen Leute hier dem rechtgeben. Deshalb müssen wir uns um Ausgewogenheit bemühen...
>
> Wenn ich heute in Pakistan ein Stück schreiben würde, und wenn ich den islamischen Klerus kritisieren würde, wie Lessing es vor 200 Jahren in Deutschland tat, dann wäre die Parallele, daß Nathan ein Ahmadi wäre. Die christliche Kirche würde ich durch eine Moschee ersetzen, und der Patriarch wäre ein Fanatiker. Dann macht dieses Stück in unserem Kontext Sinn, hier in Pakistan.“

„Nathan der Weise“ — aufgeführt im Lande der Sufis, das selber unter dem Ausbruch religiöser Intoleranz und politischer Unterdrückung leidet; „Nathan der Weise“ — gespielt in einem Land, wo demokratische Institutionen unterdrückt, Rede- und Versammlungsfreiheit eingeschränkt, Kontrolle über die Presse ausgeübt und eine bestimmte politische, religiöse und kulturelle Ideologie gefördert wird; „Nathan der Weise“ — konfrontiert mit der Situation religiöser und politischer Unduldsamkeit — Lessings Drama behält seine kritische, nach vorne weisende, den status quo konterkarierende

Film wurde über 3sat ausgestrahlt und mir von der Zentrale des Goethe-Instituts in München dankenswerterweise zur Verfügung gestellt.

und so verändernde Kraft – gerade im Kontext Asiens. Und dies nicht zuletzt deshalb, weil Lessing hier die Tradition *muslimischer Humanität und Toleranz*, die Tradition des weisheitlichen Universalismus und der interreligiösen Akzeptanz, wie sie in der islamischen Mystik zum Ausdruck kommt, eindrucksvoll herausgestellt hat. Was in Pakistan sofort verstanden wurde und die Menschen bewegte, war die Tatsache, daß ein deutscher Autor des 18. Jahrhunderts tief geprägt war von authentischer muslimischer Geistigkeit, insbesondere von sufitischer Spiritualität, bei der die Demut vor Gott wichtiger ist als alle menschliche Macht, bei der die Kraft universaler Liebe stärker ist als die Mächte der Trennung, des Hasses und der Ausgrenzung. „Nathan der Weise" – im Lande der Sufis: Das ist nicht Nathans Tod, sondern Nathans Auferstehung. Auferstehung in dem Geist, den der alte Derwisch am Schrein des großen Sufi-Heiligen von Bhit Shah noch einmal so zum Ausdruck brachte:

> „Die Religion kommt später; für jeden sollte es Freiheit geben. Wie der Koran sagt, gibt es keinen Zwang in der Religion. Menschen wurden aus Liebe geboren, schon immer seit Adam. Zuerst sind wir Brüder, und erst später gab es dann Sekten und Religionen, aber ursprünglich sind wir aus einer Religion, haben einen Namen, den, Mensch zu sein. Das hat unser Heiliger an uns weitergegeben, uns daran zu erinnern, daß wir alle von Adam abstammen."

Die Vision also, die Lessing uns von einem Miteinander von Juden, Christen und Muslimen vor Augen stellt, kann auch heute noch ergreifen. Auf der ganzen Welt, wo Juden, Christen und Muslime zusammenleben, wird Lessings großes Versöhnungsdrama immer wieder gespielt. Gespielt als Protest gegenüber einem Zynismus, der die Tragödien für unvermeidlich hält und der vor lauter Blut, Gewalt, Tod und Haß die Hoffnung verloren hat. Es ist deshalb kein Zufall, wenn auch in einer riesigen, 12 Millionen Menschen umfassenden Metropole wie *Los Angeles*, in der neben Millionen Christen auch Hunderttausende von Juden und Muslimen leben, 1997 von einer großen islamischen Gemeinschaft zur Feier des Geburtstags des Propheten Mohammed Lessings „Nathan der Weise" gespielt wurde.[17]

[17] Auf diese Inszenierung wurde ich aufmerksam gemacht von *Dr. George Grose*, dem Gründervater der Academy for Judaic, Christian, and Islamic Studies. University Religious Confe-

Dieser Geburtstag stand bezeichnenderweise unter dem Thema „Der Prophet als Modell von Toleranz“, und Lessings Stück galt diesen Muslimen als kongenialer Ausdruck eben dieser Toleranz. Ihrer interreligiösen Zuhörerschaft von Los Angeles wurde Lessing so vorgestellt: „Er war der Sohn eines deutschen Pfarrers, der gegen rigide Orthodoxie und soziale Vorurteile rebellierte, die in seiner Zeit vorherrschten. Sein Stück als Leinwand nutzend, malte Lessing das Bild einer idealen und toleranten Menschheit, in der Muslime, Juden und Christen in religiöser Freiheit harmonisch miteinander leben könnten.“ Und zu „Nathan der Weise“ wurde ausgeführt: „*Nathan der Weise* ist relevant im Kontext dieses Gedenktags für den Propheten, weil das Stück in Übereinstimmung mit dem Beispiel ist, das durch den heiligen Propheten gegeben wurde, der ebenfalls Toleranz, Nächstenliebe, Mitgefühl und Vergebung betonte. Lessing verstand die geschwisterliche Natur der drei abrahamischen Glaubensrichtungen, implizit wiedergebend, was im Koran über die ‚Leute der Schrift‘ gesagt ist. Dieses Drama ist ein Plädoyer, über die Differenzen in den äußeren Formen der Gottesdienste hinauszublicken — hin auf das, von dem er glaubte, es sei bedeutsamer: die religiöse und moralische Verpflichtung, sich selbstlos Menschen anderen Glaubens gegenüber zu verhalten — ein dringliches Thema auch heute.“

Und weil dies in der Tat ein dringendes Thema ist, ist es der Mühe wert, Lessings Wahrnehmungen des Islam im Kontext seiner Zeit im einzelnen zu beschreiben: vom Streit zum Wettstreit der Religionen. Es wird eine Zeit-Reise werden, bei der man aber je länger desto weniger wissen wird, wo man sich befindet: in der Vergangenheit oder in der Gegenwart...

rence at UCLA, die im Großraum Los Angeles ungemein verdienstvolle interreligiöse Verständigungsarbeit zwischen Juden, Christen und Muslimen betreibt. Dr. Grose, der mein Abraham-Buch gelesen hatte, nahm mit mir im Mai 1997 bei einem Besuch in Stuttgart Kontakt auf und lud mich ein, die Festrede zum 20. Jahrestag des Bestehens der Academy in Los Angeles zu halten. Dankbar erinnere ich mich an den Besuch dort zwischen dem 1. und 4. November 1997. Vgl. die Berichte in der Los Angeles Times vom 8. 11. und 15. 11. 1997. Bei diesem Besuch lernte ich auch den muslimischen Regisseur der „Nathan“-Inszenierung *Nazim Karim* kennen, der mir freundlicherweise das Manuskript seiner Bearbeitung des Stückes zur Verfügung stellte.

I. GUTE GRÜNDE FÜR ALLE RELIGIONEN

Mit drei Schlüsselszenen aus Lessings Anfängen beginnen wir. Es ist der Zeitraum von 1741 bis 1754.

1. Wahrnehmungen des „Anderen"

Schlüsselszene I: Meißen, 1741. 12 Jahre ist der Junge alt, als er um Aufnahme in die Kurfürstliche Landschule St. Afra zu Meißen nachsucht. Aus Kamenz, einem kleinen Städtchen 30 km nordöstlich von Dresden, stammt er, aus lutherisch-protestantischem Pfarrhaus, und diese damals schon berühmte sächsische Fürstenschule soll ihm den nötigen Bildungsaufstieg ermöglichen...

Juden und Muslime nicht verurteilen

In der Prüfung ist ein lateinischer Text zu übersetzen, der für den Geist der Zeit symptomatisch ist und unser Thema gleich schlaglichtartig beleuchtet. Er handelt vom Einfluß des Christentums bei der Überwindung antiker Verachtung gegenüber barbarischen Völkern. Der Junge übersetzt den Text, und als nach getaner Arbeit noch Zeit übrig bleibt, fügt er aus eigenem Antrieb noch einige Sätze hinzu — auf Latein wohlgemerkt: Es sei barbarisch, zwischen den Völkern einen Unterschied zu machen, da doch alle von Gott geschaffen und mit Vernunft ausgestattet seien. Insbesondere Christen gezieme es, den Nächsten zu lieben, und Christus zufolge sei derjenige der Nächste, der unserer Hilfe bedürfe. Da aber alle Menschen der Hilfe anderer bedürften, seien alle untereinander Nächste. Daraus folgert der kluge Knabe:

> „Deshalb wollen wir die Juden nicht verurteilen, obwohl sie Christus verurteilt haben, denn Gott selbst sagt: Richtet nicht,

> damit ihr nicht gerichtet werden. Wir wollen nicht die Mohammedaner verurteilen; auch unter Mohammedanern gibt es anständige Menschen. Schließlich ist niemand ein Barbar, außer der inhuman und grausam ist."[1]

Seltsam zu denken, wenn man das Werk dieses Autors überblickt: in diesen Sätzen des 12jährigen ist der ganze Lessing in nuce vorweggenommen...

Sie waren längst wahrgenommen worden Mitte des 18. Jahrhunderts: die „Mohammedaner", die „Türken", wie die Muslime damals in ganz Europa genannt wurden. Längst hatte sich — bedingt durch die mittelalterlichen Kreuzzüge ebenso wie durch die Expansion des türkisch-osmanischen Reiches im 15. und 16. Jahrhundert bis auf den Balkan und nach Ungarn — ein kultureller Austausch zwischen Europa und dem orientalischen Osten vollzogen. Zu Lessings Zeit kannte man in der deutschen Literatur türkische Reisebeschreibungen, Chroniken, Historien, Flugblätter; kannte man Türkenlieder und -gebete; kannte man Türkenschauspiele, -romane und -opern.[2] Diese lassen meist einen Ungeist aggressiv-polemischer Auseinandersetzung oder kultureller Verachtung erkennen, der im Mittelalter entstanden und durch die Reformation verstärkt worden war. Davon werden wir mehr hören. Um so erstaunlicher die etwas altkluge Feststellung des erst 12jährigen über die Mohammedaner als „anständige Menschen", die freilich ein kleines Signal dafür ist, daß die Aus-

[1] Zitiert bei *K. Aner,* Theologie der Lessingzeit, Halle 1929, Neudruck Hildesheim 1964, S. 14.

[2] Zum *literarischen Orientbild* in Europa vgl.: *O. Spies,* Der Orient in der deutschen Literatur, Teil 1 u. 2, Kevelaer 1949. *W. Braune,* Der islamische Orient zwischen Vergangenheit und Zukunft. Eine geschichtstheologische Analyse seiner Stellung in der Weltliteratur, Bern 1960. *F. Babinger,* Orient und deutsche Literatur, in: Deutsche Philologie im Aufriß, hrsg. v. W. Stammler, Bd. III, 2. Aufl. Berlin 1962, Sp. 565–587. *D. Balke,* Orient und orientalische Literaturen (Einfluß auf Europa und Deutschland), in: Reallexikon der deutschen Literaturgeschichte Bd. II, 2. Aufl., hrsg. v. W. Kohlschmidt u. W. Mohr, Berlin 1965, S. 816–869. *H. Birus,* Poetische Namengebung. Zur Bedeutung der Namen in Lessings „Nathan der Weise", Göttingen 1978 (zur Namengebung orientalischer Figuren in der Literatur und ihrer Tradition, S. 95–133). *A. Fuchs-Sumiyoshi,* Orientalismus in der deutschen Literatur. Untersuchungen zu Werken des 19. und 20. Jahrhunderts, von Goethes „West-östlichem Divan" bis zu Thomas Manns „Joseph"-Tetralogie, Hildesheim — Zürich — New York 1984. *I. Ammann,* Östliche Spiegel. Ansichten vom Orient im Zeitalter seiner Entdeckung durch den deutschen Leser 1800–1850, Hildesheim — Zürich — New York 1989. *G. Sievernich — H. Budde* (Hrsg.), Europa und der Orient. 800–1900, Gütersloh 1989. *A. Schimmel,* West-östliche Annäherung. Europa in der Begegnung mit der islamischen Welt, Stuttgart — Berlin — Köln 1995. Wissenschaftlich unbrauchbar (ohne Belege und literaturwissenschaftliche Einordnung der Texte): *St. Makowski,* Allahs Diener in Europa. Denker und Dichter im Dialog mit dem Islam, Zürich — Düsseldorf 1997.

einandersetzung mit dem Islam sich in dieser Zeit zu verändern beginnt.

Fünf Jahre, zwischen 1741 und 1746, besucht Lessing die Meißener Internatsschule, dann folgen zwei Jahre Studium (zunächst der Theologie und Philologie, dann der Medizin) in der Messestadt Leipzig, bevor Lessing zwischen 1748 und 1755 entscheidende Jahre in Berlin verbringen wird, unterbrochen nur durch Aufenthalte in Wittenberg zum Erwerb eines Magistertitels. In Berlin bekommt Lessing ab 1751 auf Jahre eine feste Anstellung bei der „Berlinischen privilegierten Zeitung" (die spätere „Vossische Zeitung") und kann sich hier einen Namen als vielversprechender junger Kritiker und Autor machen.

Orientprojektionen — auch bei Lessing

Noch als Schüler schreibt Lessing Mitte der 40er Jahre auch einige für einen jungen Kavalier der Rokokozeit typische gesellige Texte. Witz, Scherz, Spiel und Tändelei bestimmen den Stil; Wein-, Weib- und Gesang-Motive dominieren; antike Formen (das Epigramm, die Anakreontik) werden zum Experimentierfeld des assoziativen Wortwitzes. Alles ist in einem nonchalanten, bisweilen frivolen Ton gehalten, und die Türken sowie Mohammed werden nicht verschont. So heißt es in einem heiter-verspielten Gedicht, erstmals veröffentlicht in einer Zeitschrift mit dem für die Zeit so bezeichnenden Titel „Ermunterungen zum Vergnügen des Gemüts" (1747):

„Was frag ich nach dem Großsultan,
Und Mahomets Gesetzen?
Was geht der Perser Schach mich an,
Mit den gehäuften Schätzen?

Was sorg ich ihrer Kriegesart
Und ihrer Treffen halben?
Kann ich nur meinen lieben Bart
Mit Specereien salben.

Kann ich nur mein gesalbtes Haupt,
Mit Rosen stolz umschließen,

Und wenn mir sie ein Mägdchen raubt,
Mein Mägdchen strafend küssen." (I, 58)[3]

Und so weiter zum Vergnügen des deutschen „Gemüts". Der gleiche Ton auch in einem Lied des 18jährigen Lessing, diesmal direkt über „Die Türken", die jetzt im neuen Geist der Zeit spielerisch-ironisch vorgeführt werden. Der Text wird ebenfalls 1747 erstmals in der genannten Zeitschrift veröffentlicht und spielt zur Belustigung seiner Leser zwei scheinbar konträre Glaubenspraktiken der Muslime gegeneinander aus. Auf der einen Seite können die Türken als Muslime bekanntlich viele Frauen heiraten, was in europäischen Männergehirnen Phantasien über schier unbegrenzte sexuelle Betätigungen auszulösen pflegt und Neid aufkommen läßt. Auf der anderen Seite aber ist den Türken als Muslimen der Genuß von Wein verboten, was den Islam für Europäer doch nicht so ganz attraktiv macht:

„Die Türken haben schöne Töchter,
Und diese scharfen Keuschheitswächter;
Wer will, kann mehr, als eine, frein:
Ich möchte schon ein Türke sein.

Wie wollt ich mich der Lieb ergeben!
Wie wollt ich liebend ruhig leben,
Und — doch sie trinken keinen Wein.
Nein, nein! ich mag kein Türke sein." (I, 56)

Europäische Orient Phantasien aus pubertären Gehirnen sind bei diesem Türkenlied unverkennbar am Werk; pubertäre Phantasien, auf den Orient projiziert.[4] Auch der junge Lessing partizipiert damit an der weitverbreiteten europäischen Ideologie, die *Edward W. Said* in seinem programmatischen Buch „Orientalismus" (1978) scharfer Kritik unterzogen hat. „Orientalismus" wird dabei verstanden als die Summe aller westlichen Projektionen, Stereotypen und Wertun-

[3] In dieser Weise (römische Ziffer ohne Buchstabenzusatz) werden die Bände der heute maßgebende Lessing-Ausgabe aus der „Bibliothek deutscher Klassiker" zitiert: *G. E. Lessing*, Werke und Briefe in zwölf Bänden, hrsg. v. W. Barner, Bd. I (1743–1750) hrsg. von J. Stenzel, Frankfurt/M. 1989.

[4] Wie sehr gerade das Türkenlied Lessings die Männerphantasien weiter beflügelte, zeigt die Hinzufügung von vier weiteren Strophen ähnlich frivolen Charakters durch einen unbekannten Verf.: I, 1001.

gen über den Anderen, den „Orientalen" — mit dem Ziel, die „westliche Überlegenheit" gegenüber einer „orientalischen Unterlegenheit" aufrechtzuerhalten. „Orientalismus" beschreibt somit ein kulturell-gesellschaftliches Konstrukt, das nicht dem sensiblen Verstehen, sondern der universalen Beherrschung des Anderen dient.[5]

Männerphantasien vom „Harem"

Dasselbe Motiv findet sich einige Jahre später noch einmal in einer Rezension Lessings in der „Berlinischen privilegierten Zeitung" vom 5. August 1751. Auch hier findet sich dasselbe in Europa beliebte Spiel, sich die erotisch-sexuelle Sinnlichkeit orientalischer muslimischer Kultur vorzustellen und alles das auszukosten, was in europäischen Gemütern mit dem Klischee „Harem" verbunden ist. Lessing rezensiert mit sichtlichem Vergnügen und nicht ohne ironischen Seitenhieb auf den „typisch" französischen (d. h. frivolen) Charakter des Autors einen Roman unter dem Titel *„Le Cousin de Mahomed"*. In ihm wird — einer Mode der Zeit entsprechend — Orientalisches in erotischem Kontext präsentiert. Es handelt sich um die Abenteuer eines Franzosen, der aus seinem Vaterland nach Konstantinopel floh und aus Unerfahrenheit ein Sklave wurde. Die Pointe? Sie liegt natürlich *darin:* In seinem Sklavendasein ist dieser Franzose seinen „Herrinnen" offensichtlich reichlicher zu Diensten gewesen als seinen Herren. Lessing betont dabei werbend den humorvollen Stil des Buches sowie dessen schwungvolle Erzählung, obwohl er schon durchblicken läßt, daß Muslime selber ein solches Buch wohl als „Gotteslästerung" betrachten würden. Noch aber ist Lessing dies gleichgültig, denn gerade diese „Gotteslästerung" macht ja für einen Europäer den Spaß an der Sache aus:

[5] Umfangreiches Material zum Orientalismus-Syndrom bei: *E. W. Said,* Orientalism. Western Conceptions of the Orient, London — New York 1978, Nachdruck mit einem neuen Nachwort 1995. Saids Untersuchung ist bedauerlicherweise begrenzt auf die englische und französische Literatur des 19. Jahrhunderts (die Literatur der imperialen Kolonialmächte) und spart die deutschsprachige Literatur (mit Ausnahme von Goethe und Herder) aus. Daß Saids Pauschalkritik am westlichen Orientalismus („every European, in what he could say about the Orient, was consequently a racist, an imperialist, and almost totally ethnocentric", S. 204) für die deutsche Literatur gerade nicht zutrifft, haben überzeugend die Untersuchungen von A. Fuchs-Sumiyoshi und L. Ammann (s. Anm. 2) gezeigt.

„Die beigefügten Noten können diesen Roman sogar einigermaßen nützlich machen, weil man darinne häufige Erklärungen verschiedner türkischen Gebräuche findet, welche allerdings aus eigner Erfahrung aufgesetzt zu sein scheinen. Der Franzose leichtet überall hervor, und wer weiß ob alle von seiner Nation, welche jemals in türkscher Gefangenschaft gewesen sind, so viel Gunstbezeugungen von mahometanischen Schönen erhalten haben, als er auf seine eigne Rechnung schreibet. Wenn ein frommer Muselman ihn lesen sollte, er würde auf allen Seiten ausrufen müssen: welche Gotteslästerungen! Und diese Gotteslästerungen sind es gleichwohl, welche manchen ehrlichen Christen ergötzen werden." (G III, 66)[6]

Schon in der ersten Berliner Zeit kommt es zu einem für Lessing dann charakteristischen Neben- und Ineinander verschiedenster beruflicher Unternehmungen. Denn die Rezensenten- und Kritikertätigkeit muß Lessing nicht nur um die weitere Brotarbeit des Übersetzens, sondern vor allem um literatur- und kulturhistorische Studien ergänzen. Auch die Produktion von Theaterstücken geht weiter, mit der Lessing schon in Leipzig begonnen hatte („Der junge Gelehrte", „Der Freigeist").

2. Unter Juden und Muslimen: Helden, Propheten und Gelehrte

Für unser Thema ist von größter Bedeutung, daß und wie sich Lessing jetzt einer der nichtchristlichen Religionen annimmt: dem Judentum. Genauer: daß und wie er das Problem der sozialen Verachtung und Ausgrenzung einer in Deutschland seit Jahrhunderten diskriminierten religiösen Minderheit angeht. 1749 — mit 20 Jahren — schreibt Lessing die *Komödie „Die Juden"* (I, 447–488), nachdem er schon in seinem ersten Stück „Der junge Gelehrte" (1747) auf die Judenproblematik kurz eingegangen war und hier vor allem Kenntnisse über den größten jüdischen Theologen des Mittelalters verraten hatte: Moses Maimonides (I, 141–146).

[6] In dieser Weise („G" + römische Ziffer) werden für Texte, die in der „Bibliothek deutscher Klassiker" noch nicht vorliegen, die Bände folgender Ausgabe zitiert: *G. E. Lessing,* Werke Bd. I–VIII, hrsg. v. H. G. Göpfert, München 1970–1979.

Kampf den Vorurteilen: „Die Juden"

Die neue Komödie ist ein kurzer Einakter von 23 Auftritten. In ihr wird die Geschichte eines Barons erzählt, der bei einem nächtlichen Raubüberfall von einem „Reisenden" gerettet wird. Zwei Diener des Barons, die eigentlichen Schurken, die sich obendrein als Juden getarnt hatten, wissen den Verdacht raffiniert auf in der Nähe des Gutshofs vagabundierende Juden zu lenken und diesen Verdacht um so plausibler klingen zu lassen, als „man" ja ohnehin von diesem „gottlosen Gesindel" weiß:

> „So viel als ihrer sind, keinen ausgenommen, sind Betrieger, Diebe und Straßenräuber. Deswegen ist es auch ein Volk, das der liebe Gott verflucht hat. Ich dürfte nicht König sein. Ich ließ keinen, keinen einzigen am Leben. Ach! Gott behüte alle rechtschaffene Christen vor diesen Leuten." (I, 452f)

Dieser durch alle Schichten gehende schamlose und haßerfüllte Antijudaismus (auch der Baron äußert sich ähnlich!) wird — dem Schema der Komödie gemäß — am Ende bloßgestellt und der Lächerlichkeit preisgegeben — und zwar nicht nur dadurch, daß die „christlichen" Verleumder selber am Ende als Räuber und Betrüger entlarvt werden, sondern vor allem auch dadurch, daß der hilfreiche Retter, dem der Baron aus Dankbarkeit Vermögen und die eigene Tochter anbot, sich als Jude offenbart. Als ein Jude obendrein, der nicht nur ein Muster an menschlicher Hilfsbereitschaft, sondern auch an Großzügigkeit ist, schenkt er doch seinem Diener, der sich schon großmäulig-empört von ihm abwenden will („Sie haben in mir die ganze Christenheit beleidigt": I, 487), eine kostbare Dose, worauf dieser sich mit der bemerkenswerten Einsicht zum Bleiben entschließt: „Wer weiß ob mir ein christlicher Herr auf solche Rede eine silberne Dose geschenkt hätte" (I, 487). Geschickt hatte der Komödienschreiber Lessing damit das in der Gesellschaft übliche Lachgefälle umgekehrt: der Angehörige eines verhaßten und verlachten Volkes ist am Ende der lachende „Sieger" ...

Ob aber die Komödie als literarische Form überhaupt geeignet ist, den abgründigen Antijudaismus eines Volkes angemessen wiederzugeben oder gar zu verändern? Diese Frage ist in der Forschung oft diskutiert worden. Sicher ist: Der junge, aufstrebende Dramatiker

Lessing schreibt hier mit aller Entschiedenheit gegen den „christlichen Pöbel“ (I, 487) seiner Zeit an und dessen Ungeist in Sachen Antijudaismus, der aber nicht nur „ganz unten“, sondern auch „ganz oben“ anzutreffen ist. Zugleich tritt das Stück, das erstmals in der Geschichte der deutschsprachigen Literatur einen gebildeten Juden auf die Bühne zu bringen wagt, für ein *neues, von Vorurteilen freies Verhältnis von Juden und Christen in Deutschland* ein. Das aber setzt einen gegenseitigen Veränderungsprozeß voraus, über dessen Schwierigkeiten das Stück keineswegs hinwegtäuscht. So legt Lessing seinem Juden schon zu Beginn des Stückes die hellsichtige *Analyse* in den Mund:

> „Ich zweifle, ob sich einer von ihnen (von den Christen) rühmen kann, mit einem Juden aufrichtig verfahren zu sein. Dieser tut aufs Höchste nichts, als daß er ihnen gleiches mit gleichem zu vergelten sucht. Wenn zwei Nationen redlich mit einander umgehen sollen, so müssen beide das ihre darzu beitragen. Wie aber, wenn es bei der einen ein Religionspunkt und beinahe ein verdienstliches Werk wäre, die andre zu verfolgen?“ (I, 454)

Und zugleich läßt Lessing sein Stück, dessen Komplexität man nicht unterschätzen sollte, mit einer *Vision* enden:

> „O wie achtungswürdig wären die Juden, wenn sie alle Ihnen glichen!... Und wie liebenswürdig die Christen, wenn sie alle Ihre Eigenschaften besäßen!“ (I, 487f.)

In solchen Äußerungen (*beide* müssen das ihre beitragen) wird ja ein *gegenseitiges Erkennen* von Christen und Juden gefordert, ein Erkennen, das zu umfassenderer Emanzipation führen kann als zur rein juristischen Gleichstellung, die zu Lessings Zeiten selbstverständlich noch der Verwirklichung harrte. Juden waren im Deutschland des 18. Jahrhunderts eine schon rein rechtlich schnöde diskriminierte Minderheit, geduldete Bürger zweiter Klasse, zwanghaft reduziert auf den Status von Hofjuden, Gettojuden oder streunenden Hehlern und Krämern. Lessings Vision aber umgreift mehr als das Juristische. Sie verweist auf die Notwendigkeit eines gegenseitigen Befreiungsprozesses von Juden und Christen — diesseits des rechtlichen Raums, der mindestens so wichtig ist wie alle Gesetze. Die Gegenprobe zeigt dies: Als die formal-juristische Gleichstellung von Juden seit dem frühen 19. Jahrhundert in Deutschland ermöglicht wird, hören die traumatischen Stereotypisierungen nicht auf — mit den dann im 20. Jahrhundert sattsam bekannten Folgen...[7]

Strategische Aufwertung des Verachteten

Man muß in diesem frühen Stück den Beginn einer dann für Lessing eigentümlichen literarischen Strategie erblicken, der wir dann in allen Werkphasen bis hin zum „Nathan" wiederbegegnen werden. Ich nenne das *strategische Aufwertung* von Personen, Religionen oder Kulturen, die im zeitgenössischen Kontext Lessings allgemein verurteilt, mißachtet und ausgegrenzt oder deren Bild aus Ignoranz oder Böswilligkeit verzerrt wurde. Dreierlei soll durch diese Wortwahl zum Ausdruck kommen, und ich unterstreiche noch einmal das im Prolog zu diesem Buch Gesagte:

- Es werden jetzt und künftig — im Kontrastbild — die *positiven Seiten* von Personen, Religionen oder Kulturen herausgestellt, ohne damit zu leugnen, daß es jeweils überall auch Negatives und Verabscheuungswürdiges gibt. Strategische Aufwertung ist das *Gegenteil von Idealisierung.*
- Das Positiv-Bild ist eine bewußte, eine *kalkulierte Auswahl,* und diese Auswahl ist *kontextbedingt.* Eine Wirklichkeit soll zum

[7] Der Auffassung, Lessings Stück „Die Juden" habe nicht die generelle (juristische) Gleichstellung der Juden gewollt, sondern allenfalls eine Individualemanzipation im Auge gehabt, eine Assimilation Einzelner durch den Erwerb von Bildung und Besitz (so *H. Mayer,* Außenseiter, Frankfurt/M. 1975, S. 338f.), ist zu Recht entgegengetreten: *G. Och,* Lessings Lustspiel „Die Juden" im 18. Jahrhundert — Rezeption und Reproduktion, in: Theatralica Judaica. Emanzipation und Antisemitismus als Momente der Theatergeschichte. Von der Lessing-Zeit bis zur Shoah, hrsg. v. H.-P. Bayerdörfer, Tübingen 1992, S. 42-63. Der Vf. ist freilich im Blick auf die *Wirkung* des Lessingschen Stückes sehr zurückhaltend. Ob das Stück eine aufrüttelnde Wirkung im literarischen Leben der Zeit gehabt, also einen Bewußtmachungsprozeß in der Öffentlichkeit maßgeblich ausgelöst habe oder nicht doch eher ein „Exempel scheiternder Aufklärung" gewesen sei, wird differenziert diskutiert. Bemerkenswert ist, daß Lessings „Die Juden" im Zeitraum zwischen 1748 und 1789 70 Einzelaufführungen an 31 verschiedenen Orten in Deutschland erlebte (so *U. Schulz,* Lessing auf der Bühne, Chronik der Theateraufführungen 1748-1789, Bremen — Wolfenbüttel 1977). Och selber kommt zu diesem *Fazit:* „Die negative Version lautet, daß, mißt man Lessings ‚Juden' an ihrem Anspruch, die Geschichte ihrer Rezeption im 18. Jahrhundert weit eher die Geschichte eines Mißerfolges als die eines Erfolgs ist. Dieser Befund kann freilich auch, positiv gewendet, als Beleg für die Ausnahmestellung und den Rang des Werkes herangezogen werden und damit G. Riesser bestätigen, der noch im Jahre 1838 Lessings Lustspiel ‚eine Satire auf den Judenhaß' nannte, ‚die an Bitterkeit seitdem nicht übertroffen' wurde." (S. 58)

Leuchten kommen, die im bisherigen gesellschaftlichen Umfeld weitgehend ausgeblendet wurde. Strategische Aufwertung ist daher das *Gegenteil von naiver Idealisierung;* sie ist eine bewußt vollzogene, kontextabhängige Positivzeichnung negativ besetzter Wirklichkeiten.

- Aufwertung ist *nicht gleich Identifikation.* Wer Personen, Religionen oder Kulturen strategisch positiv zeichnet, wird damit nicht automatisch zum Anhänger oder Bekenner dieser Personen, Religionen oder Kulturen. Der bekämpft vor allem jeden Reduktionismus und jegliche Stereotypisierung im Interesse einer höheren Komplexität. Strategische Aufwertung zielt also nicht auf Identifikation, sondern auf *Gerechtigkeit im Urteil gegenüber anderen.*

Anders gesagt: Wenn Lessing Juden als Volk von Helden und Propheten strategisch aufwertet, ist er nicht zu einem schwärmerischen Idealisierer des Judentums geworden. Dann muß er nicht alle Aspekte des Judentums zeigen; dann ist er nicht verpflichtet, auch all das noch aufzuzählen, was es an moralischen oder religiösen Defiziten auch bei Juden gibt. In seiner Umgebung geschah dies alles ohnehin im Übermaß. Und gegen diese Maßlosigkeit dringt Lessing auf Nüchternheit im Urteil und Gerechtigkeit im Umgang. Es muß Schluß sein mit der Diskriminierung einer Gruppe von Menschen. Am Umgang mit den Juden wird das Gelingen oder Scheitern von Aufklärung im eigenen Lande sichtbar.

Das kommt sehr plastisch in Lessings Verteidigung seines Stücks gegen öffentliche Kritik zum Ausdruck. Gerade seine *Vorrede* zur Publikation im vierten Band seiner Schriften von 1754 läßt erkennen, daß die Strategie der Aufwertung von Juden vom Kontext „schimpflicher Unterdrückung" abhängig ist. Lessings wenige Sätze machen klar, wie sehr er in der „Judenfrage" durch Betonung des Positiven „gegensteuern" wollte:

> „Es (das Lustspiel *Die Juden*) war das Resultat einer sehr ernsthaften Betrachtung über die schimpfliche Unterdrückung, in welcher ein Volk seufzen muß, das ein Christ, sollte ich meinen, nicht ohne eine Art von Ehrerbietung betrachten kann. Aus ihm, dachte ich, sind ehedem so viele Helden und Propheten aufgestanden, und jetzo zweifelt man, ob ein ehrlicher Mann unter ihm anzutreffen sei? Meine Lust zum Theater war damals so

> groß, daß ich alles, was mir in den Kopf kam, in eine Komödie verwandelte. Ich bekam also gar bald den Einfall, zu versuchen, was es für eine Wirkung auf der Bühne haben werde, wenn man dem Volke die Tugend da zeigte, wo es sie ganz und gar nicht vermutet. Ich bin begierig mein Urteil zu hören." (I, 1152)

Ein Urteil hatte Lessing noch im selben Jahr bekommen. Der damals sehr einflußreiche Göttinger evangelische Theologe und Orientalist *Johann David Michaelis* hatte „Die Juden" im Juni 1754 in den „Göttingischen Anzeigen von Gelehrten Sachen" (I, 1246–1249) besprochen, und obwohl er mit der Gesamttendenz des Stückes sympathisierte, kritisierte er doch die „Unwahrscheinlichkeit", daß es, so wie die Verhältnisse nun einmal lägen, einen so rechtschaffenen und edlen Juden überhaupt geben könne. In seiner soeben neugegründeten Theaterzeitschrift „Theatralische Bibliothek" hält Lessing entschlossen dagegen (I, 489–497). Er hatte einen Juden gezeigt, einen reichen, gebildeten, aufgeklärten Juden, nicht um zu leugnen, daß es andere Juden gibt, sondern um dem „christlichen Pöbel" klarzumachen, daß man als Jude eben auch *so* sein kann und daß „Tugend" bei Vertretern dieses Volkes vorhanden ist, die der Pöbel eben diesem Volk nicht zutraut:

> „Besteht man aber darauf, daß Reichtum, bessere Erfahrung, und ein aufgeklärterer Verstand nur bei einem Juden keine Wirkung haben könnten: so muß ich sagen, daß dieses eben das Vorurteil ist, welches ich durch mein Lustspiel zu schwächen gesucht habe; ein Vorurteil, das nur aus Stolz oder Haß fließen kann, und die Juden nicht bloß zu rohen Menschen macht, sondern sie in der Tat weit unter die Menschheit setzt." (I, 491)

Ja, Lessing dreht im folgenden die Argumentation entschieden um. Seinen Zeitkontext in Rechnung stellend, ist es für ihn eher unwahrscheinlich, daß man Christen antreffe, die gegenüber Juden rechtschaffen und großmütig seien. Christen dieser Art scheinen eher etwas Seltenes zu sein:

> „Ist dieses Vorurteil nun bei meinen Glaubensgenossen unüberwindlich, so darf ich mir nicht schmeicheln, daß man mein Stück jemals mit Vergnügen sehen werde. Will ich sie denn aber bereden, einen jeden Juden für rechtschaffen und großmütig zu hal-

ten, oder auch nur die meisten dafür gelten zu lassen? Ich sage es gerade heraus: noch alsdenn, wenn mein Reisender ein Christ wäre, würde sein Charakter sehr selten sein, und wenn das Seltene bloß das Unwahrscheinliche ausmacht, auch sehr unwahrscheinlich." (I, 491f.)

Just in dieser Zeit, Berlin 1754, lernt Lessing den jüdischen Gelehrten *Moses Mendelssohn* kennen, vermittelt durch den jüdischen Mediziner und Literaten *Aaron Emmerich Gumpertz* (1723–1769), den Lessing ebenfalls sehr schätzte. Er hatte (noch in Leipzig) sein Stück geschrieben, ohne von diesen Männern Kenntnis zu haben. Jetzt aber (in Berlin) erblickt er in ihnen genau die Charaktere, deren Spiegelung seine Figur des „Reisenden" ist. Publizistisch wirkungsvoll gibt Lessing denn auch seiner öffentlichen Erwiderung an Michaelis in der „Theatralischen Bibliothek" einen Briefausschnitt bei, ohne den Namen des Verfassers (Mendelssohn) schon preiszugeben. Nur so viel offenbart er: Dieser Brief stamme von einem „aus dieser Nation selbst" und sei an einen „Freund in seinem Volke" geschrieben, der „ihm an guten Eigenschaften völlig gleich" sei (I, 492). Gemeint ist Gumpertz. Lessings Triumph könnte nicht größer sein. Ein edler und großmütiger Jude unwahrscheinlich? Voilà, hier sind schon zwei!

Auch Mendelssohn redet in seinem Brief an Gumpertz Klartext. Die Kritik von Michaelis an Lessings Stück hätte ihn „schamrot" werden lassen, empört er sich. Und einmal in Fahrt, wird er sehr grundsätzlich:

„Das gemeine Volk der Christen hat uns von je her als den Auswurf der Natur, als Geschwüre der menschlichen Gesellschaft angesehen... In Wahrheit! mit welcher Stirne kann ein Mensch, der noch ein Gefühl der Redlichkeit in sich hat, einer ganzen Nation die Wahrscheinlichkeit absprechen, einen einzigen ehrlichen Mann aufweisen zu können? Einer Nation, aus welcher, wie sich der Verfasser der Juden ausdrückt, alle Propheten und die größesten Könige aufstanden? Ist sein grausamer Richterspruch gegründet? Welche Schande für das menschliche Geschlecht! Ungegründet? Welche Schande für ihn!...

Man fahre fort uns zu unterdrücken, man lasse uns beständig mitten unter freien und glückseligen Bürgern eingeschränkt leben, ja man setze uns ferner dem Spotte und der Verachtung aller Welt aus; nur die Tugend, den einzigen Trost bedrengter Seelen, die einzige Zuflucht der Verlassenen, suche man uns nicht gänzlich abzusprechen.“ (I, 493)

Diese Kontroverse um Michaelis ist der Beginn einer einzigartigen Freundschaft und Zusammenarbeit zwischen Lessing und Mendelssohn. Ja, was er von seinem neuen Freund hält, läßt Lessing den Göttinger Theologen unmißverständlich wissen, als er diesem im Oktober 1754 seine Replik aus der „Theatralischen Bibliothek“ zusendet und in einem Begleitschreiben bemerkt:

> „Er ist wirklich ein Jude, ein Mensch von etliche zwanzig Jahren, welcher, ohne alle Anweisung, in Sprachen, in der Mathematik, in der Weltweisheit, in der Poesie eine große Stärke erlangt hat. Ich sehe ihn im voraus als eine Ehre seiner Nation an, wenn ihn anders seine eigne Glaubensgenossen zur Reife kommen lassen, die allezeit ein unglücklicher Verfolgungsgeist wider Leute seines gleichen getrieben hat. Seine Redlichkeit und sein philosophischer Geist läßt mich ihn im voraus als einen zweiten Spinoza betrachten, dem zur völligen Gleichheit mit dem ersten nichts als seine Irrtümer fehlen werden.“[8]

Wider die christliche Kulturarroganz

Strategische Aufwertung: Was Lessing am Beispiel des Judentums gelernt und praktiziert hat, wird er künftig auch auf die Behandlung des Islam übertragen. Mit Recht hat der Göttinger Literaturwissenschaftler Wilfried Barner in einem klugen Essay über „Der junge

[8] *G. E. Lessing*, Brief an J. D. Michaelis vom 16. 10. 1754, in: Briefe von und an Lessing (1743–1770), hrsg. v. H. Kiesel, Frankfurt/M. 1987, S. 58. Die Beteuerung Lessings „Er ist wirklich ein Jude“ versucht offensichtlich schon prophylaktisch einen Verdacht auszuräumen, von dem Lessing wohl ahnte, daß er gegen seinen Briefauschnitt würde erhoben werden: den Verdacht der Erfindung eines solchen jüdischen Vf. durch Lessing zu publizistischen Zwecken. Michaelis jedenfalls spricht diesen Verdacht aus, ohne ihn zu teilen, als er in seiner erneuten (und letzten) Reaktion auf Lessings Stück feststellt: „Hr. L. hat den Brief eines Juden mit eindrucken lassen, der sich nicht ohne Heftigkeit über unsere Recension beschwert. Wir glauben es Hrn. L. völlig, daß dieser Brief nicht von ihm gedichtet, sondern wircklich von einem Juden geschrieben sey“ (I, 1251f.). Im übrigen ist die kurze Erwiderung von Michaelis ein einziges schwaches Rückzugsgefecht. Lessings Replik hatte offensichtlich „gesessen“.

Lessing und die Juden“ herausgestellt, daß Lessings frühes Stück bei aller Entschiedenheit der Parteinahme gegen antisemitische Vorurteile „zugleich Modell, Exempel für diskriminierte Minderheiten überhaupt“ sei. Eine Fixierung auf die Antisemitismusproblematik allein verfehle die Entschiedenheit des Lessingschen Engagements: „Was in der Interpretation nach Einschränkung klingt, bedeutet im Horizont der Zeithistorie und der Lustspiel-Entstehung gerade eine emphatische Verankerung im Menschenrecht“[9]. Das ist treffend formuliert und heißt für unser Thema: Was Lessing in Sachen Juden und Judentum praktiziert, ist als Struktur übertragbar. Und von dieser Struktur profitiert auch eine in Deutschland zur Lessingzeit nicht weniger verachtete Religion: der Islam.

Methodisch hat dabei das historisch-kritische Verfahren des französischen Philosophen *Pierre Bayle* (1647–1706), eine der Schlüsselfiguren der französischen Frühaufklärung, für Lessing zentrale Bedeutung. Dieser hatte in seinem nachmals berühmten „Historisch-kritischen Wörterbuch“, erschienen 1697, ein eigentümliches lexikographisches Verfahren entwickelt: Bei Werken bedeutender Persönlichkeiten werden zunächst in einem kurzen Textteil alle möglichen gängigen Meinungen zusammengetragen; darauf folgt ein umfangreicher kritischer Anmerkungsteil, in dem die Glaubwürdigkeit der Quellen diskutiert sowie Widersprüche und Irrtümer mit philologischem Scharfsinn aufgespürt werden. Alles mit dem Ziel, oft jahrhundertealte, fest eingewurzelte Vorstellungen auf ihren Wahrheitsgehalt hin zu untersuchen und gegebenenfalls zu korrigieren.

Lessing, mit Bayles enzyklopädischem Wörterbuch wohlvertraut, verschreibt sich demselben Programm. Es entstehen nun Schriften unter dem Titel „Rettungen“, die das Ziel verfolgen, in ausgewählten Fällen Vorurteile zu durchbrechen, Einseitigkeiten zu korrigieren und erstarrte Schemata zu hinterfragen, wobei es Lessing ein intellektuelles Vergnügen bereitet, den so bewunderten Bayle in manchen Fällen zu ergänzen, zu korrigieren oder ihm überhaupt nicht zu folgen. Diese kritische Methode kommt nun auch Lessings erster ernsthafter Auseinandersetzung mit dem Islam zugute.

[9] *W. Barner*, Vorurteil, Empirie, Rettung. Der junge Lessing und die Juden, in: Juden und Judentum in der Literatur, hrsg. v. H. A. Strauss — Ch. Hoffmann, München 1985, S. 52–77, Zitate S. 64 u. 65.

Schlüsselszene II: Ein in Sachen Islam völlig neuer Ton begegnet uns plötzlich in einer Buch-Anzeige in derselben „Berlinischen privilegierten Zeitung“ vom 15. Februar 1753. Lessing läßt auf einmal erkennen, daß er sich intensiv mit der Geschichte des Volkes der Araber beschäftigt hat, und zwar seit deren Bekehrung zum Islam. Mit großer Mühe nämlich hatte er sich für das Werk des französischen Historikers *Augier de Marigny* (gest. 1762) engagiert. Band I und große Teile von Band II hatte er ins Deutsche übersetzt; den Rest hatte ein anderer besorgt. Das gut erzählte und spannend zu lesende Werk trägt den Titel: „Histoire des Arabes sous le gouvernement des Califes“ („Geschichte der Araber unter der Regierung der Kalifen“). Zur Ostermesse 1753 kündigt Lessing das Erscheinen bei Voß in Berlin an, und die öffentliche Vorstellung offenbart *sein ureigenes Interesse* an der Sache:

> „Seit dem Verfalle des römischen Reichs, verdient wohl die Geschichte keines einzigen Volks mit mehrerm Rechte bekannt zu sein, als die Geschichte der arabischen Muselmänner; sowohl in Betrachtung der großen Leute welche unter ihnen aufgestanden sind, und die wunderbarsten Veränderungen vielleicht in dem beträchtlichsten Teile der Welt gemacht haben, als in Ansehung der Künste und Wissenschaften, welche ganze Jahrhunderte hindurch den schönsten Fortgang unter einem Volke genossen, welches uns unsre Vorurteile gemeiniglich als ein barbarisches Volk betrachten lassen. Man kann zwar nicht sagen, daß die Gelehrten in dieser Geschichte gar nichts geleistet hätten; oder man müßte, außer den arabischen Originalskribenten einen Pocock, einen Golius, einen Prideaux, einen Sale, einen Ockley, einen Gagnier, einen Herbelot, einen Renaudot, ganz und gar nicht kennen.“ (G III, 157f.)

Diese Passage enthält zwei bemerkenswerte Informationen, die wir auswerten wollen. Da ist *zum einen* das aufklärerische Interesse Lessings, „Vorurteile“ zu bekämpfen, die er im Fall der europäischen Sicht auf die muslimischen Araber offensichtlich als besonders kraß empfindet: „barbarisches Volk“! Dieses aufklärerische Motiv kehrt denn auch in Lessings späteren Selbstvorstellungen desselben Werkes vom 31. Mai (G III, 169f.), vom 2. Juli 1753 (G III, 210f.) sowie vom 3. Dezember 1754 (LM V, 450f.)[10] immer wieder. Denn stets aufs Neue läßt Lessing sein Erstaunen über die großen geschichtlichen Taten des arabischen Volkes durchblicken, die denen der Griechen und Römer keineswegs nachstünden. Europäern seien sie offensichtlich bisher verborgen geblieben, da man die Originalsprachen nicht beherrschte. Staunenswert sind für Lessing vor allem die ersten vier Kalifen nach Mohammed: Abu Bakr, Omar, Uthman und Ali. Ganz offensichtlich hat sich auch der 25jährige erstmals klargemacht, daß ein Volk wie die Araber mit dem Auftreten des Islam auf einmal Persönlichkeiten großen Formates hervorbringen konnte. Von daher versteht sich sein Erstaunen:

> „Wann je große Geister unter einem Volke aufgestanden sind, welche die erstaunlichsten Veränderungen zu unternehmen und auszuführen im Stande waren, so sind sie damals unter den Arabern aufgestanden; und es wäre nicht möglich gewesen, daß sie ihre Eroberungen so weit hätten ausdehnen können, wenn nicht, so zu reden, jeder gemeine Soldat unter ihnen ein Held gewesen wäre." (G III, 170)

Und dann folgt die für Lessing bereits so charakteristische Spitze *gegen alle christlich-abendländische Kulturarroganz:*

> „Man bilde sich aber nicht ein, daß sie sich bloß als tapfre Barbaren zeigten; auch die Tugend, und oft eine mehr als christliche Tugend, war unter ihnen bekannt, wovon man die Beispiele gewiß mit einem angenehmen Erstaunen lesen wird." (G III, 170)

Ja, in der Rezension des zweiten Bandes von Marigny (der den Zeitraum von 660 bis 833 behandelt) fügt Lessing für seine Leser noch werbend hinzu:

> „Der Anfang einer so wichtigen Epoche für den menschlichen Verstand, der sich plötzlich unter ungesitteten kriegrischen Völkern aufzuklären anfing, so daß sie in kurzem ebenso viel Gelehrte als Helden aufzuweisen hatte, wird nicht anders als mit vielem Vergnügen können gelesen werden." (G III, 211)

[10] In dieser Weise („LM" + römische Ziffer) werden für Texte, die weder in der „Bibliothek deutscher Klassiker" noch bei H. G. Göpfert vorliegen, die Bände der klassischen Lessing-Ausgabe der Jahrhundertwende zitiert: G. E. Lessings sämtliche Schriften, hrsg. v. *K. Lachmann* — *F. Muckner,* Stuttgart 1886–1924.

Zum ersten Mal fällt bei Lessing ein Schlüsselwort im Zusammenhang mit dem Islam: Aufklärung und in Verbindung damit das Wort „Gelehrte". Ein Topos des Lessingschen Islam-Bildes beginnt sich herauszukristallisieren: Der *Islam* ist für „ungesittete kriegerische Völker" ein *Aufklärungsfortschritt.* Die Juden — ein Volk von „Helden und Propheten"; die Araber — ein Volk von „Helden und Gelehrten": dies sind Elemente der Lessingschen Gegenstrategie zur Konterkarierung religiös-kultureller Verachtung im abendländischen Kontext.

Souverän in orientalistischen Debatten

Doch der eingangs zitierte Vorstellungstext enthält noch eine zweite wichtige Information: die Aufzählung verschiedener Namen, unter denen die von Pocock, Golius, Sale und Herbelot herausragen. Es sind allesamt *europäische Orientalisten,* deren Namen Lessing mit sichtlichem Vergnügen nur so aus dem Ärmel schüttelt. Und doch ist das Ganze mehr als wissenschaftliches Imponiergehabe, mehr als „name dropping" eines jungen Kritikers, der auf sich aufmerksam machen will (nach der Devise: Seht her, wieviel ich gelesen habe!). Lessing braucht diese Liste von Orientalisten als Beleg dafür, daß das Buch von Marigny wissenschaftlich seriös ist. Seiner *Vorrede als Übersetzer* nämlich, die dem ersten Band beigegeben ist (LM V, 23–29), können wir entnehmen, daß Lessing seinen Autor gegen orientalistische Kritik verteidigen muß. Der Hallenser Theologieprofessor Siegmund Jakob Baumgarten (1706–1757) hatte Marigny scharf kritisiert, und Lessing ist sichtlich bemüht, seinen Einsatz für das Werk nicht diskreditieren zu lassen.

Zwar offenbart Lessing seinen Namen als Übersetzer bewußt nicht, aber in detaillierter Auseinandersetzung mit der Kritik Baumgartens läßt er erkennen, daß er kenntnisreich in orientalistischen Kontroversen Stellung nehmen kann.[11] Und noch heute haben die

[11] Eine *Kostprobe* daraus. Auf die Beschuldigungen Baumgartens gegen Marigny antwortet *Lessing* mit einer virtuosen *Serie von Gegenfragen,* die eindrucksvoll zeigen, wie sehr er die orientalischen Autoritäten studiert hat: „Ist es denn nicht wahr, daß die orientalische Bibliothek des Herbelot ein Werk ist, wo man fast auf allen Seiten Fehler und Widersprechungen antrift? Ist denn Renaudot der einzige, der dieses gesagt hat? Muß man eben so stark in den orientalischen Sprachen seyn, als Herbelot war, um seine Unrichtigkeiten wahrzunehmen? Oder fal-

von Lessing zitierten Namen für die europäische Arabistik und Islamkunde wegweisenden Klang:[12]

Da ist in Flandern *Jacobus Golius* (1596–1667), ab 1624 Professor für Arabistik an der Universität in Leiden. Auf verschiedenen Orientreisen hatte er kostbare Handschriften (etwa 250 an der Zahl) erwerben können, die dann den großen wissenschaftlichen Ruf der orientalistischen Abteilung der Leidener Bibliothek begründen sollten. Ergänzt wurde diese Sammlung später durch den Golius-Schüler *Levinus Warner* („Legatum Warnerianum") mit weiteren tausend Bänden, so daß Leiden vollends zum „Mekka" aller abendländischen Arabistik wurde. Golius' Hauptwerk, auf das Lessing anspielt, ist das „Lexicon Arabico-Latinum" (1653).

Da sind in England die Orientalisten Prideaux, Pocock, Gagnier und Ockley. Während der englische Geistliche *Humphrey Prideaux* (1648–1724) – ohne Arabischkenntnisse aus Sekundärmaterial schöpfend – mit seinem polemisch-populären Mohammed-Buch „The true nature of imposture fully displayed in the life of Mohammed" (1697) noch in der Tradition antiislamischer Konfrontationstheologie verblieb, hatte der ältere *Eduard Pocock* (1604–1691), der als Kaplan der englischen Gemeinde in Aleppo Arabisch gelernt hatte, längst neue Dimensionen erschlossen. 1636 war er zum Professor für Arabisch in Oxford ernannt worden, hatte auf Orient-Reisen ebenfalls wichtige Handschriften erwerben und später einige davon edieren können. Sein von Lessing benutztes Hauptwerk „Spe-

len nicht unzählige schon einem jeden Lesenden, wann er ihn nur mit sich selbst vergleicht, in die Augen? Haben nicht Sale und Ockley schon unzähliges an ihm ausgesetzt? Und ist es denn wahr, daß ihn Marigny bey aller Gelegenheit verachtet? Bedient er sich nicht seiner Nachrichten an sehr vielen Stellen? Thut er etwas anders, als daß er, nach Maaßgebung des Renaudots, in der Vorrede erinnert, man habe ihn mit Behutsamkeit zu lesen, weil er nicht selbst die letzte Hand an sein Werk habe legen können? Ferner: wo zieht denn Marigny die Nachrichten des Elmacins den Nachrichten des Herbelots vor? Ist dieses nicht eine offenbar falsche Beschuldigung? Macht er jenen in seiner Vorrede, auf Versicherung seines Renaudots nicht weit verdächtiger, als diesen, indem er ihn als eine von den falschen Quellen anführt, aus welcher Herbelot verschiedne Irrthümer geschöpft? Woher weiß man, daß er die Schriften eines Assemanni, eines Schultens, eines Salems ganz und gar nicht gebraucht? Vielleicht weil er sie in der Vorrede nicht anführt, oder weil er den Rand nicht mit Citaten angefüllt hat?" (LM V,25f)

12 Vgl. dazu *G. Pfannmüller*, Handbuch der Islam-Literatur, Berlin–Leipzig 1923, Nachdruck Berlin 1974, sowie *J. Fück*, Die arabischen Studien in Europa bis in den Anfang des 20. Jahrhunderts, Leipzig 1955. Speziell zur englischen Orientalistik: *P.M. Holt*, The Treatment of Arab History by Prideaux, Ockley, and Sale, in: *ders.*, Studies in the History of the Near East, London 1973, S. 50–63. Neuestens: *A. Gunny*, Images of Islam in Eighteenth Century Writings, London 1996, S. 57–64 (Ockley), S. 81–83 (Gagnier).

cimen Historiae Arabum" (1650) enthält auf der Basis arabischer Handschriften Ausführungen über die Araber in vorislamischer Zeit, Daten zum Leben des Propheten Mohammed (den Pocock nicht sehr schätzte), eine kurze Übersicht über die verschiedenen islamischen Richtungen und die vier orthodoxen Rechtsschulen sowie eine Aufzählung der fünf Grundpfeiler des Islam. 1671 gibt Pocock einen der wichtigsten Romane des mittelalterlichen Islam in einer lateinischen Übersetzung heraus: *Ibn Ṭufails* Geschichte von einem Mann namens Ḥaiy Ibn Yaqẓān. Wir werden von diesem muslimischen Robinson-Roman im nächsten Kapitel mehr hören.

Pococks Nachfolger in Oxford wurde der ebenfalls von Lessing erwähnte *Jean Gagnier*. Er hatte 1723 das Leben Mohammeds, dargestellt von einem mittelalterlichen Geschichtsschreiber namens Abul Feda (1273–1331), arabisch und lateinisch herausgegeben und damit erstmals in Europa eine arabisch-muslimische Quelle über das Leben des Propheten in dieser Ausführlichkeit gedruckt. Prideauxs 25 Jahre zuvor veröffentlichte Propheten-Polemik war damit durch seriöse Wissenschaft als Machwerk entlarvt. Gagniers Gegenpart in Cambridge ist der von Lessing ebenfalls erwähnte Arabist *Simon Ockley* (1678–1720), Verfasser des Standardwerks „The History of the Saracens" (Bd. I: 1708, Bd. II: 1718), dem das Verdienst zukommt, die arabische Geschichte aufgrund von Originalquellen untersucht und sie so von ihrer Hilfsfunktion für die orientalische Kirchengeschichte befreit zu haben.

Und da sind schließlich in Frankreich d'Herbelot und Renaudot. Das alles überragende Werk ist die „Bibliothèque Orientale" des *Barthélemy d'Herbelot de Molainville* (1625–1695), der seit 1692 Professor für orientalistische Sprachen am Collège de France war. Sie wurde herausgebracht zwei Jahre nach dem Tod des Verfassers (1697) durch dessen Schüler Antoine Galland. Dieses Nachschlagewerk war mit dem Ehrgeiz geschrieben, alles, was man damals in arabischen, persischen und türkischen Werken an Wissenswertem über den Orient finden konnte, in alphabetisch geordneten Artikeln zusammenzustellen und dem europäischen Leser zugänglich zu machen. Daraus wurde ein einzigartiges Quellen- und Verifikationswerk, Vorgänger aller künftigen „Enzyklopädien des Islam". Eine Generation jünger ist *Eusèbe Renaudot* (1646–1720), Kleriker und Prior der Klöster von Frossai in der Bretagne und von Saint Christophe von

Châteaufort, der orientalische Sprachen studiert und wichtige Werke zur Kirchengeschichte des Orients verfaßt hatte. Von Bedeutung ist auch seine Erschließung eines Reiseberichts zweier Muslime des 9. Jahrhunderts über die „alten Beziehungen zwischen Indien und China“ (4 Bände Paris 1718).

Hinzu kommt: Europa verdankt dem Herbelot-Schüler *Antoine Galland* (1646–1719), seit 1703 Arabist am Pariser Collège Royal, die Bekanntmachung mit einem großen Denkmal islamisch geprägter Unterhaltungsliteratur: den *„Geschichten aus 1001 Nacht“*. Seine sehr freie, dem französischen Geschmack angepaßte Übersetzung erschien zwischen 1704 und 1717 in zwölf Bänden und hatte in Europa einen ganz ungewöhnlichen Erfolg. Sie trug wesentlich dazu bei — so Johann Fück —, „daß das gebildete Europa im islamischen Orient nicht länger die Heimat des Antichrists und seiner fluchwürdigen Häresie sah, sondern den ‚unwandelbaren Osten‘ unter einem ewig heiteren Himmel, mit seiner Farbenpracht und seinem unerhörten Reichtum, seinen Kalifen, Weziren und Kadis, Harems, Märchenprinzen, Feen und Genien, Zauberern und Weisen, eine Welt voll phantastischer Abenteuer und unerhörter Begebenheiten“[13].

Diese Namen zeigen: Lessing war mit maßgeblichen orientalistischen Autoritäten seiner Zeit vertraut, wie seine Verteidigung Marignys Punkt für Punkt demonstriert. Und doch muß er auch das Unzureichende an Marigny gespürt haben, spart dieser doch den ganzen spanisch-muslimischen Raum aus. Das erklärt Lessings Absicht, die Fortsetzung über die „Geschichte der Moraviden“ in Spanien „selbst zu machen“, wie er seinem Vater schreibt,[14] die Ge-

[13] *J. Fück,* a. a. O., S. 101. Eine ausführliche kritische Analyse des Islam-Bildes von Galland und d'Herbelot aus muslimischer Sicht bietet: *A. Gunny,* a. a. O., S. 37–46 u. S. 46–54 (s. Anm. 12). Zu den „Geschichten aus Tausendundeiner Nacht“ vgl. — den neuesten Forschungsstand zusammenfassend —: *R. Irwin,* Die Welt von Tausendundeiner Nacht. Aus dem Englischen übersetzt und für den deutschen Leser ergänzt von W. Walther, Frankfurt/M.-Leipzig 1997.

[14] *G. E. Lessing,* Brief an J. G. Lessing vom 29. 5. 1753, in: Briefe von und an Lessing (1743–1770), hrsg. v. H. Kiesel, Frankfurt/M. 1987, S. 52: „Die Historie der Araber habe ich übersetzt. Es werden drei Teile; und den vierten werde ich selbst dazu machen, welcher von der Geschichte der Moraviden in Spanien handeln soll. Ich würde mich auf dem Titel genennet haben, wenn ich nicht wegen der Vorrede einiges Bedenken getragen hätte.“ Im selben Brief erwähnt Lessing auch das von ihm im Gegensatz zu seinem Vater begrüßte Interesse des jüngeren Bruders Theophilus an „orientalischen Sprachen“, was nach der Übung der Zeit (vgl. *K. Aner,* a. a. O., S. 209–213) nicht nur das Aramäische und Hebräische, sondern auch das Arabische einschloß. Lessings Vater war beunruhigt wegen eines Aufenthaltes von Theophilus bei Gotthold Ephraim in Berlin, da er fürchtete, der ältere Bruder würde den jüngeren vom Theologiestudium (das Theophilus in Wittenberg begonnen hatte) abbringen. Gotthold Ephraim beruhigt den

schichte also einer muslimischen Dynastie berberischer Herkunft, die zu den bedeutendsten des muslimischen Marokko und Spanien (1061–1147) gehörte. Lessing hatte offenbar begriffen, welch überragende Rolle Spanien unter der islamischen Herrschaft kultur- und religionspolitisch gespielt hat. Wir werden künftig auf das „maurische Spanien" bei Lessing immer wieder stoßen, von dessen Geistigkeit er — bis hin zur Ring-Parabel im „Nathan" — beeinflußt ist...

Überhaupt ist der junge Autor und Kritiker in dieser Zeit von schier unersättlichem orientalistischen Wissensdurst, obwohl er — was die alten Sprachen betrifft — über das einstmals in Meißen erlernte Lateinische, Griechische und Hebräische nicht hinauskommt und nie hinauskommen wird. Er interessiert sich für Reiseberichte in die Wüste Sinai (LM V, 404f) ebenso wie für historisch-kritische Untersuchungen über die Herkunft des israelitischen Landesnamens Samaria (LM V, 163). Insbesondere die „Bibliothèque Orientale" wird auch künftig die wichtigste Quelle für Lessings Kenntnisse aller orientalischen Angelegenheiten sein, einschließlich des Islam. Ja, drei Jahr zuvor, 1750, hatte Lessing bereits einmal das Angebot erhalten, die lateinische Übersetzung der „Bibliothèque Orientale" zu überprüfen und neu herauszugeben, was er aus Zeitgründen freilich ausschlug.[15] Eine intime Vertrautheit mit diesem Quellenwerk können wir also voraussetzen.

Die neue Stoßrichtung von Lessings Denken wird am Fall Marigny nun vollends klar. Gegen alle europäisch-christliche Überheblichkeit beginnt er, die politischen, kulturellen und moralischen Errungenschaften anderer Völker, Kulturen und Religionen zu würdigen. Was er am Fall des Judentums vordemonstrierte, praktiziert er nun auch hier: Gegen eine christlich-europäische Selbstüberschätzung betont er strategisch gezielt die positive Veränderungskraft des

Vater: „Es sind jetzo Ferien in Wittenberg, und er (Theophilus) hätte nicht nötig hier etwas zu verzehren. Sein kurzer Aufenthalt könnte ihm auch auf verschiedne Art nützlich sein; wenn es auch nur in Ansehung der orientalischen Sprachen wäre. Es muß Ihnen notwendig angenehm sein, daß er darinne etwas besonders tun will; und es ist gewiß, daß er ein größer Glück dadurch machen kann, als durch die bloße Theologie. In Holland gelten die orientalischen Sprachen ungemein viel" (S. 51). Der Austausch zwischen den Brüdern über Orientalistisches ging auch später weiter. In einem Brief an den Vater schreibt Gotthold Epharim Lessing am 11. 4. 1755: „Der Bruder wird mich entschuldigen, daß ich abermals an ihn nicht schreibe. Ich schicke ihm unterdessen einen arabischen Dichter, der ihm vielleicht nicht unangenehm sein wird." (a. a. O., S. 65). Um welchen „arabischen Dichter" es sich dabei handelte, blieb mir unbekannt.

[15] *G. E. Lessing*, Brief an J. G. Lessing vom 2. 11. 1750, in: a. a. O., S. 30 (s. Anm. 14).

Islam, seine Leistungen in Künsten und Wissenschaften, das Auftreten von Helden und Gelehrten in seinem Raum, ja auch das Faktum von Tugenden, die christlichen in nichts nachstehen. Eine erste „Rettung" des Islam wird auf diese Weise vollzogen, eine zweite folgt ganz programmatisch kurze Zeit später in einer Schrift aus dem Jahre 1754. Sie trägt den Titel: *„Rettung des Hieronymus Cardanus"* (G VII, 9–32). Doch bevor wir sie in den Mittelpunkt einer dritten Schlüsselszene für das Islam-Bild des frühen Lessing rücken, müssen wir den theologie-, kirchen- und kulturgeschichtlichen Hintergrund ausleuchten, vor dem der junge Lessing für eine neue Grundhaltung auch gegenüber dem Islam streitet.

3. Das Islam-Bild von Mittelalter und Reformation

Um Lessings Leistung würdigen zu können, unterlegt man in der Tat am besten geschichtliche Folien. Man wird entdecken: Lessings Neubewertung des Islam steht in völligem Gegensatz zu einer in der Christenheit jahrhundertelang üblichen Abwertung des Islam als einer illegitimen antichristlichen Religion. Solche Stereotypen waren auch in der Theologie der Lessingzeit, sowohl auf katholischer wie auch protestantischer Seite, gang und gäbe. Sie hatten sich in einem jahrhundertelangen Abwehrprozeß gegen den Islam festgesetzt. Und auf das Islam-Bild maßgeblicher Theologen konzentrieren wir uns hier, wohl wissend, daß bei Poeten wie Wolfram von Eschenbach (ca. 1170 – ca. 1220) oder bei charismatischen Einzelgestalten wie Franz von Assisi (1181–1226) oder Kaiser Friedrich II. (1194–1250) auch im Mittelalter eine andere Grundhaltung zum Islam und zu Muslimen sichtbar wurde.[16]

Wer die Geschichte übersieht, wird bis zur Lessingzeit zwei aus-

[16] Zur Geschichte des *christlichen Islam-Bildes* sind maßgebend: *N. Daniel,* Islam and the West and the Making of an Image, Oxford 1960, ²1993. *W.M. Watt,* The Influence of Islam on Medieval Europe, Edinburgh 1972; dt.: Der Einfluß des Islam auf das europäische Mittelalter. Aus dem Englischen übers. v. H. Fließbach, Berlin 1989; *ders.,* Muslim — Christian Encounters. Perceptions and Misperceptions, London — New York 1991. *H.A. Hourani,* Islam in European Thought, Cambridge 1991; dt.: Der Islam im europäischen Denken. Essays, Frankfurt/M. 1994. Zu einem *alternativen Islam-Bild* im Mittelalter vgl. die Studien von: *A. Raucheisen,* Orient und Abendland. Ethisch-moralische Aspekte in Wolframs Epen „Parzival" und „Willehalm", Frankfurt/M. 1997. *F. de Beer,* Der heilige Franziskus und der Islam, in: Concilium 17 (1981), S. 696–705. *E. Horst,* Der Sultan von Lucera. Friedrich II. und der Islam, Freiburg 1997.

gebildete Paradigmen christlicher Islamtheologie rekonstruieren können. Das Denken in Paradigmen hilft dabei, die Geschichtsprozesse zu strukturieren, idealtypisch zu rekonstruieren und gleichzeitig die Persistenz uralter noch vorhandener Paradigmen in der Gegenwart zu diagnostizieren, die das Islambild von Christen mentalitätsgeschichtlich tief geprägt haben.[17]

Der Islam als Häresie

Eine erste große geschichtsmächtige Gestalt christlicher Islam-Theologie tritt uns mit dem um das Jahr 675 zu Damaskus in eine christliche Familie des byzantinischen Ritus (Melchiten) geborenen Johannes entgegen: *Johannes von Damaskus* (gestorben ca. 749). Er lebt in einer Zeit, in der Damaskus — schon drei Jahre nach dem Tod des Propheten 635 von muslimischen Arabern erobert — unter den Umayyaden-Kalifen neues Machtzentrum eines arabischen Großreiches geworden war. Durch seine Kontakte zum Kalifenhof ist Johannes mit den neuen Herrschern und ihrer Kultur bestens vertraut. Ohnehin gab es für ihn als arabisch sprechenden Christen keine Sprachbarriere. Wichtiger noch: Johannes ist auch intellektuell fähig, auf die muslimische Herausforderung theologisch zu reagieren.

Sein Werk ist auch deshalb kostbar, weil es nur wenige Dokumente aus der ersten Zeit nach der muslimischen Eroberung Syriens gibt, die es uns gestatten, die Wahrnehmung und Wertung der muslimischen Araber durch syrische Christen zu erfassen. Und schaut man sich das theologische Hauptwerk des Johannes, die „Quelle der Erkenntnis", geschrieben in der Zeit nach 742/43, genau an, so ergibt sich als Schlußfolgerung: Johannes von Damaskus ist *der Initiator des epochalen theologischen Paradigmas der Konfrontation* und insofern in der Tat eine „Pioniergestalt in der Geschichte der muslimisch-christlichen Beziehungen"[18]. Denn in seinem Werk begegnen wir stärker als bei anderen christlichen Theologen der Zeit auf *ge-*

[17] Die Paradigmen-Theorie auf die Geschichte der Religionen angewandt hat *H. Küng* in seinen monumentalen Studien zum Judentum (1991) sowie zum Christentum (1994). Zur theoretischen Begründung und praktischen Durchführung sei auf diese Bücher verwiesen.

[18] So *D. Sahas,* The Arab Character of the Christian Disputation With Islam. The Case of John of Damascus, in: D. E. Lewis — F. Niewöhner (Hrsg.), Religionsgespräche im Mittelalter, Wiesbaden 1992, S. 185–205, Zitat S. 185.

schichtlich wirkmächtige Weise dem Ur-Erstaunen aller christlichen Islam-Theologie:

- Wie ist es möglich, daß eine Religion, die so nahe an Judentum und Christentum ist, ihnen zugleich so fremd sein kann?
- Wie ist es möglich, daß nach der „abschließenden" Offenbarung Gottes im Christus-Ereignis noch einmal eine Religion auftritt, die nicht nur behauptet, ihrerseits die definitive Offenbarung und mit Mohammed das „Siegel der Propheten" zu besitzen, sondern die auch in einem beispiellosen Ansturm sich weite Teile der mediteranen christlichen Welt unterwirft? Noch zu Lebzeiten des Johannes von Damaskus wird es ja zur Eroberung von ganz Spanien kommen, ja im Jahre 732 stehen die Araber sogar in der Mitte Frankreichs und werden — erstmals — von einem christlichen Heer zurückgeschlagen.

Das Hauptwerk des Johannes von Damaskus gibt die Antwort. Es enthält eine lange Übersicht über einhundert „Häresien", über deren Entstehung und Entwicklung. Zu allen im Orient damals bekannten Irrlehren nimmt der Autor Stellung, so auch zum Islam. Und diese *Einordnung unter die Häresien* macht nun das Spezifische dieses Urtyps konfrontativer Islam-Theologie aus. Die Tatsache nämlich, daß der Islam so viel Christliches enthält und zugleich das Christliche in so verzerrter und verkürzter Form präsentiert, erklärt sich Johannes nach einem ihm vertrauten Muster: dieser „neue Glaube" ist nichts anderes als eine alte Spielart sattsam bekannter häretischer Abweichungen von der christlichen Lehre. Denn schaut man sich die Inhalte an, so wird offenkundig, woher die Häresie „Islam" letztlich stammt: vom Erzketzer aller Ketzer nämlich, von Arius, den schon das Konzil von Nikaia 325 exkommuniziert hatte. Deshalb ist der Offenbarungsanspruch Mohammeds von vornherein disqualifiziert:

> „Um beim Volk den Anschein der Gottesfurcht zu erwecken, verbreitete er zum Schein das Gerücht, vom Himmel sei eine Schrift von Gott auf ihn herabgekommen. Indem er in dem von ihm (stammenden) Buch einige Lehrsätze aufgestellt, die (freilich) lächerlich sind, lehrte er sie auf diese Weise die Ehrfurcht (vor Gott)."[19]

[19] *J. von Damaskus,* Über die Häresien (742/43), in: Johannes Damascenos u. Th. Abu Qurra, Schriften zum Islam. Kommentierte griechisch-deutsche Textausgabe von R. Glei — A.Th. Khoury, Altenberge 1995, S. 75.

Ja, in einem relativ ausführlichen häresiologischen Paragraphen über den Islam läßt Johannes von Damaskus bereits alles erkennen, was für die christliche Islam-Polemik auch der folgenden Jahrhunderte charakteristisch werden sollte. Ich fasse die Hauptpunkte zusammen:

(1) Der Islam ist *keine eigenständige Religion,* sondern eine christliche Irrlehre. Er muß deshalb als Teil der christlichen Ketzergeschichte behandelt und bekämpft werden. Deshalb denkt Johannes nicht daran, den Islam im ganzen zu präsentieren, sondern konzentriert sich auf einige angebliche Schwachpunkte.

(2) Der *Propheten- und Offenbarungsanspruch Mohammeds* wird als Phantasieprodukt durchschaut und mit komischen Geschichten lächerlich gemacht.

(3) Die muslimische Kritik am christlichen Glauben wird mit *polemischer Gegenkritik* beantwortet. Nennen die Muslime die Christen „Beigeseller", so die Christen die Muslime im Gegenzug „Verstümmler" Gottes; klagen die Muslime die Christen wegen der Anbetung des Kreuzes der Götzendienerei an, geben die Christen zurück: Die Geschichten um die Ka'ba in Mekka sind ja auch bloß „Märchen"; in der Verehrung eines Steins steckt auch viel Götzendienst.

(4) Die *Moral des Propheten* der Muslime wird diskreditiert unter Hinweis auf seine sexuelle Triebhaftigkeit und die durch den Koran erlaubte Vielweiberei.

Szenenwechsel im selben Paradigma: Was Johannes von Damaskus für den griechischen Osten, ist *Petrus Venerabilis* (1094–1156) für den lateinisch sprechenden *christlichen Westen.* Wir befinden uns mittlerweile in der Zeit der Kreuzzüge, von denen die Christenheit zwischen 1096 und 1270 sieben erleben wird und die bis heute zum Trauma muslimisch-christlicher Geschichte gehören. Wir befinden uns also in der Zeit *der militärischen Konfrontation mit dem Islam.* Theologisch wirkt sich dies alles als Prozeß der Systematisierung christlicher Islam-Theologie aus. War Johannes von Damaskus' Auseinandersetzung mit dem Islam Teil einer unsystematischen Polemik, so wird 400 Jahre später von christlichen Theologen des Westens die Auseinandersetzung mit dem Islam auf ganz andere Grundlagen gestellt. Systematisiert wird nicht nur die militärische Rückeroberung des angeblich Christen zustehenden Stammlandes („Heiliges Land"); systematisiert wird auch die intellektuell-theologische Auseinandersetzung im Zuge einer geistigen Rückeroberung, im Zuge also einer *systematischen Missionierung* islamischer Territorien. Militarismus und Missionarismus spielen dabei Hand in Hand.[20]

In diesem Kontext sind die polemisch-apologetischen Schriften des *Petrus, Abt von Cluny,* zu sehen, in dem wir den Begründer einer systematischen Auseinandersetzung mit dem Islam im Paradigma der Konfrontation zu sehen haben. Sein Werk ist eine der Hauptquellen geworden für die gesamte spätere mittelalterliche und reformatorische Polemik gegen die Muslime und ihre Religion.[21] Denn Petrus Venerabilis ist derjenige, der als erster für die Grundlagen einer Auseinandersetzung mit dem Islam Sorge trägt. Er hatte zu seiner Verwunderung entdeckt, daß die lateinische Theologie überhaupt nicht über ausreichende Quellenkenntnisse verfügte, geschweige denn die Sprachen der Muslime beherrschte. Um diesem Zustand abzuhelfen, begibt sich Petrus nach Spanien, diesem christlich-muslimischen Zwitterland. Während einer Reise zur Inspektion ihm unterstellter Klöster im Jahre 1142 trifft er zwei Gelehrte, die der arabischen Sprache mächtig sind und sich in der arabischen Kultur bestens auskennen: Robert von Ketton und Hermann von Dalmatien.

Petrus gewinnt sie für den Plan, den Koran zusammen mit antiislamischen Schriften arabischer Christen ins Lateinische zu übersetzen. Diese Übersetzung erscheint denn auch ein Jahr später, 1143, und ist die *erste lateinische Übersetzung des Koran* überhaupt, Grundstein für alle künftigen Auseinandersetzungen mit dem Islam durch die lateinisch sprechende Christenheit des Westens. Ja, die kultur und religionsgeschichtliche Bedeutung dieses Buches wird man gar nicht überschätzen können. Es bildet die Hauptquelle jeder europäischen Kenntnis des Koran und dient nahezu allen bedeutenden christlichen Streitern wider diese Religion als Grundlage: Nikolaus von Kues (1401–1464)[22] genauso wie Juan de Torquemada (1388–

[20] Vgl. dazu: *B. Z. Kedar,* Crusade and Mission. European Approaches Toward the Muslims, Princeton 1984. *E. Rotter,* Abendland und Sarazenen. Das okzidentale Araberbild und seine Entstehung im Frühmittelalter, Berlin — New York 1986.

[21] *Petrus Venerabilis,* Schriften zum Islam, hrsg. u. komm. v. R. Glei, Altenberge 1985, S. 3.

[22] Wir können hier nicht auf die Islam-Theologie dieses großen Theologen und Kirchenmannes eigens eingehen. Deshalb sei wenigstens auf die Arbeiten eines Mannes verwiesen, der wie kein anderer Verdienste um die Auswertung der Theologie des Nikolaus von Kues im Blick auf den Islam hat: *L. Hagemann,* Der Koran in Verständnis und Kritik bei Nikolaus von Kues.

1468) und Martin Luther (1483–1546). Erst 1698 wird dieses Buch durch eine neue lateinische Übersetzung des italienischen Paters Ludovico Marracci abgelöst, wobei auch dieses Werk — versehen mit einer Summe aller bis dahin gegen den Koran vorgebrachten Polemik — noch den Geist mittelalterlicher Konfrontationstheologie atmet.

Zeitgleich mit dem Übersetzungs-Auftrag macht sich Petrus ans Werk, eigene polemisch-apologetische Schriften gegen den Islam zu verfassen. Sie werden dann zusammen mit dem lateinischen Koran sowie mit Übersetzungen antiislamischer Schriften arabischer Christen in einer Sammlung zusammengestellt, die nach der von Raimund von Toledo gegründeten Übersetzerschule „Corpus Toletanum" heißt. Hierin ist das wichtigste Werk des Petrus Venerabilis die Schrift „Summa totius haeresis sarazenorum", „Summe der gesamten Irrlehren der Sarazenen".

Deutlich wird: Anders als sein Zeitgenosse *Bernhard von Clairvaux* wollte Petrus den Islam nicht mit dem Schwert bekämpfen. Kreuzzugs-Propaganda war seine Sache nicht. Er wollte vielmehr bei den Muslimen um Gehör bitten, an ihre Vernunft appellieren und mit den islamischen Positionen argumentativ umgehen. Nicht das Schwert, sondern die Waffen des Geistes sollten entscheiden, wobei Petrus selbstverständlich von der Überlegenheit des christlichen Geistes überzeugt ist. Denn alles steht bei Petrus nun einmal in einem missionarischen Kontext. Die Muslime sollen Christen werden, sonst sind sie „verloren" — dieses Motiv beherrscht seine Arbeit. Und das alles erlaubt die Schlußfolgerung: Das theologische Paradigma der Konfrontation wird von Petrus Venerabilis nicht überwunden, sondern verfeinert — und zwar durch folgende Methoden, die dann jahrhundertelang ebenfalls zum Standardrepertoire einer konfrontativen christlichen Islam-Theologie gehören werden:

(1) Demonstration der *Inkonsequenz der Muslime* als Angehörige einer Religion, die an dritter Stelle in der Offenbarungsgeschichte kommt und durch diese dritte Stelle einen universalen Wahrheitsanspruch völlig unsinnigerweise erhebt. Denn die beiden vorangegangenen Offenbarungsschriften bleiben in ihrer Wahrheit gültig.

Ein Beitrag zur Erhellung islamisch-christlicher Geschichte. Frankfurt/M. 1976. Höchst verdienstvoll auch die editorische Leistung: *N. v. Kues*, Sichtung des Korans Bd. I–III, hrsg. v. L. Hagemann u. R. Glei, Hamburg 1989–1993.

Deshalb können die Muslime nicht beides: diese Wahrheit partiell bejahen, zugleich aber eine eigenständige Religion bilden wollen.
(2) Widerlegung aller *Vorwürfe der Schriftkorruption.* Indem die Wahrheit der eigenen Schriften bewiesen wird, wird den Muslimen die Berechtigung entzogen, sich nicht auf die volle Wahrheit der christlichen Offenbarungsschriften einzulassen.
(3) Widerlegung des *Anspruchs Mohammeds,* Prophet zu ein. Wenn aber Mohammed kein Prophet ist, enthält die muslimische Offenbarung auch keinerlei Anspruch auf göttliche Wahrheit.

Der Islam als Heidentum

Was Petrus Venerabilis vorbereitet, wird ein Jahrhundert später durch den Dominikaner *Thomas von Aquin* (1225–1274) vollendet. In der Zwischenzeit hatte eine breite Missionstätigkeit unter den Muslimen in Europa – vor allem in Spanien und Sizilien – durch die Orden der Franziskaner und Dominikaner eingesetzt. Eine Akzentverschiebung in der Einstellung zum Islam wird deutlich erkennbar. Denn nachdem die Kreuzzüge die erhoffte Wirkung verfehlt hatten, ist ein neues Interesse entstanden, den Muslimen den christlichen Glauben zu predigen und ihnen Argumente für die Wahrheit der christlichen Botschaft zu liefern. Missionare aber müssen geschult werden; sie brauchen Fachwissen für die Auseinandersetzung mit den Andersgläubigen. Und in dieser Form der geistigen Auseinandersetzung engagiert sich – die Franziskaner sind mehr auf praktische Pastoralarbeit konzentriert – in erster Linie der Orden der Dominikaner.

So war um die Mitte des 13. Jahrhunderts in Barcelona ein Studium arabicum gegründet worden zur Ausbildung dominikanischer Missionare, die unter Muslimen und Juden tätig sein sollten. Den damals schon angesehenen Ordensbruder *Thomas von Aquin* fordert denn auch der Ordensgeneral Raymund von Peñefort auf, ein Handbuch für die Missionsarbeit zu schreiben, um Missionare für die Auseinandersetzung mit den Muslimen argumentativ zu rüsten. Dabei war sich Thomas bewußt, daß er nicht für Anfänger würde schreiben können. Er wußte, daß gelehrte Muslime philosophisch geschult waren, die Lehren von Aristoteles, Avicenna (Ibn Sina:

980–1037) und Averroës (Ibn Rushd: 1126–1198) kannten. Deshalb mußte die Argumentation differenziert und rational erfolgen. So macht sich Thomas ans Werk und schreibt in den Jahren zwischen 1259 und 1264 die nachmals berühmte *„Summa contra Gentiles"*.[23] Eines ihrer Ziele ist es, Missionaren in Spanien oder Nordafrika eine Vielfalt von Argumenten an die Hand zu geben, um Irrtümer in der Philosophie der „Heiden" aufzuzeigen und die „Ungläubigen" von der Wahrheit der christlichen Religion zu überzeugen.

Anders gesagt: Thomas von Aquin gehört zu denjenigen Theologen, die sich nicht mit der im Frühmittelalter üblichen Ignoranz oder häßlichen Polemik gegen den Islam begnügen. Gerade seine „Summe wider die Heiden" ist nicht zu verstehen ohne den Druck, der auf damaligen christlichen Intellektuellen gelastet haben muß: Ist der Islam dem Christentum im Geistig-Kulturellen nicht weit voraus? Hat er nicht die bessere Philosophie? Wie rechtfertigt sich angesichts dieser Lage die Option für das Christentum? Mit dem großen Dominikaner-Theologen unseres Jahrhunderts, *Maurice-Dominique Chenu,* wird man sagen können: „Thomas ist nicht nach Marokko und nicht ins Land der Mongolen gereist, und er hat kein einziges Wort über die Kreuzzüge" von sich gegeben, „aber er hat beständig die Werke der großen mohammedanischen Philosophen auf dem Schreibtisch liegen, und er ermißt die Dimensionen einer Christenheit, die, damals eingefaßt in die geographischen und kulturellen Grenzen des römischen Reiches, nun plötzlich sich bewußt wird, daß sie nur ein Teil der Menschheit erfaßt hat, und die unermeßlichen profanen Bestände des Kosmos entdeckt"[24].

So versteht sich denn auch jene Anfrage eines *Cantors aus Antiochien* an Thomas bezüglich der muslimischen Lehren von der Einheit und Einzigartigkeit Gottes, der muslimischen Leugnung von Jesu Gottessohnschaft und Kreuzestod sowie bezüglich des Problems der Handlungsfreiheit. Eine Anfrage, die Thomas (wohl kurz nach Abschluß der „Summa contra Gentiles") mit der üblichen Schärfe, Knappheit und Klarheit unter dem Titel *„De rationibus fi-*

[23] Die „Summa Contra Gentiles" liegt heute in einer neuen Ausgabe vollständig wieder vor: Thomas von Aquin. Summe gegen die Heiden, Bd. I–IV, Darmstadt 1974–1996. Dazu *J.A. Weisheipl,* Thomas von Aquin. Sein Leben und seine Theologie. Graz — Wien — Köln 1980, S. 126–130.

[24] *M.-D. Chenu,* Thomas von Aquin in Selbstzeugnissen und Bilddokumenten, Hamburg 1960, S. 86–88.

dei" („Über die Gründe des Glaubens") beantwortet.[25] Dieses kleine Werk stellt den Archetyp aller *rationalen Widerlegungstheologien* gegenüber dem Islam im Paradigma der Konfrontation dar, von der die Christenheit im Laufe der Jahrhunderte immer wieder neue Ableger produzieren wird. Das Wichtigste auch hier in Kürze:

(1) Im Gegensatz zu Petrus Venerabilis hatte Thomas begriffen, daß man die Muslime nicht unter Verweis auf die Bibel als dem authentischen Wort Gottes von der Falschheit ihres Glaubens überzeugen könne. Denn die biblischen Schriften werden von ihnen ja nur insofern anerkannt, als sie durch den Koran bestätigt werden. So bleibt für Thomas nur der Appell an die *natürliche Vernunft als gemeinsame Basis.*

(2) Die Auseinandersetzung mit dem Islam wird nicht länger plump-polemisch, sondern *rational-apologetisch* geführt. Der Islam ist für Thomas nicht länger eine „christliche Irrlehre", sondern eine eigenständige Religion, nicht Häresie, sondern *Heidentum,* das zumindest intellektuell ernstgenommen werden muß. Heidentum muß man widerlegen, Häresie braucht man nur zu verurteilen. Thomas läßt sich denn auch von seinem Gesprächspartner die Einwände der Muslime vorgeben:

> „Dies ist es ja, was, wie du berichtest, von den Ungläubigen bekämpft und verspottet wird: Die Sarazenen spotten nämlich darüber, wie du sagst, daß wir Christus als Sohn Gottes bezeichnen, wo Gott doch keine Frau habe; und sie betrachten uns als verrückt, weil wir uns zu drei Personen in Gott bekennen; denn sie glauben, daß wir uns dadurch zu drei Göttern bekennen. Sie spotten auch darüber, daß wir behaupten, Christus, der Sohn Gottes, sei zur Erlösung des Menschengeschlechtes gekreuzigt worden, weil, wenn Gott allmächtig sei, er das Menschengeschlecht ohne das Leiden seines Sohnes hätte erlösen können; er hätte den Menschen auch gleich so erschaffen können, daß er nicht sündigen könne. Außerdem werfen sie den Christen vor, daß sie täglich im Altarsakrament ihren Gott verzehrten, und daß der Leib Christi, wenn er auch so groß wie ein Berg wäre, schon konsumiert sein müßte."[26]

[25] *Th. von Aquin,* De rationibus fidei. Kommentierte lateinisch-deutsche Textausgabe von L. Hagemann — R. Glei, Altenberge 1987.

[26] *Th. von Aquin,* a. a. O., Kap. 1, 3.

Und gegen diese Kritik legt Thomas Punkt für Punkt eine rationale Gegenargumentation vor. Die Wahrheit des christlichen Glaubens will und kann er zwar nicht beweisen, aber deren *Vernunftgemäßheit* demonstieren. Dabei geht Thomas wie selbstverständlich von der Voraussetzung aus, daß die christlichen Argumente die einleuchtenderen und überzeugenderen sind. Kein Mensch, der sich unter Anwendung seiner Vernunft auf sie einläßt, dürfte ihnen eigentlich widerstehen können. Thomas begründet damit einen Topos christlicher Islam-Theologie, der über Reformation und Lessing-Zeit bis ins 20. Jahrhundert sich durchgehalten hat: Wenn man den Muslimen ihre Christentums-Kritik als Mißverständnis oder Unkenntnis erklärt und ihnen die überlegene Vernunftgemäßheit des christlichen Glaubens demonstriert, kann man eigentlich von ihnen erwarten, daß sie Christen werden. Dabei interessiert sich Thomas nicht im geringsten für das Selbstverständnis der Muslime. Den Islam kennt er nur aus zweiter Hand, den Koran nur vom Hörensagen. Und an einem Aufweis theologischer Kongruenzen zwischen Christentum und Islam ist er — angesichts seines Widerlegungseifers — von vornherein nicht interessiert. Alle Gegenkritik am Islam verbleibt bei Thomas im „Fahrwasser christlicher Denkmuster"[27].

Doch die Muslime dachten weder zur Zeit des Thomas von Aquin noch zu Lessings Zeiten daran, die Rationabilität des christlichen Glaubens der ihres eigenen vorzuziehen. Und die argumentative Widerlegung des Islam mit dem Ziel seiner Auslöschung führte trotz aller Verfeinerung im Verlauf der Zeit genau dorthin, wo alle solche Religionsdisputationen im Geiste missionierender Rechthaberei führen: zu einer gegenseitigen Verhärtung der Positionen sowie zu einer gegenseitigen aggressiven Ausgrenzung und Verwerfung.

Der Islam als Teufelswerk

Daran ändert auch die *Reformation* 300 Jahre später nichts, im Gegenteil. Gewiß: man muß beim Verstehen reformatorischer Islam-Theologie zunächst eine umgekehrte weltpolitische Ausgangslage in Rechnung stellen. Während die Kreuzzüge vom christlichen Westen

[27] *L. Hagemann — R. Glei* (Hrsg.), Einleitung, S. 53 (s. Anm. 25).

aus geführt wurden und einer christlichen Eroberungsstrategie entsprachen, sieht sich die Christenheit zu Beginn des 16. Jahrhunderts der militärischen Expansion der damals größten islamischen Macht gegenüber: den türkischen Osmanen. 1529 wird Wien belagert, 1541 Budapest erobert, und in dieser Zeit ist das mitteleuropäische Christentum obendrein in einen „Hausstreit“ um die Reformation verwickelt. *Martin Luthers* Reaktion auf den Islam muß denn auch in doppelter politischer Frontstellung gelesen werden: gegen Rom sowie gegen die Türken, gegen den Papst sowie gegen den Sultan.[28] Aber Luthers zahlreiche Islam-Schriften stehen nicht mehr im Zeichen der rationalen Vermittlung, sondern im Zeichen des scharfen Anti.[29] Sie läßt sich unter den drei Stichworten Dämonisierung, Apokalyptisierung und innerchristliche Funktionalisierung knapp skizzieren:

(1) *Dämonisierung:* Für Luther ist ganz offensichtlich, daß es sich bei den türkischen Herrschern nicht um eine legitime, sondern um eine gottwidrige Obrigkeit handelt. Der Angriffskrieg gegen unschuldige Länder zeigt ihren durch und durch bösen Charakter. Von daher hat Luther keine Hemmungen, in Verstärkung mittelalterlicher Dämonisierungstendenzen die Türken des „wütenden Teufels Knecht“ zu nennen, „Diener des Teufels“, und „Allah“ mit dem Teufel zu identifizieren:

> „In Summa, wie gesagt ist: Es ist da die Grundsuppe aller Greuel und Irrtümer. Solches will ich dem ersten Mann, nämlich dem Christenhaufen, kundgetan haben, auf daß er wisse und sehe, was für große Notwendigkeit hier vorliegt zu beten, und daß man

[28] Zu *Luthers Islam-Bild* vgl. an neuerer Literatur: *R. Mau,* Luthers Stellung zu den Türken, in: Leben und Werk Martin Luthers von 1526–1546, hrsg. v. H. Junghans, Göttingen 1983, Bd. I, S. 647–662 u. 956–966. *H. Bobzin,* Martin Luthers Beitrag zur Kenntnis und Kritik des Islam, in: Neue Zeitschrift für systematische Theologie und Religionsphilosophie 27 (1985), S. 262–289; *ders.,* Der Koran im Zeitalter der Reformation. Studien zur Frühgeschichte der Arabistik und Islamkunde in Europa, Beirut 1995; *ders.,* „A Treasury of Heresies“. Christian polemics against the Qur'an, in: The Qur'an as text, hrsg. v. St. Wild, Leiden — New York — Köln 1996, S. 157–175. *H. Blöchle,* Luthers Stellung zum Heidentum im Spannungsfeld von Tradition, Humanismus und Reformation, Frankfurt/M. 1995, Kap. IV: Luthers Stellung zum Islam und zu den Türken. Zu *Melanchthons Islam-Bild: M. Köhler,* Melanchthon und der Islam. Ein Beitrag zur Klärung des Verhältnisses zwischen Christentum und Fremdreligionen in der Reformationszeit, Leipzig 1938.

[29] Die *Hauptschriften Luthers zum Islam* sind die folgenden: Vom Kriege wider die Türken (1929). Ein Heerpredigt wider den Türken (1529). Libellus de ritu et de moribus turcorum (1530). Vermahnung zum Gebet wider den Türken (1541). Verlegung des Alcoran Bruder Richardi, Predigerordens (1542).

zuvor des Türken Allah, das ist seinen Gott, den Teufel, schlagen und so seine Macht und Gottheit von ihm stoßen müsse, sonst (hab ich Sorg) wird das Schwert wenig ausrichten."[30]

Noch drastischer an einer anderen Stelle:

„Nun haben wir oben gehört, was der Türke für ein Mann sei, nämlich ein Zerstörer, Feind und Lästerer unseres Herrn Jesus Christus, der an Stelle des Evangeliums und des Glaubens seinen schändlichen Mohammed und alle Lügen aufrichtet. Dazu verwüstet er alle weltliche Obrigkeit und Hauszucht oder Ehestand, und sein Kriegführen ist nichts anderes als Mord und Blutvergießen, als eines rechten Teufels Werkzeug."[31]

(2) *Apokalyptisierung:* Die Dämonisierung wird noch einmal verstärkt durch die Deutung des Islam als Phänomen der Endzeit. Das siebte Kapitel des Daniel-Buches zieht Luther heran, um das Phänomen des Islam zu deuten. Und im Anschluß an dieses apokalyptische Buch spricht Luther von „zwei grausamen Tyrannen, welche vor dem jüngsten Tage die Christenheit verwüsten oder zerstören" würden. Einer sei geistlich und gehe mit List, falschem Gottesdienst und Lehre vor; der andere sei weltlicher und leiblicher Natur. Gemeint ist einerseits der Papst, andererseits der Sultan. Beide sind für Luther Werkzeuge des Teufels, mit deren Hilfe dieser die Christenheit „aufs allergreulichste" angreife, bevor die Welt an ihr Ende komme. Papst und Sultan – beide sind für Luther der Anfang vom Ende der Geschichte. Und angesichts dieser Lage gibt der Reformator die Durchhalteparole aus:

„Darum so halte fest und sei sicher, daß der Türke bestimmt der letzte und ärgste Zorn des Teufels gegen Christus sei, womit er dem Faß den Boden ausstößt und seinen Grimm gegen Christi Reich ganz ausschüttet, dazu auch die größte Strafe Gottes auf Erden über die undankbaren und gottlosen Verächter und Verfolger Christi und seines Wortes und ohne Zweifel das Vorspiel

[30] *M. Luther,* Vom Kriege wider die Türken, in: Luther Deutsch. Die Werke Martin Luthers in neuerer Auswahl für die Gegenwart, hrsg. v. K. Aland, Bd. VII, Stuttgart – Göttingen 1967, S. 94–118, Zitate S. 95; 99; 100. Aus Verständnisgründen wird, wo immer möglich, diese sprachlich geglättete Luther-Ausgabe zitiert, ansonsten die wissenschaftlich maßgebliche „Weimarer Ausgabe" (WA), die auch die Briefe (WABR) und die Tischreden (WATR) enthält.

[31] *M. Luther,* Vom Kriege wider die Türken, S. 109 (s. Anm. 30).

der Hölle und ewiger Strafe. Denn Daniel sagt, daß nach dem Türken flugs das Gericht und die Hölle folgen soll (Daniel 7, 10). Und man siehts auch gut an der Ereignissen, wie greulich er die Menschen, Kinder, Weiber, jung und alt erwürgt, spießt, zerhackt, die ihm doch nichts getan haben, und so handelt, als sei er der zornige Teufel selbst leibhaftig. Denn nie hat ein Königreich so mit Morden und Lügen getobt wie er tut."[32]

Daraus folgt für Luther, daß militärischer Widerstand für Christen unbedingt geboten ist, so daß, wer einen Türken tötet, Gott einen Gefallen tut:

> „daß er nämlich keinen Zweifel haben soll, wer gegen den Türken (sofern er Krieg anfängt) streitet, daß er gegen Gottes Feind und Christi Lästerer, ja gegen den Teufel selbst streitet. So muß er sich nicht sorgen, wenn er etwa einen Türken tötet, daß er unschuldig Blut vergieße oder einen Christen töte, sondern er tötet bestimmt einen Feind Gottes und Lästerer Christi, den Gott selbst durch das Buch Daniel als einen Feind Christi und seiner Heiligen zum höllischen Feuer verurteilt hat."[33]

(3) *Innerchristliche Funktionalisierung.* Geht Luther in den beiden oben ausgeführten Punkten über die mittelalterliche Polemik gegen den Islam nicht hinaus, so trifft man bei ihm auch einen Argumentationstypus, der so im Mittelalter nicht möglich gewesen wäre: die Selbstkritik an bestimmten Gruppen innerhalb der Christenheit. Im Mittelalter bildete diese ja noch eine große Einheit. Jetzt ist sie gespalten, so daß der Islam für die innerchristliche Polemik zwischen dem Papst und dem Protestantismus funktionalisiert werden kann. Keine Seite war hier kleinlich.[34] *Innerprotestantisch* wurde die Verunglimpfung von Gegnern als „Türken" oder „Mohammedaner" ebenso hemmungslos betrieben wie interkonfessionell. So konnte Luther

[32] *M. Luther,* Ein Heerpredigt wider den Türken, in: Luther Deutsch Bd. VII, S. 119–148, Zitat S. 121f.

[33] *M. Luther,* a. a. O., S. 122f.

[34] Das Folgende ist gut dargestellt und belegt bei: *H. Bobzin,* Zur Instrumentalisierung des Islam im Dienste innerkirchlicher, vor allem protestantischer Polemik (16.–18. Jhdt.), in: Islam i Chrześcijaństwo, hrsg. v. A. Zaborski, Krakau 1995, S. 35–50. Das zitierte *lutherische Kirchenlied* findet sich in: WA Bd. 35, Weimar 1923, S. 467f. Wie international verbreitet der Topos „Antichrist" für den Propheten Mohammed war, zeigt die Analyse lateinischer, französischer und englischer Mohammed-Darstellungen vom Mittelalter bis zur frühen Neuzeit von *S. Conklin-Akbari,* in: Islam and Christian-Muslim Relations 8 (1997), S. 297–307.

protestantische Gegner wie *Thomas Müntzer* oder *Michael Servet,* von dessen „Fall“ wir im nächsten Kapitel ausführlicher reden werden, ebenso polemisch-haßerfüllt als Islam-Sympathisanten abqualifizieren, wie *Nikolaus Graf von Zinzendorf* (1700–1760), eine der überragenden Gestalten des deutschen Pietismus („Herrnhuter Brüdergemeine“), sich von innerkirchlichen Gegnern der ehrabschneidenden Behauptung ausgesetzt sah, Mohammeds „heutiger Affe“ zu sein.

Auch *interkonfessionell* zwischen Protestanten und Katholiken ging es hin und her. Daß für Luther der Antichrist „zwei Häupter“ hatte, den Sultan und den Papst, haben wir schon erwähnt. Berühmt ist der erste Vers des lutherischen Kirchenlieds „Erhalt uns, Herr, bei deinem Wort“, ein — wie es ausdrücklich heißt — „Kinderlied, zu singen wider die zween Ertzfeinde Christi und seiner heiligen Kirchen, den Papst und Türcken“. Das Lied lautet in seiner ursprünglichen (später dann entschärften und vielfach umgedichteten) Form:

„Erhalt uns Herr bey Deinem wort
und steur des Bapsts und Türcken Mord
die Jhesum Christum deinen son
Wollten stürtzen von deinem Thron.“

An der Umdichtung dieses Lieds freilich beteiligten sich auch die Katholiken. Schon 1529 und 1530 hatte einer der schärfsten katholischen Gegner Luthers, *Johann Cochläus,* in polemischen Gegenschriften Luther einen Turban verpaßt, um ihn als „ungläubigen Türken“ zu beschimpfen („Sieben Köpffe Martini Luthers“, Leipzig 1529), oder nachzuweisen versucht, daß Luthers Lehre mit dem Koran konform gehe („Dialogus de bello contra Turcas, in Antilogias Lutheri“, Leipzig 1530). In katholischen Gesangbüchern Ende des 16. Jahrhunderts konnte man dann folgende katholische Variante des lutherischen Kirchenlieds finden, die ihre makabre Pointe darin hat, Gott selbst zum Türkenmord aufzufordern:

„Erhalt uns Herr, bei deinem Wort
den Ketzern wher, die Türken mord
die Christum und die Kirche schon
wollen stürzen von ihrem Thron.“

An seinen antiislamischen Grundüberzeugungen hat Luther sein Leben lang festgehalten. Auch seine späten Anti-Islamschriften lassen diese Überzeugung durchblicken. Der alte Luther freilich ist noch stärker als früher daran interessiert, daß man sich in der Christenheit über den Islam breiter informiert. Schon von Anfang der Auseinandersetzung mit dem Islam an (1529/30) hatte er die Möglichkeit erwogen, selber den Koran zu verdeutschen, den Luther bis 1542 nie in einer vollständigen Ausgabe in der Hand hatte. Als dieser Plan scheitert, setzt sich der Reformator dafür ein, daß die „*Confutatio Alkorani*" des Dominikaners *Riccoldus de Monte Crucis* (gest. 1320) wieder neu verlegt wird. Ja, Luther selbst kümmert sich um die Übersetzung dieses Werkes, redigiert es und steuert zur Veröffentlichung ein Vorwort bei — alles im Jahre 1542. Dabei ist die von Luther vorgenommene Verschiebung der Grundrichtung dieser Schrift bemerkenswert. Riccoldo von Monte Crucis diente sie noch zur Vorbereitung einer missionarischen Arbeit an den Muslimen; bei Luther hat sie nur noch den Zweck der Zurüstung derer, die gegen die Muslime kämpfen oder in türkische Gefangenschaft geraten, damit sie sich des Irrglaubens namens Islam erwehren können. Zwar schneidet in Luthers Vorwort der Prophet Mohammed im Vergleich mit dem Papst jetzt besser ab; nicht Mohammed, sondern der Papst sei der wahre Antichrist, denn Mohammed sei „wie ein Heide, der von außen die Christenheit verfolget"; der Papst dagegen mit seinem „Koran" (all seinen Decretalen, Summen usw.) hat „den hohen, subtilen, schönen, gleißenden Teuffel", der „inwendig in der Christenheit" sitzt.[35]

Mit derselben Grundintention verfolgt Luther auch den *Druck der lateinischen Koranausgabe des Petrus Venerabilis*, die der in Zürich wirkende Gelehrte Theodor Bibliander 1542 durchführen will, und zwar in der Stadt Basel. Da es aber in dieser Stadt seit 1536 ein ausdrückliches Verbot gibt, Koranübersetzungen zu drucken, wendet sich Bibliander an Martin Bucer, den Straßburger Reformator, dieser an Luther, und dessen Eingreifen ist es zu verdanken, daß der Rat der Stadt Basel dem Druck der Bibliandersches Koran-Ausgabe zustimmt — allerdings mit der Auflage, daß Basel als Druckort nicht genannt und das Buch in Basel nicht verkauft wird.

[35] *M. Luther*, Verlegung des Alkoran Bruder Richardi, Prediger Ordens (1542), in: WA Bd. 53, Weimar 1920, S. 261–396. Zitat S. 394 u. S. 395.

Dabei war Luther einmal mehr von dem Gedanken geleitet, die Kenntnisse vom Koran unter christlichen Theologen zu verbreiten. Der Erlanger Islamologe *Hartmut Bobzin* hat in seiner monumentalen Studie über den „Koran im Zeitalter der Reformation" (1995) gerade diesen Aspekt eindrucksvoll herausgestellt. Je länger, desto mehr mißtraute Luther ganz offensichtlich den vielen polemischen „Widerlegungen" des Koran durch christliche Theologen. Zuviel Haß wurde für seinen Geschmack auf den Koran gelenkt; nur das Allerschändlichste und Ungeheuerlichste würde aus dem Koran herausgelesen; alles aber, was auch „gut" darin sei, würde verschwiegen.[36] So fordert denn Luther in *seiner Vorrede zur Biblianderschen Koran-Ausgabe* seine Leser auf, sich nicht mit Auszügen zu begnügen, sondern den ganzen Koran zu studieren und sich auf diese Weise selber ein Urteil zu verschaffen.[37] Bobzins Wertung gerade auch als Islamwissenschaftler hat denn auch vieles für sich: „Luther gebührt in jedem Fall das Verdienst, für die Kenntnis des Korans im Europa des 16. Jahrhunderts einen wichtigen Beitrag geleistet zu haben."[38]

Aber Luther kann in dieser Frage großzügig sein, weil er nun einmal der Überzeugung ist, daß der Koran ein „verflucht, schändlich verzweifelt Buch" ist, „voller Lügen, Fabel und aller Greuel"[39]. Durch eine Veröffentlichung und ein gründliches Studium des Koran wird in seinen Augen die christliche Sache nicht geschwächt, sondern gestärkt, weil dieses Buch wie von selbst in Christen den Abscheu vor Mohammeds Lehre vergrößern werde. Dabei ist aufregend zu beobachten, daß schon Luther im 16. Jahrhundert eine Wertung des Koran vornimmt, die erst 200 Jahre später, zu Lessings Zeiten, geschichtsmächtig werden wird. Denn schon Luther erkennt im Koran ein *Buch der Vernunft*, was in ihm freilich den Abscheu nur noch vergrößert, ist doch der Koran damit nichts als ein Dokument schändlicher Selbstmächtigkeit des Menschen, verdammungswürdiger „Werkgerechtigkeit". Der Koran ist — so Luther wörtlich

36 So *M. Luther* in seinem Vorwort zum „Türkenbüchlein" des „Ungenannten Mühlbächers" (Erstausgabe: Rom 1480): Libellus de ritu et moribus turcorum (1530), in: WA Bd. 30 II, Weimar 1910, S. 205–208.

37 *M. Luther,* Vorrede zu Theodor Biblianders Koran-Ausgabe (1543), in: WA Bd. 53, Weimar 1920, S. 569–572 (lateinischer Text).

38 *H. Bobzin,* Der Koran im Zeitalter der Reformation, S. 156 (s. Anm. 28).

39 *M. Luther,* Brief an den Rat zu Basel vom 27. 10. 1542, in: WABR Bd. 10, Weimar 1947, S. 161f. (Nr. 3802).

– „eitel menschliche vernunfft on Gottes wort und geist. Denn sein gesetz leret nichts anders, denn was menschliche witze und vernunfft wol leiden kan.“[40]

Friedrich Niewöhner, der Wolfenbütteler Literaturwissenschaftler, hat hier den richtigen Punkt getroffen, wenn er zusammenfassend zu Luthers Position in Sachen Koran-Übersetzung sagt: „Luther hat den Koran als Dokument des Glaubens der Muslime zwar nicht als gefährlich angesehen, und deswegen brauchte er ihn nicht zu widerlegen und stimmte seiner Übersetzung zu. Aber die ‚vernünftige‘ Werkgerechtigkeit des muslimischen Denkens verstand er als Warnung für die Christen. Es waren also theologische Gründe, die Luther in Basel für die Koran-Übersetzung intervenieren ließen. Luther sagte Koran und meinte den Papst. Gerade darum war Luther um so neugieriger, eine Religion kennenzulernen, deren Wesen ‚nichts anderes‘ sei ‚denn menschlich Witz und Vernunfft‘... Gerade Luthers vernunftfeindliche Haltung ermöglichte (somit) die Publikation des vernünftigen Korans.“[41] Und in der Tat ist es seltsam zu denken, daß die Aufklärung gerade in der Vernunftgemäßheit das Überzeugende des Korans erblicken wird...

Aber noch war es nicht so weit. Für das reformatorische Bild vom Islam ist zunächst das Fazit zu ziehen: Trotz Luthers Werbung für eine umfassende Koran-Lektüre, trotz manch anerkennender Worte des Reformators über positive Werte im sittlichen Verhalten der Muslime, über geistig-kulturelle Leistungen auf dem Gebiet der staatlichen Ordnung, der Erziehung, Wissenschaft und des Rechtswesens[42] – *theologisch* werden durch Luther Topoi antiislamischer christlicher Theologie, die seit dem 8. Jahrhundert akkumuliert waren, vor neuem Zeithorizont polemisch zugespitzt und apokalyptisch-diabolisierend aufgeladen:

- der *Koran* ist ein Lügenbuch: ein Machwerk des Teufels;
- *Mohammed* ist ein triebgesteuerter Pseudoprophet: ein Diener des Teufels;
- der *Islam* ist eine antichristliche Gegenmacht: eine Religion des Teufels;

40 *M. Luther*, Ein Heerpredigt wider den Türken, in: WA Bd. 30 II, Weimar 1910, S. 160–197, Zitat S. 168.

41 *F. Niewöhner*, Die widerlegte Singularität des Islam, in: Frankfurter Allgemeine Zeitung vom 13. 11. 1996.

42 Dies hat gut zusammengestellt: *H. Blöchle*, a. a. O., S. 161–168 (s. Anm. 28).

- die *Muslime* in Gestalt der Türken sind einerseits die Zornesrute Gottes wider eine dekadente Christenheit und andererseits die Zerstörer des christlichen Glaubens: Werkzeuge des Teufels.

Für Luther ist der Islam somit weder eine christliche Häresie noch verwerfliches Heidentum, sondern Schlimmeres: gemäß seinem apokalyptischen Weltbild eine *antichristliche Macht der Endzeit.*

Die Hölle für die Heiden

Diese Islam-Theologie muß im größeren Kontext einer generellen christlichen Verwerfungstheologie gegenüber Nichtchristen gesehen werden. Luthers Polemik gilt keineswegs den „Türken" allein; sie gilt Juden gleichermaßen, ja „Heiden" insgesamt. Luther steht hier in einer jahrhundertealten Tradition. Seit den Zeiten der Kirchenväter, insbesondere seit den Zeiten der Theologie des Aurelius Augustinus, gilt in der christlichen Theologie die Grundsatzposition: Ewiges Heil für den Menschen gibt es nur durch den Glauben an Jesus Christus, und den Glauben an Jesus Christus gibt es nur in der sichtbaren Kirche. Wahrheits- und Heilsanspruch fallen hier zusammen. Nur durch die Eingliederung in die Kirche, konkret durch den Vollzug der Taufe, erlangt ein Mensch die Voraussetzung, das ewige Heil zu erreichen.

Diese theologische Grundsatzposition war in der Zeit vor Lessing sogar mit der Autorität eines Konzils definiert worden — für die katholische Kirche bis heute eine unfehlbare Entscheidung. Im Jahre 1442 hatte das *Konzil von Florenz* sein sogenanntes Extra-Dogma verkündet, populär geworden unter dem Schlagwort „Außerhalb der Kirche kein Heil":

> „Sie (die katholische Kirche) glaubt fest, bekennt und verkündet, daß ‚niemand, der sich außerhalb der katholischen Kirche befindet, nicht nur (keine) Heiden', sondern auch keine Juden oder Häretiker oder Schismatiker, des ewigen Lebens teilhaftig werden können, sondern daß sie in das ewige Feuer wandern werden, ‚das dem Teufel und seinen Engeln bereitet ist' (Mt 25,41), wenn sie sich nicht vor dem Lebensende ihr angeschlossen haben, und daß die Einheit mit dem Leib der Kirche eine solche Bedeutung hat,

daß nur denen, die in ihr verharren, die Sakramente der Kirche zum Heil gereichen." (DH 1351)[43]

Auch die großen Reformatoren, insbesondere *Luther, Melanchthon* und *Calvin,* haben diese Position gegenüber Nichtchristen mit aller Entschiedenheit vertreten. Luther ließ in seiner Theologie nie einen Zweifel, daß er das Heil des Menschen allein in Christus verbürgt sah und daß „sonst kein ander weg noch steg, kein ander weise und werck"[44] Menschen dazu verhelfen könne. Durch den rechtfertigenden Glauben an Christus allein — so Luther — „wird unser Glaube von allen andern Glaubens(formen) auf Erden getrennt. Denn die Juden haben das nicht, die Türken und Sarazenen auch nicht, dazu kein Papist noch falscher Christ noch ein anderer Ungläubiger, sondern allein die rechten Christen."[45]

Derselbe Gedanke kehrt in einer der wichtigsten reformatorischen Bekenntnisschriften wieder, die jedem lutherischen Theologen bestens vertraut ist. Bis heute werden lutherische Pastoren auf die *Confessio Augustana,* das Augsburger Bekenntnis der Protestanten aus dem Jahre 1530, vereidigt. Sein Text geht auf Philipp Melanchthon zurück, desgleichen die im selben Jahr 1530 entstandene „Apologie der Konfessio", die ebenfalls zu einem Herzstück lutherischer Theologie zu zählen ist. In der Auslegung der Artikel über die Kirche liest man in dieser „Verteidigung":

„Und der Artikel von der katholick oder gemein kirchen, welche von aller Nation unter der Sonnen zusammen sich schickt, ist gar tröstlich und hohenötig. Denn der Hauf der Gottlosen ist viel größer, da nahe unzählig, welche das Wort verachten, bitter hassen und aufs äußerste verfolgen, als da seien Türken, Mahometisten, andere Tyrannen, Ketzer etc. Darüber wird die rechte Lehre und Kirche oft gar so unterdrückt und verloren wie unterm Papsttum geschehen, als sei keine Kirche."[46]

[43] Die kirchlichen Texte werden nach der Neuausgabe des „Denzinger" (= D) zitiert, neu herausgegeben v. *P. Hünermann* (= H): Heinrich Denzinger, Kompendium der Glaubensbekenntnisse und kirchlichen Lehrentscheidungen, Freiburg/Br. 37. Aufl. 1991.

[44] *M. Luther,* Der 117. Psalm ausgelegt (1530), in: WA Bd. 31 I, Weimar 1913, S. 254.

[45] *M. Luther,* Ein Heerpredigt wider den Türken, S. 137 (s. Anm. 32).

[46] Apologia der Confession, aus dem Lateinischen verdeutscht durch J. Jonem, in: Die Bekenntnisschriften der Evangelisch-Lutherischen Kirche, Göttingen, 2. Aufl. 1952, S. 235f.

Streng lutherisch begreift sich Kirche also als scharf abgegrenzt vom „Haufen der Gottlosen", und zu diesem „Haufen" gehören ganz selbstverständlich die Muslime („Türken, Mahometisten"). Diese werden ebenso selbstverständlich gleichgesetzt mit „Ketzern" aller Art. Von daher ist es undenkbar, daß Nichtchristen, seien sie auch noch so fromm, ohne den Glauben an Christus des ewigen Heiles teilhaftig werden könnten. Dies wird in aller notwendigen Schärfe auch vom zweiten großen Repräsentanten der Reformation, von *Johannes Calvin* (1509–1564) bekräftigt. In seinem grundlegenden und für die gesamte reformierte Tradition wegweisenden Werk „Unterricht in der christlichen Religion" (letzte Fassung 1559) wird die Position solcher Christen scharf zurückgewiesen, die sich im Himmel edle und auf ihre Weise fromme Nichtchristen vorstellen können:

> „Umso schnöder ist der Unverstand solcher Leute, die den Himmel allen Unfrommen und Ungläubigen öffnen, abseits von der Gnade Christi, der doch nach der Lehre der Schrift die einzige Pforte ist, durch die wir zum Heil gelangen können... Auch muß man hierzu das Wort Jesu an das samaritanische Weib beachten: ‚Ihr betet an, was ihr nicht wißt, wir aber wissen, was wir anbeten; denn das Heil kommt von den Juden' (Jo 4,22). Mit diesen Worten erklärt er die Religionen aller Völker für falsch, er gibt aber auch den Grund an: allein dem auserwählten Volke war im Gesetz der Erlöser verheißen. Daraus folgt, daß Gott nie an einer Gottesverehrung Gefallen gehabt hat, die nicht auf Christus ausgerichtet war."[47]

Daß Calvin von daher jede Gottesverehrung in anderen Religionen disqualifizieren muß, ist nur konsequent. Und da auch er sich der Bedrohung durch den Islam voll bewußt war, wird diese Religion entsprechend abqualifiziert. Der *Islam* ist für Calvin nichts als *Götzendienerei:*

> „Denn es haben sich zwar viele Menschen gerühmt, die höchste Gottheit oder den Schöpfer Himmels und der Erde zu verehren; aber weil ihnen der Mittler fehlte, so konnten sie Gottes Barm-

[47] *J. Calvin,* Unterricht in der christlichen Religion. Nach der letzten Ausgabe übersetzt und bearbeitet von O. Weber, Neukirchen-Vluyn, 2. Aufl. 1963, S. 200f.

herzigkeit nicht recht erkennen und darum auch nicht zu der Gewißheit gelangen, daß Gott ihr *Vater* sei. Sie hatten das *Haupt* nicht, nämlich Christus — und darum war die Erkenntnis Gottes bei ihnen leer und nichtig; daher kommt es, daß sie in groben und schändlichen Aberglauben verfallen sind und damit ihre Unwissenheit ans Licht brachten. So verkündigen heutzutage die Türken mit vollen Backen, ihr Gott sei der Schöpfer Himmels und der Erden, und doch setzen sie an des wahren Gottes Statt einen Götzen, weil sie mit Christus nichts zu tun haben wollen!"[48]

Das alles blieb *lebendige Vergangenheit.* Das Konfrontationsparadigma hielt sich nicht nur bis in die Lessing-Zeit durch; es feiert noch heute vor allem in Kreisen des amerikanischen und deutschen christlichen Fundamentalismus immer wieder neu fröhliche Urständ. Für uns ist wichtig festzuhalten: Lessings Auseinandersetzung mit dem Islam muß vor diesem theologischen und kirchlichen Hintergrund gesehen werden, damit man sie entsprechend profilieren kann. Denn es bedarf keiner langen Begründung mehr, daß das theologisch-kirchliche Milieu, in dem Lessing heranwuchs, von dieser konfrontativen christlichen Islamtheologie des Mittelalters und der Reformation zutiefst geprägt war. Was für Luther, Melanchthon und Calvin galt, galt erst recht für die in Lessings Zeit vorherrschende lutherische Spätorthodoxie, als deren Vertreter wir uns Lessings Vater, Johann Gottfried Lessing (1693–1770), vorzustellen haben, der als lutherischer Pastor in Kamenz amtete und vorher in Wittenberg Theologie studiert hatte. Lessing kannte diese lutherische Spätorthodoxie also von Kindesbeinen an; später wird er mit einem ihrer Vertreter einen epochalen Streit ausfechten...

Doch nicht nur die Theologie der Lessingzeit tat sich schwer, die Stereotypen konfrontativer christlicher Islam-Theologie zu überwinden. Auch in aufgeklärten Kreisen des intellektuellen Europa war dies der Fall.

48 *J. Calvin*, a. a. O., S. 204.

4. Ein zwiespältiges Islam-Bild der Aufklärung: Voltaire

Dies zeigt niemand anderer eindrücklicher als der große Franzose *François-Marie Arouet* (1694–1778), der unter dem seit 1719 gebrauchten Pseudonym Voltaire schon für Lessings Generation eine europäische Berühmtheit war. Gerade die Zwiespältigkeit seines Islam-Bildes ist für uns von Bedeutung, denn Lessing läßt sich nicht nur im Kontrast zur kirchlich-theologischen Tradition, sondern auch zur französischen Aufklärung in Gestalt von Monsieur de Voltaire um so besser verstehen.

Eine Tragödie um den Gründer des Islam

Es gehört zu den seltsamen Fügungen der Geschichte, daß beide Literaten, der Deutsche und der Franzose, die aus so unterschiedlichen Welten wie Paris und Sachsen stammten, für kurze Zeit ihres Lebens denselben Ort teilten. Im Zeitraum von 1750 bis 1752 lebten Lessing und Voltaire gleichzeitig in Berlin/Potsdam, ohne sich wohl je persönlich begegnet zu sein. Voltaire, seit 1736 vom damaligen Kronprinzen und jetzigen preußischen König Friedrich intensiv umworben, ist 1750 mit 56 Jahren auf dem Höhepunkt seines Ruhms. Lessing, 21 Jahre alt, ist ein aufstrebender junger Literat, der eine Gestalt vom Format Voltaires nur bewundern kann. Um so begieriger greift er zu, als sich ihm die Gelegenheit bietet, Texte von Voltaire und Friedrich aus dem Französischen ins Deutsche zu übertragen und zu publizieren...

Von allen großen Autoren der französischen Aufklärung (Montesquieu, Rousseau, Diderot) hatte Voltaire wohl das dauerhafteste und wachste Interesse für den Islam.[49] Mit allen Facetten seines Islam-Bildes können wir uns hier nicht beschäftigen; wir müssen auf das konzentriert bleiben, was zum Verständnis Lessings unerläßlich ist, und da gilt: Als Voltaire im Juni 1750 in Potsdam eintrifft, hat er sich in zwei großen Theaterstücken bereits mit der muslimischen Welt auseinandergesetzt: in der Tragödie „Zaïre" (1732), die in Jerusalem spielt und den Konflikt zwischen Christen und Muslimen in

[49] Zu *Voltaires Islam-Bild* vgl. die Studien von *G. Hadidi,* Voltaire et l'Islam, Paris 1994. *G. Badir,* Voltaire et l'Islam, Oxford 1974. *A. Gunny,* a. a. O., S. 132–163 (s. Anm. 12).

einer Liebesgeschichte aufgreift; wir werden im Zusammenhang mit Lessings „Nathan“ mehr davon hören. Zum anderen in der 1741 in Lille erstmals uraufgeführten *Tragödie „Mahomet“*, die direkt um die Gestalt des Propheten kreist und die Lessing aus eigener Anschauung ebenfalls gut kennt. Noch in Leipzig hatte er auf der Bühne der später berühmten Prinzipalin *Friedrike Karoline Neuber* (1697–1760) eine Inszenierung des „Mahomet“ gesehen.[50] Es ist die gleiche Bühne, die 1748 dem damals 19jährigen Lessing die Chance geboten hatte, seine Komödie „Der junge Gelehrte“ aufzuführen...

Das Bemerkenswerte an diesem Drama ist freilich dies: Es ist keine genaue geschichtliche Darstellung des Lebens des Propheten; vielmehr handelt es sich um einen „Mahomet à la Voltaire, der äußerst wenig Ähnlichkeiten mit dem Propheten des Islam“ besitzt.[51] Es ist aber auch keine Tragödie um Mohammed, wie man sie erwarten könnte. Denn die Hauptfigur bleibt von Anfang bis Ende statisch; tragisch wird es nur für eine einzige Person in diesem Drama: für Mohammeds Sklaven Se'ide. Seltsame Widersprüche also tun sich um dieses Stück auf, und der Eindruck verdichtet sich, daß Voltaire mit der Figur Mohammeds längst nicht „fertig“ war; er wird sich später immer wieder bemühen, die Erscheinung des Propheten zu verstehen, ohne sie je zu begreifen...

In seiner Tragödie freilich läßt Voltaire noch keinen Zweifel an seiner *Verachtung für die Gestalt Mohammeds.* Konkret nämlich konstruiert sein Stück die Geschichte des Propheten so: Aus Mekka einst durch den dort herrschenden Scheich Zopire als Betrüger, Schwärmer, Ordnungsstörer und Unruhestifter verbannt, drängt Mohammed zur Rückkehr in seine Geburtsstadt. In der Zwischenzeit nämlich hatte sich sein Schicksal gewendet; in Medina war es zur Anerkennung als Prophet gekommen. Jetzt will Mohammed nach Mekka zurück, wo ebenfalls im Volk die Stimmung zu seinen Gunsten umzuschlagen beginnt. Der Scheich, den auch persönlicher Haß treibt (macht er doch Mohammed für den Tod seiner beiden

50 Vgl. dazu die Epistel in Versen, die der Studiengenosse Heinrich August Ossenfelder im Februar/März 1748 an Lessing nach Kamenz schrieb und in der er scherzhaft auf die Voltaire-Stücke „Mahomet“ und „Zaïre“ im Kontext der Neuberschen Truppe anspielt: Briefe von und an Lessing (1743–1770), hrsg. v. H. Kiesel, Frankfurt/M. 1987, S. 11 u. 12.

51 So in der bis heute maßgebenden Biographie Voltaires von *J. Orieux*, Vie de Voltaire, Paris 1966; dt. Das Leben des Voltaire. Aus dem Französischen von J. Kirchner, Frankfurt/M. 1968, S. 285 (Insel-TB 1651).

Kinder verantwortlich), bleibt hart, auch dann, als Mohammed, begleitet von seinem Heerführer Omar und seinem Sklaven Se'ide, alles versucht, mit ihm Frieden zu schließen. Nach wie vor kann er in dem angeblichen Propheten nur einen Größenwahnsinnigen sehen, der „mit Mord und Schrecken" den Menschen ihr Glück aufzwingen will.

Da der Scheich aber alle Friedensangebote Mohammeds ablehnt, ist der Prophet zum Äußersten entschlossen. Rücksichtslos bedient er sich seines ihm total ergebenen Sklaven Se'ide, der zugleich sein Nebenbuhler bei der von Mohammed begehrten Sklavin Palmire ist. Se'ide wird unter Berufung auf Gottes Willen befohlen, den Scheich zu beseitigen, obwohl Mohammed weiß, daß Se'ide und Palmire eigentlich die totgeglaubten Kinder des Scheichs sind. Zwei Akte lang (3. und 4. Aufzug) wird nun diese ungeheure Tat zwischen Se'ide und Palmire hin und her erwogen; was als Mohammed-Tragödie angekündigt ist, stellt sich als ein Trauerspiel um Se'ide heraus, der zwischen persönlichem Gewissen und prophetisch-göttlichem Auftrag zerrissen ist. Die Mordtat wird schließlich ausgeführt, denn Se'ide erweist sich trotz aller Skrupel in seiner fanatischen Verblendung als das von Mohammed ausersehene Werkzeug. Als Se'ide freilich noch erfährt, daß er ausgerechnet seinen Vater getötet hat, versucht er in letzter Minute, das Volk von Mekka gegen Mohammed aufzubringen. Doch längst war ihm von Omar ein Gift verabreicht worden, und Mohammed versteht es geschickt, den Tod Se'ides als Gottesgericht hinzustellen und so das wankelmütige Volk von Mekka für sich zu gewinnen. Da tötet sich Palmire mit der Waffe ihres Bruders, und mit ihr verliert der Prophet, was ihm als einziger Lohn für sein Verbrechen vor Augen stand. Am Ende steht er da als betrogener Betrüger.

Die Tendenz dieses Stückes ist somit offenkundig: Der Prophet des Islam soll als skrupelloser Machtmensch bloßgestellt werden, der sich nicht scheut, den von ihm selbst erzeugten religiösen Fanatismus seiner Anhänger für politische Zwecke zu mißbrauchen. Gegen alle Überlieferung konstruiert Voltaire die Geschichte so, daß Mohammed am Ende moralisch aufs Schwerste belastet ist. Jedem Zuschauer soll sich der Eindruck aufdrängen: dieser „Prophet" hat sich nicht nur nicht gescheut, sein Vaterland in einen Bürgerkrieg zu stürzen, um Herrscher Arabiens zu werden; er ist auch in jeder Hinsicht (religiös, politisch, sexuell) ein hemmungsloser Mensch, der buchstäblich über Leichen geht...

Bewundernde Verachtung für den Propheten

Man hat in der Kritik die Islam-kritische Seite dieses Stückes heruntergespielt und dabei auf die Reaktion des Pariser Publikums bei der Uraufführung von „Mahomet" am 19. August 1742 verwiesen. So liest man in der Voltaire-Biographie von Jean Orieux: „Der schlechte Ruf des Autors hatte den Saal gefüllt. ‚Mahomet' wurde an diesem Abend ein ungeheurer Erfolg. Am nächsten Tag folgte die Katastrophe: man bemerkte, daß Mahomet nicht der Mahomet aus dem Koran war. Was die Einfältigen für einen angeblichen Angriff auf den Propheten des Islam gehalten hatten, war in Wirklichkeit ein Angriff auf Jesus Christus. Nicht der Islam wird angegriffen, sondern das Christentum. Es geht nicht um diese oder jene Religion, sondern gegen die Religion als solche, wie auch immer der Name ihres Propheten lautet. Ein Theologe hetzte die Leute auf der Straße gegen Voltaire auf, denn, sagte er, Ma-ho-met hat drei Silben wie Je-sus-Christ. Ist das nicht der offenkundige Beweis dafür, daß der eine nur den anderen verbirgt?"[52]

Das freilich ist alles andere als offenkundig. Denn so sehr Voltaire auch in diesem Stück generell als Religionskritiker auftritt und Assoziationen Mekka = Rom gezielt einkalkuliert – Gegenstand seiner religionskritischen Denunziation ist hier nun einmal der Prophet des Islam. Er und seine Botschaft werden der Verurteilung preisgegeben. Und mit dieser seiner Verachtung stand Voltaire in Aufklärer-Kreisen keineswegs allein. Man findet sie ebenfalls bei dem schon genannten englischen Geistlichen *Humphrey Prideaux*, der 1697 in London seine Mohammed-feindliche Biographie herausgebracht hatte. Ja, man findet sie auch bei einem ansonsten so kritischen Geist wie *Pierre Bayle*, der in seinem „Dictionnaire Historique" den Propheten Mohammed ebenfalls noch ungebrochen als „Betrüger" darstellen konnte, als sexuellen Trieb- und religiösen Gewaltmenschen, eine Aburteilung, die nur dadurch relativiert wird, daß Bayle den-

[52] *J. Orieux*, a. a. O., S. 291f.

selben Gewaltvorwurf auch an die Adresse der christlichen Kirchen richtet.[53]

Dabei war sich Voltaire durchaus im klaren, was er getan hatte. Dies geht sehr plastisch aus den *Briefen* hervor, die er im Zeitraum von April 1739 bis August 1742 *an Friedrich von Preußen* schrieb. Schon den damaligen Kronprinzen nämlich hatte er am Entstehungsprozeß seines „Mahomet“ teilnehmen lassen, und dieser war denn auch stets begierig gewesen, die Fortsetzungen des Stückes zu lesen. Am 31. Mai 1740 König geworden, arrangiert Friedrich schon im September desselben Jahres eine erste persönliche Begegnung mit dem lange Umworbenen auf dem Wasserschlößchen Moyland bei Kleve, bei der Voltaire dem König u.a. aus seinem „Mahomet“ vorliest. Auf Einzelheiten aus dieser langjährigen Korrespondenz können wir hier nicht eingehen. Eine Zusammenfassung der ganzen Problematik bietet der *Brief Voltaires an Friedrich* vom *Dezember 1740.*

Zum *einen* gesteht Voltaire darin ganz offen, daß das von ihm nachgezeichnete Geschehen „gräßlich“, ja in besonderer Weise „schrecklich“ sei:

> „Es geht um einen mit Tugend begabten jungen Mann, der, verführt vom eigenen Fanatismus, einen Greis, der ihn liebt, ermordet und sich in dem Wahn, Gott zu dienen, unwissentlich des Vatermords schuldig macht; ein Betrüger befiehlt diesen Mord und verspricht dem Mörder als Lohn einen blutschänderischen Beischlaf. Ich gebe zu, das heißt, auf der Bühne Schrecken verbreiten; aber Ew. Majestät sind sicherlich der Ansicht, daß eine Tragödie nicht einzig aus einer Liebesbeteuerung, einer Eifersucht und einer Hochzeit bestehen darf. Unsere Geschichtsschreiber selbst berichten uns von viel schlimmeren Taten als der, die ich ersonnen habe.“[54]

[53] *P. Bayle,* Art. „Mahomet“, in: Historisches und Critisches Wörterbuch. Nach der neuesten Auflage von 1740 ins Deutsche übersetzt ... von J. Ch. Gottsched, Bd. III, S. 259 u. 263.

[54] *Voltaire – Friedrich der Große,* Aus dem Briefwechsel, hrsg., vorgestellt und übers. v. H. Pleschinski, Zürich 1992, S. 217 (künftig abgekürzt mit „BW“). Die Begegnung von Friedrich und Voltaire vom 11. bis 14. September 1740 auf Schloß Moyland wird anschaulich geschildert in dem Band von *O. Brües – G. de Werd,* Schloß Moyland. Von Voltaire bis Beuys, Duisburg 2. Aufl. 1990. Heute dient das Schloß als zentrale Archiv- und Ausstellungsstätte für das künstlerische Werk von *Joseph Beuys.* Darüber informiert der opulent illustrierte Band: Museum Schloß Moyland, hrsg. vom Förderverein Museum Schloß Moyland, Köln 1997.

Zum *zweiten* läßt Voltaire keinen Zweifel, daß er die Figur Mohammeds direkt angreifen wollte. Seine Negativzeichnung ist bewußte Wahl. Denn Voltaire läßt erkennen, daß er durchaus Kenntnis von positiven Lebensbeschreibungen des Propheten gehabt hat. Er erwähnt *Henri Comte de Boulainvilliers* und dessen Biographie des Propheten aus dem Jahr 1730, in der dieser versucht hatte, Mohammed als „großen Menschen" darzustellen, von der Vorsehung dazu ausersehen, die „Christen zu strafen und das Gesicht eines Teils der Welt zu verändern"[55]. Und auch ein gewisser *„Monsieur Sale"* wird genannt (wir werden später mehr von ihm hören). Dieser habe „uns eine exzellente englische Übersetzung des Korans geschenkt" und Mohammed als einen „Numa" und als einen „Theseus" zeigen wollen,[56] als eine Gestalt somit, wie man sie aus der römischen und griechischen Geschichte kennt und die für die Schaffung von Kultur und Recht in heruntergekommener und verwahrloster Zeit steht. Voltaire weiß also von positiven Beurteilungen des prophetischen Lebenswerks. Und dennoch ist seine Wertung negativ:

> „Ich gebe zu, daß wir ihn hochachten müßten, wenn er, als legitimer Herrscher geboren oder mit Zustimmung der Seinen an die Macht gelangt, Gesetze des Friedens erlassen hätte, gleich Numa, oder seine Landsleute geschützt hätte, wie es von Theseus überliefert ist. Doch daß ein Kamelhändler in seinem Nest Aufruhr entfacht, daß er zusammen mit ein paar Koreischiten seine Mitbürger glauben machen will, daß er sich mit dem Erzengel Gabriel unterhielte; daß er sich damit brüstet, in den Himmel entrückt worden zu sein und dort einen Teil jenes unverdaulichen Buches empfangen zu haben, das bei jeder Seite den gesunden Menschenverstand erbeben läßt, daß er, um diesem Werke Respekt zu verschaffen, sein Vaterland mit Feuer und Eisen überzieht, daß er Väter erwürgt, Töchter fortschleift, daß er den Geschlagenen die freie Wahl zwischen Tod und seinem Glauben läßt: das ist nun mit Sicherheit etwas, was kein Mensch entschuldigen kann, es sei denn, er ist als Türke auf die Welt gekommen, es sei denn, der Aberglaube hat ihm jedes natürliche Licht erstickt."[57]

[55] *Voltaire – Friedrich der Große*, BW, S. 219.
[56] Ebd.
[57] *Voltaire – Friedrich der Große*, BW, 219f.

Zum *dritten* ist bemerkenswert, daß Voltaire nicht nur positive Darstellungen des Propheten-Lebens kennt, sondern auch genau weiß, daß Mohammed das Verbrechen nie begangen hat, das er ihn in seiner Tragödie begehen läßt. Geschichtlicher Hintergrund ist die aus der Propheten-Biographie bekannte Episode, daß Mohammed die Frau seines Adoptivsohns Zaid (Se'ide) mit Namen Zainab auf der Stelle begehrte, als er sie einmal im Hause Zaids in bloßem Untergewand gesehen habe, eine Geschichte, die auch muslimischen Kommentatoren Kopfzerbrechen bereitete, zumal das Verhalten des Propheten (er heiratet Zainab nach ihrer Scheidung) auch noch mit einer koranischen Offenbarung gerechtfertigt wird (vgl. Sure 33,37).[58] Voltaire aber macht etwas völlig anderes aus dieser Szene. Aus einer möglichen Männerrivalität (Zaid und Mohammed) macht er eine Vatermord-Geschichte; aus einer Mann-Frau-Beziehung (Zaid und Zainab) macht er eine blutschänderische Geschwisterbeziehung (Se'ide und Palmire); aus einer Nebenepisode macht er eine Hauptsache zur moralischen Diskreditierung des Propheten. Und das alles wissentlich. Voltaire an Friedrich von Preußen wörtlich:

> „Ich weiß, daß Mohammed nicht genau die Art von Verrat begangen hat, welcher Sujet dieser Tragödie ist. Die Geschichte erzählt bloß, daß er die Frau des Se'ide, eines seiner Anhänger, entführte und daß er Abufotian nachstellte, den ich Zopire nenne; doch wer auch immer Krieg in sein eigenes Land trägt und wagt, dies im Namen Gottes zu tun, ist der nicht zu allem fähig? Ich hatte nicht vor, nur wahres Geschehen auf die Bühne zu bringen, vielmehr wahre Gebräuche, ich wollte Menschen so denken lassen, wie sie unter solchen Voraussetzungen denken, und schließlich darstellen, was Torheit Schlimmstes ersinnen und was Fanatismus Schrecklichstes bewirken kann. Mohammed ist nichts weiter als ein Tartuffe mit dem Säbel in der Hand."[59]

Eine seltsam widersprüchliche Argumentation: Historisch ist das Verbrechen, das Voltaire dem Propheten zuschreibt, nicht beglaubigt; und doch traut sein Stück dem Propheten genau diese Verbrechen, ja „alles" zu. Doch als ob Voltaire sich dieser Widersprüch-

[58] Vgl. dazu die historisch-kritisch differenzierende Darstellung bei: *R. Paret,* Mohammed und der Koran, Stuttgart — Berlin — Köln — Mainz 1957, 6. Aufl. 1985, S. 156–159.

[59] *Voltaire — Friedrich der Große,* BW, S. 220 (s. Anm. 54).

lichkeit bewußt wäre, trumpft er im Brief an Friedrich gerade an diesem Punkt besonders auf:

> „Niemand wird mir vorhalten können, daß ich allzu hitzig war und Mohammed in diesem Stück ein Verbrechen begehen lasse, zu dem er in Wirklichkeit nicht fähig gewesen wäre.“[60]

Doch genau so war es: In Sachen Mohammed war Monsieur de Voltaire „allzu hitzig“ geworden...

Wider den religiösen Fanatismus

Und doch hat die Kritik, die in diesem Stück vor allem generelle Religions-, ja Christentumskritik sehen will, nicht ganz unrecht. Denn Voltaire geht es nach eigenen Aussagen in der Tat um mehr als den Islam. Es geht ihm auch um eine Auseinandersetzung mit dem Phänomen des religiösen Fanatismus schlechthin. Die Se'ide-Mohammed-Geschichte ist für ihn nur ein Paradigma für religiösen Fanatismus, den er überall zu bekämpfen gedenkt. Konkrete Beispiele hat Voltaire dabei vor Augen — in Deutschland, Frankreich und England. War da nicht ein gewisser Bartholomäus Diaz, ein Spanier, der seinen Bruder deshalb ermordete, weil er zum Anhänger Luthers wurde? War da nicht ein gewisser Balthasar Gérard, ein Franzose, 20 Jahre alt, Dominikaner, der Wilhelm von Oranien ermordete und nach seiner Hinrichtung als katholischer Märtyrer gefeiert wurde? War da nicht ein Junge namens Shephard, ein Engländer, 16 Jahre alt, der König Georg I. beseitigen wollte? Nein, die Zeiten des religiösen Fanatismus sind keineswegs vorbei, findet Voltaire im genannten Brief an Friedrich:

> „Die, die sagen, die Zeiten solcher Verbrechen seien vorüber, wir würden nun keine Bar Kosibas', Mohammeds, Johanns von Leyden etc. mehr erleben, die Flammen von Religionskriegen seien erloschen, erweisen, so will mir scheinen, der menschlichen Natur zuviel der Ehre. Gleiches Gift brodelt fort, wenngleich auf kleinerer Flamme: diese Pestilenz, die erstickt zu sein scheint, bringt von Zeit zu Zeit neue Keime hervor, die den Globus in-

60 *Voltaire – Friedrich der Große*, BW, S. 219.

fizieren. Haben wir nicht erlebt, wie in den Cevennen Propheten im Namen Gottes Sektenmitglieder, die nicht genügend Gehorsam bezeugten, umbrachten?"[61]

Doch gerade weil Voltaires Stück als ein Fallbeispiel für religiösen Fanatismus generell zu verstehen ist, erklärt sich der Widerstand gegen sein Drama, das in Paris nach nur drei Vorstellungen in der Comédie Française auf höchsten kirchlichen und politischen Druck hin abgesetzt wurde. Voltaire rächt sich später mit einem „ebenso sensationellen wie schamlosen Einfall" (H. Pleschinski[62]). Er schickt seinen „Mahomet" dem damaligen Papst Benedikt XIV., mit Hinterlist natürlich, um die kirchlichen Autoritäten in Paris zu unterlaufen und gleichzeitig für sich im Blick auf die Aufnahme in die Académie Française Punkte zu sammeln.[63] Ja, in seinem Begleitschreiben vom 17. August 1745 scheut sich Voltaire nicht, ausgerechnet beim Papst mit einer Polemik gegen den Islam für sich zu werben:

> „Eure Heiligkeit möchte die Güte haben, die Freiheit zu verzeihen, die sich einer der Untertänigsten, aber auch einer der größten Bewunderer der Tugend nimmt, dem Führer der wahren Religion eine Schrift zu widmen gegen den Gründer einer falschen und barbarischen Religion."[64]

Die Antwort des Pontifex maximus, der Voltaires List durchschaut zu haben scheint, ist entsprechend kurz. Am 19. September 1745 antwortet Benedikt XIV.:

> „Es ist einige Wochen her, daß Sie mir Ihrerseits Ihre bewundernswerte Tragödie Mohammed zu Geschenk gemacht haben, die ich mit sehr großem Vergnügen gelesen habe."[65]

Nachdem schon 1743 fünf von Voltaire nicht autorisierte Auflagen des „Mahomet" in Brüssel erschienen und Voltaire seine eigene Ausgabe unter dem Titel „Du Fanatisme" 1743 in Amsterdam publiziert hatte, erscheint in Berlin 1751 noch einmal eine vollständige Ausgabe. Neben einem Widmungsbrief an Friedrich den Großen befindet sich hier Voltaires Brief an den Papst, dessen Antwortbrief und

61 *Voltaire — Friedrich der Große,* BW, S. 216f.; vgl. auch S. 144.
62 *Voltaire — Friedrich der Große,* BW, S. 146.
63 Vgl. *J. Orieux,* a. a. O., S. 322–326 (s. Anm. 51).
64 Zitiert nach: *Voltaire,* Die Werke. Zum 300. Geburtstag. Berlin 1994, S. 70.
65 Ebd.

ein Dankesbrief Voltaires an diesen. An der Comédie Française wird das Stück erst 1751 wieder aufgeführt. Auch auf den deutschen Bühnen wird es nachhaltige Wirkung erzielen, wozu insbesondere eine Übersetzung durch Goethe und die von ihm am 30. Januar 1800 auf der Weimarer Bühne durchgeführte Inszenierung beigetragen haben dürften.[66] Dem Verständnis für den Islam und der Toleranz gegenüber Muslimen in Deutschland dürfte das Stück kaum gedient haben. Hier war Friedrich der Große ein Fremdling im eigenen Land. Denn es läßt aufhorchen, wenn dieser Herrscher Voltaire, dem „Patriarchen von Ferney" gegenüber, noch im Jahre 1775, drei Jahre vor dessen Tod, bekennt:

> „Sie haben Toleranz gepredigt, nach Bayle sind zweifellos Sie einer der Weisen, der der Menschheit am meisten Gutes getan hat. Doch wenn Sie auch die ganze Welt aufgeklärt haben, so waren doch die Ihrem Licht abhold, deren Nutzen vom Aberglauben abhängt; und die sind es doch, die noch immer über die Völker herrschen.
>
> Ich nun, als treuer Jünger des Patriarchen von Ferney, ich verhandle derzeit mit tausend mohammedanischen Familien, denen ich in Westpreußen Heimstätten und Moscheen geben will. So wird es hier die vorgeschriebenen Fußwaschungen geben, und ohne empört zu sein wird man *hilli* und *halla* singen hören. Dies war die einzige Sekte, die in diesem Lande noch fehlte."[67]

[66] Vgl. *Voltaire,* Mahomet. Trauerspiel in fünf Aufzügen, übers. v. J. W. Goethe, Tübingen 1802. Diese Übersetzung und den Hintergrund der Weimarer Inszenierung von „Mahomet" analysieren die exzellenten Studien von *J. Minor,* Goethes Mahomet. Ein Vortrag, Jena 1907, sowie vor allem von *K. Mommsen,* Goethe und die arabische Welt, Frankfurt/M. 1988, S. 218–238. Mommsen weist *erstens* nach, daß Goethe ein wesentlich positiveres Mohammed-Verständnis hatte als Voltaire und daß er deshalb *zweitens* nur auf ausdrücklichen Wunsch des Herzogs von Weimar dieses tendenziöse Voltaire-Stück überhaupt übersetzte und eine Inszenierung auf dem Weimarer Theater durchführte. Bemerkenswert *drittens* auch der Nachweis, daß Goethe in seiner Übersetzung allzu grobe und anstößige Stellen bei Voltaire glättete oder leichte Akzentverschiebungen bei den Figuren vornahm.

[67] *Voltaire – Friedrich der Große,* BW, S. 519 (s. Anm. 54). Zur Toleranz-Politik Friedrichs des Großen gegenüber Muslimen vgl.: *M. S. Abdullah,* Was will der Islam in Deutschland? Gütersloh 1993, bes. S. 9–14. Angeführt wird hier u. a. folgendes Beispiel: „Als im Juni 1740 dem gerade auf den Thron gelangten Friedrich II. – später ‚der Große' genannt – eine Anfrage aus Frankfurt/Oder vorgelegt wurde, ob in der evangelischen Stadt ein Katholik das Bürgerrecht erwerben dürfe, schrieb er an den Rand der Eingabe: ‚Alle Religionen sind gleich und gut, wenn nur die Leute, die sich zu ihnen bekennen, ehrliche Leute sind. Wenn die Türken ... kämen und wollten hier im Lande wohnen, dann würden wir ihnen Moscheen ... bauen'. Unter Friedrich dem Großen kam es zur Aufstellung geschlossener moslemischer Truppenteile in der preußischen Armee" (S. 11).

5. Der Durchbruch eines neuen Islam-Bildes in Europa

Wir haben den theologie-, kirchen- und kulturgeschichtlichen Hintergrund kurz skizziert. Wir sind nun besser vorbereitet, Lessings eigenes Islam-Bild zu beschreiben. Dabei ist aufregend zu beobachten, daß Voltaire persönlich für Lessing eine wichtige Rolle spielen wird – im Berlin der Jahre 1750/51. Denn der 21jährige Kritiker und junge Dramatiker Gotthold Ephraim Lessing greift begierig zu, als er den Aufsehen erregenden Auftrag erhält, Texte von Voltaire aus dem Französischen ins Deutsche zu übertragen. Und obwohl es 1751 zu einer kleinen Affäre kommt (wegen eines angeblich von Lessing entwendeten Voltaire-Manuskripts),[68] kann ein Jahr später eine Ausgabe „Kleinere Historische Schriften" Voltaires, von Lessing übersetzt, in Rostock erscheinen. Für uns sind von besonderem Interesse die beiden Stücke „Von dem Korane und dem Mahomed" und „Geschichte der Kreuzzüge".[69]

Lessing übersetzt Islam-Schriften Voltaires

Es kann nach allem, was wir bisher gehört haben, nicht überraschen, daß Grundzüge des Mohammes-Bildes sich auch in dem Essay Voltaires finden, den Lessing übersetzt: *„Von dem Korane und dem Mahomed"*. So liest man – *erstens* – auch hier, Mohammed sei „ein erhabener und verwegener Marktschreier" gewesen, dessen Mittel „abscheulich" gewesen seien: „nämlich Betrug und Mord". Worte wie „Betrügerei", „Raserei" fallen in diesem Zusammenhang. Über

[68] Bei dieser „Affäre" handelte es sich im Grund um ein aufgebauschtes Mißverständnis. Lessing hatte sich beim Sekretär Voltaires in Berlin, Richier de Louvain, unter der Hand ein Exemplar des eben gedruckten, aber noch nicht gebundenen und ausgelieferten ersten Bandes von Voltaires „Das Zeitalter Ludwigs des XIV." ausgeliehen. Lessing hatte dieses Manuskript jedoch nicht, wie anscheinend versprochen, nach drei Tagen zurückgegeben, sondern war mit ihm nach Wittenberg abgereist, wo er sein Universitätsstudium abschließen wollte. Voltaire, der davon erfuhr, witterte eine „Veruntreuung", äußerte den Verdacht, Lessing wolle eine deutsche und eine italienische Ausgabe seines Manuskripts veranstalten, und veranlaßte seinen Sekretär, in einem energischen Brief an Lessing die Druckbögen zurückzufordern. Lessing kam dieser Aufforderung umgehend nach. Vgl. dazu die Briefe an *Richier de Louvain* und von *Voltaire* an Lessing vom Dezember 1751 und vom 1. 1. 1752, in: Briefe von und an Lessing (1743–1770), hrsg. v. H. Kiesel, Frankfurt/M. 1987, S. 35f u. 37f.

[69] *G. E. Lessing*, Übersetzungen aus dem Französischen Friedrichs des Großen und Voltaires, hrsg. v. E. Schmidt, Berlin 1882, S. 129–134 und S. 173–205. Diese Ausgabe wird künftig abgekürzt zitiert mit: FÜ.

den Koran, dieses „unverdauliche Buch“, urteilt Voltaire auch hier völlig negativ. Es sei „ein Mischmasch, ohne Verbindung, ohne Ordnung, und ohne Kunst“[70], wobei Voltaire sich nicht die geringste Mühe macht, ein solches Urteil zu begründen.

Andererseits zeigt sich Voltaire – *zweitens* – auch in diesem kurzen Text beeinflußt vom positiven Islam-Bild, das mit dem Namen von *Henri Comte de Boulainvilliers* verbunden ist. Von diesem war – wie wir hörten – 1730 in Holland ein Werk über das Leben Mohammeds erschienen, in dem der Prophet unter anderem dafür gerühmt wird, daß er die Lehre der Einheit Gottes von Indien bis Spanien ausgebreitet habe.[71] Hier hatte sich ein neues Islam-Bild in Europa Bahn gebrochen. Auch Voltaire kommt nicht darum herum, diesen Grundgedanken Boulainvilliers in seinem Essay aufzunehmen:

> „Wenn sein Buch für unsre Zeiten und für uns schlecht ist, so war es doch für die, welche zu seiner Zeit lebten, sehr gut, und für seine Religion noch besser. Man muß zugeben, daß er fast ganz Asien aus der Abgötterey heraus riß. Er lehrte die Einheit Gottes, er predigte mit Nachdruck wider die, welche ihm andere Götter an die Seite setzen. Bey ihm ist der Wucher mit den Fremden verbothen, und das Almosen nachdrücklich anbefohlen. Das Gebeth ist von einer unumgänglichen Nothwendigkeit, die Ergebung in den göttlichen Willen und die von Ewigkeit gefaßten Schlüsse sind die großen Triebfedern von allem.“[72]

Freilich offenbart auch dieser Text – zum *dritten* – Voltaires grundsätzliche religions- und offenbarungskritische Sicht. Sie kommt vor allem dadurch zum Ausdruck, daß *Mohammed gegen Konfuzius ausgespielt* wird, den zu Zeiten der Aufklärung wegen seiner offenbarungsfreien Sittlichkeit bewunderten chinesischen Philosophen und Morallehrer:

> „Wie weit vortrefflicher ist ein Confucius, der erste unter den Sterblichen, die keine Offenbarung gehabt haben. Er brauchte nichts weiter als die Vernunft, und nicht die Lügen und das

70 *G. E. Lessing*, FÜ, S. 129.

71 Vgl. *H. Comte de Boulainvilliers,* La Vie de Mahomed. Avec des Réflexions sur la Religion Mahometane, et les Coutumes des Musulmans, Amsterdam 1730.

72 *G. E. Lessing*, FÜ, S. 130 (s. Anm. 69).

> Schwerdt. Als Statthalter einer großen Provinz bringt er darinne die Sittenlehre und die Gesetze in Flor. In Ungnade verfallen und arm, lehret er sie; er übet sie sowohl in seiner Erhöhung, als in seiner Erniedrigung aus; er macht die Tugend liebenswürdig; er hat das älteste und weiseste aller Völker zu Schülern."[73]

Und doch läßt dieser Essay erstmals erkennen, daß Voltaire sich in der Beurteilung des Propheten nicht sicher ist. Alle Negativ-Wertungen werden wiederholt; aber auch Leistungen, so zwiespältig sie sind, können nicht länger verschwiegen werden. So greift Voltaire zum Mittel der Ironie, um seine Verachtung und Bewunderung zugleich zum Ausdruck zu bringen:

> „Man bewundert ihn, daß er aus einem Cameelhändler sich zu einem Hohenpriester, Gesetzgeber und Monarchen gemacht; daß er Arabien, welches vor ihm niemals untherthan war, sich unterworfen hat; daß er dem Römischen Reiche im Orient und dem Persischen die ersten Stöße gegeben. Ich bewundere ihn wegen des Friedens, den er in seinem Hause unter den Weibern erhalten hat. Er hat den Zustand der Sachen in einem Theile von Europa, in der Hälfte von Asien, und fast in ganz Africa geändert, und es hat nicht viel gefehlet, daß er nicht die ganze Welt unter sein Joch gebracht hätte."[74]

Vollends durchgerungen zu einer historisch differenzierten Darstellung hat sich Voltaire dann in seinem „Essay sur l'histoire générale sur les moeurs et l'esprit des nations" (1756), worin die beiden von Lessing übersetzten Stücke eingegangen sind. Hier kommt es zu einer ernsthaften Wertung von Person und Leistung des Propheten und zu einem Urteil, das dem kritischen Geist Voltaires würdig ist.[75]

[73] *G. E. Lessing,* FÜ, S. 132.
[74] *G. E. Lessing,* FÜ, S. 133.
[75] *Voltaire,* Essai sur l'histoire générale et sur les moeurs et l'esprit de nations (1756), in: Oeuvre complètes, 1785–1789, Bd. XVI, S. 385: „Ce fut certainement un très-grand homme... Conquérant, Législateur, monarque et pontife, il joua le plus grand rôle qu'on puisse jouer sur la terre aux yeux du commun des hommes." Treffend hat *J. Minor* die komplexe Haltung Voltaires gegenüber dem Propheten so beschrieben: „Seltsam stritten sich in Voltaires Brust nicht zwei, sondern drei Seelen um den Propheten: sein kritischer Sinn; sein Haß gegen jeden Religionsstifter und Fanatiker; und endlich seine widerwillige Anerkennung der großen Eigenschaften des Mannes." (A. a. O., S. 15; s. Anm. 66.)

Ist Voltaires Mohammed-Bild grundsätzlich negativ, so gilt dies keineswegs pauschal auch für Muslime. Denn Voltaire ist durchaus bereit anzuerkennen, daß der Islam in bestimmten geschichtlichen Gestalten auch positive Wirkungen gehabt haben konnte. Wichtig für unseren Zusammenhang ist hier der zweite von Lessing übersetzte Text *„Geschichte der Kreuzzüge"*. Wichtig auch schon deshalb, weil dies ein zentraler Hintergrundtext für Lessings letztes Drama „Nathan der Weise" ist, das bekanntlich zur Zeit des dritten Kreuzzugs (1189–1192) spielt und den von Voltaire behandelten Sultan Saladin zu einem seiner Helden hat...

Dabei ist auch in diesem Essay unübersehbar: Mit der positiven Behandlung eines Muslim während der Kreuzzugszeit betreibt Voltaire gerade so noch einmal Christentumskritik. Denn seine Kreuzzugs-Darstellung ist nichts anderes als eine Radikalkritik an jenen Vertretern des Christentums (allen voran an den die Kreuzzüge inspirierenden und fanatisierenden Päpsten), die mit dieser Mischung aus Militarismus und Missionarismus das Christentum völlig diskreditierten. Keinen Zweifel läßt Voltaire daran, daß die Kreuzzüge dieses Ergebnis hatten: „große und so schändliche Handlungen, neue Königreiche, neue Stiftungen, neues Elend, und endlich weit mehr Unglück als Ruhm".[76]

Da dürfte es dem Franzosen gelegen gekommen sein, daß er ausgerechnet einen Muslim als leuchtendes Gegenbeispiel präsentieren konnte, jenen *Sultan Saladin*, mit dem es Christen während des dritten Kreuzzugs militärisch zu tun bekamen. Auffällig betont Voltaire Saladins „Großmuth", die in diesem „Theile der Welt noch kein Exempel" gefunden habe.[77] Auffällig betont er Saladins Gerechtigkeit — auch gegenüber Menschen anderer Religionen. Diese sei nicht nur dadurch zum Ausdruck gekommen, daß Saladin den Christen die Kirche des heiligen Grabes zu Jerusalem wiedergegeben habe, sondern vor allem auch durch des Sultans Testament, von dem Voltaire dies gehört hat:

„Man sagt, er habe in seinem Testamente verordnet, gleichgroße Summen unter die armen Mahometaner, Juden und Christen, als

[76] *G. E. Lessing*, FÜ, S. 173 (s. Anm. 69).
[77] *G. E. Lessing*, FÜ, S. 191.

Almosen, auszutheilen, durch welche Verordnungen er habe zu verstehen geben wollen, daß alle Menschen Brüder wären, und man, um ihnen beyzustehen, sich nicht darnach, was sie glaubten, sondern, was sie auszustehen hätten, erkundigen müßte. Er hatte auch niemals um der Religion willen jemand verfolget."[78]

Und nachdem Voltaire überdies zeigen kann, daß Saladins Gerechtigkeitsempfinden sich wohltuend von dem des christlichen Königs von Jerusalem unterschieden habe, wird seine *christentumskritische Spitze* direkt hörbar:

„Wenn man dieses Bezeigen mit der Christen ihrem, als sie Jerusalem einnahmen, in Vergleichung zieht, sieht man leider! wer die Barbaren seyn."[79]

Fazit: Voltaire präsentiert hier aus klar erkennbaren aktuellen Interessen heraus einen muslimischen Herrscher der Vergangenheit als einen toleranten und aufgeklärten Menschen. Ja, Voltaire macht diesem Sultan die höchsten Komplimente, zu denen er als Aufklärer fähig ist: „ein Bezwinger, ein Mensch und ein Philosoph"![80] Und seltsam berührt einen auch hier die gesamte Argumentationslinie Voltaires im Blick auf den Islam. In „Mahomet" hatte er den Islam noch stellvertretend für alle Religionen diskreditiert und verworfen; im Essay verteidigt er einen Muslim gegen noch schlimmere Christen. Und was das Verhältnis Mohammed – Islam betrifft, so fällt bei Voltaire eine Umkehrung des Verhältnisses Jesus – Christentum auf. Jesus ist für Voltaire stets „besser" als das Christentum; bei Mohammed ist es umgekehrt: Er ist schlimmer als der Islam, nichts als ein „Tartuffe mit dem Säbel in der Hand"...

Paradigmenwechsel bei Reland und Sale

Schon Voltaire hatte einen gewissen „Monsieur Sale" gelobt. Wer ist dieser Mann, dessen Namen wir ja auch schon bei Lessing begegnet sind, als dieser sich 1753 für Marignys „Geschichte der Araber" einsetzte?

[78] *G. E. Lessing*, FÜ, S. 198.
[79] *G. E. Lessing*, FÜ, S. 194.
[80] *G. E. Lessing*, FÜ, S. 198.

Allen voran zwei Orientalisten stehen für den Beginn eines *Paradigmenwechsels in der europäischen Bewertung des Islam.* Man kann ihn auf die Formel bringen: Das haßerfüllte, polemische Zerrbild mittelalterlicher und reformatorischer Provenienz vom Islam als einer antichristlichen Teufelsreligion wird im Europa des beginnenden 18. Jahrhunderts in intellektuellen Kreisen allmählich abgelöst durch eine historisch gerechte und damit differenzierte Neubewertung des Islam als Religion der Vernunft sowie als religiösem und kulturbildendem Faktor von weltgeschichtlicher Bedeutung.[81] Der eine Name ist der des Utrechter Orientalisten *Adrian Reland* (1676–1718). Gewiß: Eine genaue kritische Analyse seines Islam-Bildes kann zeigen, daß auch bei Reland wie bei den meisten Orientalisten seiner Zeit der Islam gegen die selbstverständlich feststehende Wahrheit des Christentums ausgespielt zu werden pflegt. Ein missionarischer Grundansatz ist auch bei diesem Holländer unverkennbar, der nach wie vor der lutherischen Devise gemäß arbeitet: Man muß den Glauben der Muslime kennen, um ihn widerlegen zu können; bekämpfen kann man nur, was man kennt.

Und doch ist bei Reland ein Maß an differenzierter historischer Darstellung des Islam erkennbar, daß Kenner der Arabistik und Islamkunde im Rückblick Relands Werk als „bahnbrechend" (J. Fück) bezeichnen.[82] Nach vorne weisend dürfte in der Tat gewesen sein, daß in der 1705 veröffentlichten Schrift eines Europäers ausführlich das Selbstverständnis von Muslimen präsentiert und darüber hinaus noch einige weitverbreitete irrige Ansichten über den Islam als Religion korrigiert wurden: „De religione Mohammedanica libri II" (dt.: „Zwei Bücher von der Türckischen oder Mohammedanischen Religion" 1717).

[81] Wie sehr Aufklärer im Europa des 17. und 18. Jahrhunderts den Islam (im Gegensatz zum Christentum) für aufgeklärt hielten, macht schon früh der Fall des Engländers *Dr. Henry Stubbe* klar, der kurz vor seinem Tode 1676 eine Schrift über Aufstieg und Entwicklung des Islam abschloß und darin dem Propheten vom Standpunkt einer aufgeklärten Vernunft gerecht zu werden versuchte. Die Parallelen zum Islam-Bild Lessings sind verblüffend. Erst 1911 wagte man in England, das Manuskript Stubbes zu drucken: An Account of the Rise and Progress of Mahometanism with the Life of Mahomet, London 1911. Dieses Werk ist nicht nur in Deutschland weitgehend unbekannt geblieben. Ich selber verdanke den Hinweis *Friedrich Niewöhner*, der die Absicht hat, über Stubbes Islam-Schrift zu arbeiten.

[82] So *J. Fück*, a. a. O., S. 102. Eine kritische Analyse des Islam-Bildes von Reland liefert: *A. Gunny*, a. a. O., S. 54–57 (für beide s. Anm. 12).

Für Lessing noch wichtiger wurde die englische *Koran-Übersetzung* von *George Sale* (ca. 1697–1736). In London geboren, war dieser im Umkreis der Missionsgesellschaft „Society for the Promotion of the Christian Knowledge“ aufgewachsen und hatte durch syrische Christen Arabisch gelernt. Das hatte ihn in die Lage versetzt, sich bei der Übersetzung des Koran auf den arabischen Urtext zu stützen, daneben aber auch auf die lateinische Übersetzung des Italieners Marracci, welche ab 1698 die Übersetzung des Petrus Venerabilis aus dem Jahre 1143 abgelöst hatte. Kennern zufolge zeichnet sich die 1734 erstmals publizierte Salesche Übersetzung „durch eine etwas nüchterne Sauberkeit aus, welcher es nur darauf ankommt, den Inhalt des Werkes klar und deutlich wiederzugeben“[83]. Sale selber, der sich weitgehend auf die Arbeiten seiner Landsleute Pocock und Gagnier stützte, empfand seine Arbeit als eine Art Ehrenrettung des vielgelästerten Buches, ohne sich je mit dem Islam identifizieren zu wollen. Bewußt hielt er an einem christlichen Standpunkt fest, verwarf aber als Aufklärer jeglichen Zwang und alles Vernunftwidrige in Glaubenssachen. Sein „Preliminary Discourse“, den er seiner Koran-Übersetzung voranstellte, besticht noch heute durch ein hohes Maß an Sachlichkeit und Komplexität, werden doch die Entstehung, das Wesen und die Entfaltung des Islam ausführlich und anschaulich dargestellt — angefangen von der vormuslimischen Zeit bis in die Periode der Ausdifferenzierung des Islam in verschiedene Glaubensrichtungen. Insbesondere stellt Sale heraus, wie sehr der Islam den Glauben an die Einheit und Einzigkeit Gottes wieder ins Zentrum gestellt habe:

> „Die große Lehre des Koran ist die Einheit Gottes; diese wiederherzustellen war der Hauptzweck seiner (Mohammeds) Mission. Als eine Grundwahrheit wurde durch ihn wiederbelebt, daß es niemals mehr als eine wahre Religion gegeben hat und niemals eine andere geben wird.“[84]

[83] *J. Fück*, a. a. O., S. 104.

[84] The Koran or Alkoran of Mohammed, hrsg. v. *G. Sale* (1734), London — Calcutta — Bombay 1844, Preliminary Discourse, S. 45. Die ersten beiden Abschnitte des Preliminary Discourse behandelt kritisch: *P. M. Holt*, a. a. O., S. 57–60 (s. Anm. 12).

6. Die „Rettung" des Islam: Der Fall Cardanus

Dieser Gedanke steht nun auch im Zentrum der wichtigsten Islam-Schrift des frühen Lessing, die der 25jährige 1754 unter dem Titel „Die Rettung des Hieronymus Cardanus" veröffentlicht (G VII, 9–32). Wir können nun die *Schlüsselszene III* entfalten.

Ein schlechter Vergleich der Religionen

Dieser Cardanus, ein italienischer Mathematiker, Philosoph und Mediziner des 16. Jahrhunderts (1501–1576), der in Mailand und Bologna gewirkt hatte, war eine Lessing faszinierende Gestalt. Er bewundert diesen Renaissance-Menschen, der nicht nur eine universale Bildung, einen scharfen Verstand und einen rätselhaften Charakter besessen, sondern auch ein wunderliches Leben geführt hatte.[85] Dieser Mann war schon früh unter den Verdacht der Gottlosigkeit geraten, und Lessing ärgert sich, daß dieser Vorwurf von einer Publikation über Cardanus in die nächste übertragen wird. Und so schreitet er selber, den Artikel „Cardanus" in Pierre Bayles Wörterbuch ergänzend,[86] zunächst zu einer *ersten Rettung* mit dem Nachweis, daß dieser Atheismus-Vorwurf völlig unbegründet sei. Grundlage der Kritik war stets ein Kapitel aus Cardanus' Buch „De subtilitate" („Über den Scharfsinn"), das Lessing durch den Wittenberger Bibliothekar Schwarz vermittelt bekam, da sich in Philipp Melanchthons Bibliothek eine Erstausgabe befand. In diesem Kapitel hatte Cardanus vier Glaubensrichtungen (die heidnische, die jüdische, die christliche und die muslimische) miteinander um die Wahrheit streiten lassen, und seine Kritiker meinten entdeckt zu haben, Cardanus überlasse es fatalerweise „dem Zufall", welche Religion die überlegene sei.

[85] Zur *Beziehung Lessing — Cardanus* vgl. an neuerer Literatur: *H. Göbel,* Lessing und Cardano. Ein Beitrag zu Lessings Renaissance-Rezeption, in: R. Toellner (Hrsg.), Aufklärung und Humanismus, Heidelberg 1980, S. 167–186. *A.M. Reh,* Große Themen in kleiner Form. G.E. Lessings „Rettungen" — eine europäische Apologetik, in: Nation und Gelehrtenrepublik. Lessing im europäischen Zusammenhang, hrsg. v. W. Barner — A.E. Reh, Detroit — München 1984, S. 175–184. *M. Fick,* Die „Offenbarung der Natur". Eine naturphilosophische Konzeption in Lessings „Nathan der Weise", in: Jahrbuch der Deutschen Schillergesellschaft 39 (1995), S. 113–129.

[86] Vgl. *P. Bayle,* Art. „Cardan", in: a.a.O., Bd. II, S. 53–58 (s. Anm. 53).

Lessing übersetzt nun diese angeblich „gottlose und ärgerliche Stelle“ bei Cardanus neu und kommt zum gegenteiligen Befund: Offen bleibt bei Cardanus gerade nicht die objektive Wahrheitsfrage zwischen den Religionen, sondern nur deren konkreter Vollzug in der religiösen Auseinandersetzung. *Das* hatte Cardanus — recht übersetzt — gemeint: „Wir müssen es dem Glücke überlassen, ob die Waffen der Mahometaner oder die Waffen der Christen die Oberhand, nicht in ihren Lehrsätzen, sondern in den Schlachten davontragen werden“ (G VII, 28). Dies klang nicht nach Beliebigkeit, im Gegenteil. Und je genauer Lessing seinen Helden analysiert, desto entschiedener wird sein Urteil: Während Cardanus Heiden, Juden und Muslime mit sehr dünnen und leicht zu durchschauenden Argumenten auftreten läßt, erscheint die christliche Position bei ihm in bestem Licht. Ungeniert können sich Christen zum Wahrheitsbeweis ihrer Religion auf das Zeugnis alttestamentlicher Propheten (als Erfüllung vorgängiger Verheißungen), auf die Wunderwerke Christi (sie sind im Gegensatz zu denen der Muslime von Zeugen beglaubigt), auf die Gebote Christi (sie stimmen harmonisch mit der Moral oder der „natürlichen Philosophie“ überein) sowie auf die Geschichte der Verbreitung ihrer Religion (trotz „sehr weniger unerfahrener und armer Leute“) berufen. Wer also habe „mehr gutes von unserer Religion“ gesagt als sein Cardanus, findet Lessing:

> „Wer mehr Gründe verlangt, verrät, meines Erachtens, Lust, gar keine Statt finden zu lassen; und wer mehrere beibringt, Begierde, lieber viele und schlechte, als wenige und gute zu haben. Mit einem Worte, ich halte diese Stelle des Cardans für den gründlichsten Auszug, den man aus allen Verteidigungen der christlichen Religion, die, vor ihm und nach ihm, sind geschrieben worden, machen kann.“ (G VII, 21)

Das Problem nur war: Eine solche „religionsvergleichende“ Methode gefällt dem Retter des Cardanus ganz und gar nicht. Gewiß: Lessing betont ausdrücklich, daß eine Gegenüberstellung der verschiedenen Religionen völlig legitim sei; Christen hätten hier nichts zu verlieren; Heiden, Juden und Türken dagegen unendlich viel zu gewinnen. Sympathisch ist ihm auch das ethische Motiv für diesen Vergleich, ist er doch wie Cardanus der Meinung, daß die Religionen gewalttätig miteinander umgehen:

„Die Menschen sind von je her, an Sprache, Sitten und Gesetzen, eben so sehr unter sich von einander unterschieden gewesen, als die Tiere von ihnen. Bei den Verehrern des Mahomets wird ein Christ, und bei beiden ein Jude nicht höher geschätzt als der verworfenste Hund: er wird verspottet, verfolgt, geschlagen, geplündert, ermordet, in die Sklaverei gestoßen, durch die gewaltsamsten Schändungen gemißhandelt, und mit den unsaubersten Arbeiten gemartert, so daß er von einem Tiger, dem man die Jungen geraubet, nicht so viel auszustehen haben würde." (G VII, 12)

Lessing sieht also mit Cardanus das unheimliche Gewaltpotential in den Religionen, das durch Religionsvergleich möglicherweise überwunden werden könnte. Aber unhaltbar findet er des Cardanus' Methode, das Christentum auf Kosten anderer Religionen stark zu machen.

Lessing in der Rolle eines Muslim

Wir sind somit Zeugen eines seltsamen Schauspiels. Zunächst sehen wir einen „Retter" auftreten, der seinen Helden vor Kritiker-Vorwürfen in Schutz nimmt. Dann aber kehrt derselbe Retter den Spieß um und veranstaltet eine *zweite Rettung:* die Rettung der nichtchristlichen Religionen vor diesem christlichen Philosophen. Ja, Lessing meint entdeckt zu haben, daß Cardanus „mit keiner einzigen Religion aufrichtig verfahren" sei, außer „mit der christlichen" (G VII, 22). Und gegen diesen christlichen „Triumphalismus" versetzt er sich jetzt bewußt in die Rolle eines Heiden, Juden und Muslimen, um diese Religionen *nach ihrem Selbstverständnis* präsentieren zu können. Das ist ein entschiedener Paradigmenwechsel gegenüber Cardanus und der gesamten christlichen Islam-Theologie, die stets „über" die Religionen geurteilt hatte. Bei Lessing bekommen die Religionen nun eine eigene Stimme.

Was den Islam betrifft, so lautet das Hauptargument aus dem Mund des Lessingschen Muslim: Gerade der *Islam* ist eine *Religion der „gesunden Vernunft"* — im Gegensatz zu allen anderen Religionen. Denn schaue man sich an, was bei Heiden, Juden und Christen gelte, so finde man dies: nichts als ein „Wirrwarr von Sätzen, die eine gesunde Vernunft nie für die ihrigen erkennen" würde (G VII, 24); nichts als „höhere Offenbarungen", deren Möglichkeit noch nicht einmal erwiesen sei; „Geheimnisse", die vielleicht „in einer anderen Welt" gelten, „nur nicht in der unsrigen". Und nach dieser ironischen Kritik reitet der Lessingsche Muslim vollends eine Attacke in Sachen Vernunftwidrigkeit anderer Religionen. Cardanus muß sich dies aus muslimischem Munde anhören:

> „Ich will sie (die Geheimnisse) dir nicht nennen, sondern ich will nur sagen, daß eben sie es sind, welche die allergröbsten und sinnlichsten Begriffe von allem, was Göttlich ist, erzeugen; daß sie es sind, die nie dem gemeinen Volke erlauben werden, sich seinen Schöpfer auf eine anständige Art zu gedenken; daß sie es sind, welche den Geist zu unfruchtbaren Betrachtungen verführen, und ihm ein Ungeheuer bilden, welches ihr den Glauben nennet. Diesem gebt ihr die Schlüssel des Himmels und der Höllen; und Glücks genug für die Tugend, daß ihr sie mit genauer Not zu einer etwanigen Begleiterin desselben gemacht! Die Verehrung heiliger Hirngespinste macht bei euch ohne Gerechtigkeit selig; aber nicht diese ohne jene. Welche Verblendung!" (G VII, 24)

Dagegen beruft sich der Lessingsche Muslim mit der größten Selbstverständlichkeit auf die *Vernunftgemäßheit des Koran* und der Botschaft des Propheten:

> „Doch dem Propheten selbst ist es nur zum Teil geglückt, euch die Augen zu eröffnen, und ich sollte es unternehmen? Wirf einen Blick auf sein Gesetz! Was findest du darinne, das nicht mit der allerstrengsten Vernunft übereinkomme? Wir glauben einen einigen Gott: wir glauben eine zukünftige Strafe und Belohnung, deren eine uns, nach Maßgebung unserer Taten, gewiß treffen wird. Dieses glauben wir, oder vielmehr, damit ich auch eure entheiligten Worte nicht brauche, davon sind wir überzeugt, und sonst von nichts! Weißt du also, was dir obliegt, wann du wider uns streiten willst? Du mußt die Unzulänglichkeit unserer Lehrsätze beweisen! Du mußt beweisen, daß der Mensch zu mehr verbunden ist, als Gott zu kennen und tugendhaft zu sein; oder wenigstens, daß ihm beides die Vernunft nicht lehren kann, die ihm doch eben dazu gegeben ward!" (G VII, 24f)

Hier liegt denn auch der Grund, warum der Lessingsche Muslim mit Stolz jede Berufung auf „Wunder“, die angeblich die Überlegenheit des Christentums beweisen, strikt ablehnt. Man „schwatze“ nicht von Wundern; Mohammed habe niemals dergleichen nötig gehabt. Nur derjenige brauche Wunder, welcher die Menschen zu „unbegreiflichen Dingen“ überreden wolle; das habe derjenige nicht nötig, welcher nichts als Lehren vortrage, deren „Probierstein“, die Vernunft, ein jeder bei sich führe. Gewiß, wenn einer aufstehe und sage, er sei Gottes Sohn, so sei es billig, daß man ihm zurufe, er solle etwas tun, was nur er allein tun könne. Wenn aber ein anderer sage, es gäbe nur einen Gott, und er sei dessen Prophet, dann seien Wunder nicht nötig! Und selbstbewußt fügt der Lessingsche Muslim hinzu:

> „Wir schenken euch gar gerne diese übernatürlichen (Wunder) – ich weiß nicht, wie ich sie nennen soll? Wir schenken sie euch, sage ich, und danken es unserm Lehrer, daß er seine gute Sache nicht dadurch hat verdächtig machen wollen.“ (G VII, 25)

Mit dieser Argumentation hatte Lessings Muslim die traditionellen Argumente glatt umgedreht. Während Cardanus nur die christliche Apologetik wiederholte und Wunder als Beweismittel für die Wahrheit des Christentums gelten ließ, übt Lessings Muslim mit allem Selbstbewußtsein gerade daran scharfe Kritik. Das Christentum hat offenbar einen so „unmöglichen“ Anspruch erhoben (Gottessohnschaft Jesu), daß dann auch Wunder nötig sind, diesen zu beglaubigen. Die Notwendigkeit von Wundern aber spricht nicht für das Christentum, sondern gegen es. Eine Religion wie der Islam, die nichts anderes will, als die Botschaft von dem einen Gott verkünden und die Menschen zu einem sittlichen Leben anleiten, hat so etwas nicht nötig – und Lessing deutet damit indirekt an: Eine solche Religion ist sehr überzeugend in einer Zeit wie der seinen, die ihrerseits ganz im Zeichen der „Vernunft“ steht ...

Wider die antiislamische Propaganda

Und dann kommt der Lessingsche Muslim auf einen heiklen Punkt zu sprechen: die Propaganda wider den Islam in Sachen Gewaltvorwurf und Paradiesvorstellungen. Der Christ bei Cardanus hatte sich in dieser verächtlichen Weise vom Islam distanziert:

> „Mahomet hingegen rät Mord und Krieg und den Turm im Paradiese; das Paradies aber beschreibt er so, daß man darinnen heirate, von schönen Knaben bedient würde, Fleisch und Äpfel esse, Nektar trinke, auf seidnen Betten liege, und unter dem Schatten der Bäume Edelsteine und seidne Lager besitze. Welcher gesunde Verstand wird dadurch nicht beleidiget? Und wie abgeschmackt ist nicht jenes Vorgeben im Korane, nach welchem Engel und Gott für den Mahomet beten sollen? Desgleichen die Erdichtung, daß Gott von der Erde gen Himmel hinaufsteige, und daß er selbst bei den Geistern, seinen Dienern, schwöre. Was soll man von der Historie mit dem Kamele, wenn es anders eine Historie, und nicht vielmehr eine Fabel ist, sagen, die wenigstens fünfmal wiederholet wird?" (G VII, 15)

Auch Cardanus hatte damit den aus der antiislamischen christlichen Polemik seit Jahrhunderten bekannten Musterkatalog zusammengestellt. Seit jeher haben Christen einzelne Verse einzelner Suren des Koran — etwa zu lustvollen Freuden (Sure 52, 20; 76, 5; 35, 33) oder zu Obergemächern (darauf spielen die „Türme" an) des Paradieses (Sure 39, 20) — herausgegriffen und daraus einen abenteuerlich-phantasiereichen Cocktail gemixt, um den Islam als Religion pauschal lächerlich zu machen. Seit Jahrhunderten waren Christen bemüht, den Koran als „Erdichtung" abzuqualifizieren, als bloßes absurdes Phantasieprodukt einiger fanatischer Wüstenbewohner.

Gewiß: Cardanus hatte in späteren Auflagen seiner Schrift manche Äußerungen seines Christen gegen den Islam getilgt. Lessing lobt ihn dafür, obwohl des Cardanus' Maßnahme sachlich in einzelnen Punkten unberechtigt war, so daß der Italiener seinerseits noch einmal gegen Lessing „gerettet" zu werden verdient.[87] Das aber betrifft

[87] Als einer der wenigen Philologen hat *F. Meier* Lessing kritisch auf die Finger gesehen und seinerseits Cardanus gegen Lessing zu „retten" versucht. Er meint dabei, Lessing „zwei Fehlurteile" anstreichen zu können. Das wichtigere von beiden ist das folgende: Lessing hatte Cardanus dafür gelobt, daß er die „abgeschmackte Beschuldigung" seines Christen weggelassen habe, der Koran lehre, „Gott und die Engel beteten für den Mahomed" (G VII, 29). Meier zeigt nun, daß dies keineswegs eine „abgeschmackte Beschuldigung" ist, enthält doch der Koran in Sure 33, 56 genau eine solche Aussage. Nachdem sie muslimischen Theologen lange Kopfschmerzen bereitete, wird sie heute (z. B. von R. Paret) so übersetzt: „Gott und seine Engel sprechen den Segen über den Propheten". Meier — mit erhobenem Zeigefinger gegen

nur Randpunkte. Entscheidend ist vielmehr, daß Lessing seinen Muslim auf zweierlei Weise antworten läßt: durch rationale Argumentation und durch polemische Gegenreaktion. Zur *rationalen Argumentation* gehört die Information darüber, daß auch im Islam Gewalt und Grausamkeit verwerflich ist:

> „Auch wirf uns nicht die Gewalt der Waffen vor, bei deren Unterstützung Mahomet predigte. Es ist wahr, er und seine Anhänger haben sehr viel, und Christus und seine Apostel haben gar kein Blut vergossen. Aber glaubst du wohl, daß das, was bei euch eine Grausamkeit gewesen wäre, es bei uns nicht ist? Gib Acht, es wird auf das vorige hinaus kommen!" (G VII, 25)

Zur *polemischen Gegenreaktion* aber gehört das (in unseren nachaufklärerischen Ohren befremdlich klingende) Argument, daß man die Anwendung von Gewalt auch rechtfertigen könne, da Menschen auf einer niedrigen Kulturstufe zu Fortschritt unter Umständen auch „gezwungen" werden müßten:

> „Wann der, welcher unbegreifliche Dinge vorträgt, die ich höchstens nur deswegen glauben kann, weil ich ihn für einen ehrlichen Mann halte, der mich nicht hintergehen wird; wann der, sage ich, den Glauben mit dem Schwerde erzwingen will, so ist er der verabscheuungswürdigste Tyrann, und ein Ungeheuer, das den Fluch der ganzen Welt verdienet. Wann aber der, welcher die Ehre des Schöpfers rettet, halsstarrige Verruchte findet, die nicht einmal das, wovon die ganze Natur zeuget, die nicht einmal seine Einheit bekennen wollen, und diese von dem Erdboden vertilgt, den sie entheiligen, so ist er kein Tyrann; er ist, — wann du ihn ja keinen Propheten, der Friede verkündiget, nennen willst, nichts als ein rächendes Werkzeug des Ewigen. Oder glaubst du in der Tat, daß Mahomet und seine Nachfolger ein ander Bekenntnis von den Menschen gefordert haben, als das Bekenntnis solcher Wahrheiten, ohne die sie sich nicht rühmen können, Menschen zu sein." (G VII, 25f)

Lessing — wörtlich: „Dieser Vers, den Lessing dem Koran nicht zugetraut hat und für dessen Auslassung ... er Cardano höchstes Lob zollt, ist nun die koranische Grundstelle für eine der wichtigsten und elementarsten Formen der Mohammed-Verehrung: die Segenssprechung auf den Propheten" (S. 515). Alles ist nachzulesen in: *F. Meier*, Zweite „Rettung des Cardanus", in: *ders.*, Bausteine Bd. II. Ausgewählte Aufsätze zur Islamwissenschaft, hrsg. von E. Glassen u. G. Schubert, Istanbul 1992, S. 1165–1179.

So schrecklich sich diese Passage vom „rächenden Werkzeug des Ewigen“ in unseren Ohren anhört, so sehr muß man zum Verständnis hier den Kontext beachten. Zunächst ist das Sachargument dieses Abschnitts nicht neu und uns aus früheren Äußerungen Lessings zum Islam bereits wohlbekannt: Der Islam kann im Blick auf Arabien als Fortschritt in Sachen Kultur und Ethos bezeichnet werden. Daß für diesen Fortschritt auch Zwangsmittel gerechtfertigt werden, ist ein bei Lessing sonst nirgendwo mehr vorkommender Gedanke; sein Auftauchen hier dürfte somit kontextbedingt sein und die Funktion haben, die Selbstgerechtigkeit des antiislamischen Propagandaklischees („Religion der Gewalt“) mit Selbstbewußtsein zu unterlaufen: Wenn man es mit „halsstarrigen Verruchten“ zu tun hat, dann muß die „Ehre des Schöpfers“ eben mit anderen Mitteln gerettet werden. Hinzu kommt als Fluchtpunkt der Argumentation des ganzen Abschnitts: Der Islam ist im Grunde eine Religion, die von den Menschen nur wenig verlangt, um sie zu akzeptieren:

> „Weißt du was Abu Obeidach an die von Jerusalem schrieb, als er diesen heiligen Ort belagerte? ‚Wir verlangen von euch, zu bezeugen, daß nur ein Gott und Mahomet sein Apostel ist, und daß ein Tag des Gerichts sein wird, da Gott die Toten aus ihren Gräbern erwecken will. Wann ihr dieses Zeugnis ablegt, so ist es uns nicht erlaubt, euer Blut zu vergießen, oder uns an euerm Hab und Gut, oder Kindern zu vergreifen. Wollt ihr dieses ausschlagen, so bewilliget Tribut zu bezahlen, und uns unterwürfig zu sein: sonst will ich Leute wider euch bringen, welchen der Tod süßer ist, als euch der Wein und das Schweinefleisch.‘ (Quelle: Okley aus einer geschriebenen arabischen Geschichte des heiligen Landes)
>
> Siehe, diese Aufforderung erging an alle! Nun sprich, verdienten die zu leben, welche nicht einmal die Einheit Gottes und die Zukunft des Gerichts bekennen wollen? Stoße dich nicht daran, daß man von ihnen auch verlangte, den Mahomet für einen Gesandten Gottes zu erklären. Diese Klausel mußte beigefügt werden, um zu ersehen, ob sie auch die Einheit Gottes recht eigentlich annehmen wollten; denn auch ihr behauptet sie anzunehmen, aber wir kennen euch! Ich will nicht weiter in dich dringen.“ (G VII, 26)

Von daher findet es der Lessingsche Muslim lachhaft, welche Klischees über den Islam nach wie vor im Umlauf sind, Klischees gerade über die Sinnlichkeit des Paradieses. Er müsse zuletzt noch „lachen“ über den Christen, der im Ernst glaube, daß Muslime „die sinnlichen Vorstellungen des Paradieses nach den Buchstaben“ verstünden! Oder verstünden Christen die Beschreibung des „himmlischen Jerusalem“ auch nach den Buchstaben? Deutlich wird auch hier die Stoßrichtung der Argumentation: Eine Religion wie der Islam kann sich bei Lessing als eine mit der Vernunft vereinbare Größe präsentieren, deren Geschichte mindestens so viel Respekt verdient wie die anderer Religionen.

Man mache sich in der Tat noch einmal klar, was Lessing hier seinen Lesern zumutet. Galt es jahrhundertelang in der Christenheit als ausgemacht, daß das Christentum mit seiner Offenbarung dem „Phantasieprodukt“ Islam weit überlegen ist, so läßt der 25jährige Lessing in der Cardanus-Schrift seinen Muslim die Verhältnisse auf den Kopf stellen. Für Heidentum, Judentum und Christentum gelten Stichworte wie „Wirrwarr von Sätzen“; unbewiesene „Offenbarungen“ und „Geheimnisse“, welche für die „allergröbsten und sinnlichsten Begriffe“ des Göttlichen verantwortlich sind; Verehrung „heiliger Hirngespinnste“ sowie ein hohes Ausmaß an „Verblendung“. Für den Islam dagegen gelten Stichworte wie „gesunde Vernunft“, Denken des Schöpfers „auf eine anständige Art“; Glauben, der mit der „allerstrengsten Vernunft“ in Übereinstimmung ist. Hier wird strategische Aufwertung in Vollendung praktiziert. Daß der Islam hier so stark gemacht wird, werden *muß*, hat mit der Verachtungsgeschichte zu tun, die ihn in Europa geistig marginalisierte.

Lessing kann sich dabei auf seine orientalistischen Gewährsleute Reland und Sale berufen und seinen Cardanus zugleich für sein unzulängliches Islam-Bild entschuldigen, da er diese Namen noch nicht habe kennen können:

> „Die Nachrichten, die man zu seinen (des Cardanus) Zeiten, von dem Mahomet und dessen Lehren hatte, waren sehr unzulänglich, und mit tausend Lügen vermengt, welche die christlichen Polemici desto lieber für Wahrheiten annahmen, je ein leichtres Spiel sie dadurch erhielten. Wir haben nicht eher eine aufrichtige Kenntnis davon erhalten, als durch die Werke eines Reland und

Sale; aus welchen man am meisten erkannt hat, daß Mahomet eben kein so unsinniger Betrieger und seine Religion eben kein bloßes Gewebe übel an einander hangender Ungereimtheiten und Verfälschungen sei." (G VII, 23)

In der neueren Forschung ist denn auch zu *Lessings Islam-Bild* mit Recht dreierlei betont worden:
(1) Lessing hat in seiner „Rettung" gezielt einen Freiraum eröffnet, um den Vertretern von Judentum und Islam *eine eigene Stimme* zu geben: „Daß hier auch der Islam selbständig auftreten kann, ist neu in der deutschen Aufklärung. Der von Cardano zaghaft eingeschlagene Weg des Religionsvergleichs ist um einen wesentlichen Schritt weitergeführt worden." *(H. Göbel)*[88]
(2) Angesichts der auch in Lessings Zeiten noch vorherrschenden Konfrontationstheologie ist die *neue Grundhaltung* Lessings gegenüber dem Islam mit Recht herausgestellt worden: „Lessing behauptet hier (im „Cardanus"), Muhammad habe Lehren vorgetragen, ‚deren Probierstein ein jeder bei sich führet' — dieser Satz ist noch heute ungeheuerlich, in der Mitte des 18. Jahrhunderts mußte er geradezu skandalös klingen. Muhammad war nämlich in der damaligen Christenheit nichts anderes als der größte ‚Betrüger'" *(F. Niewöhner).*[89] Andere Forscher haben denn auch bestätigt, daß Lessing mit der Betonung der Rationalität des islamischen Glaubens das Selbstverständnis der Muslime traf, wie es sich schon früh beim ersten arabisch-muslimischen Philosophen Al-Kindi (ca. 800–870) Ausdruck verschaffte und wie es sich über den muslimischen Philosophen Averroës (Ibn Rushd: 1126–1198) bis hin zu neueren Denkern durchgesetzt habe *(E. Tornero).*[90]

88 *H. Göbel*, a. a. O., S. 179 (s. Anm. 85).

89 *F. Niewöhner* ist meines Wissens der erste Literaturwissenschaftler im deutschsprachigen Raum, der eine kleine Studie zu „Lessing und der Islam" veröffentlichte, in: Frankfurter Allgemeine Zeitung vom 5. Juni 1996. Die dort publizierten Ausführungen waren ein Auszug aus einem größeren Rede-Manuskript, das der Verfasser mir dankenswerterweise zur Einsicht zugesandt hat. Das hier angeführte Zitat stammt aus dem noch unveröffentlichten Teil dieses Manuskripts. Ich danke dem Kollegen Niewöhner nicht nur, daß er mir dieses Zitat erlaubt, sondern auch für die kritische Durchsicht meines gesamten Manuskriptes sowie für wichtige Anregungen und Hinweise (vgl. Dankeswort zu diesem Buch).

90 Dies hat besonders herausgestellt *E. Tornero*, a. a. O., S. 117f (s. „Grundliteratur zu Lessing"). Die Beziehung Lessing — Ibn Rushd hat ebenfalls herausgestellt: *O. F. Best* (siehe „Grundliteratur zu Lessing"). Auf Einzelheiten können wir hier nicht eingehen. Ich zitiere das Fazit: „Wir wissen nicht, wie weit Lessing mit diesen Vorstellungen arabischer Philosophen im einzelnen vertraut war. Sollte er ihnen die Anregung zu seinem Entwurf eines göttlichen Erzie-

(3) Lessings Technik der strategischen Aufwertung dient der *Infragestellung* des so selbstverständlich Abgesicherten in Sachen Theologie der Religionen: „Lessings positive Einstellung zum Islam ging weit über bloßes Verständnis hinaus. Stellte er die Religion Mohammeds über das Christentum? Das ist nicht anzunehmen. Eher ist daran zu denken, daß Gegenüberstellung und Spiegelung klärender Reduktion dienen sollte... Sein Ziel: Zweifel zu wecken, Nachdenken zu bewirken. Tatsächlich fällt der Vergleich nicht zur höheren Ehre des Christentums aus.“ *(O. F. Best)*[91]

Lessings eigenes Profil in Sachen Islam

Aus diesen Darlegungen wollen wir nun *eigene Schlußfolgerungen* für Lessings erste Phase der Beschäftigung mit dem Islam ziehen. Marigny, Bayle, Voltaire, Reland, Sale, Cardanus: Was übernimmt Lessing von ihnen, was übernimmt er nicht? Wo schließt er sich seinen Gewährsleuten an, wo geht er eigene Wege? Lessings Erfahrungen mit dem Islam lassen sich für diese Phase folgendermaßen zusammenfassen:

(1) Lessings Islam-Erfahrung ist wie die der meisten europäischen Intellektuellen seiner Zeit eine *Buch-Erfahrung, keine Menschenerfahrung.* Konkrete Begegnungen mit Muslimen (vergleichbar etwa den Beziehungen zu jüdischen Zeitgenossen wie Moses Mendelssohn) sind nicht belegt. Lessings Islam-Bild ist somit ganz und gar geprägt von der französischen und angelsächsischen Forschung. In ihrer Rezeption aber setzt er eigene Akzente.

(2) Lessing, aufgewachsen im kirchlichen Milieu lutherischer Orthodoxie, kennt die Stereotypen einer antiislamischen christlichen Konfrontationstheologie. Schon denkbar früh hatte er ein Gespür für deren Unmenschlichkeit entwickelt, affirmiert doch schon der Zwölfjährige, daß es „auch unter Mohammedanern anständige Menschen“ gibt. Nirgendwo gibt es denn auch ein Wort von Lessing, daß er mit der lutherischen Spätorthodoxie den Islam als Teufelswerk oder den

hungsplans verdanken? Oder die Bestätigung eigener Ideen? Tatsache ist, daß Ibn Rushd-Averroës' Einteilung in drei Menschenklassen eine Entsprechung in Lessings drei Entwicklungsstufen findet“ (S. 135).

91 *O. F. Best,* a. a. O., S. 129 (s. „Grundliteratur zu Lessing“).

Propheten Mohammed als Betrüger angesehen hätte. Im Gegenteil. Lessing *konterkariert die konfrontative christliche Islam-Theologie* mit der entschiedenen Überzeugung, „daß Mahomet eben kein so unsinniger Betrieger und seine Religion eben kein bloßes Gewebe übel aneinanderhangender Ungereimtheiten und Verfälschungen" ist.
(3) Mit den kritischen Geistern Bayle und Voltaire teilt Lessing Grundzüge der Christentums-Kritik, insbesondere die Kritik an einer angeblichen moralischen Überlegenheit und triumphalen Selbstgewißheit von Christen. Lessing aber teilt gerade nicht die gleichzeitig bei Bayle und Voltaire anzutreffende *Islam-Kritik:* die moralisch verurteilende und ironisch-herabsetzende Abqualifizierung des Propheten Mohammed und des Koran. Obwohl Lessing insbesondere durch Bayle und Prideaux über alle möglichen christlichen Zerrbilder des Islam breit informiert ist, ist von ihm selber kein Wort überliefert, das als Zustimmung zu deuten wäre. Lessing kennt als Übersetzer insbesondere Voltaires Islam-Spott, teilt ihn aber nirgendwo. Nie kam er auf den Gedanken, den Propheten als einen „Tartuffe mit dem Säbel in der Hand" zu denunzieren und den Koran als „unverdauliches Buch" abzuqualifizieren. Im Gegenteil.
(4) Lessing wertet den Islam (wie das Judentum) strategisch dort auf, wo er zugunsten des Christentums herabgesetzt wird. Programmatisch vollzieht er auf diese Weise einen *Perspektivenwechsel in der Betrachtung des Islam:* von der Außensicht zur Innensicht, vom Fremdverständnis zum Selbstverständnis. Lessing versetzt sich wie niemand sonst in die Rolle von Muslimen und versucht auf diese Weise, die Geschichte mit ihren Augen zu lesen.
(5) Schon früh ist Lessing bereit, Moralität bei Menschen aller Religionen anzuerkennen. Juden gelten ihm als Volk von „Helden und Propheten"; die muslimischen Araber als Volk von „Helden und Gelehrten". Sich vor allem auf die angelsächsische (Pocock, Gagnier, Ockley, Sale) und französische (Marigny, d'Herbelot) Forschung stützend, ist Lessing von der Kulturleistung der Araber als Volk und des Islam als Religion überzeugt, die der europäischer Völker oder der christlicher Religion in nichts nachsteht. Der Kontrast zu Voltaire könnte nicht größer sein. Hatte dieser den Koran als „unverdauliches Buch" bezeichnet, als einen „Mischmasch", dem „gesunden Menschenverstand" zuwider, so läßt Lessing seinen Muslim im „Cardanus" das Gegenteil vom Koran behaupten: Alles ist mit der

„allerstrengsten Vernunft" in Übereinstimmung. Ein Muslim trägt bei Lessing den „Probierstein" Vernunft bei sich.
(6) Wir greifen geschichtlich hier zum ersten Mal in der deutschen Literatur einen *Paradigmenwechsel in der Grundeinschätzung des Islam,* der die Moderne von Mittelalter und Reformation unterscheidet. War für Luther der Koran deshalb verwerflich, weil er nur ein Dokument der selbstmächtigen menschlichen Vernunft ist, ist der Koran für Lessing (erkennbar trotz aller Tarnung im „Cardanus") gerade deshalb ein glaubwürdiges Buch, weil er der Vernunft nichts Widervernünftiges zumutet.

Was in dieser frühen Phase an Überzeugungen grundgelegt wird, wird Lessing auch durch die weiteren Lebensperioden durchhalten und weiterentwickeln. Sehen wir uns dies konkret an.

II. DER STREIT UM DEN ABSOLUTHEITS-ANSPRUCH DES CHRISTENTUMS

Die Frage also war in der Welt, auch in Lessings Welt: Wie stehen die großen Religionen Judentum, Christentum und Islam zueinander? Was sind ihre Stärken und was sind ihre Schwächen? Wie soll man im Vergleich noch entscheiden können, welche die echte, beste, wahre ist? Heben sich nicht alle Argumente für oder gegen eine Religion gegenseitig auf? Leistet nicht der Religionsvergleich dem Wahrheitsrelativismus Vorschub? Daß Lessing mit Stellungnahmen wie seinem „Cardanus" in ein theologiepolitisch gefährliches Fahrwasser gedriftet war, wird jeder verstehen, der sich die traditionellen kirchlich-theologischen Positionen über den Absolutheitsanspruch des Christentums noch einmal vergegenwärtigt. Und da Lessing seinen Cardanus auch noch gescholten hatte, weil dieser in traditioneller Apologetik dem Christentum den höchsten Wahrheits- und Moralgehalt zugebilligt hatte, mußte er sich erst recht Fragen ausgesetzt sehen, wie er's denn selber mit dem Christentum und dessen Wahrheitsanspruch halte. Doch es vergehen gut 20 Jahre in Lessings Leben, bevor all diese Probleme öffentlich brisant werden sollten. In der Zwischenzeit — es sind die sechziger Jahre — arbeitet Lessing zunächst als Sekretär eines preußischen Generals in Breslau (1760–1765), später (1767–1770) wird man ihn als Dramaturg und Kritiker am Hamburger Nationaltheater sehen („Hamburgische Dramaturgie"), nachdem Lessing im Jahr der Übersiedlung nach Hamburg noch seine bahnbrechende Komödie „Minna von Barnhelm" publizieren konnte.

Seit Mai 1770 bekleidet Lessing ein neues Amt — jetzt im Bibliotheksdienst, und zwar in Wolfenbüttel, wo das Braunschweiger Herzogtum eine schon damals einzigartige und weithin berühmte Bibliothek eingerichtet hatte. In einem eigens dafür entworfenen (heute nicht mehr existierenden) Rundbau dürften sich ungefähr 150.000 Schriften befunden haben. Lessing nutzt diese Stelle nicht nur zu neuen schriftstellerischen Arbeiten wie dem Drama „Emilia Galotti"

(1772) und ausgedehnten Reisen (nach Italien 1775), sondern vor allem dazu, „aus den Schätzen der Herzoglichen Bibliothek zu Wolfenbüttel“ immer wieder neue Editionen zu veranstalten. Zur Verfügung steht ihm dafür die Schriftenreihe „Zur Geschichte und Literatur“, und Lessing nutzt dieses Mitteilungsforum für besondere, überraschende bibliographische Entdeckungen und quellenkritische Editionen, die seinen gelehrten Aufklärungswillen eindrucksvoll dokumentieren.

1. Orientalistische Leidenschaften

Die Wolfenbütteler Bibliothek erweist sich als Fundgrube, nicht zuletzt für alte Handschriften, ob griechischer, lateinischer oder (in eingeschränkter Form auch) arabischer Provenienz. Die Leidenschaft für alles Orientalistische erwacht in Lessing aufs Neue. Selbstverständlich ist Interesse für Orientalistisches nicht schon automatisch und in jedem Fall auch Interesse für Islamisches. Aber in vielen Fällen ist beides unlösbar miteinander verknüpft. Wo Sympathien für Arabisches, Persisches, Türkisches vorliegen, verbindet sich oft damit auch ein Interesse für den Islam, zumal wenn die Texte aus der islamischen Periode stammen. Hier liegt ein wesentlicher Unterschied zu allen Dokumenten römischer oder griechischer Kultur. Im orientalischen Raum ist der Islam noch eine lebendige Religion, und diesen Raum versteht man nun einmal nicht, ohne den Islam zu studieren. So ist es auch bei Lessing kein Zufall, daß er, der bisher so viel Sensibilität für den Islam als Kultur und Religion zeigte, sich auch in Wolfenbüttel für alles Orientalistische interessiert und daß das Orientalistische zum Hintergrund seines Interesses am Islam gehört. Vier Momentaufnahmen demonstrieren dies. Aufnahme I: Sie zeigt einen Mann mit Namen Johann Jacob Reiske.

Ein großer Arabist Deutschlands als Freund: Johann Jacob Reiske

Pioniere sind oft schwierige Menschen mit schwierigen Lebenswegen. Der 1716 in der Nähe von Bitterfeld geborene und 58 Jahre später 1774 in Leipzig als Rektor der dortigen Nicolai-Schule gestorbene Johann Jacob Reiske gehört zu ihnen. Weitgehend auf autodiaktischem Wege — das 1733 in Leipzig aufgenommene Theologiestudium ließ ihn gleichgültig — wurde er zu *dem* überragenden Arabisten Deutschlands, der diese Bezeichnung deshalb verdient, weil er die Arabistik erstmals aus der Dienerrolle für alttestamentliche Exegese befreite und als unabhängige Wissenschaft begründete. Denn das Arabische lernten damals in der Regel Theologen — und zwar als exegetische Hilfswissenschaft zum Verständnis des Alten Testaments. Zwar hatte sich unter Alttestamentlern herumgesprochen (was Orthodoxen gar nicht recht war), daß das Hebräische nicht die Ursprache der Menschheit ist, vielmehr nur ein Zweig am semitischen Sprachstamm bildet, zu dem auch das angeblich noch ältere Arabisch gehört. Aber man nahm zugleich an, daß das Arabische sich seit Urzeiten rein bewahrt habe, so daß man selbst aus relativ jungen arabischen Handschriften Erkenntnisse gewinnen könne, um etwa schwierige hebräische Ausdrücke der Bibel zu erklären. Von daher erklärt sich das hohe Interesse von Theologen der Lessingzeit, neben dem Hebräischen auch das Arabische zu lernen. Reiske aber machte diese (unhaltbare) Konstruktion von Anfang an nicht mit — und entsprechend schuf er sich Gegner.

Den Grundstock für sein immenses Wissen hatte Reiske sich an der Universität Leiden verschafft, wo sich — begründet von Golius und Warner, wie wir hörten — die damals reichste europäische Sammlung arabischer Handschriften befand. Acht Jahre lang (1738–1746) Schüler des weithin bekannten Arabisten *Albert Schultens* (Lessing wird dessen Saladin-Buch für seinen „Nathan" benutzen: IX, 1138), gelang es Reiske, eine eindrucksvolle Menge von Texten aus arabischer Dichtung und Geschichtsschreibung zu sichten und abzuschreiben. Und doch hatte er das Pech, daß für einen wie ihn an einer deutschen Universität noch kein Platz war. Vergebens bemühte er sich um eine Professur in Leipzig und anderswo, obwohl er verbissen Jahr um Jahr Editionen veranstaltete: so etwa die „26 Makamen des Hariri" (1737) sowie die „Muallakat des Tarafa" (1742).[1]

[1] Der arabische Schriftsteller *Al-Hariri* (geb. 1054 bei Basra, gest. 1122 in Basra) wurde berühmt durch seine *Makamen,* in denen die formale Sprachkunst auf ein kaum wieder erreichtes Niveau gesteigert ist. Reim (oft bis zu fünffach wiederholt) und Rhythmus, mehrschichtig parallel gebaute Abschnitte, Wortspiele lautlicher, semantischer und graphischer Natur sowie lexikalische Raritäten ziehen die Aufmerksamkeit des Lesers ganz auf sich. Die *Makamen,*

Obendrein schadete ihm eine taktisch unkluge, aber sachlich berechtigte Kontroverse mit dem einflußreichen Albert Schultens (1686–1750) schwer, der zu den Hauptvertretern der damaligen Funktionalisierung der Arabistik für die alttestamentliche Exegese gehörte. 1758 schließlich mußte Reiske in den Leipziger Schuldienst ausweichen. Kein Wunder daher, daß er sich selber in einer schonungslosen Lebensbeschreibung (erschienen posthum 1783) einen „Märtyrer der arabischen Literatur" nannte, zumal sein Leben ein einziger Kampf gegen die Armut gewesen war...

Reiskes Verdienste im Raum der Arabistik lagen vor allem in der Erschließung von Originalhandschriften, in der Anwendung von Methoden literarischer Quellenkritik und der Einbeziehung neuer Materialien wie Inschriften und Münzen, was ihn auch zum „Begründer der orientalischen Numismatik" macht.[2] Überragend seine Studien zur vorislamischen Geschichte der Araber zwischen Christus und Mohammed (1747);[3] überragend seine Edition und lateinische Übersetzung der Weltgeschichte eines der wichtigsten arabischen Geschichtsschreiber des Mittelalters, *Abu'l-Feda* („Abulfedae Annales Moslemici"), die freilich nach dem ersten Band (1754) aus Mangel an Geld und öffentlichem Interesse eingestellt werden mußte; überragend seine Editionen und Abhandlungen zur arabischen Poesie und Spruchweisheit („Proben der arabischen Dichtkunst in verliebten und traurigen Gedichten, aus dem Motanabbi" 1765; „Kurzer Entwurf der arabischen Dichterey" 1765). Insbesondere sein durch Quellenvergleiche höchst informatives Werk über eine Weltgeschichte aus muslimischer Sicht wird für Lessing eine Fundgrube werden. Abu'l-Feda (1273–1331) war ein Prinz aus dem Hause

schon zu Al-Hariris Lebzeiten hochgeschätzt, blieben bis in die moderne Zeit hinein Stilmuster. 1826 veröffentlichte *F. Rückert* eine kongeniale Übertragung ins Deutsche. Vgl. dazu *F. Rückert,* Ausgewählte Werke Bd. II, hrsg. v. A. Schimmel, Frankfurt/M. 1988, S. 121–158. Bei *Tarafa* handelt es sich um einen altarabischen Dichter Mitte des 6. Jahrhunderts. Er gilt in der arabischen Literaturkritik als einer der größten Poeten der vorislamischen Zeit. Hochberühmt ist vor allem seine Kamelschilderung in den sogenannten „Mu'allaqat", der ältesten vor- und frühislamischen Anthologie arabischer Dichtung. Der unten erwähnte Dichter *Motanabbi* (915–965), aus der Nähe Bagdads stammend, galt aufgrund seiner sprachschöpferischen Fähigkeiten vielen als größter Dichter seiner Epoche und gilt noch heute manchen als größter arabischer Dichter oder doch wenigstens als letzter großer überhaupt.

2 *H. Simon,* Johann Jacob Reiske als Begründer der orientalischen Numismatik, in: Klio 58 (1976), S. 211–219.

3 Der lateinische Originaltitel dieser ersten Pionierarbeit Reiskes lautet: Primae liniae historiae regnorum Arabicorum et rerum ad Arabibus medio inter Christum et Muhammedem tempore gestarum" (1747).

der Aijubiden, gegründet von Aijub, dem Vater des später berühmten Saladin, und hatte eine „Kurze Geschichte der Menschheit" verfaßt, die von der vorislamischen Periode bis ins Jahr 1329 reichte. Orientalisten des 18. Jahrhunderts (etwa der Oxforder Gagnier, wie wir hörten) kannten diese aus verschiedenen Quellen zusammengesetzte Schrift und benutzten sie reichlich, bevor frühere Quellen zugänglich wurden. Reiske ist der erste, der diese Schrift ins Lateinische übersetzt und so für Europäer die islamische Geschichte differenzierter als früher erhellt.

Mit *Gotthard Strohmaier*, dem wir zwei kleine Porträts von Reiske verdanken, wird man sagen können: „Die Geschichte des Orients ist nach Reiskes Meinung gewaltiger und darum auch lehrreicher als die in beschränkterem Rahmen verlaufende Geschichte des Abendlandes. Er betont, daß viele Episoden der islamischen Geschichte noch bessere Sujets für das Theater abgeben würden als die ewig traktierten griechischen Stoffe... Immer noch beachtenswert sind Reiskes Hinweise auf die zahlreichen Parallelen zwischen dem arabischen und dem lateinischen Mittelalter. Er ist weit davon entfernt, den Islam nur für eine christliche Häresie zu halten, stattdessen sieht er in ihm eine mit dem Staat verbundene und darum orthodoxe Religion, aus der ebenso viele Häresien abgesplittert sind wie im Christentum, zum Teil mit auffallenden ideologischen Übereinstimmungen."[4]

In der Tat ließ Reiske — bei allem Desinteresse für den Koran und die Figur des Propheten — keinen Zweifel daran, daß man den Islam nicht als bloßen Aberglauben abtun könne. Er pflegte die Weltgeschichte nicht in eine heilige und eine profane Hälfte aufzuteilen, sondern stellt die *Geschichte des Islam mitten in die Universalgeschichte* hinein. Das brachte ihn in den Geruch der Freigeisterei, zumal Reiske seine Meinung mit größter Offenheit unbekümmert um alle Folgen zu vertreten pflegte. *Johann Fück* hat auch in seinem Fall das Entscheidende herausgestellt: „Mohammeds Auftreten und den Siegeszug seiner Religion zählt er (Reiske) zu jenen Ereignissen der Geschichte, welche menschliche Vernunft nicht ergründen kann; gleichwohl sieht er auch in ihnen das Walten einer göttlichen

[4] *G. Strohmaier*, Johann Jacob Reiske — der Märtyrer der arabischen Literatur, in: Das Altertum 20 (1974), S. 166–179; *ders.*, Johann Jacob Reiske — Byzantinist und Arabist der Aufklärung, in: Klio 58 (1976), S. 199–209.

Allmacht und erkennt im Aufstieg der Umaiyaden zur Macht und in der Leidensgeschichte der Aliden eine göttliche Fügung... Ja, er versteigt sich sogar dazu, Ali mit Marc Aurel, dem Philosophen auf dem Throne, zu vergleichen. Diese Neigung, die paradigmatische Geltung geschichtlicher Ereignisse hervorzuheben und sie durch Vergleiche mit ähnlichen Erscheinungen der europäischen Geschichte zu veranschaulichen, verführt ihn dann dazu, immer neue Parallelen zwischen der islamischen und der europäischen Geschichte aufzudecken, um seinen Lesern zu zeigen, daß auf der Schaubühne des Ostens ebenso erhabene und lehrreiche Szenen sich abgespielt haben wie im Abendland."[5]

Die Übereinstimmungen im Islam-Bild zwischen *Lessing und Reiske* sind hier mit Händen zu greifen. Kontakt nehmen beide im Jahr 1769 auf, als Reiske mit einer Edition des großen griechischen Rhetors Demosthenes beschäftigt war. 1771 wird Reiske den dritten Band seiner Ausgabe der griechischen Redner Lessing widmen. Im August desselben Jahres kommt es zu einer direkten Zusammenarbeit, denn Reiske läßt sich die Berufung Lessings nach Wolfenbüttel nicht entgehen und drängt darauf, „eine kurze Lustreise nach Wolfenbüttel zu tun, und von den dortigen arabischen Manuscripten eine zuverlässige Nachricht aufzusetzen"[6]. Der Besuch erfolgt zwischen dem 10. und 21. August 1771, und in dieser Zeit ordnet Reiske die arabischen Handschriften von Lessings Bibliothek und fertigt Inhaltsangaben an, an seiner Seite die zwanzig Jahre jüngere Gattin Ernestine Christine (1735–1798), die Reiske 1764 geheiratet hatte und die mit ihm in Sachen philologischer Kompetenz bald gleichziehen sollte.[7]

Lessing ist von der immensen Gelehrsamkeit, dem imponierenden Œuvre, dem harten Schicksal und dem abgründig-geistreichen Witz des Freundes bald so fasziniert, daß er die Idee erwägt, eine Lebensbeschreibung Reiskes selber zu verfassen. Und nachdem dieser schon 1774 gestorben war, überläßt denn auch dessen Witwe Lessing

[5] *J. Fück*, Die arabischen Studien in Europa bis in den Anfang des 20. Jahrhunderts, Leipzig 1955, S. 115–117.

[6] *J.J. Reiske*, Brief an G.E. Lessing vom 2.1.1771, in: Briefe von und an Lessing (1770–1776), hrsg. v. H. Kiesel, Frankfurt/M. 1988, S. 139.

[7] Ausführlich sind Leben und Werk dieser gelehrten Frau neuerdings gewürdigt worden von: *A. Bennholdt-Thomsen — A. Guzzoni*, Gelehrsamkeit und Leidenschaft. Das Leben der Ernestine Christine Reiske, München 1992.

den Nachlaß nur allzu gern, zumal sie offensichtlich „beim Scheiden aus Wolfenbüttel dort ihr Herz zurückgelassen“[8] und sich der Hoffnung hingegeben hatte, den damals noch unverheirateten (aber bereits Eva König versprochenen) Junggesellen Lessing heiraten zu können. Doch weder das Ehe- noch das Biographie-Projekt wurden je verwirklicht. Immerhin konnte Lessing den Verkauf der unschätzbar wertvollen arabischen und griechischen Manuskripte Reiskes 1779 nach Dänemark vermitteln.[9] Im Nachlaß Lessings finden sich noch Anfänge für ein Verzeichnis der von Reiske hinterlassenen Schriften (LM XVI, 290–292), die der Wolfenbüttler Bibliothekar erneut mit Staunen kommentiert, findet er doch im Zusammenhang der Abulfeda-Edition das immense Material, das Reiske ungedruckt lassen mußte. Seine Bewunderung für den Freund drückt Lessing kurz nach Reiskes Tod in einem Brief an seinen Bruder Theophilus so aus:

> „Du wirst nemlich wissen, daß der jüngst verstorbne Prof. Reiske in Leipzig mein sehr guter Freund war. Dieses hat ihn und seine Witwe bewogen, alle seine Handschriften der Wolfenbüttelschen Bibliothek zu vermachen. Du glaubst nicht, was darunter für ein Schatz von Arabischer Gelehrsamkeit ist. Denn er hat ehemals in der Bibliothek zu Leiden mehr als zwanzig der besten arabischen Dichter und Geschichtsschreiber mit eigner Hand abgeschrieben, und zum Teil übersetzt. Ich werde, sobald ich nur andre Arbeiten aus den Händen habe, ein Verzeichnis davon drucken lassen.“[10]

Die sensationelle Entdeckung einer türkischen Handschrift

Aufnahme II: Nicht systematischer Durchmusterung, sondern einem Zufall verdankt Lessing den Fund eines außergewöhnlichen

[8] Die Beziehung Lessings insbesondere zu Ernestine Christine Reiske stellte schon früh illustrativ dar: *H. Schneider*, Lessing und das Ehepaar Reiske, in: ders., Lessing. Zwölf biographische Studien, Bern 1951, S. 110–165, Zitat S. 114. Vgl. auch *A. Bennholdt-Thomsen — A. Guzzoni*, a. a. O., S. 65–74; 125–132.

[9] Vgl. dazu *G. E. Lessing*, Brief an E. Ch. Reiske vom 27. 3. 1777, in: Briefe von und an Lessing (1776–1781), hrsg. v. H. Kiesel, Frankfurt/M. 1994, S. 56–58.

[10] *G. E. Lessing*, Brief an Th. Lessing vom 8. 12. 1774, in: a. a. O., S. 680 (s. Anm. 6).

Manuskripts, das er in Wien vermutet, aber im eigenen Haus entdeckt. Es liegt in einem verschlossenen Kasten (selbst der Schlüssel dazu ist verschwunden), und Lessing muß es erst „unter einem Prasse von ausgemerzten Kupfern und Charten" hervorkramen. Aus dem Kasten kommt eine unschätzbare Schrift zutage: eine türkisch geschriebene Genealogie (türk.: Tarich) aller osmanischen Herrscher, zurückgeführt über „alle die berühmtesten Geschlechter des Orients bis auf den Adam" (daher: Tarich Beni Adam). Von Fundgeschichte und Bedeutung der Handschrift erzählt Lessing im ersten Band seiner neuen Reihe „Zur Geschichte und Literatur", der Anfang 1773 erscheint (LM XI, 380–394).

Nach Deutschland gelangt war dieses mit bis dahin unerhörten Informationen vollgespickte Manuskript durch einen Ulmer Ratsherrn namens *Veit Marchtaler*, dem es 1592 bei der Plünderung einer Moschee im ungarischen Städtchen Fillek in die Hände gefallen war, als dort die Türken vertrieben wurden. Ein Stück daraus war schon bekannt geworden, und zwar durch eine Teiledition des Tübinger Orientalisten *Wilhelm Schickard* (1592–1635) im Jahre 1628. Dieser hatte sich für seine Series Regnum Persiae den Abschnitt über ein persisches Herrschergeschlecht herausgegriffen und ansonsten — Verlagsgründe vorschiebend — die Edition nicht weiterbetrieben. Lessing bedauert dies um so mehr, als er hier eine verpaßte Chance für die deutsche Orientalistik erblickt. Die großen Orientalisten Englands und Frankreichs hätten, wenn Schickard den Marchtalerschen Fund vollständig publiziert hätte, von der deutschen Forschung lernen können und nicht umgekehrt:

> „Denn es sey auch, daß wir das, was uns *Schickard* damals nicht anders als noch mit vielerley Mängeln geben konnte, nachher von andern vollständiger und besser erhalten haben: so waren doch diese andern lauter Franzosen oder Engländer; und unserm Vaterlande entging der Ruhm, auch hier die Bahn gebrochen zu haben.
>
> Nur bey dem einzigen Abschnitt stehenzubleiben ...: wer wußte in Europa damals von Jenghiz Khan, und seinen Nachfolgern? Einige alte Reisebeschreiber hatten ihrer kaum erwähnt; und *Schickard* war in Europa schlechterdings der erste, der uns aus morgenländischen Quellen etwas von ihnen melden konnte. *Pocok, Herbelot, de la Croix, Gaubil* hätten alle in seine Fußstapfen

treten müssen, die sich so nun nicht träumen ließen, daß dieses ihres Weges schon längst ein Deutscher gegangen wäre." (LM XI, 386f)

Jetzt aber ist die Situation anders, Lessing weiß das. Viele haben publiziert, viele Quellen sind erschlossen worden, so daß die Auffindung des „Schickard-Marchtalerschen Tarich Beni Adam" (so der von Lessing gewählte Titel) relativ wertlos geworden ist. Der Hauptgrund? Der Hauptgrund heißt Reiske! Lessing wörtlich:

„Man denke an *Abulfeda* und *Reiske!* An diesen einzigen Mann, der allein, bey der kleinsten Unterstützung, in diesem Felde der Gelehrsamkeit, auf einmal Engländer und Franzosen eben so weit würde hinter sich gelassen haben, als diese vor den Deutschen nun noch voraus sind! An diesen einzigen Mann, der nun auch noch aufgemuntert zu werden braucht, um sich von einer ebenso undankbaren Anbauung eines andern Feldes, wieder in dieses zu wenden." (LM XI, 392)

Kein Wunder, daß Reiske von diesem Kompliment entzückt war. Nachdem er Lessings „neues Journal" gelesen hatte, kommentiert er in einem langen Brief auch das Schickardsche Manuskript, ja der alte Fuchs kennt natürlich den wahren Grund dafür, warum Schickard seine Edition nicht weitergetrieben hatte (auch Lessing hatte schon Ähnliches vermutet): Es war nicht der Verlag, sondern Schickards mangelnde Türkisch-Kenntnis:

„Wer hätte das gedacht, daß Schickards Rolle zu Wolfenbüttel stäke? Wer hätte das, ohne Sie, werter Freund, erfahren? Glauben Sie mir, Ihre Nachricht davon ist mehr wert, als die Rolle selber. Was Schickard von seines Verlegers Witwe uns vorlüget, das glaube ja kein Mensch. Der ehrliche Schickard, daß auch der den Leuten Staub in die Augen werfen konnte! Der gute Mann verstand kein Türkisch, und in der muhamedanischen Geschichte der mittlern und neuern Zeiten war er schlechterdings nicht zu Hause."[11]

[11] *J. J. Reiske*, Brief an G. E. Lessing vom 13. 2. 1773, in: a. a. O., S. 526 (s. Anm. 6).

Aufnahme III: Im Jahr von Reiskes Tod, 1774, bekommt Lessing das neue Manuskript eines in Deutschland damals weitbekannten Schriftstellers zugesandt: *Johann Wilhelm Ludwig Gleim* (1719–1809). Zehn Jahre älter als Lessing, lebte er seit 1747 als Domsekretär und Kanonikus in seiner Heimatstadt Halberstadt und hatte sich einen Namen als Verfasser von Fabeln sowie heiteren und patriotischen Liedern gemacht („Versuch in scherzhaften Liedern" 1744; „Preußische Kriegslieder in den Feldzügen 1756 und 1757 von einem Grenadier"). Außerdem war er als Genie der Freundschaft hochgeschätzt, da er sich insbesondere der Förderung junger Autoren und Talente angenommen hatte. Der Ausdruck „Vater Gleim" spricht für die Popularität dieses Mannes. Lessing, mit diesem Schriftsteller seit 1757 im Briefwechsel, hatte 1758 bereits einmal eine Sammlung der Gleimschen „Preußischen Kriegslieder" herausgegeben (die ursprünglich anonym erschienen waren) und – obwohl in Distanz zur Preußen-Verherrlichung Gleims – sich für die Verbreitung und Anerkennung dieses Autors eingesetzt (vgl. G V, 9–26).

Gleim stand in freundschaftlicher Verbindung zum damaligen Oberhofprediger und Konsistorialrat im Reichsstift Quedlinburg, mit *Friedrich Eberhard Boysen* (1720–1800), einem Halberstädter Landsmann, und dieser Boysen hatte sich durch seinen lutherisch-orthodoxen Standpunkt nicht davon abhalten lassen, seiner orientalistischen Gelehrsamkeit nachzugeben und „unmittelbar aus dem Arabischen" 1773 den *Koran* neu ins Deutsche zu übersetzen: „Der Koran, oder das Gesetz der Muselmänner, durch Mohammed den Sohn Abdall" (2. Auflage 1775). Diese Übertragung direkt aus dem Arabischen war das Neue, denn in Deutschland waren bis dahin entweder die lateinischen Koran-Ausgaben von Petrus Venerabilis (1143) und dann die von Ludovico Marracci (1698) oder ein erster rein arabisch gedruckter Koran, besorgt durch den damaligen Hamburger Hauptpastor *Abraham Hinkelmann* (1694), in Gebrauch oder seit Anfang des 17. Jahrhunderts vier verschiedene deutsche Koran-Ausgaben aufgrund von anderen Übersetzungen.

Erst im Jahre 1772 übersetzte der Frankfurter Gelehrte *David Friedrich Megerlin* (1699–1778) den Koran erstmals direkt aus dem Arabischen, gefolgt ein Jahr später von der Boysenschen Übertragung, die freilich in ihrem überladen-paraphrasierenden Stil auch nicht durch die Überarbeitung (1828) des Halleschen Orientalisten *Samuel Friedrich Günther Wahl* (1760–1834) verbessert wurde. Hartmut Bobzin, einer der besten Kenner der Geschichte von Koranübersetzungen in Deutschland, hat denn auch die Übersetzung von Boysen/Wahl in ihrer sprachlichen Form für „verfehlt und überholt" erklärt. Und doch repräsentiert sie keineswegs, wie Bobzin meint, in ihrer Beurteilung von Mohammeds Person und Botschaft die „alte polemische kirchliche Auffassung". Sie bemüht sich vielmehr — wie Boysens Vorrede zu entnehmen ist — darum, einige eingewurzelte Vorurteile zu korrigieren und zu „wahreren Begriffen" beizutragen, indem sie den Islam als „philosophische Religion" bestimmt.[12]

Im Zusammenhang der Boysenschen Übersetzung hatte Gleim die Überzeugung geäußert, daß der Koran eigentlich in Versen übersetzt werden müsse, und dazu auch schon einige Proben angefertigt. Dies war ein zukunftsweisender Gedanke, denn Anfang des 19. Jahrhunderts werden große Orientalisten in der Tat einen entsprechenden Versuch wagen und den Koran in Versen vorlegen: der Wiener *Joseph von Hammer-Purgstall* (1774–1856), orientalistischer Lehrmeister und Anreger Goethes,[13] sowie der Erlanger Orientalist und Poet *Friedrich Rückert* (1788–1866).[14] Ja, das Studium des Koran muß

[12] *H. Bobzin,* Friedrich Rückert und der Koran, in: Der Koran in der Übersetzung von F. Rückert, hrsg. v. H. Bobzin, mit erklärenden Anmerkungen von W. Fischer, Würzburg 1995, S. VII–XXIII, Zitate S. XIII. Positiv werten Boysen *M. Fendri* (siehe Prolog, Anm. 8) und *J. Minor* (s. Kap. I, Anm. 66).

[13] In der Zeitschrift „Fundgruben des Orients", die von Hammer herausgab, erschien 1811 von Hammers Versuch einer „poetischen" Koranübersetzung: „Die letzten 40 Suren des Korans als eine Probe einer gereimten Übersetzung desselben". Goethe bekennt in seinen Schriften zum „besseren Verständnis" seines West-östlichen Divan in einem eigenen Kapitel unter der Überschrift „Von Hammer": „Wieviel ich diesem würdigen Mann schuldig geworden, beweist mein Büchlein in allen seinen Theilen", in: *J. W. Goethe,* West-östlicher Divan, Bd. I, hrsg. v. H. Birus, Frankfurt/M. 1994, S. 278. Das Werk dieses großen Wiener Orientalisten hat gewürdigt: *I. Solbrig,* Hammer-Purgstall und Goethe, Bern — Frankfurt/M. 1973.

[14] Zum Werk *F. Rückerts* vgl. die Koran-Ausgabe von H. Bobzin (s. Anm. 12). Außerdem: *A. Schimmel,* Friedrich Rückert — Lebensbild und Einführung in sein Werk, Freiburg/Br. 1987. Daß eine poetische Übertragung der Ästhetik des Korans angemessener ist als eine trocken verwissenschaftlichte (wie z. B. die von Paret), hat überzeugend dargelegt: *M. Kermani,* Gott ist schön. Die ästhetische Bedeutung des Koran, in: Frankfurter Allgemeine Zeitung vom 8. 6. 1996. Zum religionsgeschichtlichen Hintergrund wichtig auch: *S. Wild,* „Die schauerliche Öde des heiligen Buches". Westliche Wertungen des koranischen Stils, in: Gott ist schön und Er liebt die Schönheit. FS A. Schimmel zum 7. 4. 1992, hrsg. v. A. Giese u. J. Ch. Bürgel, Bern 1994, S. 429–447.

Gleim so fasziniert haben, daß ein alter Plan in ihm erwachte, selber in orientalisierenden Lehrgedichten seine religiöse Grundüberzeugung darzulegen. Daraus entsteht 1774 ein Manuskript, das Gleim wiederum Lessing zur Beurteilung zusendet. Es trägt den Titel „Halladat, oder das rote Buch".

Gleim hatte auf eine rasche Reaktion gedrängt, und Lessing sitzt „die halbe Nacht" auf, „um Halladat zu lesen", dessen Verfasser Gleim zunächst noch anonym hält.[15] Da in Lessing aber bestimmte Vermutungen hochkommen (ist der „Halladat" eine Übersetzung oder ein originäres Werk Gleims?), bittet er um Aufklärung, und diese folgt denn auch prompt. In einem Brief vom 8. Februar 1774 weist Gleim zunächst nicht ohne Stolz darauf hin, daß alles, einschließlich der orientalisch klingenden Namen, aus seinem eigenen Kopfe stamme. Und was das „Geheimnis" seines „Halladat" beträfe, so gelte dies:

> „Ich wollte schon in meiner ersten Jugend immer eine Bibel schreiben. Dieser Gedanke kehrte bei manchem Anlaß, und bei dem bekannten Streit über die Inspiration, von dem ich mit unsern Gelehrten zu sprechen mehrmalen Gelegenheit hatte, fast täglich immer lebhafter zurück — Ich hörte den Hofrat Michaelis zu Göttingen und den Consistorialrat Boysen zu Quedlinburg von dem göttlichen Mahomet sprechen, wie meinen Leßing vom göttlichen Homer — Boysen aber sagte den vorigen Sommer mir, von s. Übersetzung des Korans, Ich behauptete, daß Verse müßten in Verse gedolmetschet werden, und wollt' ihm eine Probe, nur der Versart, geben, es wurden der Proben zweie, dreie etc. und so entstand in wenigen Wochen, in wenigen Stunden könnt' ich mit recht sagen, das rote Buch, und hätt' ich dem Genius, der mich in mancher Morgenstunde zu dreien Capiteln begeisterte, längere Besuche verstatten können, so würde, glaub' ich noch mehr als ein Koran entstanden sein."[16]

In einem folgenden Brief gibt Lessing dann auch zu, daß er das Manuskript „mit vielem Vergnügen gelesen" habe, und zugleich weist

[15] *G. E. Lessing*, Brief an J. W. L. Gleim vom 6. 2. 1774, in: a. a. O., S. 620 (s. Anm. 6).

[16] *J. W. L. Gleim*, Brief an G. E. Lessing vom 8. 2. 1774, in: a. a. O., S. 621 (s. Anm. 6). Dies wird bestätigt durch die Vorrede Boysens in seiner Koran-Übertragung. Hier läßt er erkennen, daß der Koran eine bestimmte sprachliche Form habe, daß aber er, Boysen, dieses „Melodische" des Koran nicht habe „ausdrücken" können. Insofern ist die Anm. 12 zitierte Kritik von H. Bobzin völlig zutreffend.

er auf die „eigne orientalische Philosophie“ hin, die ihn aus diesem Buch entgegengekommen sei.[17] In der Tat dürfte sich das Vergnügen Lessings nicht nur auf die leicht zu lesenden Verse bezogen haben, sondern auf die ganze Geistigkeit, die sehr viel Koranisches enthält. Gleims Schrift atmet die zur Aufklärungs-Zeit so beliebte „vernünftige Religion“, und der Koran wird in dieser Hinsicht als Vorwegnahme gelesen. Immer wieder preisen die Texte denn auch Gott, den Schöpfer, den Allerbarmer, den Allgnädigen. Immer wieder werden die Menschen beschrieben als Geschöpfe Gottes, als Beschenkte, Anbetende, Hingebende, als Pilger auf dem Lebensweg zu Gott. Immer wieder wird die Natur beschrieben als Schöpfungswerk Gottes, durchwaltet, durchwirkt von Gottes Kraft und Macht. Insbesondere ein Gedicht wie „Die Stimme“ verweist auf muslimischen Hintergrund: das Berufungserlebnis großer Propheten wie Abraham, die sich bei der Betrachtung der Himmelskörper von allem Götzendienst und aller Idolatrie freimachten und die Gottheit Gottes und die Weltlichkeit der Welt entdeckten (vgl. Sure 6,75–79). Der wie ein Refrain wiederholte Satz „Welt ist Welt, und Gott ist Gott“ bringt auf eindrückliche Weise den muslimischen Schöpfungsglauben zum Ausdruck (vgl. Sure 4,131–134; 6,95–99; 10,3–6; 40,61–65):

„In jener fünften, schönen, hellen Nacht
Des neunten Lenzes meiner bösen Zeit,
Und meiner festern Anschauung, stand ich
Auf jenem kleebewachs'nen Anger, den
Der hohe Buchenwald Anatabis
Umschattet, forschend in Gedanken tief,
Und bethete: — ‚Du Wesen über mir,
In diesem Monde, der sein Silberlicht
So sanft zur Erde niedersenkt, und *dort*
In allen Buchen, *hier* in allem Klee;
Du Wesen, überall, in Dunkelheit
Und Helle, großes Wesen, *Alles ist,*
Und du bist Alles!‘ — Da, da leuchtete
Von Weitem Glanz; — wie wenn ein rother Blitz
Aus einer schwarzen Donnerwolke führ',

[17] *G. E. Lessing*, Brief an J. W. L. Gleim vom 27. 2. 1774, in: a. a. O., S. 629 (s. Anm. 6).

Und plötzlich stillestehend würde, so
War dieser Glanz; — und eine Stimme rief: —
,*Und Welt ist Welt, und Gott ist Gott!*' — Und wie
Das helle Licht des Mondes, still,
War es auf Anger und in Buchenwald!
Und: — ,*Welt ist Welt, und Gott ist Gott!*" — rief es
Zum zweiten und zum dritten Mahl. —

O du,
Der du den armen Grübelnden zurecht
Gewiesen hast, Geist Gottes, oder Gott,
Dein Lob sing' ich! —

Es ist des Jammers viel
Um einen armen Grübelnden! Er geht
Mit seiner Qual in seinen Hain, er geht
Auf seine Trift mit seiner Qual, und sieht
Dort seine Heerden ruhig weiden, und
Beneidet Sie! — Geist Gottes oder Gott,
Dein Lob sing' ich! —

Er ist ein Helfer, der
Den Grübler unterrichtet: ,Gott ist Gott!
Und Welt ist Welt!' — Und alle Welt ist sein
Und alle Welt erschallet: Gott ist Gott!"[18]

Man lege neben diesen lyrischen Text des deutschen Poeten folgende *Passage aus dem Koran*, und man wird strukturell dieselbe Geistigkeit wiederfinden:

„Sahst du nicht, daß Allah — es preisen Ihn alle in den Himmeln und auf Erden und die Vögel, ihre Schwingen breitend. Jedes

[18] *J. W. L. Gleim*, Halladat oder das rothe Buch, in: Werke Bd. VI, hrsg. v. W. Körte, Halberstadt 1812, S. 7–184, Zitat S. 24–26. Schon *J. G. Herder* war seinerzeit der muslimische Charakter des Gleimschen Werkes aufgefallen, wenn er Gleim dieses Kompliment macht: „Sie haben wirklich Morgenlands Posaune aus der Hand des Engels erhalten." (in: *W. Körte*, Gleims Leben, Halberstadt 1811, S. 174); und auch *E. Schmidt* bemerkte in seiner großen Lessing-Biographie: „Es war nicht freundschaftliche Nachsicht, wenn Lessing dies Mal regen Beifall zollte und die Blätter des weicheren Gesinnungsgenossen (Gleim) andächtig in Händen hielt. Der Koran in Boysens lesbarer und gut eingeleiteter Übersetzung, die dem Erbprinzen von Braunschweig gewidmet ist, hatte die Suren Gleims angeregt." (Lessing. Geschichte seines Lebens und seiner Schriften, Bd. II, Berlin 1892, S. 576.)

kennt sein Gebet und seine Lobpreisung, und Allah weiß, was sie tun.

Und Allahs ist das Reich der Himmel und der Erde. Und zu Allah ist der Heimgang.

Sahst du nicht, daß Allah die Wolken treibt und sie dann wieder versammelt und sie dann aufhäuft? Und du siehst den Regen mitten aus ihnen herauskommen. Und Er sendet Berge vom Himmel hernieder, erfüllt mit Hagel, und Er trifft damit, wen Er will, und wendet sich ab, von wem Er will. Der Glanz Seines Blitzes raubt fast die Blicke!

Allah läßt wechseln die Nacht und den Tag; siehe, hierin ist wahrlich eine Lehre für die Verständigen." (Sure 24,41–44; vgl. 27,60–65)[19]

Fünf Jahre später, in schwieriger Situation, als Lessings „Nathan" bereits erschienen ist, wird derselbe Gleim Lessing Solidarität bekunden, indem er in einem Brief seine Verachtung gegenüber Lessings späterem theologischen Hauptgegner, dem lutherischen Pastor Goeze, zum Ausdruck bringt, den er einen „schändlichen Priester zu Hamburg"[20] nennt...

Empfehlung für einen islamischen Roman: Ibn Ṭufail

Aufnahme IV: Zur Sympathie mit Gleims „Halladat" und der hier vollzogenen Verbindung von Vernunft und Religion paßt Lessings Sympathie für einen der bedeutendsten philosophischen Romane der muslimischen Welt, geschrieben von dem spanischen Muslim *Abu Bakr Ibn Ṭufail* (gest. 1185), Lehrer des in Cordoba geborenen

[19] Der Koran ist hier zitiert nach folgender deutscher Übersetzung: *Der Koran.* Aus dem Arabischen übers. v. M. Henning. Einleitung und Anmerkungen von A. Schimmel, Stuttgart 1996. Zum Vergleich ziehe man heran die Übersetzung von: *R. Paret,* Bd. I (Text), Bd. II (Kommentar), Stuttgart — Berlin — Köln — Mainz 1979/80. Die Henningsche Übersetzung ziehe ich in diesem Buch in der Regel vor, weil sie durch die Anwendung rhythmisierter Prosa die kraftvolle Botschaft und sprachliche Schönheit des Koran im Deutschen hörbarer und erfahrbarer macht als die philologisch exakte Übersetzung von R. Paret. Es gehört bekanntlich zu den Eigentümlichkeiten der Paretschen Übersetzung, daß sie die für das Deutsche wichtigen Sinnergänzungen in Klammern hinzusetzt oder in Klammern die Wörtlichkeit des Arabischen im Deutschen sichtbar zu machen versucht. Die Lesbarkeit wird dadurch leider erschwert, und die sprachliche Schönheit des Koran verschwindet auf diese Weise ganz (vgl. dazu Anm. 14).

[20] *J. W. L. Gleim,* Brief an G. E. Lessing vom 21. 3. 1779, in: a. a. O., S. 241f. (s. Anm. 9).

großen Philosophen Ibn Rushd (Averroës). Der arabische Titel „Risalat Ḥaiy Ibn Yaqẓān“ läßt sich wörtlich übersetzen als „Traktat von dem Lebendigen, Sohn des Wachenden“. Und bevor wir auf den Inhalt dieser Abenteuergeschichte in philosophisch-mystischem Gewande eingehen, einige Worte zum Hintergrund seiner Verbreitung im Europa des 18. Jahrhunderts.

Es war der uns bekannte englische Orientalist Eduard Pocock, der 1671 eine erste lateinische Übersetzung dieses Romans aus dem 12. Jahrhundert vorlegte und ihn so unter Gebildeten Europas bekannt machte. Sein Titel ist Programm: „Philosophus autodidactus“, was schon darauf hindeutet, daß es in diesem Buch um einen Menschen geht, der Einsicht auf eigenem Weg gewinnt, nur mit Hilfe seiner natürlichen, autonomen Vernunft. In Deutschland gab es zwar seit 1726 eine erste Übersetzung, aber erst 1783 erregte die Ausgabe des Jenaer Orientalisten *Johann Gottfried Eichhorn* (1752–1827) unter dem Titel „Der Naturmensch, oder Geschichte des Hai Ebn Joktan“ größere Aufmerksamkeit.[21] Das Buch war in Berlin bei Friedrich Nicolai erschienen, und dieser bedeutende Berliner Aufklärer und Freund Lessings war es auch, der Eichhorn auf das Buch von Ibn Ṭufail aufmerksam gemacht hatte. Dabei ist — nicht zuletzt auch im Blick auf Lessing — wichtig zu wissen, daß Nicolai selber ein Bewunderer der islamischen Philosophie und der arabischen Kultur war. Seinen Schriften entnehmen wir diese Überzeugung:

> „Indessen, daß damals bey den Christen in allen Wissenschaften die dickste Finsternis herrschte, standen verschiedene Wissenschaften bey den Mahometanern in großem Floro. Sie hatten im Oriente ansehnliche Bibliotheken und Akademien, und errichteten in Spanien berühmte Schulen zu Korduba, Sevilien usw.“[22]

[21] Eichhorns Übersetzung erschien 1783 in einem Nachdruck: *Ibn Tufail:* Haiy Ibn Yaqzan der Naturmensch. Ein philosophischer Robinson-Roman aus dem arabischen Mittelalter, hrsg. v. St. Schreiner, Leipzig — Weimar 1983. Ebenfalls auf der Eichhornschen Übersetzung beruht: „Ibn Tufail: Der Naturrobinson“, mit einem Nachwort von O. F. Best, München 1987. Die Bedeutung von J. G. Eichhorn stellt schön heraus: *F. Niewöhner*, Johann Gottfried Eichhorns Übersetzung des Ibn Tufail (1783) nebst seiner „Vorrede“ zu dieser, in: Theologie und Aufklärung. FS G. Hornig zum 65. Geburtstag, hrsg. v. W. E. Müller u. H. H. R. Schulz, Würzburg 1992, S. 112–133. Den neuesten Forschungsstand zu Ibn Tufail dokumentiert eindrucksvoll der Sammelband von: *L. I. Conrad* (Hrsg.), The World of Ibn Ṭufayl. Interdisciplinary Perspectives on Ḥayy ibn Yaqẓān, Leiden — New York — Köln 1996.

[22] Zitiert nach *F. Niewöhner*, a. a. O., S. 116 (s. Anm. 21).

Nicolai also dürfte Eichhorn überredet haben, Ibn Ṭufail zu übersetzen, ja dieser Mann dürfte im 18. Jahrhundert „der einzige deutsche Verleger gewesen sein, der in seinem Verlagsprogramm Christen, Juden (Moses Mendelssohn, Marquis d'Argens) und einen Muslim verlegt hat"[23]. Woher aber hatte Nicolai sein Wissen? Wir können unter anderem Lessing dahinter vermuten. Denn Lessing kannte Ibn Ṭufails Roman längst. Aus dem Jahre 1763 (also 20 Jahre zuvor!) gibt es bereits einen *Brief Moses Mendelssohns an Lessing*, in dem dieser sich für die Zusendung von Schriften bedankt und eine Anspielung auf den „autodidaktischen" Philosophen macht. Es handelt sich um nichts anderes als um den Roman von Ibn Ṭufail, den Lessing seinem Freund empfohlen hatte. Doch obwohl Mendelssohn sich bei Lessing „für die Mitteilung dieses Werkchens" bedankt und es ihm „angenehm" ist, „die Denkungsart und das ganze System unserer hebräischen Weltweisen in diesem Araber wiederzufinden"[24], weiß er über diesen „Araber" nichts Gutes zu sagen. Ob da eine gewisse Rivalität Jude – Muslim in diesem Negativurteil mitschwingt?

Was aber könnte Lessing bewogen haben, ausgerechnet den Roman eines muslimischen Denkers seinem Freund Mendelssohn zu empfehlen? Ein Blick in den Inhalt macht dies sofort klar. Denn die ganze Romankonzeption dieses im heutigen Guadix in der Provinz Granada Anfang des 12. Jahrhunderts geborenen Ibn Ṭufail, der 1185 in Marrakesch gestorben war, nachdem er vor allem als Arzt gewirkt haben dürfte, die ganze Grundkonzeption beruht auf der Überzeugung: Vernunft und Offenbarung sind keine Gegensätze, sondern zwei verschiedene Zugangsweisen zu dem einen Ziel: Gott selbst. Ibn Ṭufails Geschichte ist denn auch die Geschichte eines Menschen, der 50 Jahre lang auf einer einsamen Insel lebte, allein auf sich gestellt, und in diesen Jahrzehnten Stufe um Stufe zur Erkenntnis der Welt und zur Anschauung Gottes gelangte. Schon als Kind war er auf diese Insel gekommen, war von einer Gazelle gesäugt worden, konnte überleben, und der Autor beschreibt nun all die Lebensphasen, in denen sich Ḥaiy Ibn Yaqẓān mit der Welt auseinandersetzt. Schon diese Namenswahl ist Programm: Denn nur unter Inanspruchnahme seiner natürlichen Vernunft und ohne äu-

[23] *F. Niewöhner*, a. a. O., S. 116.

[24] *M. Mendelssohn*, Brief an G. E. Lessing vom Mai 1763, in: Briefe von und an Lessing (1743–1770), hrsg. v. H. Kiesel, Frankfurt/M. 1987, S. 388.

ßere Anleitung durch eine Religion oder Tradition gelangt dieser Mensch zu seinen Einsichten: daß es außer der Welt ein höheres Wesen geben muß, das Himmel und Erde erschaffen hat und erhält; daß in einem Teil seines eigenen Selbst etwas von diesem höheren Wesen erhalten ist und daß er in mystischer Erkenntnis die letzten Wahrheiten erschauen und das Glück der Gottesnähe erfahren kann. Am Ende ist er fähig, die Anschauung Gottes beständig zu genießen und, 50 Jahre alt geworden, in diesem Zustand der Glückseligkeit zu verharren.

Da erfährt Ibn Yaqẓān von der Existenz einer Nachbarinsel. Auf dieser Insel leben Menschen nach den Prinzipien einer geoffenbarten Religion (leicht erkennbar als Islam). Zwei Männer ragen aus der Masse hervor: Salaman, der die institutionalisierte Dimension der Religion verkörpert, sowie Absal, der mehr die innere, geistige Dimension der Religion repräsentiert. Beide halten sich an die Vorschriften und Gebote ihrer Religion, der eine, weil er an dem äußeren Erhalt der Religion interessiert ist, der andere, weil er fähig ist, den tieferen Wahrheitsgehalt der äußeren Symbole der Religion zu erkennen.

Absal gelangt nun auf die Insel des Ibn Yaqẓān und lehrt diesen die Sprache. Entscheidend dabei: Beide gelangen auf ihre je eigene Weise zu derselben Erkenntnis: der Erkenntnis der Glückseligkeit der Gottesnähe, der eine mit Hilfe seiner Vernunft, der andere mit den Mitteln der traditionellen Offenbarung. An einem Konflikt zwischen Vernunft und Offenbarung ist Ibn Ṭufail also nicht interessiert, wohl aber an einem Konflikt zwischen Elite und Masse. Denn als beide Männer sich aufmachen, ihre Gotteserfahrung den Massen zu predigen, und auf die Insel fahren, die Salaman mittlerweile beherrscht, müssen sie zu ihrer Enttäuschung entdecken, daß die Masse der Menschen mit ihren philosophisch-mystischen Einsichten nichts zu tun haben will. Jetzt begreifen sie, daß ihr Weg nur für wenige gangbar ist und daß die Masse der Menschen Vorschriften, feste Regeln und äußere Zeichen braucht, um nicht von dem Weg, den Gott geoffenbart hat, abzuweichen. Sie kehren schließlich als Einsiedler und Mystiker auf ihre Insel zurück.

Man muß nach all dem nicht lange begründen, warum im Zeichen der europäischen Aufklärung Intellektuelle in Deutschland von diesem Roman vom „Philosophus autodidactus“ begeistert waren und warum insbesondere Lessing dieses Buch weiterempfahl. Denn Intellektuelle in Deutschland glaubten, „in der Figur des Ḥaiy Ibn Yaqẓān ein frühes Beispiel für einen vollends aufgeklärten Denker sehen zu dürfen, und ehrten Ibn Ṭufail als einen Mann, der vorurteilslos für eine natürliche Religion eingetreten sei. So weiß man etwa, daß Leibniz an unserem Text Gefallen fand. Spinoza gar beließ es nicht bei der bloßen Lektüre, sondern soll selbst die Anregung für die erste Übersetzung ins Holländische gegeben haben"[25]. Ja, dieser Roman gilt als islamische *Urform des europäischen Robinson-Romans,* wie ihn der Engländer Daniel Defoe 1719/20 vorgelegt hatte.

Bis heute fasziniert er die Denker, so zum Beispiel den marxistischen Philosophen *Ernst Bloch,* dem wir die Wiederentdeckung von Ibn Ṭufails Roman in der zweiten Hälfte des 20. Jahrhunderts verdanken. Zwar reklamiert Bloch diesen Muslimen allzu forciert für seinen materialistischen Atheismus und stellt antagonistisch gegenüber (Vernunft und Offenbarung), was Ibn Ṭufail gerade versöhnt haben wollte. Dennoch vermag Bloch die Faszination dieses islamischen Denkers mit dem Satz hervorzuheben: „Der Roman rief aber nicht nur den Robinson hervor, sondern bestärkte den Grundglauben der Aufklärung: daß der Mensch außer seiner Vernunft einen Glauben nicht brauche. Denn Ibn Tofails ‚Philosophus autodidactus' wird eigenen Auges der Natur und Weisheit kundig, unverwirrt von Priesterlehre und ohne die mythischen Surrogate der nie zum Denken gelangten, der vom Denken ferngehaltenen Menge. Allerdings: auch dieser Typ schreitet schließlich, sozusagen auf der höchsten Stufe seines selbständigen Erkennens, zur unio mystica. Naturalismus schließt auch hier, wie im ganzen, hierin mittelalterlich bleibenden islamischen Kulturkreis, Mystik nicht aus sondern ein"[26].

Daß aber Mystik nicht nur ein „mittelalterlich bleibendes" Relikt der Religion ist, sondern auch im Zeichen der Aufklärung seine Berechtigung behalten kann, macht gerade Lessing deutlich, der nicht für einen materialistischen Atheismus reklamierbar ist. Darin dürfte

[25] *U. Rudolph,* Abu Bakr Ibn Tufail, in: Klassiker der Religionsphilosophie. Von Platon bis Kierkegaard, hrsg. v. F. Niewöhner, München 1995, S. 126–141, Zitat S. 140.

[26] *E. Bloch,* Das Materialismusproblem, seine Geschichte und Substanz, Frankfurt/M. 1972, S. 489f.

Otto F. Best zuzustimmen sein, der als einer der ersten Lessing in Zusammenhang mit Ibn Rushd und dessen Lehrer Ibn Ṭufail brachte: „Jüngerer Zeitgenosse, Freund und ‚Schüler' Ibn Tufails war der in Cordoba geborene Ibn Rushd – Averroës. Indem er den Aristoteles pantheistisch auslegte, den Koran nach des Aristoteles Lehren modifizierte und erklärte, wurde Averroës zum Schöpfer islamischer Religionsphilosophie und zum Ahnherrn lebenskräftiger Ketzer- bzw. Schwärmerbewegungen... Doch tritt der arabische Philosoph der Religion keineswegs feindlich gegenüber, am wenigsten dem Islam, der ihm als die ‚vollkommendste von allen gilt'. Auch wenn Averroës vom Gedanken der Einheit der unsterblichen Vernunft im gesamten Menschengeschlecht ausgeht, unterscheidet er zwischen zwei ‚Formulierungen' der gleichen Wahrheit: jener der ‚koranischen' und jener der ‚natürlichen Offenbarung'. Letztere ist im Werk des Aristoteles wissenschaftlich ausgedrückt. Wie andere vor ihm und Lessing ein halbes Jahrhundert nach ihm unterscheidet Ibn Rushd – Averroës zwischen dem Wahrheitssucher und dem in seinem Besitz sich gesichert fühlenden, einfachen Gläubigen, der noch nicht zur Erkenntnis der philosophischen Wahrheit gelangt ist. Die positive Religion erscheint als niedere Stufe einer ewigen, reinen philosophischen Religion. In ihr, einem religiösen Universalismus, hat die Vernunft die Aufgabe, Repräsentant des ganzen Menschen und seiner Bewegungen zu sein."[27]

Reiske — Schickard — Gleim — Ibn Ṭufail: Namen, die Lessings überragendes Interesse an orientalisch-islamischer Geschichte und Kultur unter Beweis stellen. Er selber bestätigt dies noch einmal durch einen Beitrag im zweiten Band seiner Reihe „Zur Geschichte und Literatur", der im Herbst 1773 erscheint. Hier nimmt er zu Marco Polos Asienreise Stellung, vergleicht Handschriften und Übersetzungen (LM XII, 3–29) und benutzt zugleich die Gelegenheit, Marco Polos Nachrichten von den Tartaren und Kublai Khan zur Korrektur europäischer Vorurteile heranzuziehen. Man werde nämlich bei Marco Polo „von der innern Einrichtung jener siegreichen Tartarischen Kriegsheere" unterrichtet, „die man vielleicht nur allzugeneigt ist, sich als einen bloßen Schwall von Menschen zu den-

[27] *O. F. Best,* Noch einmal: Vernunft und Offenbarung. Überlegungen zu Lessings „Berührung" mit der Tradition des mystischen Rationalismus, in: Lessing Yearbook 12 (1981), S. 123–156, Zitat S. 137f.

ken, der alles einzig durch seine Menge und Überschwemmung gezwungen. Sie waren nichts weniger als ohne Ordnung, und ihre Ordnung war simpel und natürlich." (LM XII, 4)

Und doch kann das alles nicht darüber hinwegtäuschen, daß die meisten Stücke im Lessingschen „Journal" nur für Spezialisten und Liebhaber von Interesse sind. Erst als er im dritten und vierten Band seiner Reihe 1774 und 1777/78 von ihm sogenannte „Fragmente eines Ungenannten" Stück für Stück herausbringt, kommt es zu einer öffentlichen theologie- und kirchengeschichtlichen Kontroverse, wie sie das literarische und theologische Publikum des 18. Jahrhunderts noch nicht erlebt hatte. Der *Islam?* Wir werden zeigen, daß in dieser großen theologischen Auseinandersetzung um den Wahrheitsanspruch des Christentums nicht nur das Judentum, sondern auch der Islam immer mit im Spiel ist. Auch von ihm geht — manchmal offen, manchmal verborgen — eine große Beunruhigung aus, die wir in den nun folgenden Auseinandersetzungen wahrnehmen wollen. Man muß sich dafür freilich zunächst geduldig in die Konfliktfälle einlesen, die Lessing zum Teil sehr breit und umständlich seinem Publikum vorlegt, bevor man in Sachen Islam fündig wird. Zunächst läßt nichts ein Aufblitzen dieser Frage vermuten; doch plötzlich ist sie da und erweitert den Kontext um eine völlig überraschende Dimension. Zwei Problemkomplexe wollen wir uns zunächst ansehen; in beiden spielt der Philosoph Leibniz eine Rolle sowie die Frage, wie man angesichts einer dogmatistisch erstarrten Kirche und Theologie mit dem Problem der Nichtchristen oder Andersglaubenden umgehen soll.

2. Die Bastionen der Orthodoxie bröckeln

Im selben Band von 1773, in dem auch der Fall Schickard diskutiert wurde, nimmt Lessing auch zur Person des von ihm hochgeschätzten Philosophen *Gottfried Wilhelm Leibniz* (1646–1716) Stellung, mit dessen Werk er sich zu Beginn der Wolfenbütteler Zeit intensiv beschäftigt hatte: *„Leibniz von den ewigen Strafen"* (G VII, 171–197). Der Hintergrund: Leibniz, dessen Tod rund 60 Jahre zurückliegt, ist auf einmal in den Geruch mangelnder Wahrhaftigkeit und Rechtgläubigkeit geraten – sowohl im Blick auf das Dogma von der Ewigkeit der Höllenstrafe wie auf das Dogma von der Trinität, und Lessing ist sichtlich bemüht, die Integrität von Leibniz zu verteidigen. Uns können hier nicht Einzelheiten des jeweiligen Sachproblems beschäftigen; uns interessiert ausschließlich die Tatsache, wie Lessing an diesen Fällen zunächst das Problem von Nichtchristen und dann vor allem das Problem des Islam thematisiert.

Sind die Heiden zu retten?

Am Anfang stand der „Fall" Belisar. Der buchstäbliche Fall jenes Feldherrn des oströmischen Kaisers Justinian (ca. 505–565), der für seinen Herrscher in Kriegen gegen die Perser, Ostgoten und Hunnen glänzende Siege erfochten hatte, aber wegen des Verdachts einer Verschwörung in Ungnade gefallen war. Und dieser „Fall" eines Hohen, der in die Niedrigkeit abstürzte, eines Glücksverwöhnten, der ins Elend geriet, reizte später die Dichter. Poeten der Barockzeit (in Deutschland etwa der Jesuiten-Dramatiker Jakob Bidermann mit „Belisar" 1607) griffen die Geschichte auf. Im Frankreich des 18. Jahrhunderts war es *Jean-Françoise Marmontel* (1723–1799), ein von Voltaire protegierter, populärer Schriftsteller seiner Zeit, Mitglied der Académie Française und königlicher Historiograph. Er hatte 1767 einen Roman über Belisar herausgebracht („Bélisaire") und darin den ehemaligen Feldherrn und angeblichen Hochverräter als einen Mann dargestellt, der zwar auf kaiserlichen Befehl geblendet worden war, dennoch aber mit stoischer Würde sein Schicksal ertragen, seinen Feinden vergeben, den irregeführten Kaiser entschuldigt und eine unbeirrbare Treue gegen den Staat bewiesen hatte. Ja, im später berühmt gewordenen 15. Kapitel des Romans läßt Marmontel seinen Helden ungewöhnliche ethische, politische und religiöse Anschauungen entwickeln, unter anderem die Vision, daß er im christlichen Himmel dereinst auch „edle Heiden" anzutreffen hoffe, Aristides, Marc Aurel, Cato...

Heiden im christlichen Himmel? Die Folge dieser Marmontelschen Vision war ein Sturm der Entrüstung unter christlichen Theologen Europas. Nicht nur erschienen in Frankreich zahlreiche Gegenstellungnahmen; auch in Holland engagierten sich Theologen leidenschaftlich im Nachweis, daß es nun einmal keine edlen Heiden geben könne, ja daß selbst Sokrates, der als der Vornehmste aller Heiden galt, ein lasterhafter Mensch gewesen sei. *Peter Hofstede* (1716–1803) hieß einer dieser Heidenrichter, ein reformierter Theologe aus Rotterdam, der sich mit seinem Buch „De Belisarius van den Heer Marmontel beoordeelt“ (1769) in dieser Frage besonders zu profilieren verstand.

Lessing kennt einige Werke Marmontels. So nimmt er in seiner „Hamburgischen Dramaturgie“ beispielsweise zu einem Stoff Stellung, den Marmontel in seinen beim Publikum überaus erfolgreichen „Contes moraux“ (1761), seinen „Moralischen Erzählungen“, verarbeitet hatte: die Liebesgeschichte des großen türkischen Sultans Suleiman II. (des „Prächtigen“) mit einer europäischen (natürlich französischen!) Sklavin. Der französische Opern- und Lustspielautor *Charles Simon Favart* (1710–1792) hatte den Stoff zu einer Komödie umgearbeitet: „Les trois sultanes ou Soliman seconde“ („Solimann der Zweite“); sie war 1761 erstmals aufgeführt worden, und Lessing hatte im Hamburger Nationaltheater eine Inszenierung dieses Stükkes gesehen, und zwar am 3. Juli 1767. Da er aber selber bereits früher einmal, zur Leipziger Zeit (1748), die Absicht gehabt hatte, genau über diese Geschichte um Sultan Suleiman ein Stück in der Tradition des barocken Türkendramas zu schreiben, was über einen Entwurf nicht hinauskam („Giangir oder der verschmähte Thron“: I, 243–247), ist er in diesem Fall besonders engagiert — und seine Kritik an diesem Stoff und Stück (vor allem wegen offenkundiger europäischer Kulturarroganz gegenüber den Türken) fällt bissig aus (VI, 342–357).[28]

Doch Lessing kennt auch die Kontroverse um Marmontels „Bélisaire“, wie wir seiner Korrespondenz mit dem Freund Moses Men-

[28] Zum Tragödienentwurf „Giangir, oder der verschmähte Thron“ (1748) vgl.: *A. Streibich*, Mustaphar und Zeangir, die beiden Söhne Solimans des Großen in Geschichte und Dichtung, Freiburg/Br. Phil. Diss. 1903. Sowie: I, 1080–1083 (Quellen u. Lit.!). Neben „Giangir“ hatte Lessing noch einen weiteren orientalischen Stoff in Bearbeitung: „Fatime“ (G II, 492–494; 495–501). Orientalische Stoffe finden sich im 17. Jahrhundert im deutschen barocken Trauerspiel von *A. Gryphius* („Catharina von Georgien“) und *C. G. Lohenstein* („Ibrahim Sultan“) ebenso wie im barocken Roman (*Happel* „Der Ungarische Kriegs-Roman“; „Der Ottomanische Bajazet“). Im 18. Jahrhundert sind orientalische Stoffe noch beliebter. *Ch. M. Wieland* („Geschichte des Prinzen Biribinker“) ist für die deutsche Literatur ebenso zu nennen wie für die französische Literatur Racines „Bajazet“, Voltaires „Zaïre“, „Zulima“, „L'Orphelin de la Chine“, „Les Guèbres ou la Tolérance“. Vgl. dazu *P. Hultsch*, Der Orient in der deutschen Barockliteratur, Breslau Phil. Diss. 1937.

delssohn entnehmen können. Dieser hatte ihm am 29. November 1770 geschrieben:

> „In Holland streiten sie jetzt so über den Charakter des Sokrates. Die Waisenhäusler, Hofstädte und seine Klicke setzen den armen Griechen zu den ärgsten Schandbuben herunter. Ihre Widersacher wollen ihm nicht die geringste menschliche Schwachheit zuschreiben lassen. Beide Parteien haben den Kopf voll von göttlichen Personen, Männern Gottes und Heiligen, die sie zum Maßstabe nehmen, und was diesem Ideal nicht gleichkommt, scheint ihnen Kot, den sie mit Füßen treten können."[29]

In der gleichen Angelegenheit hatte sich in Deutschland einer der bedeutendsten Theologen der Zeit engagiert, den Lessing persönlich kennt, da er seinem Freundeskreis um den Berliner Buchhändler, Verleger, Schriftsteller und Literaturkritiker Christoph Friedrich Nicolai (1733–1811) angehört: *Johann August Eberhard* (1738–1809), Schüler des Philosophen Christian Wolff und des Halleschen Aufklärungs-Theologen Johann Salomo Semler, der seit 1768 Prediger in Berlin war, bevor er ab 1778 Professor der Philosophie in Halle wurde. Eberhard hatte zu dem von Marmontel aufgeworfenen Sachproblem in einem wissenschaftlichen Werk Stellung genommen: „Neue Apologie des Sokrates oder Untersuchung der Lehre von der Seligkeit der Heiden", dessen erster Band im Jahre 1772 erschienen war. Der Fall des Sokrates ist hier der Aufhänger, um gegen die lutherische Orthodoxie grundsätzlich das Problem aufzuwerfen, ob ein Heide um seiner Religion willen notwendig verdammt werden müsse, ja ob ein Heide überhaupt zu Moralisch-Gutem fähig sei. Eberhards Buch zeigt, daß die jahrhundertelang in der christlichen Theologie gepflegte, bei Augustin grundgelegte, im Mittelalter verstärkte und in der Reformation erhärtete Position über die Verdammung von Nichtchristen nicht länger unangefochten dastand. Sein Buch zeigt, daß Mitte des 18. Jahrhunderts die Plausibilität der traditionellen christlichen Konfrontationstheologie gegenüber Nichtchristen erschüttert worden war.[30] Und diese Generation protestantischer Theologen in Deutschland, die jetzt mit der Betonung von

[29] *M. Mendelssohn*, Brief an G. E. Lessing vom 29. 11. 1770, in: a. a. O., S. 100 (s. Anm. 6).
[30] Zu Einzelheiten dieser theologiegeschichtlichen Kontroverse vgl.: *K. Aner*, Die Theologie der Lessingzeit, Halle 1929, Neudruck Hildesheim 1964, S. 270–285.

Vernunft und Erfahrung die gesamte traditionelle Dogmatik einer Revision unterzieht und sich so in Sympathien mit den Idealen der Aufklärung von den Prinzipien der lutherischen Orthodoxie endgültig zu verabschieden beginnt, diese erneuerungswillige Generation nennt man mit einem Sammelnamen „die Neologen".[31]

Ist die Hölle ewig?

Doch Eberhard war in seinem Buch noch einen Schritt weiter gegangen. Er hatte die Orthodoxie nicht nur in Sachen Verdammung von Nichtchristen angegriffen, sondern bei dieser Gelegenheit auch den traditionellen Höllenglauben der Kirche generell in Frage gestellt, insbesondere den mit der Vorstellung der Hölle verbundenen Glauben an die *Ewigkeit der Höllenstrafen.* Neu aufgenommen wurde von ihm eine bereits bei den Kirchenvätern (Origines) geführte Diskussion unter dem Stichwort „Apokatastasis", ein griechisches Wort, das man gewöhnlich im Deutschen mit „Wiederbringung aller" übersetzt. Gemeint ist die Vorstellung, daß die Verwerfung eines Menschen wegen seiner Sünden vor Gott nicht „auf ewig" Bestand haben kann; daß Gott in seiner Gerechtigkeit *und* Liebe letztlich alle Menschen zum Heil führen, alle zunächst Verdammten und Verurteilten am Ende „wiederbringen" wird. Scharfsinnig und leidenschaftlich zugleich hatte Eberhard für eine Begrenzung der Höllendauer, eine Endlichkeit der Höllenstrafen, plädiert. Dabei hatte er sich mit zwei theologisch-philosophischen Autoritäten seiner Zeit auseinandergesetzt: mit *Johann Lorenz Mosheim* (1694–1755), einem damals angesehenen protestantischen Theologen, Professor und Kanzler der Universität Göttingen, der bereits im Jahre 1725 in seinem Buch „Heilige Reden über wichtige Wahrheiten der Lehre Jesu Christi" die kirchliche Doktrin von der Ewigkeit der Höllenstrafe erneut verteidigt sowie mit dem Philosophen *Gottfried Wilhelm Leibniz,* der seinerseits in dieser Frage die traditionell orthodoxe Position eingenommen hatte. Gerade aber das Votum einer Autorität

[31] Eine Übersicht über die „Deutschen Neologen" zur Lessing-Zeit gibt neben dem genannten Buch von *K. Aner* das klassische Werk zur neueren Geschichte evangelischer Theologie: *E. Hirsch,* Geschichte der Neueren Evangelischen Theologie im Zusammenhang mit den allgemeinen Bewegungen des europäischen Denkens, Bd. 4, Gütersloh 1951, S. 3–119. Zu Lessing und dem Fragmentenstreit dort S. 120–165.

wie Leibniz mußte für Eberhard schwer wiegen; von daher erklärt sich sein Versuch, den Leibnizschen Vorstoß aufzufangen und zu relativieren. Leibniz habe gewissermaßen nur aus taktischen Gründen sich der Orthodoxie angepaßt; seine wahre Meinung sei eine ganz andere gewesen...

Es ist genau diese Unterstellung, die Lessing auf dem Plan ruft. Es ist dieser Vorwurf der Unwahrhaftigkeit an die Adresse des von ihm so bewunderten Leibniz, die Lessing nun in der ersten Ausgabe seiner Schriftenreihe „Zur Geschichte und Literatur" Anfang 1773 Stellung nehmen läßt – und zwar unter dem schon genannten Titel *„Leibniz von den ewigen Strafen"*. Der konkrete Anlaß ist der folgende: Lessing hatte in der Wolfenbütteler Bibliothek ein kleines Leibniz-Manuskript entdeckt, das noch nirgendwo veröffentlicht worden war. Es stammte aus dem Jahre 1708 und war als Vorwort für das Buch eines Medizinprofessors der Universität Altdorf, *Ernst Soner* (1672–1712), gedacht, für eine Schrift, die sich ihrerseits auf die Seite der Ewigkeitsgegner bei den Höllenstrafen geschlagen hatte: „Theologisch-philosophischer Beweis, daß die ewigen Strafen der Gottlosen nicht für die Gerechtigkeit Gottes, sondern für seine Ungerechtigkeit sprechen". Leibniz aber hatte auch in diesem kleinen Text dem Apokatastasis-Befürworter Soner widersprochen. Eingegangen war er dabei vor allem auf das Hauptargument Soners, daß es der Vernunft und dem Gerechtigkeitsempfinden widerspreche, so etwas wie eine Ewigkeit der Höllenstrafen anzunehmen. Wie können Sünden bei einem Menschen, der doch endlich-begrenzt ist, Strafen von Ewigkeitsdauer nach sich ziehen? Leibniz betont dagegen, daß es Vernunft und Gerechtigkeit Gottes durchaus gemäß sei, wenn die Strafen gottloser Menschen ewig seien:

> „Obgleich wir also selbst zugeben würden, daß keine Sünde von sich aus unendlich ist, kann man in der Tat dennoch behaupten, daß die Vergehen der Verdammten ihrer Zahl nach unendlich sind, da sie ja die ganze Unendlichkeit hindurch in der Sünde verharren. Darum entspricht es der Gerechtigkeit, daß, wenn die Vergehen ewig sind, auch die Strafen ewig sind. Denn die Sünder verdammen sich selbst, wie weise Männer richtig festgestellt haben, weil es ihnen nämlich ewig an Bußfertigkeit fehlt und sie sich von Gott abkehren. Keineswegs also kann man hierbei Gott

schuld geben und so tun, als ob er strenger verfahre, als der Charakter eines Vergehens es erfordere.“ (G VII, 804)

Wir müssen hier auf Einzelheiten dieser Kontroverse um die Apokatastasis nicht eingehen, die Lessing in seinem Kommentar zum Text von Leibniz sowie dem Buch von Eberhard nun breit entfaltet. Wir fragen nach seinen Interessen und nach der Funktion für das Problem einer Theologie der Nichtchristen. Gerade die *Frage nach den Interessen* kommt nicht von ungefähr. Denn schon früh in diesem Jahrhundert ist in der Lessing-Forschung ein „gewisses Befremden“ darüber geäußert worden, daß Lessing „eine so minutiöse Polemik (gegen Eberhard) für nötig hielt“[32], da dieser durch sein Buch ohnehin bei den orthodoxen Lutheranern Berlins in Ungnade gefallen war.[33] Ist Lessing hier auf einmal doch auf der Seite der Orthodoxie? Will er ausgerechnet in dieser so folgenschweren Frage den lutherischen Traditionalismus verteidigen?

Die Antwort kann nur lauten: Über das vordergründige Motiv einer Verteidigung des Leibniz gegenüber dem Vorwurf der Unaufrichtigkeit und Unwahrhaftigkeit hinaus zeigt Lessing an diesem Fall exemplarisch seinen Umgang mit dem theologischen Traditionalismus und theologischen Modernismus („Neologie“) seiner Zeit. Hier gilt grundsätzlich: Lessing ist weder bereit, den lutherischen Traditionalismus einfach zu verwerfen noch der neologischen Theologie seiner Zeit einfach nach dem Munde zu reden, wenn er in der jeweiligen Beweisführung nicht überzeugt ist. Er erlaubt sich, die Orthodoxen gegen die Neologen zu verteidigen, wenn er Gründe sieht, und genauso die Neologen gegen die Orthodoxen zu stützen, wenn es ihm von der Sache her geboten erscheint. Im Zweifelsfall

32 So *K. Aner*, a. a. O., S. 279 (s. Anm. 30).

33 Daß Eberhard aufgrund seines Sokrates-Buches von lutherisch-orthodoxen Kreisen in Berlin-Charlottenburg eine Predigerstelle verweigert wurde und in den Verdacht der Ketzerei geriet, schildert: *F. Nicolai*, Brief an G. E. Lessing vom 13. 8. 1773, in: a. a. O., S. 575 (s. Anm. 6). Der Tadel für seinen Freund Lessing ist unüberhörbar: „Herr Eberhard hat im Grunde alles gesagt, was Sie meinen; er hat die Wahrheit deutlicher gesagt, als Sie sie in Ihren Beitrage sagen; nur konnte er sie nicht so deutlich sagen, als Sie in Ihrem Briefe. Gleichwohl hat diese Freimütigkeit schon für ihn die verdrießlichsten Folgen gehabt. Er hat die Predigerstelle in Charlottenburg bekommen sollen; aber gewisse Leute, die einen andern verlangen, haben auf seiner Apologie des Socrates ketzerische Sätze ausgezogen, haben dadurch unwissende Leute in der Gemeine aufgehetzt, die ihn als einen argen Ketzer verschreien, und die sind recta an den König gegangen.“ Später freilich registriert Lessing mit Genugtuung, daß — durch eine Intervention von König Friedrich persönlich — Eberhard „nun endlich Prediger in Charlottenburg geworden ist“ (a. a. O., S. 625).

will er eher orthodox als neumodisch sein, war ihm doch oft nicht klar, was die Neologen an die Stelle der Tradition zu setzen hatten. Hier gilt grundsätzlich das, was Lessing in einem Brief an seinen Bruder Karl am 14. Februar 1774 einmal programmatisch so *zum Verhältnis Orthodoxie — Neologie* formuliert hat:

> „Der Orthodox und der Heterodox denken nach ihren Rollen, und wenn sie beide ihre Rollen gut spielen, so muß man sie loben. Die aufklärenden, die neuen Theologen, däucht mir, spielen jetzt, wenn nicht besser, doch mit mehr Beifall. Laß sie beklatscht werden! Ich las in einem englischen Journale ein chinesisches Sprichwort, das ungefähr so hieß: Laß den Toren plaudern, damit alle hören, daß er ein Tor ist. Aber sie müssen nicht ohne Kritik bleiben; sonst wären sie Bären so gut, wie ihre Gegner. Die rechte Kritik hält es mit keiner Partei; sie sagt beiden Teilen das Gute und Böse auf den Kopf zu. Wir haben statt ihres unreinen Wassers und ihrer Mistjauche noch genug reine Quellen: Tugend und gute Sitten bleiben, wenn die Theologen auch im Staate nichts mehr sind, als Seiltänzer und Zahnärzte."[34]

„Die rechte Kritik hält es mit keiner Partei" — das war in der Tat Lessings Grundeinstellung. Äquidistanz nach allen Seiten — aufrechterhalten nach dem Kriterium von Sachlichkeit, guten Gründen und besserer Alternative. So findet er im konkreten Fall, daß die so vernunft- und aufklärungsorientierten Theologen Soner und Eberhard in Sachen Apokatastasis durchaus die Vernunft nicht für sich gepachtet hatten; ihre Beweisführung überzeugt ihn nicht. Und deshalb klingt vieles bei Lessing nach Zementierung des Traditionalismus. Im Grunde aber zielt sein theologisches Interesse auf eine *Überwindung der Alternative von Orthodoxie und Neologie*, was in der konkreten Frage heißt: Orthodoxie und Neologie stimmen bei allen Unterschieden letztlich in der Überzeugung überein, daß es neben dem Himmel immer auch eine Hölle geben muß; daß Menschen zur Strafe für ihre Sünden in die Hölle gehen. Nur sind für die Traditionalisten die Nichtchristen grundsätzlich verdammt und die Höllenstrafen ewig; für die Neumodischen dagegen gibt es einige „edle Heiden", und die Strafen sind zeitlich. Genau diese Alternative will Les-

[34] *G. E. Lessing*, Brief an K. Lessing vom 14. 2. 1774, in: a. a. O., S. 625 (s. Anm. 6).

sing überwinden. Er geht von der Grundüberzeugung aus, „daß der beste Mensch noch viel Böses hat, und daß der schlimmste nicht ohne alles Gute ist“ (G VII, 193). Und folgert daraus:

> „So müssen die Folgen des Bösen jenem auch in den Himmel nachziehen, und die Folgen des Guten diesen auch bis in die Hölle begleiten; ein jeder muß seine Hölle noch im Himmel, und seinen Himmel noch in der Hölle finden.“ (G VII, 193)

Karl Aner, dem wir eine grundlegende Studie über die „Theologie der Lessingzeit“ verdanken, hat deshalb recht, wenn er Lessings Position in dieser Frage so interpretiert: „Himmel und Hölle sind nicht absolute Gegensätze, sondern in die allgemeine Relativität der Dinge einbezogen. So entpuppt sich Lessing zum Schluß als ein weit radikalerer Gegner der Orthodoxie denn Eberhard, der mit dieser noch auf gemeinsamem Boden focht. Lessing untergrub diesen Boden; so stürzten beide in die Versenkung, und es verblieb eine Betrachtungsweise, die alle biblische Realität auflöste und an Stelle ihrer raumzeitlichen Begriffswelt die unbedingte Spiritualisierung setzte. Nun gab es nicht Himmel und Hölle mehr im alten supranaturalen Sinn, sondern rein immanente Wertstufen zwischen den verschiedenen Monaden.“[35] Und diese Interpretation wird bestätigt durch einen Brief vom 14. Juli 1773. Seinem Bruder Karl schreibt Lessing:

> „Meinen Empfehl an Herrn Eberhard. Man hatte mir Hoffnung gemacht, daß ich das Vergnügen haben würde, ihn mit Moses (Mendelssohn) hier zu sehen. Ich bin gewiß, daß wir mit einem Dutzend mündlichen Worten unseren ganzen Streit würden beigelegt haben. Von dem, was mir Moses darüber gesagt hat, bin ich zum Teil überzeugt, zum Teil nicht. So gründlich aber auch beides ist, oder sein mag: so würde es, Schwarz auf Weiß, mich nur wenig treffen. Denn ich würde mich von der Hauptsache gar nicht abbringen lassen, nemlich davon: die Hölle, welche Herr Eberhard nicht ewig haben will, ist gar nicht, und die, welche wirklich ist, ist ewig. Warum also nicht lieber die abgeschmackten sinnlosen Begriffe von der Beschaffenheit dieser Hölle, sie sei nun ewig oder nicht ewig, bestreiten, als wider die, noch immer

[35] *K. Aner,* a. a. O., S. 285 (s. Anm. 30).

> eine gute Erklärung verstattende Dauer derselben zu Felde ziehen?"[36]

Das zweite uns hier interessierende Problem dürfte mit dieser Briefstelle ebenfalls angesprochen sein: die *Theologie der Nichtchristen.* Denn so sehr Lessing sich in Sachen Ewigkeit der Höllenstrafen mit Eberhard auf eine kleinliche Polemik einläßt, so sehr ist er in dieser Sachfrage mit Eberhard einig. Dies dürfte Lessing gemeint haben, wenn er davon spricht, der ganze Streit hätte „mit einem Dutzend mündlicher Worte" beigelegt werden können. Denn das *Ziel* der Debatte teilt er mit Eberhard: Es muß Schluß sein mit einer Verdammungstheologie gegenüber Nichtchristen. Ausdrücklich nennt er zu Beginn seiner Auseinandersetzung das Eberhardsche Buch, „Apologie des Sokrates", ein „in vieler Absicht sehr vortreffliches Buch", worin „die Lehre von der Seligkeit der Heiden untersucht" worden sei (G VII, 179). Nur gegen die Vermischung beider Komplexe (Seligkeit der Heiden mit Ewigkeit der Höllenstrafen) wendet sich Lessing hier, zumal er ironischerweise darauf aufmerksam machen kann, daß man sich in dieser umstrittenen Frage gerade auf Sokrates nicht beziehen könne (vgl. G VII, 196). Nein, in der Frage der Tugendhaftigkeit und Seligkeit von Nichtchristen ist Lessing schon früh ein entschiedener Aufklärer und Orthodoxie-Gegner. Gerade seine Neuinterpretation der Himmel-Höllen-Symbolik kann als Grundlage für diese neue Theologie der Nichtchristen betrachtet werden. Hier geht Lessing eigene Wege; hier ist er der Bundesgenosse von Jean-Françoise Marmontel und Mitstreiter in dem Anliegen, für das der Roman „Bélisaire" eingetreten war, der Roman um den in Ungnade gefallenen Feldherrn Belisar, der dennoch die Hoffnung artikuliert hatte, daß ihm im christlichen Himmel auch „edle Heiden" begegnen würden...

Wer sind die Sozinianer?

Wir erinnern uns: Leibniz hatte gegen einen Mann geschrieben, den Medizinprofessor Ernst Soner, der nicht nur als Befürworter der Apokatastasis hervorgetreten war, sondern der sich auch den Vor-

[36] *G. E. Lessing*, Brief an K. Lessing vom 14. 7. 1773, in: a. a. O., S. 567 (s. Anm. 6).

wurf zugezogen hatte, heimlicher Anhänger der *sozinianischen Bewegung* zu sein, ein Kryptosozinianer gewissermaßen. Sozinianer? Wer sind sie? Und warum müssen wir hier ihre Geschichte erzählen? Weil die Theologie dieser Gruppe eine Affinität zur Theologie des Islam erkennen läßt und Lessing die Brisanz beider Theologien für die christliche Orthodoxie in seinen nun folgenden Schriften sichtbar macht.

Hinter dem Namen „Sozinianer" verbirgt sich eine innerhalb des Protestantismus der zweiten Hälfte des 16. Jahrhunderts entstandene Glaubensbewegung oder kirchliche Gruppierung von europäischer Dimension. Humanistische Bibel- und Dogmenkritik, protestantisches Reformethos und urchristlich-evangelischer Freiheitsgeist führten zu einem theologischen Eigenprofil von erheblichem Gewicht. Kein Geringerer als der große Kirchen- und Dogmengeschichtler des neuzeitlichen Protestantismus, *Adolf von Harnack*, sah in der sozinianischen Theologie eine „humanistische Frische", ein „herrliches Bekenntnis zur Freiheit des Glaubens", ja stellte diese Gruppe programmatisch „in die Geschichte der Reformationsbewegung, die mit Luther begonnen hat"[37].

Dies aber ist bereits eine neuprotestantisch-sympathische Wertung der Sozinianer. Sie läßt die Verdammungsgeschichte nicht mehr erkennen, welche diese Gruppe durchmachen mußte. Zu ihrer Zeit nämlich hatte sie erbitterte Gegner. Diesen war stets besonders anstößig, daß die Sozinianer von Anfang an aus Vernunft- und Bibelgründen das altkirchlich-scholastische Dogma von der Trinität abgelehnt hatten, so daß sie, die sich selber „Christen", „Brüder" oder „polnische Brüder" nannten, in den polemischen Auseinandersetzungen das Etikett „Antitrinitarier" aufgedrückt bekamen, später immer wieder auch Bezeichnungen wie „Unitarier" oder „Neuaria-

[37] *A. v. Harnack*, Lehrbuch der Dogmengeschichte Bd. III, Tübingen 4. Aufl. 1910, S. 765–808, Zitat S. 765f. Harnack wertet die sozinianische Theologie nicht nur durch eine ausführliche Darstellung auf, sondern auch durch die strukturelle Plazierung innerhalb seines dogmengeschichtlichen dreibändigen Großwerks. Das läßt er programmatisch im dritten Band enden mit einer Darstellung des „dreifachen Ausgangs der Dogmengeschichte": nicht nur im römischen Katholizismus und im Protestantismus, sondern eben auch im „Antitrinitarismus und Socinianismus". Aufgrund der neueren Forschung stellt den Sozinianismus dar: *G.A. Benrath*, Art. „Antitrinitarier", in: Theologische Realenzyklopädie Bd. III, Berlin — New York 1978, S. 168–174. Guten Überblick über die verschiedenen Gruppen und Strömungen innerhalb protestantischer Theologie bietet neuerdings: *J. Rohls*, Protestantische Theologie der Neuzeit Bd. I (Die Voraussetzungen und das 19. Jahrhundert), Tübingen 1997, S. 57–225.

ner". Das Ketzerische an dieser Bewegung sollte dadurch von vornherein offengelegt werden. Wir werden denn auch von Scheiterhaufen und Todesstrafen gegen Sozinianer hören...

Eine Schlüsselbedeutung für die Sozinianer hatte ihre Zeit in Polen, wo ihre Bewegung sich als „Ecclesia minor" Ende des 16. Jahrhunderts verselbständigen und eine erhebliche Verbreitung erfahren konnte. Diesen ihren Status hatte sie vor allem dem rastlosen Wirken des aus Siena stammenden *Fausto Sozzini* (1539–1604) zu verdanken. Seine historische Leistung ist es, die so heterogenen Gemeinden und Gruppen zu einer Kirche auf einheitlicher Lehrgrundlage vereinigt zu haben. Mit Recht trägt denn auch diese Kirche seinen Namen: *Sozinianer.* Grundlage ist der *Rakower Katechismus,* dessen Titel in der deutschen Ausgabe von 1608 das theologische Profil der Gruppe bereits scharf markiert: „Catechismus, Der Gemeine derer Leute / die da... bekennen / das niemand anders / den nur allein der Vatter unsers Herrn Jesu Christi / der einige Gott Israel sey; und das der mensch Jesus von Nazareth / der von der Jungfrawen geboren ist / und kein ander außer oder vor ihm / der eingeborne Sohn Gottes sey".

Doch dieser blühenden Kirche, zwischen die Mühlsteine der konfessionellen Lager geraten, wurde im Zuge der polnischen Gegenreformation gewaltsam ein Ende gesetzt. Sozzini selber war zweimal körperlich mißhandelt worden; er starb 1604. 1638 wurden Kirche, Schule und Druckerei des sozinianischen Zentrums in Raków zerstört; 1658 zwang der polnische Reichstag unter Zustimmung auch des protestantischen Adels die Sozinianer, das Land innerhalb von drei Jahren unter Androhung der Todesstrafe zu verlassen. Aufnahme fanden sie vor allem in Brandenburg, Holland und Siebenbürgen, wo es unter Protektion selbst des Adels seit 1568 eine eigene „unitarische Kirche" gab, die 1571 sogar die Gleichberechtigung mit den anderen christlichen Konfessionen erlangt hatte.[38] Wirkungen erzielte die sozinianische Bewegung bis in die Zeit der Aufkärung vor allem in England (Ausbildung des „Deismus"), wo die großen Geister der Zeit, Milton, Newton und Locke, sozinianische Schriften lasen,[39] sowie in Frankreich, wo ein Mann wie Voltaire sich in-

[38] Reichhaltiges Material dazu bei: *M. Balázs,* Early Transylvanian Antitrinitarianism (1566–1571). From Servet to Palaeologus, Baden-Baden — Bouxwiller 1996.

[39] Reichhaltiges Material dazu bei: *P. Wrzecionko* (Hrsg.), Reformation und Frühaufklärung in

tensiv mit sozianischem Gedankengut — wie immer kirchenkritisch motiviert — befaßte.[40]

Angesichts dieser schon Ende des 16. Jahrhunderts so programmatisch vorgetragenen, vernunftorientierten Dogmenkritik und Schriftinterpretation kann es nicht eigentlich überraschen, daß Mitte des 18. Jahrhunderts, zu Lessings Zeit, auch in Deutschland ein neues Interesse an dieser kirchlichen Gruppierung entsteht. Forschungen setzen ein, zumal die lutherische Orthodoxie ihre aufklärungsfreundlichen neologischen Gegenspieler gern als „Sozinianer" denunziert, was als Häresievorwurf gefährlich werden kann. „Sozinianismus" ist zu einem *Kampfbegriff der Orthodoxen* gegen die Neologen geworden, und es gibt keinen führenden Neologen zur Lessing-Zeit, der sich nicht den Vorwurf des „Sozinianismus" anhören muß.[41] Um so erklärlicher das Bemühen, die geschichtlichen Wurzeln und das theologische Profil dieser Gruppe genau zu untersuchen, Kontinuität und Diskontinuität, Gemeinsames und Differenzen herauszuarbeiten. Dabei ist für unsere Fragestellung wichtig, daß aufklärungsoffene Theologen gerade in Sachen Religionstoleranz und Abneigung gegen das Trinitätsdogma in Sozinianern frühe Verwandte erkannten, ja in der gesamten theologischen Aufklärung eigentlich nur eine „Erneuerung des Sozinianismus" erblickten.[42]

Leibniz und der Fall eines Sozinianers

Und Lessing? Auch seine Beschäftigung mit dem Sozinianismus muß im Kontext dieses neuerwachten Zeitinteresses an dieser „frühaufklärerischen" Bewegung gesehen werden. Aber es ist für Lessing wiederum bezeichnend, daß er auch hier seine eigenen Wertungen

Polen. Studien über den Sozinianismus und seinen Einfluß auf das westeuropäische Denken im 17. Jahrhundert, Göttingen 1977 (bes. den Beitrag von Z. Ogonowski, Der Sozinianismus und die Aufklärung, S. 78–156). *R. Dán — A. Prinát,* Antitrinitarianism in the second half of the 16th century, Leiden 1982. *R. Dán,* Matthias Vehe-Glirius. Life and Work of a Radical Antitrinitarian with his collected Writings, Budapest — Leiden 1982.

40 Gut belegt ist dies bei: *R. E. Florida,* Voltaire and the Socinians, Banbury 1974.

41 Einzelheiten dazu bei: *K. Aner,* a. a. O., S. 32–60 (s. Anm. 30).

42 So *K. Aner,* a. a. O., S. 45. Den philosophisch-theoretischen Hintergrund der sozinianischen Bewegung leuchtet eindrucksvoll aus: *P. Wrzecionko,* Vernunft und Wahrheit im Denken der Sozinianer und der altprotestantischen Orthodoxie, in: Neue Zeitschrift für systematische Theologie und Religionsphilosophie 14 (1972), S. 172–169.

vornimmt, die durchaus keine Pauschalidentifikation mit dieser Gruppe erkennen lassen. Wieder nimmt Lessing Leibniz zu seinem Bundesgenossen, und mit ihm schreibt er dann auch direkt gegen einen der Sozinianer. Er heißt *Andreas Wissowatius* und war ein „polnischer Bruder" gewesen, dessen Kritik am Dogma von der Trinität mit grundsätzlicher Schärfe vorgetragen worden war. Lessings zweite Verteidigungsschrift aus dem Jahre 1773 trägt denn auch den Titel: *„Des Andreas Wissowatius Einwürfe gegen die Dreieinigkeit"* (G VII, 198–225). Lessing weiß, wen er hier vor sich hat: Wissowatius war ein Enkel von Fausto Sozzini, der sich nicht weniger leidenschaftlich als sein Großvater für die Grundsätze seiner Gruppe engagiert hatte. Aus Polen vertrieben, war er 1678 in Amsterdam gestorben.

An diesen Andreas Wiszowaty hatte ein Baron von Boineburg geschrieben, um ihn von einem Schritt zu überzeugen, den er selber soeben getan hatte: der Konversion zum Katholizismus. Wissowatius freilich hatte sich davon wenig beeindrucken lassen, ja er hatte in einem Antwortschreiben seine Kritik an der orthodoxen Lehre von der Transsubstantiation in der Eucharistie und der Trinität eher noch verschärft. Der Baron, herausgefordert, hatte den Philosophen Leibniz um Argumentationshilfe gebeten, und dieser hatte – wie es seine Art war – eine logisch stringente, ausführliche Widerlegung Punkt für Punkt verfaßt: „Die Heil. Dreieinigkeit, verteidigt durch neue logische Schlüsse". Diese Leibniz-Schrift dokumentiert Lessing ebenfalls (G VII, 203–216), versehen mit einigen Präzisierungen hinsichtlich der Datierung des Textes in Leibniz' Lebensgeschichte.

Auch hier kommt es Lessing auf den von Leibniz betonten entscheidenden Punkt an: Vernunft ist keineswegs nur auf Seiten der Sozinianer und ihrer Trinitätskritik; die Annahme einer Dreifaltigkeit Gottes ist durchaus auch mit Vernunft und Logik vereinbar. Ja, Leibniz hatte in seiner Verteidigung sogar den „Spieß" umgedreht und diesen Sozinianer seinerseits attackiert. Gegen Wissowatius, der zwar die Gottheit Christi leugnete, aber in Jesus Christus das höchste, verehrungswürdigste Geschöpf unter Gott erblickte, hatte Leibniz auf Konsequenz bestanden. Ihm waren Sozinianer lieber, die eine solche quasi-göttliche Verehrung Christi ablehnten, da für sie Jesus Christus nun einmal nichts als ein Geschöpf war, ein Mensch und nichts als ein Mensch, wie der Rakower Katechismus formuliert hatte. Solch konsequente Sozinianer würden dann besser „vernünftige Unitarier“ genannt. Beide waren für Leibniz zwar im Irrtum, aber die Unitarier handelten in diesem Irrtum wenigstens „konsequent“. Und diese Konsequenz fordert auch Lessing, der in diesem Punkt Leibniz ausdrücklich zustimmt.

Der Islam als untergründige Bedrohung

Das Ganze wäre für unseren Zusammenhang der Rede nicht wert, hätte Lessing nicht auch hier eine der Schlüsselfragen christlicher Orthodoxie (Trinität) mit dem Problem des Wahrheitsanspruchs des Christentums gegenüber anderen Religionen verknüpft. Und in diesem Fall geht es direkt um den Islam. Denn Lessing hatte längst erkannt, daß ein Gottes- und ein Christus-Verständnis wie das der Sozinianer (der eine Gott und der Mensch Jesus) „gefährlich“ eng mit jüdischem und muslimischem Selbstverständnis übereinstimmt, gewollt oder ungewollt. Lessing ist sich im klaren: Das trinitarische und christologische Dogma von der Dreieinigkeit und ewigen Gottessohnschaft in Frage zu stellen, bedeutet, nicht nur in den Verdacht der innerchristlichen Ketzerei, sondern auch in die Nähe derjenigen zu geraten, die von jeher die Gottheit Christi und die Dreifaltigkeit Gottes geleugnet hatten: Juden und Muslime. Die christlichen Sozinianer sieht er in diese Nähe gerückt.

So folgt denn auch in Lessings Text plötzlich eine *Anspielung auf den Islam*, die zeigt, daß es bei den Auseinandersetzungen mit dem Sozinianismus gerade nicht bloß um innerchristliche theologische Querelen geht. Ja, man wird sagen können, daß Lessing diese weit zurückliegende innerkirchliche Kontroverse wohl nur deshalb interessiert, weil er hier grundsätzliche religionstheologische Probleme erörtern kann. Lessing in seiner Wissowatius-Schrift wörtlich — kritisch auch gegenüber diesem konkreten Sozinianer:

> „Ob sie (die Unitarier) aber sonach viel oder wenig von den Mahometanern verschieden sind: was liegt daran? Nicht der Name macht es, sondern die Sache; und wer die Sache zu lehren oder zu insinuieren den Mut hat, der müßte auch freimütig genug sein, dem Namen nicht ausweichen zu wollen. Was haben sie denn

auch je gründliches jenen Folgen entgegengesetzt, die notwendig aus ihrer Lehre fließen?... Nämlich, daß wenn Christus nicht *wahrer* Gott ist, die mahometanische Religion eine unstreitige Verbesserung der christlichen war, und Mahomet selbst ein ungleich größerer und würdigerer Mann gewesen ist, als Christus; indem er weit wahrhafter, weit vorsichtiger und eifriger für die Ehre des einzigen GOttes gewesen, als Christus, der, wenn er sich selbst auch nie für Gott ausgegeben hätte, doch wenigstens hundert zweideutige Dinge gesagt hat, sich von der Einfalt dafür halten zu lassen, dahingegen dem Mahomet keine einzige dergleichen Zweideutigkeit zuschulden kömmt." (G VII, 221f)

Plötzlich also sind brisante Fragen in der Welt, auf deren „Folgen" Lessing aufmerksam machen will: Wenn die orthodoxe Lehre von Christi Gottheit nicht stimmt, kann sich dann das Christentum gegenüber dem Islam noch behaupten? Muß dann nicht der Islam als „Verbesserung" der christlichen Religion betrachtet werden, weil er ja jede Zweideutigkeit im Gottesverständnis in Eindeutigkeit aufgelöst hat, d. h. weil er die Gefahr der Zerstörung der Einheit Gottes durch die Christologie erkannte und stattdessen wieder die „Ehre des einzigen Gottes" ins Zentrum stellte? Lessing hatte damit grundsätzliche Fragen aufgeworfen, die über den konkreten Fall im Grunde hinausgehen.

Denn im konkreten Fall ist Lessing auf der Seite von Leibniz, der die von Wissowatius vertretene Theologie sogar noch unterhalb des theologischen Niveaus der Muslime angesiedelt hatte. Von Leibniz zitiert Lessing denn auch gezielt dieses ironische Wort über die „Kühnheit" der Sozinianer:

„Die Sozinianer sind in den kirchlichen Lehrsätzen viel kühner als die Mohammedaner; denn nicht zufrieden mit der Bekämpfung des Mysteriums der Dreieinigkeit und der Umgehung sehr wichtiger Stellen, sinken sie bis zur natürlichen Theologie herab, wenn sie Gott die Voraussicht der zufälligen Dinge absprechen und die Unsterblichkeit der menschlichen Seele bestreiten. Und in der Absicht, sich von den scholastischen Theologen zu entfernen, verwerfen sie alles, was die Theologie an Großem und Erhabenem aufzuweisen hat, bis zur Behauptung, Gottes Macht sei begrenzt. Dagegen weiß man, daß es mohammedanische Gelehrte gibt, die würdige Vorstellungen von Gottes Größe haben." (G VII, 829f)

Aber diese Distanz zu einem Sozinianismus à la Wissowatius ist zugleich eine Aufwertung des Islam und dessen Theologie! Die Muslime werden hier ja gegen bestimmte christliche Randgruppen verteidigt, da auch sie von Gottes Vorsehung, Macht und Größe sowie von der Unsterblichkeit der Seele große Begriffe haben. Dies entspricht ohnehin einem positiven Urteil des großen Philosophen Leibniz über den Islam. Schon in seiner bahnbrechenden und einflußreichen Schrift zur „Theodizee" („Essais de Théodicée" 1710) hatte Leibniz über Mose, Jesus und Mohammed geschrieben:

> „Moses hatte bereits die schönen Gedanken von der Größe und Güte Gottes mitgeteilt, mit denen viele zivilisierte Völker heute übereinstimmen: Jesus Christus aber hatte alle sich daraus ergebenden Schlußfolgerungen festgestellt und gezeigt, daß göttliche Güte und Gerechtigkeit vollkommen aus dem erhellen, was Gott für die Seelen bereite. Ich gehe hier nicht auf die anderen Punkte der christlichen Lehre ein und zeige nur, wie Jesus Christus es erreichte, daß die natürliche Religion zum Gesetz wurde und die Autorität eines allgemein anerkannten Dogmas erlangte. Er allein vollbrachte, wonach so viele Philosophen vergeblich getrachtet hatten; und als die Christen schließlich im Römischen Reich, das den besten Teil der bekannten Welt beherrschte, die Oberhand gewonnen hatten, wurde die Religion der Weisen zur Religion der Völker. Auch Mohammed wich danach nicht ab von den großen Dogmen der natürlichen Gotteslehre: seine Anhänger verbreiteten sie unter den entlegendsten Völkern Asiens und Afrikas, zu denen das Christentum noch nicht gelangt war; und sie zerstörten in vielen Ländern den heidnischen Aberglauben, der der wahrhaften Lehre von der Einheit Gottes und der Unsterblichkeit der Seelen widersprach."[43]

Der Islam als Aufklärungsfortschritt in der Religionsgeschichte der Menschheit, als Bundesgenosse in der Bekämpfung des Aberglau-

[43] *G. W. Leibniz,* Die Theodizee von der Güte Gottes, der Freiheit des Menschen und dem Ursprung des Übels, Bd. I–II, hrsg. u. übers. v. H. Herring, Frankfurt/M. 1965, 2. Aufl. 1986, S. 7 (Vorwort).

bens: diese Sicht des Islam wird sich in den nun folgenden Jahrzehnten des 18. Jahrhunderts in intellektuellen Kreisen immer weiter verbreiten...

Und doch wird man eine kritische Rückfrage an Lessing nicht unterdrücken können: Wer wie er die Sozinianer sogar noch unter das geistige Niveau von Muslimen stellt, raubt er ihnen damit nicht vollends jedes moralische Existenzrecht? Verstärken Lessings Angriffe gegen die Sozinianer nicht all die orthodoxen Verdammungsurteile gegenüber dieser christlichen Minderheit, der man innerkirchlich ohnehin übel mitgespielt hat? Leistet Lessing mit diesen Texten nicht bewußt einer orthodoxen Ketzerbekämpfung Schützenhilfe?

3. Der christliche Antitrinitarismus und der Islam

Diese Fragen hilft uns eine Schrift beantworten, die Lessing in der dritten Folge seiner Reihe „Zur Geschichte und Literatur" 1774 veröffentlicht: *„Von Adam Neusern. Einige authentische Nachrichten"* (VIII, 57–114).[44] Zwar liegt auch diese von Lessing breit entfaltete Geschichte gut zweihundert Jahre zurück, trotzdem sieht er auch in ihr offensichtlich etwas Exemplarisches, das er für seine Zeit bewußt machen kann. Und Parallelen zu Konfliktfällen seiner Zeit wird Lessing denn auch ausdrücklich ziehen. Worum geht es? Es geht wiederum um Anhänger der sozinianischen Bewegung, und diesmal geht es um Fälle auf Leben und Tod in einem Stück Deutschland, der Pfalz, Ende des 16. Jahrhunderts.

[44] Die nachfolgenden Ausführungen verdanken viel den vorzüglichen Kommentaren, insbesondere von *A. Schilson*, die sich in den von ihm herausgegebenen Bänden VIII und IX (hier zusammen mit *K. Bohnen*) der Lessing-Ausgabe in der „Bibliothek deutscher Klassiker" finden. Die Texte hier sind nicht nur mustergültig ediert und kenntnisreich kommentiert, sondern auch mit äußerst wertvollen literatur- und kulturgeschichtlichen Einordnungen sowie zahlreichen Literaturangaben auf dem neuesten Forschungsstand versehen. Zur Überprüfung und Vertiefung der nachstehenden Ausführungen sei also auf die Kommentare in diesen Bänden verwiesen. Zum *Konflikt in der Pfalz* vgl. auch *R. Dán*, Matthias Vehe-Glirius, S. 13–37: „Church Discipline and the Antitrinitarians of the Pfalz" (s. Anm. 39).

Da war der Fall von *Johannes Sylvanus*, der unter dem Eindruck von Melanchthons Schriften 1559 in Tübingen zum Luthertum übergetreten, seit 1560 lutherischer Pfarrer im Schwarzwaldstädtchen Calw, ab 1567 reformierter Superintendent in Ladenburg (Pfalz) gewesen war. Er gehörte zu den Schlüsselfiguren des deutschen „Antitrinitarismus", wie man schon aus dem Titel seiner Schrift ersehen kann: „Wahre christliche Bekenntniß des uhralten Glaubens von dem einigen wahren Gott, und Messia Jesu dem wahren Christen, wider den drey persönlichen Abgott, und den zweygenaturten Götzen des Wider-Christs..." aus dem Jahre 1570. Das Verhängnis wollte es, daß Sylvanus auf besonders erbitterte innerkirchliche Gegner in der damaligen Pfalz traf, denn reformierte Theologen wie *Caspar Olevian* (1536–1587) und dann als dessen Nachfolger *Zacharias Ursinus* (1534–1583) — Dogmatik-Professoren an der Universität Heidelberg und Verfasser des Heidelberger Katechismus (1562) — führten just in dieser Zeit eine strenge Kirchenzucht im Pfälzischen Kurfürstentum durch. Ebenfalls 1570 tagte in Worms der Reichstag. Und die Gegner des Sylvanus fanden einen Grund, den „Ketzer" nicht nur zu verhaften, sondern ihn sogar beim Kurfürsten der Gotteslästerung anzuklagen. Darauf stand die Todesstrafe, und diese wurde denn auch am 23. Dezember 1572 öffentlich durch Enthauptung in Heidelberg vollzogen. Sylvanus — er ist nicht das erste Opfer der jetzt auch protestantischen Inquisitoren...[45]

Demselben Schicksal hatte sich ein anderer entziehen können, *Adam Neuser*, ebenfalls eine wichtig Figur des damaligen pfälzischen Sozinianismus. Seine Lebensgeschichte gleicht einem Abenteuerroman. Anfang des 16. Jahrhunderts in Gunzenhausen bei Ansbach geboren, hatte er seit 1560 als lutherischer Prediger an Sankt Peter in Heidelberg gewirkt. Auch er wehrte sich gegen die neue strenge Kirchenzucht in der Pfalz, ging zusammen mit Johannes Sylvanus

[45] Neben dem berühmten Fall Servet, den wir gleich im nächsten Abschnitt behandeln werden, sind noch folgende Fälle zu nennen: In *Zürich* muß der verdächtige *Lelio Sozzini* (1525–1562), Onkel von Fausto Sozzini, seine zuvor geäußerte Kritik einstellen; sein Landsmann, der frühere Kapuzinergeneral *Bernardino Ochino*, wird wegen öffentlicher Trinitätskritik aus Zürich ausgewiesen. In *Bern* 1566 enthauptet wird der Pädagoge *Valentino Gentile*. Schon knapp 30 Jahre früher, 1539, war in *Krakau* die Bürgerin *Katharina Weigel* noch im Greisenalter wegen Leugnung der Trinität und der Gottheit Christi verbrannt worden.

und anderen in Opposition und nahm dabei in Kauf, daß die Aktivitäten dieser Gruppe von den innerkirchlichen Gegnern nun noch mißtrauischer beobachtet wurden. Insbesondere verdächtig waren alle Kontakte nach Polen und Siebenbürgen, wo der Sozinianismus ja über eine große Zahl von Anhängern verfügte.

Zum Eklat war es auf dem Wormser Reichstag von 1570 auch im Fall von Neuser gekommen. Angeblich soll er dem Siebenbürgischen Gesandten einen Brief an den türkischen Sultan übergeben haben; Siebenbürgen war damals ein türkischer Vasallenstaat. Und in diesem Brief soll Neuser um wohlwollende Aufnahme in der Türkei nachgesucht, von einem möglichen Übertritt zum Islam gesprochen, ja sogar den Sultan ermutigt haben, militärisch in Deutschland einzugreifen, da er hier genügend Anhänger finden werde. Neuser und Sylvanus waren daraufhin verhaftet und als ketzerische Antitrinitarier angeklagt worden; Neuser zudem wegen Landesverrats. Sylvanus war enthauptet worden, Neuser aber hatte sich der Verurteilung zunächst durch Flucht nach Pressburg entziehen können, war freiwillig zurückgekehrt, erneut aus der Haft entflohen, um dann über London, Paris, Polen und Siebenbürgen schließlich in Konstantinopel zu landen, wo er vermutlich in der Leibwache des Sultans (als Dolmetscher) Dienst tat und 1576 starb. Für seine haßerfüllten Gegner war Adam Neuser nichts als ein Apostat vom christlichen Glauben und ein Verräter seines Vaterlandes. Sozinianismus und Islam: auch in diesem Fall treffen wir auf einen überraschenden Zusammenhang. Ein Sozinianer in der Leibwache des türkischen Sultans!

Der Ketzerfall Servet und der Einfluß des Islam

Lessing tritt auch hier zur Verteidigung an, diesmal zur Verteidigung eines verketzerten und verteufelten Menschen. Aber er erinnert sich. Der Fall Neuser ist nur die Wiederholung eines viel berühmteren Falles, war doch im Herrschaftsraum der Reformation schon einmal ein Mann wegen Leugnung der Trinität als Ketzer öffentlich zu Tode gebracht worden — in Genf zur Zeit der Kirchenzucht des großen Calvin. Lessing erinnert sich:

„Wem es scheinen möchte, daß ich mich bei einer alten verlegnen Geschichte viel zu viel aufgehalten habe: den bitte ich zu bedenken, wie vieles über den *Servetus* geschrieben worden; und von Deutschen geschrieben worden! Oder muß man schlechterdings ein Ausländer sein, um unsere Aufmerksamkeit zu verdienen?" (VIII, 114)

Der Fall Neuser — für Lessing ist er eine deutsche Variation des Falles *Michael Servet.* Und in der Tat ist historisch unabweisbar: Ohne Servet keine sozinianische Bewegung in Europa. Dieser Mann ist der Urvater aller Antitrinitarier schlechthin. Er stammte aus Spanien, hieß ursprünglich *Miguel Servetto* und war 1509/11 in der Nähe von Saragossa geboren worden. Sein Ende war schrecklich. Am 27. Oktober 1553 war er in Genf unter maßgeblicher Beteiligung Calvins als Häretiker verbrannt worden. Und bis in die Gegenwart ist dieser entsetzliche Inquisitionsfall eine traumatische Wunde des Protestantismus, die noch heute insbesondere bei reformierten Christen Scham hervorrufen kann.[46] Der Hauptgrund für den Ketzervorwurf? Es war auch bei ihm die radikale Infragestellung des *Dogmas*

[46] Vgl. dazu die Calvin-Biographie des holländischen reformierten Theologen *W. F. Dankbaar*, Calvin. Sein Weg und Werk, Hamburg 1976 (Siebenstern-TB). Hier heißt es im Abschnitt über Servet: „Der Scheiterhaufen Servet ist historisch völlig erklärlich, aber darum doch nicht zu verteidigen. Er weist auf einen schmerzlichen Mangel der Reformation hin, der erst nach Jahrhunderten behoben werden sollte. Den Humanisten, den Anhängern der Aufklärung und den gegen die christliche Religion Gleichgültigen blieb es überlassen, für die Toleranz in Glaubensfragen einzutreten. Diese Erkenntnis hätten schon die Reformatoren auf andre Weise gewinnen können, wenn sie eingesehen hätten, daß wahre Duldsamkeit nicht aus Gleichgültigkeit gegen den wahren Glauben entsteht, sondern aus Achtung vor seinem geistigen Charakter. Calvins Haltung in dieser Sache war nicht frei von einer gewissen Krampfhaftigkeit, und die leidenschaftliche Irritiertheit seiner Verteidigung verrät eher Unsicherheit als Kraft. Im Jahre 1903 haben Verehrer Calvins auf Initiative des bekannten Calvin-Forschers Emil Doumergue auf dem Platz, auf dem Servet in Genf hingerichtet wurde, ein Sühnedenkmal errichtet." (S. 119f) Die durch die Aufklärung vollzogene Rehabilitierung Servets spiegelt ebenfalls eindrucksvoll *A. von Harnack* wider, der im Kontext seines Sozinianismus-Kapitels im dritten Band seiner „Dogmengeschichte" über Servet schreiben kann: „In ihm ist das Beste von alledem vereinigt, was im 16. Jahrhundert zur Reife gekommen war, wenn man von der evangelischen Reformation absieht. Servede ist gleichbedeutend als empirischer Forscher, als kritischer Denker, als speculativer Philosoph und als christlicher Reformer im besten Sinn des Worts. Es ist eine Paradoxie der Geschichte, daß Spanien — das Land, welches von den Ideen der neuen Zeit im 16. Jahrhundert am wenigsten berührt gewesen, und in dem der Catholizismus am frühesten restaurirt worden ist — diesen einzigen Mann hervorgebracht hat." (a. a. O., S. 775: s. Anm. 37). Die verhängnisvolle Rolle Calvins im Fall Servet hat in unserem Jahrhundert ein großer Schriftsteller und brillanter Stilist auf höchst eindrucksvolle Weise beschreiben — im Kontext seiner antifaschistischen Totalitarismuskritik: *S. Zweig,* Castellio gegen Calvin oder Ein Wissen gegen die Gewalt (1936), Frankfurt/M. 1983.

von der immanenten Trinität, wie Servet sie sowohl in seinen frühen Schriften „De Trinitatis erroribus“ (1531) und „Dialogorum de Trinitate libri Duo“ (1532) sowie in seinem späten Hauptwerk „Christianismi Restitutio“ (1553) zum Ausdruck gebracht hatte. Diese in der Zeit der Kirchenväter grundgelegte und durch die mittelalterliche Scholastik erhärtete Lehre von Gott als einer Natur in drei Personen hatte Servet stets des Drei-Götter-Glaubens (bzw. Aberglaubens), des Tritheismus, verdächtigt und abgelehnt.

Dabei interessiert uns hier am meisten die Tatsache, daß die Ursprünge von Servets Trinitätskritik unter anderem in seinen *Erfahrungen mit Juden und Muslimen* zu suchen sein dürften, mit deren Schicksal er in seiner spanischen Heimat ganz selbstverständlich vertraut war.[47] Im Hintergrund des wohl größten Skandals im Raum der Reformation stand also eine zur Zeit von Servets Geburt bereits abgeschlossene, haßerfüllte Vertreibungsgeschichte von Juden und Muslimen aus Spanien. Bekanntlich hatte es auf der iberischen Halbinsel seit der muslimischen Eroberung im Jahre 711 und der Errichtung der Kalifats von Cordoba jahrhundertelang eine *convivencia* zwischen Juden, Christen und Muslimen gegeben. Ein einzigartiges kulturelles und religiöses Miteinander war möglich geworden. Im Zuge der Kreuzzugsbewegungen freilich war auch in Spanien eine Stimmung der *Reconquista* aufgekommen, die ihren schrecklichen Tiefpunkt in der Einführung der jetzt auch staatlich organisierten Inquisition (1478) hatte. Bis zu 9000 Autodafés, Urteilsvollstreckungen meist durch den Feuertod, gehen auf das Konto einer der übelsten Gestalten der Kirchengeschichte, des Generalinquisitors *Thomas de Torquemada.* Zugelassen als geheime *staatliche* Polizei- und Gerichtsbehörde hatte seine Inquisition gnadenlos und brutal vor allem

[47] Dies haben überzeugend herausgearbeitet: *J. Guttmann,* Michael Servet in seinen Beziehungen zum Judentum, in: Monatsschrift für Geschichte und Wissenschaft des Judentums 51 (1907), S. 77–94. *L. I. Newman,* Jewish Influence on Christian Reform Movements, New York 1925, Neudruck New York 1966, S. 511–609. *R. H. Bainton,* Michael Servet (1511–1553), Gütersloh 1960, bes. S. 11–19. *J. Gauss,* Der junge Servet, in: Zwingliana 12 (1966), S. 410–459. *F. Sánchez-Blanco,* Michael Servets Kritik an der Trinitätslehre. Philosophische Implikationen und historische Auswirkungen, Frankfurt/M. — Bern — Las Vegas 1977, bes. S. 56–58. *E. Feist Hirsch,* Michael Servetus and Judaism, in: Guillaume Postel (1581–1981), Paris 1985, S. 223–232 (Lit.!). Daß Servet auch als Mediziner (bei der Theorie des kleineren Blutkreislaufs, also des Lungenkreislaufs, von arabisch-muslimischen Gelehrten wie Ibn al-Nafis Kenntnisse (gegen den „Westler“ Aristoteles) bezog, also auch hier die Kultur- und Religionsgrenzen überschritt, hat gezeigt: *J. Schacht,* Ibn al-Nafis, Servetus and Colombo, in: Al-Andalus 22 (1957), S. 317–331.

gegen angeblich nur oberflächlich zum Christentum bekehrte Juden und Muslime („conversos") gewütet.

Das endgültige Ende der *convivencia* war im Jahre 1492 mit der „christlichen" Rückeroberung der Stadt Granada durch die „katholischen" Könige Isabella von Kastilien und Ferdinand von Aragon gekommen. Juden wurden entweder brutal zur Taufe gezwungen (man schätzt ca. 240.000 Zwangskonvertierte) oder sofort aus dem Lande gewiesen (ca. 170.000 Menschen). Auf die Dauer ähnlich erging es den Muslimen. 1525 wurden Verordnungen bezüglich Zwangstaufen im Lande verbliebener Muslime erlassen, die ab 1567 noch unbarmherziger angewandt wurden. Ein Jahr später kam es zu einem großen Aufstand von Muslimen, der aber blutig niedergeschlagen wurde und nur der Anfang vom endgültigen Ende des Islam in Spanien war. Dieses kam 1609 mit einem Dekret König Philipps III. und führte zu einer jetzt generalstabsmäßig durchgeführten Vertreibung und Deportation von noch einmal ca. 150.000 Menschen.[48] Leicht vorstellbar, welche Stimmung des Hasses oder des Mißtrauens im Lande geschürt worden war. Juden, denen man ihr Christentum nicht glaubte, bekamen den Schimpfnamen „Marranen" (abgeleitet entweder von dem als Fluchformel mißverstandenen Wort „Maranatha" oder von dem spanischen Wort marrano = Schwein, Gauner); ehemalige Muslime, denen man ähnlich mißtraute, erhielten den Spottnamen „Morisken" („Kleine Mohren").

Michael Servet, keine 20 Jahre nach dem Fall von Granada geboren, hatte die Nachwirkungen dieses inquisitorischen Terrors, der alle positiven Erfahrungen der *convivencia* mit einem Schlag vergessen ließ, in seiner Jugend noch mitbekommen. Bekannt ist die Szene, daß er schon als Junge eine Gruppe flüchtiger Sarazenen erlebt hatte, die in die Kathedrale von Saragossa zum Glaubenswechsel zusammengetrieben worden waren; auch sie waren vor die Alternative gestellt worden, entweder nach Afrika auszuwandern oder zum Christentum zu konvertieren. Vertraut war ihm gewiß auch das außerordentlich schlechte „Image" von Spaniern im übrigen Europa;

[48] Zur *Geschichte der Inquisition* vgl. die monumentale Studie von *B. Netanyahu,* The Origins of the Inquisition in Fifteenth Century Spain, New York 1995. Die *Geschichte von Juden und Muslimen* in Spanien beschreibt aufgrund des internationalen Forschungsstandes anschaulich und informativ die deutschsprachige Einführung von *A. Hottinger,* Die Mauren. Arabische Kultur in Spanien, Zürich 1995, 2. Aufl. 1996. Ebenfalls brauchbar: *B. Brentjes,* Die Mauren. Der Islam in Nordafrika und Spanien, Berlin — Leipzig 2. Aufl. 1992.

man traute ihnen in Sachen Orthodoxie nicht mehr über den Weg. „Marranos" war zu einem Universalschimpfwort für Christen aus Spanien geworden, selbst wenn sie ohne muslimischen und jüdischen Hintergrund waren. Insbesondere bezweifelte man, daß spanische Christen in Sachen Dreifaltigkeit und Gottheit Christi orthodox waren, weil man sie von Judentum und Islam „infiziert" wähnte. So weiß man von Luther, daß er lieber einen Türken zum Feind haben wollte als einen Spanier zum Freund. Seine Tischreden überliefern den Grund dafür:

> „Die Spanier sind meistens Marranos, Mamelucken, die überhaupt nichts glauben. Aber während andere Ketzer ihre Überzeugung hartnäckig verteidigen, zucken die Marranos nur mit den Achseln und halten nichts für sicher."[49]

Für uns ist entscheidend: Miguel Servetto wird schon früh zu einem innerchristlichen Dogmenkritiker, weil er die große Tradition jüdischer und islamischer Theologie ernstzunehmen bereit ist. Werke von Al-Ghazzali (1059–1111) und Maimonides (1135–1204) hatte er studiert. Juden und Muslime sind für ihn nicht länger Glaubensfeinde, sondern herausfordernde Denker, die gerade in Sachen Trinitäts- und Inkarnationsglauben für Christen Bedenkenswertes vorgebracht hatten. Die Historikerin *Julia Gauss*, der wir eine erhellende kleine Studie über den jungen Servet gerade auch im Kontext von Judentum und Islam verdanken, kommt zu Recht zu dem Schluß: „Statt sich über den Juden- und Türkenspott zu ereifern, fühlte er (Servet) sich vielmehr mit seinen Glaubensgenossen getroffen, wenn die Muslime die Trinität oder die Inkarnationslehre anfochten, wenn sie sogar ‚uns verlachen wie Esel und Maultiere'. So entsprach es denn auch seiner Einstellung, die Glaubenskriege der spanischen Geschichte zu verabscheuen und zu beklagen, daß so viel Blutschuld auf beiden Seiten aufgehäuft worden sei. Und ebensosehr verurteilte er wohl das Edikt von 1492, mit dem die katholischen Könige, Ferdinand und Isabella, die Glaubenseinheit in Spanien erzwungen hatten."[50]

Ein Blick in Servets Schriften bestätigt dies. Sie lassen erkennen, daß er um die jüdische und muslimische Kritik am christlichen Tri-

[49] *M. Luther*, in: WATR Bd. 5, Weimar 1919, S. 511 (Nr. 6145).
[50] *J. Gauss*, a. a. O., S. 415f. Ebenso: *E. Feist Hirsch*, a. a. O., S. 226f. (für beide s. Anm. 47).

nitäts-Dogma weiß. Mehr noch: Sie lassen Trauer darüber erkennen, daß sich etwa der Prophet Mohammed, obwohl er Großes von Christus zu sagen hat, nicht dem Christentum zugewandt hatte:

> „Weiterhin, und was noch schlimmer ist als dies, wie sehr diese Tradition der Trinität Zielscheibe des Spotts von seiten der Mohammedaner geworden ist, weiß nur Gott. Auch die Juden sind nicht geneigt, unseren seltsamen Ideen zu folgen, und lachen über unsere Dummheit mit der Trinität; und wegen dieser Blasphemien glauben sie nicht, daß dieser der Messias war, der in ihrem Gesetz vorhergesagt wurde. Und nicht nur die Mohammedaner und Juden, sondern auch die schlimmsten Bestien würden sich über uns lustig machen, wenn sie unsere phantastischen Gedanken wahrnehmen würden, da all die Werke Gottes den einen Gott loben. Höre auch, was Mohammed sagt, da mehr Gewicht dem beigemessen wird, was der Feind bekennt, als hunderten Lügen auf unserer Seite. Denn er sagt in seinem Koran, daß Christus der größte Prophet war, Geist Gottes, Kraft Gottes, Atem Gottes, die innerste Seele Gottes, das Wort, das von einer Jungfrau geboren wurde, durch den Anhauch Gottes, und daß es an der Boshaftigkeit der Juden ihm gegenüber liegt, daß sie in ihrem gegenwärtigen Unglück und Elend sind."[51]

Wir haben es also bei Michael Servet mit einem der ersten christlichen Theologen zu tun, der im Gegensatz zu allen anderen Reformatoren gegenüber Judentum und Islam nicht selbstsicher und

[51] *M. Servet,* De Trinitatis Erroribus Libri septem (1531), unveränderter Nachdruck Frankfurt/M. 1965, 42b–43a. Ähnlich im späten Hauptwerk: *M. Servet,* Christianismi Restitutio (1553), in dem Servet dieselbe Kritik unter noch stärkerer Bezugnahme auf Talmud und Koran wiederholt: „Was sollen wir von den Mohammedanern sagen, die aus diesem Grunde sich von uns losgesagt haben? Wie kläglich werden wir von ihnen heruntergerissen? Und mit gutem Grunde nach einem gerechten Urteil Gottes, weil niemand da ist, der zu seinem Verstand zurückkehrt. Diese Trinität wird deutlich verworfen in seinem Koran, in den Suren 11, 12 und 28, wo Mohammed lehrt, daß jene drei Götter oder Teilhaber an Gott den Vätern unbekannt und Söhne des Teufels gewesen seien, den die Trinitarier anstatt Gott verehren." (S. 35) Ebenso deutlich: „Wer anders als ein völlig Verrückter könnte diese Wortstreitereien ohne Lachen ertragen? Weder im Talmud noch im Koran gibt es so schreckliche Lästerungen. Wir sind inzwischen so daran gewöhnt, sie zu hören, daß uns gar nichts mehr daran verwundert. Die künftigen Generationen werden sie für erstaunliche Verirrungen halten. Erstaunlich sind sie in der Tat, noch in höherem Maße als die Erfindungen der Dämonen, welche Irenäus den Valentianern zugeschrieben hat. Von diesen Ungeheuerlichkeiten befreie uns der Herr Jesus Christus, der wahrhaftige Gottessohn, unser Heiland und Erlöser. Amen." (S. 46; vgl. auch S. 399 u. 418f) Für besondere Mühen im Zusammenhang der Übersetzung dieser eigentümlichen lateinischen Texte danke ich meinem Mitarbeiter Dipl.-theol. Hans-Peter Bippus.

wahrheitstriumphalistisch auftritt, sondern mit der Bereitschaft zur Selbstkritik – und zwar mit dem Ziel, Glaubensgegensätze zwischen Christentum, Judentum und Islam zu überbrücken. Von daher erklärt sich sein Bemühen, die Schrift neu und dogmatisch unverstellt zu lesen. Von daher seine Bereitschaft, zuzugestehen: Weder kennt die Bibel den Begriff Trinität noch Äußerungen über das dreifaltige Wesen Gottes oder die drei göttlichen Personen. Auch der Schlüsselbegriff „Wesensgleichheit" („homoousios") steht nirgendwo in der Schrift. Zu finden sind dort viele Aussagen über Vater, Sohn und Geist, aber nirgendwo die entscheidende, daß diese drei „Größen" unterschiedene göttliche „Personen" seien und eine ontologisch-metaphysische Wesenseinheit bildeten.

Servet fragt sich deshalb: Kann man von Muslimen und Juden den Glauben an eine Lehre fordern, die so in der Schrift gar nicht niedergelegt ist? Und wenn Juden oder Muslime sich taufen lassen und doch am Satz von der Trinität Anstoß nehmen, kann die Kirche sie dann noch auf den Scheiterhaufen schicken? Wäre es nicht im Gegenteil an der Zeit, durch Rückgang auf die Schrift den christlichen Glauben in seinem ursprünglichen Sinn zu erneuern, um so auch auf Juden und Muslime zugehen zu können und einen Beitrag zur Befriedigung der Glaubenskämpfe in einer zerrissenen Welt zu liefern? In Servets Theologie also ist eine Sehnsucht danach spürbar, die Spaltungen der Religionen, die tiefgreifenden Differenzen zwischen Judentum, Christentum und Islam, zu überwinden, ja ist eine Unruhe darüber erkennbar, daß es möglicherweise auch die Schuld von Christen ist, daß diese Spaltung nach wie vor aufrechterhalten wird.

Wenn aber das altkirchliche Dogma von der Trinität nicht ursprünglich biblisch ist, wann und wo ist es entstanden? Servet nimmt sich vor, das herauszufinden. Es wird die Schicksalsfrage seines Lebens werden und ihn zuletzt auf den Scheiterhaufen bringen. Ja, im Genfer Prozeß von 1553 gegen ihn spielt eine entscheidende Rolle, daß er ein „Judaisierer" und „Islamisierer" sei, ein lebensgefährlicher polemischer Topos gegen viele christliche Reformgruppen gerade während der Reformationszeit.[52] Auch Luther hat Servet in

[52] Einzelheiten dazu in der noch heute aufregend zu lesenden Studie von *L. I. Newman* (s. Anm. 47). Besonders aufschlußreich dort der Abschnitt „Servetus, the Koran and the Moors" (S. 572–579) über die Anklagen auf „Judaisierung" und „Islamisierung" im Genfer Prozeß.

die Nähe dieser Charakterisierungen gerückt und ihn dafür als „Feind“ beschimpft.[53]

Im Verfahren soll Servet sich dazu abwehrend geäußert haben: Mit Juden sei er niemals religiöser Dinge wegen in Verbindung getreten; jüdischer Abstammung sei er ohnehin nicht; den Koran habe er gelesen, was in Basel erlaubt gewesen sei; das sei ein böses Buch; er aber habe nur vom Guten darin Gebrauch gemacht; er unterstütze Mohammed so wenig wie den Teufel... Ein erpreßtes Geständnis, nicht viel wert, das man mit dem amerikanischen Servet-Biographen *Roland H. Bainton* so kommentieren kann: „Dieser Versuch, Servet mit Juden und Türken in Verbindung zu bringen, ist höchst bezeichnend für den allgemeinen Glauben, die Duldung seiner Anschauung würde dazu führen, Europa den Türken zu unterwerfen. Man hat nicht vergessen, daß sich die Gebiete, in denen einst Paul von Samosata und Arius die Dreifaltigkeit angegriffen hatten, jetzt in den Händen der Ungläubigen befanden.“[54]

Glaubensabfall und Vaterlandsverrat? Neues von Neuser

Servet in Genf, Johannes Sylvanus in Heidelberg, Neuser in Istanbul: überall dieselbe Konfliktstruktur, dasselbe antiislamische Reaktionsverhalten. Daß Lessing diese Fälle 200 Jahre später noch einmal in Erinnerung ruft, erklärt sich nur daraus, daß aus seiner Sicht die protestantische Orthodoxie in Sachen innerkirchlichem Glaubensdissens und Stellung der Nichtchristen in der Zwischenzeit *theologisch* nicht wesentlich vorangekommen war. Zwar verbrannte man zu Lessings Zeiten keine Ketzer mehr; Duldung von Andersglaubenden war seit dem Westfälischen Frieden von 1648 im Deutschen Reich wenigstens *formalrechtlich* geregelt. Aber eine orthodoxe Wahrheitsverbissenheit gegenüber anderen Christen (Katholiken, Reformierte) und vor allem gegenüber Nichtchristen, ja eine Unduldsamkeit gegenüber Dissidenten in der eigenen Kirche (kleine protestantische Gruppen) spürte Lessing gerade auch im Raum des Luthertums nach wie vor. Deshalb mußte ihm daran gelegen sein,

[53] *M. Luther*, Vorrede zu Th. Biblianders Koranausgabe (1543), in: WA Bd. 53, Weimar 1920, S. 572.

[54] *R.H. Bainton*, a.a.O., S. 124 (s. Anm. 47).

die „alte Geschichte" von Adam Neuser noch einmal aufzurollen — zumal Lessing zu diesem Zeitpunkt längst entschlossen ist, die theologisch brisanten Reimarus-Fragmente zu veröffentlichen, von denen er ahnt, daß sie ihm die orthodoxe „Wüterei gegen Irrende" (VIII, 96) auf den Hals holen werden. Im Blick auf diese dann ja auch — wie wir hören werden — ausgebrochene Auseinandersetzung hat die Neuser-Schrift so etwas wie eine Spiegel-Funktion. Lessing spiegelt seinen Zeitgenossen den historischen Fall „blutgieriger Intoleranz der Reformierten im 16. Jahrhundert" (VIII, 792), um so für mehr Toleranz in der Gegenwart zu werben — und zwar im Blick auf eine Sache, die er nun vorzubringen gedenkt.

In Sachen Neuser kann Lessing um so eher aktiv werden, als er neues Material ausgegraben hat. In seiner Bibliothek hatte Lessing nämlich einen *Rechtfertigungsbrief Neusers* entdeckt, und diesen nimmt er zum Anlaß, jetzt endlich Fiktion von Fakten zu trennen. Nicht zur Verfügung hatte Lessing freilich denjenigen Brief, auf den Neuser mit diesem seinem Schreiben geantwortet haben muß: den Brief eines „Caspar und Landsmanns". Er ist mittlerweile von der Forschung zutage gefördert worden (VIII, 789–792) und ist das Dokument einer haarsträubenden *Mischung aus Verachtung und Verurteilung* mit dem Grundtenor: Wie konnte Neuser das tun? Nicht nur aus seinem Vaterland entfliehen, sondern sich ausgerechnet auch noch zu den Türken durchschlagen, „der Christen Erbfeind". Das bedeutet doch Abfall vom Glauben an Jesus Christus und die jämmerliche Verleugnung der Taufe! Das sei doch ein beispielloser Vorgang, für den es in der ganzen deutschen Nation kein Beispiel gebe! Wo habe man jemals eine Person seines Standes und seiner Konfession erlebt, die einem solches zumute? Sollte das Blut Jesu Christi etwa vergeblich für ihn geflossen, die Gnade Gottes des Vaters umsonst gegeben sein? Und beschwörend hatte der Briefschreiber ausgerufen, Neuser möge auf Mittel und Wege bedacht sein, sich von den „türkischen Hunden" wieder in sein Vaterland zu begeben!

Auf diesen Brief hin hatte Neuser offensichtlich sein Verteidigungsschreiben verfaßt, und Lessing veröffentlicht es, nicht, um sich mit Neuser zu identifizieren, sondern um seinen Schützling vor verleumderischen Angriffen zu schützen. Der Editor vermeidet alles, um Neusers Lebensweg oder gar seinen angeblichen Übertritt zum

Islam zu bewerten, aber er kämpft mit allem Aufwand an kritischer Argumentation und historischen Belegen dafür, daß diesem Mann Gerechtigkeit widerfährt. Unter anderem macht Lessing argumentativ klar, daß Neuser keineswegs aus Leichtfertigkeit, Bosheit oder Verräterei, sondern aus Gründen des Gewissens und der Not nach Konstantinopel gegangen ist. Denn Neusers Bericht läßt klar erkennen, daß er schon in Siebenbürgen mit den obersten türkischen Autoritäten („Bascha") Kontakt aufgenommen hatte, um theologische Schriften drucken zu lassen. Dieser aber hatte ihn nach Konstantinopel verwiesen und ihn überdies in Sachen Konversion zum Islam unter Druck gesetzt. Neuser wörtlich:

> „Ach lieber Gott, in Deutschland bin ich für einen Feind der Deutschen und für einen Freund der Türken gehalten worden, hier unter den Türken werd ich für einen Feind der Türken und für einen Feind meines Vaterlandes geachtet, darum daß ich, soviel die Dreyfaltigkeit belangt, nur Einen Gott geglaubt hatt, als wie die Türken, und haben mich darum wollen ertödten. Darauf spricht der Bascha, wenn dem also ist, daß du allein an den einigen Gott glaubst, der Himmel und Erde erschaffen hat, als wie wir, und bist darum von den Deinen für einen Türken gehalten worden, so beweis itzt solches mit dem Werk; werd zu einem Türken, so sollst du nachmals zu drucken Macht haben wider deine Feinde alles, was dir gefällt; thust du aber solches nicht, so hast du diese Gefährlichkeit zu erwarten, wie dir angezeigt ist. Darauf antwortet ich, daß ich auch den Alkoran gelesen hätt, und einen Gefallen daran gehabt hätt, darum ich denn für einen Türken wäre gehalten worden. Sobald der Bascha diese Worte höret, spricht er, er wolle mich gen Constantinopel dem Kayser schikken, da ich noch auf den heutigen Tag bin, bey des Kaysers oberstem Dolmetsch, welcher ein Deutscher ist." (VIII, 66f)

Wir können hier nicht ins Detail des Falles Neuser gehen. Uns ist wichtig, welches *Bild vom Islam* in dieser Kontroverse auftaucht, und auch hier kommen wir nicht um die Feststellung herum: Im Gegensatz zum orthodox-kirchlichen Milieu, das den Fall Neuser benutzt, um den Islam einmal mehr zu verteufeln, ist von Lessing kein Wort der Polemik zu hören, kein Wort der Angst, die Türken würden sich bald in Europa breitmachen — eine der Urängste des westlichen Christentums. Er respektiert die Gewissensentscheidung eines Menschen, die Religion zu wechseln, und er respektiert eine Religion wie den Islam, für die ein Mensch aus seinen ureigensten Motiven heraus sich öffnen mag.

Besonders aufschlußreich ist hier der *Kommentar von Lessings Bruder Karl* zum Fall Neuser. Er dürfte vieles von der Überzeugung eingefangen haben, die auch den Bibliothekar von Wolfenbüttel bestimmt. Uns bereits bekannte Personen kehren in diesem Brief Karls überraschenderweise wieder: Belisar, die Türken, Voltaire. Auch der Koran wird genannt. Denn Karl Lessing, der sich gerne als Komödiendichter sah und versuchte, spielte angesichts des Falls von Adam Neuser allen Ernstes mit der Idee, „eine Art Belisar" daraus zu machen. Marmontel läßt grüßen. Wieder fasziniert offensichtlich einen Zeitgenossen des 18. Jahrhunderts die Idee, das Schicksal eines Verfolgten nachzuzeichnen, der aus Gnade in Ungnade gefallen war. Zum Glück nennt Karl dies einen „albernen Einfall", ernsthaft aber fügt er hinzu:

> „Mir schwebt so eine dunkle Idee im Kopfe, wodurch man einen Menschen, der die Religion ändert, wo nicht rechtfertigen, so doch völlig entschuldigen könnte. Und welchen Ausfall könnte man auf unsere halbvernünftigen Gottesgelehrten tun, die es immer einen der größten Beweise für die Göttlichkeit der Bibel sein lassen, daß man darin bessere Moral als im Koran finde. Doch nein; es müßte gar keine Rücksicht auf diese Herren genommen werden, sondern ein Forscher der Wahrheit nur ruhig erzählen. Aber der so etwas schriebe, müßte auch die Türken und den Koran besser kennen, als Voltaire, der einmal, wie ich mich besinne, an die Russische Kaiserin schrieb: rotte die türkische Macht aus, die so unmenschlich ist, daß ihr Sultan seine Pfeife Tabak in Ruhe raucht, und nicht weiß, ob ich, Voltaire, existiere oder nicht. Es ist kein Scherz sondern völliger Ernst; oder erlaubt sich ein ernster Dichter, — denn diese Miene hat er in dem ganzen Briefe angenommen — auf einmal so eine Schnurre?"[55]

[55] *K. Lessing*, Brief an G. E. Lessing vom 1. 11. 1774, in: Briefe von und an Lessing (1770–1776), hrsg. v. H. Kiesel, Frankfurt/M. 1988, S. 668.

Wir machen uns noch einmal klar, worum es in den drei Verteidigungsschriften Lessings aus dem Jahre 1773/74 gegangen war. Leibniz – Wissowatius – Neuser: In allen drei Schriften war es indirekt oder direkt um Sozinianer gegangen, die im Verdacht standen, mehr Juden und Muslime als Christen zu sein. Zwar verteidigt Lessing im Fall von Leibniz die kirchliche Orthodoxie, und im Fall von Neuser identifiziert er sich keineswegs mit dessen Sympathien für den Islam. Gleichzeitig aber treiben Lessing folgende Fragen um:

- Muß man sich im Vergleich der Religionen nicht immer wieder mit dem Problem konfrontieren, ob die Wahrheit der eigenen Religion denn so sicher begründet ist?
- Kann man sich im Religionsdisput mit der billigen Apologetik begnügen, die eigenen heiligen Schriften enthielten nun einmal die bessere Moral?
- Ergibt nicht der Religionsvergleich, daß es gerade auch in der muslimischen Theologie hohe Begriffe von Gottes Vorsehung, Macht und Größe gibt?
- Ist ein Mensch schon deshalb verdammungswürdig, weil er zu einer Religion wie dem Islam übertritt, was im Fall von Adam Neuser noch nicht einmal bewiesen ist?

Deutlich wird Lessings Strategie: Nirgendwo identifiziert er sich direkt mit muslimischen Glaubensinhalten oder mit Muslimen, aber leidenschaftlich streitet er dafür, daß Christen im Urteil über Muslime oder den Islam Gerechtigkeit walten lassen. Entschieden streitet er dafür, daß Christen ihre eigene Selbstgerechtigkeit, ihren eigenen religiösen Triumphalismus durchschauen lernen und auch den Andersglaubenden Werte, Wahrheit und Existenzberechtigung zugestehen. Entschlossen streitet er dafür, daß man Menschen, die aus Gewissensgründen eine andere Religion gewählt haben, mit Respekt und Verständnis behandelt und nicht mit Verachtung und Aburteilung. Die Fälle der Sozinianer Soner, Wissowatius und Neuser sind Lessing insofern exemplarisch, als er an ihnen einerseits die eigene „Orthodoxie" signalisieren, gleichzeitig aber für Sachlichkeit im Urteil und Toleranz im Umgang mit Andersglaubenden eintreten kann. Gerade Nonkonformisten und radikale Individualisten finden

Lessings (keineswegs unkritische) Solidarität, und zwar so, daß er nicht die traditionellen Stereotypen übernimmt, sondern in jedem „Fall" den dahinterstehenden Menschen sucht, der um die Wahrheit ringt, seinen Weg zu finden trachtet und deshalb Verständnis für seine Motive verdient.

So läßt Lessing keinen Zweifel daran, daß er die Theologie der Sozinianer für irrig hält; aber mit aller Entschiedenheit verteidigt er — gegen jegliche orthodoxe „Wüterei gegen Irrende" (VIII, 96) — das *Recht auf Irrtum;* verteidigt er das Recht auf einen eigenen Glauben oder keinen Glauben sowie die Notwendigkeit, gegenüber abweichenden Überzeugungen *Toleranz* an den Tag zu legen.[56] Er denkt nicht daran, einen Menschen schon deshalb moralisch herabzusetzen, weil dieser eine andere religiöse Glaubensüberzeugung vertritt. Lessing am Ende seiner Neuser-Schrift:

> „Ehe ich schließe, muß ich noch ein Wort von *Neusers* moralischen Charakter sagen, den man ohne Zweifel nur darum so abscheulich und schwarz zu schildern und zu glauben geneigt gewesen, weil man zweierlei für ganz unstreitig und notwendig gehalten. Einmal, daß schlechterdings nur ein höchst lasterhafter Mensch den Schritt tun könne, welchen Neuser getan. Zum andern, daß dem, welcher die Christliche Religion mit der Türkischen vertauscht habe, wenn er nun auch bei dieser keine Beruhigung finde, nichts übrig bleibe, als in den äußersten Unglauben zu stürzen, welcher zu dem lüderlichsten Leben berechtige, und am Ende unvermeidliche Verzweiflung nach sich ziehe. Daß das Exempel vieler, ja der meisten Renegaten zu diesen Voraussetzungen berechtige, will ich nicht in Abrede sein: wenn man nur hinwiederum zugestehen will, daß es Ausnahmen geben könne, zu welchen wohl auch Neuser könnte gehöret haben." (VIII, 112f)

Deutlich macht die Neuser-Schrift — den Fall Servet im Hintergrund —, welchen Versuchungen Lessing im Fall des Islam widersteht, denen seine christliche Umgebung sich exzessiv hinzugeben pflegte:

[56] Zu Lessings *Toleranz-Verständnis* vergleiche die nach wie vor lesenswerte Studie von: *H. Schultze*, Lessings Toleranzbegriff. Eine theologische Studie, Göttingen 1969, bes. S. 39–48. Die neuere Forschung faßt folgender Sammelband zusammen: Lessing und die Toleranz, hrsg. v. *B. Freimark — F. Kopitzsch — H. Slessarev*, Detroit 1986 (bes. die Beiträge von V. Riedel, W. Schmidt-Biggemann u. G. Hillen).

- Lessing widersteht der Versuchung, einer *politischen Islam-Angst* nachzugeben. Die Fälle Servet und Neuser werden ihm gerade nicht zum Anlaß, in Deutschland einmal mehr Eroberungsängste vor dem Islam zu schüren und innerchristliche Opponenten als Helfershelfer des Islam in Europa zu dämonisieren. Trinitäts- und Gottessohnschafts-Kritik kann sachlich berechtigt oder unberechtigt sein; sie wird aber nicht dadurch unberechtigt oder unglaubwürdig, daß sie mit der islamischen (oder jüdischen) Theologie übereinstimmt.
- Lessing widersteht der Versuchung, einer *psychologisch-moralischen Islam-Angst* nachzugeben. Er denkt nicht daran, das Spiel einer massenhaft beliebten Dekadenz-Hermeneutik mitzuspielen und einem Glaubenswechsel stets abfällig eine abfallende Lebenslinie zu unterstellen: Erst Christ, dann Muslim, dann Luderleben, schließlich Verzweiflung.

Doch die Probleme rund um eine Theologie der nichtchristlichen Religionen sollten sich noch einmal dramatisch zuspitzen, als Lessing das christlich-theologische Establishment seiner Zeit mit neuen Publikationen provoziert, ja buchstäblich wachrüttelt.

4. Der Islam als „natürliche Religion“: Reimarus’ Provokation

Die Sozinianer hatten für sich in Anspruch genommen, ihre Kritik an der Lehre von der Trinität zugunsten eines strengen Ein-Gott-Glaubens sei aus biblischen und vernunftmäßigen Gründen geradezu zwingend. Die Frage, was der Vernunft zumutbar sei, war ja ohnehin eine der intellektuellen Grundfragen der Zeit. Und so ist es kein Zufall, daß der Komplex Vernunft — Offenbarung von Lessing noch einmal in sehr grundsätzlicher Weise behandelt wird. Zu einer leidenschaftlichen theologie- und kirchenpolitischen Kontroverse kommt es, als Lessing Schriften eines „Ungenannten“ Stück für Stück publiziert und anschließend gegen Angriffe verteidigt. Sie stammen — so findet die Öffentlichkeit später heraus — aus einem großen Manuskript von *Hermann Samuel Reimarus* (1694–1768), seit 1728 Professor für Hebräisch und orientalische Sprachen am Akademischen Gymnasium in Hamburg, der als wissenschaftliche und pädagogische Persönlichkeit hohes Ansehen genossen hatte. Kurz vor seinem Tode hatte er eine umfangreiche Schrift abgeschlossen und in ihr seine langgereiften Überzeugungen zusammengefaßt: „Apologie oder Schutzschrift für die vernünftigen Verehrer Gottes".

Toleranz für „natürlich" Glaubende: Deisten

Auf Reisen nach Holland und England hatte Reimarus sich mit den bibel- und offenbarungskritischen Werken der englischen „Deisten" (u. a. Toland, Tindal, Morgan, Shaftesbury) vertraut gemacht, war aber auch durch die beiden deutschen Philosophen Leibniz und Wolff stark beeinflußt worden.[57] Dieser Einfluß war wichtig, denn gegenüber der mehr destruktiven Offenbarungskritik der englischen Deisten vermittelten die deutschen Philosophen die eher konstruktive Überzeugung, daß es eine weitreichende Gotteserkenntnis aus den natürlichen Kräften der menschlichen Vernunft geben könne. Von daher sah Reimarus ausreichende Grundlagen einer *natürlichen bzw. rein vernünftigen Religion*, als deren scharfsinniger und kenntnisreicher Anwalt er sich denn auch später zu profilieren versuchte. Besondere Bedeutung gewann für ihn die sogenannte *Physikotheologie*, d. h. ein theologisches Denken, das aus der sinnvollen und zweckmäßigen Ordnung der Schöpfung, aus den „Wunderwerken" der Natur, einen zwingenden Beweis für das Dasein eines gütigen und weisen Gottes herleitete. Einher ging diese Vernunftreligion freilich mit einer scharfen Kritik an allem „übernatürlichen" Offenbarungsglauben, insbesondere den exklusiven Wahrheitsansprüchen der „positiven" Religionen (Judentum, Christentum, Islam) gegeneinander.

Die Publikation von Reimarus-Texten beginnt 1774 mit der Schrift *„Von Duldung der Deisten"* (VIII, 115–134), erweckt zunächst nur wenig öffentliche Resonanz, wird 1777/78 mit weiteren Texten fortgesetzt (u. a. „Über den Beweis des Geistes und der Kraft";

[57] Zur *literatur- und theologiegeschichtlichen Einordnung* vgl.: *A. Schilson*, Geschichte im Horizont der Vorsehung. G. E. Lessings Beitrag zu einer Theologie der Geschichte, Mainz 1974. *M. Bollacher*, Lessing. Vernunft und Geschichte. Untersuchungen zum Problem religiöser Aufklärung in den Spätschriften, Tübingen 1978. *J. von Lüpke*, Wege der Weisheit. Studien zu Lessings Theologiekritik, Göttingen 1989.

„Vom Zwecke Jesu und seiner Jünger") und löst erst durch das Eingreifen vor allem des Hamburger Hauptpastors Johann Melchior Goeze den nachmals berühmten „Fragmentenstreit“ aus. Auch hier dürfen wir uns auf die einzelnen Inhalte der Sachdebatte nicht einlassen; wir müssen auch hier ausschließlich nach der Rolle des Islam (und gegebenenfalls auch des Judentums) in dieser Kontroverse fragen. Und da werden wir in reichem Maße fündig.

Das erste Reimarus-Stück handelt wie der Neuser-Text von religiöser Toleranz gegenüber den Deisten — und hier liegt für Lessing die aktuelle Parallele zu den Fällen der Sozinianer. Gezielt wählt Lessing ein Fragment aus, in dem Reimarus leidenschaftlich und argumentativ zugleich für Duldung von Deisten innerhalb der Christenheit eingetreten war. Statt daß Christen erkannt hätten, daß die „reine Lehre Christi“ nichts anderes gewesen sei als eben eine solche „vernünftige, practische Religion“; statt daß man gerade innerhalb des Protestantismus mit seinem breiten Spektrum an Gruppen und Strömungen konsequent auch hier Toleranz geübt hätte; statt daß man Modelle der Bibel angewandt hätte („Noachidische Gebote“), um vernünftige Verehrer Gottes und Praktizierer des allgemeinen Natur- und Sittengesetzes theologisch zu akzeptieren, hat man die Deisten zu „Unchristen“ degradiert und in „eine Reihe mit Juden, Türken und Heiden“ gestellt (VIII, 120). Was ist daran so schlimm? Reimarus macht klar, was Christen gewöhnlich mit solchen Leuten verbinden, die sie als „Juden, Türken und Heiden“ abgestempelt hatten: sie denken „alles Arge in Lehre und Leben“ von ihnen:

> „Von *Naturalisten, Deisten, Freidenkern* stellt sich der unwissende Haufe im bösen Verstande nichts bessers vor, als daß sie die Natur zu Gott machen, und in ungezügelter Frechheit bloß nach ihren Lüsten handeln. *Spötter der Religion* und *Gotteslästerer*, nebst andern solchen theologischen Ausdrücken, geben vollends christgläubigen Seelen ein Bild von den abscheulichsten Creaturen, die man ausrotten und vertilgen müsse.“ (VIII, 121)

Lessing sieht sich auch hier genötigt, nicht identifikatorisch, wohl aber verständniswerbend einzugreifen. Ausdrücklich erklärt er, das Schicksal Neusers habe ihm vor Augen gestanden, als er diese Passagen aus den Schriften seines „Ungenannten“ gelesen habe. Und noch einmal ist Lessing daran gelegen, seinen Helden Neuser in Schutz zu nehmen. Dieser sei „kein Phantast“ gewesen, als er sich „von der Wahrheit der Mahommedanischen Religion“ überzeugt gefühlt habe; er sei vielmehr „ein Deist“ gewesen, der die eine geoffenbarte Religion für so „erdichtet“ gehalten habe wie die andere. Hätte er in der Christenheit Duldung erfahren, hätte er nicht dieses Schicksal gehabt. Zugleich sieht Lessing aber auch die Möglichkeit, daß gerade sein Neuser eine Art von „Prädilection“, eine Art Vorliebe, für „die Mahommedanische Religion gehabt“ habe, und daß ausgerechnet er „ihr bereits alle Gerechtigkeit“ habe „widerfahren lassen, die weit neuerer Zeit freimütige und unverdächtige Gelehrte ihr zeigen zu müssen geglaubt haben“ (VIII, 130).

Das „Vornehmste“ der natürlichen Religion im Koran

Wir folgern daraus: Lessing hat ein hohes Interesse daran, mit Hilfe der Fälle von Neuser und der Deisten zu demonstrieren, daß man auch dem Islam „Gerechtigkeit“ widerfahren lassen müsse. Deshalb ist es kein Zufall, daß er im gleichen Zusammenhang seinen „Unbekannten“ mit einer Stelle zitiert, an der dieser sich mit dem Islam auseinandergesetzt hatte. Denn aus dieser Stelle geht die *Grundthese des Reimarus zum Islam* hervor: der Islam ist eine ganz und gar vernünftige, *natürliche Religion.* Wieder fällt der Name von George Sale:

> „Des Mahomets Alkoran (...) und der Türkische Glaube hat zwar einen bösen Ruf bei uns, nicht allein, weil der Stifter dieser Religion Betrügerei und Gewalt gebraucht, sondern auch weil viele Torheiten und Irrtümer, nebst manchen unnötigen äußerlichen hergebrachten Gebräuchen, sich eingemischet finden. Ich will ihm auch gar nicht das Wort reden, vielweniger denselben der christlichen Religion zum Nachteil erheben. Doch bin ich versichert, daß unter denen, die der Türkischen Religion dies und jenes Schuld geben, die wenigsten den Alkoran gelesen haben, und daß auch unter denen, die ihn gelesen, die wenigsten den Vorsatz gehabt, den Worten einen gesunden Verstand, dessen sie fähig sind, zu geben. Ich getraute mir, wenn dieses mein Hauptabsehen wäre, das vornehmste der natürlichen Religion aus dem Alkoran gar deutlich, zum Teile gar schön ausgedruckt darzutun,

und glaube, daß ich bei Verständigen leicht darin Beifall finden werde, daß fast alles wesentliche in Mahomets Lehre auf natürliche Religion hinauslaufe. Der gelehrte *Thomas Hyde*, den man sowohl der Sachen kundig als unparteiisch halten muß, lobt den Mahomet als ‚verae Religionis Abrahami restauratorem', der die wahre Religion Abrahams wieder hergestellt habe: und der getreuste Übersetzer und Ausleger des Alkorans, *George Sale*, zeigt in seiner Einleitung zum Alkoran, daß der Grundsatz der Lehre Mahomets auf der Einheit Gottes beruhe, oder auf der Wahrheit, daß nur Ein Gott sei, und sein könne: daß der Vorsatz, die heidnischen Araber von der Abgötterei zum Erkenntnis dieses einigen Gottes zu bringen, edel und höchlich zu loben gewesen, und daß Herr Prideaux nicht mit Grund vorgebe, ob habe Mahomet bei den Arabern statt der Abgötterei eine Religion eingeführt, welche eben so schlimm sei als die Abgötterei. Herr *Sale* sagt, daß die Ermahnungen zu guten Sitten und Tugenden, welche im Alkoran enthalten sind, und sonderlich die Ermahnungen zur Verehrung eines wahren Gottes zum Teil so vortrefflich sind, daß ein Christ sie wohl beachten möchte." (VIII, 130f)

In dieser Reimarus-Passage kommen Grundzüge einer neuen, von Polemik freien Einschätzung des Islam zur Geltung, wie Lessing sie teilt und wie sie sich im Zeitalter der Aufklärung jetzt allmählich Bahn brechen werden. Insbesondere im Urteil über George Sale (gegen Prideaux) kann Lessing sich von Reimarus bestätigt sehen; mit fast denselben Worten hatte er 20 Jahre zuvor im „Cardanus" seinen Muslim über den Islam sprechen lassen. Ich fasse die Grundzüge der Argumentation zusammen. Ohne sich mit dem Islam zu identifizieren oder ihn gegen das Christentum auszuspielen, stellt Reimarus in aller — durch Fachliteratur (Thomas Hyde und George Sale) erhärteten — Sachlichkeit fest:

(1) *Psychologisch* ist unverkennbar, daß unter Christen in Europa kaum Bereitschaft zu einem inneren Verständnis des Islam vorhanden ist. Nicht nur sind Vorurteile („Betrügerei", „Gewalt") und Ignoranz (die Wenigsten haben den Koran gelesen) weit verbreitet. Vielmehr ist selbst bei denen, die den Koran lesen, Mißgunst und Antipathie gang und gäbe. All das sind Spätfolgen der mittelalterlichen und reformatorischen Konfrontationstheologie gegenüber

dem Islam, mit der Reimarus jetzt entschieden bricht. Er tut dies, indem er dem Koran das höchste Lob spendet, zu dem er als „Deist" oder Anhänger einer „natürlichen" Religion fähig ist: der Koran — so macht er sich anheischig, persönlich nachzuweisen — enthält das „Vornehmste" der natürilchen Religion. Der Koran ist also ein Buch, in dem Reimarus schon vorweggenommen sieht, was er jetzt und künftig anstrebt: eine gelungene Synthese aus Vernunft und Glauben.
(2) *Geschichtlich* ist unabweisbar, daß der Islam mit seinem historischen Erscheinen einen *Aufklärungsfortschritt* in der Geschichte der Religionen darstellt: Ein Volk wie die Araber wurde vom Niveau der „Abgötterei" auf das Niveau einer monotheistischen Religion gehoben — als Grundlage für „gute Sitten und Tugenden". Diese Einsicht bricht mit dem „bösen Ruf" des Islam in Europa. Gemeint ist die in christlicher Theologie lange tradierte Vorstellung, der Islam sei nichts anderes als eine — gemessen am Christentum — historische Dekadenzerscheinung: Häresie, Heidentum, Teufelswerk.
(3) *Theologisch* ist unabweisbar, daß im Koran des Propheten Mohammed nicht irgendein „Aberglaube", sondern die Verehrung des einen und wahren Gottes propagiert wird. Mohammed hat nicht irgendeinen neuen Götzenkult eingeführt, sondern die „wahre Religion Abrahams" wiederhergestellt; der Gott, den Mohammed verkündet, ist auch der Gott, der sich dem biblischen Urvater Abraham geoffenbart hat. Der Islam ist somit kein Abfall vom Glauben, sondern steht in Kontinuität mit dem in der jüdisch-christlichen Bibel grundgelegten Glauben an den einen und wahren Gott.
(4) *Philosophisch* ist unabweisbar, daß der Islam als Religion auf der Verkündigung des *einen* Gottes beruht. Diese Lehre von der Einheit und Einzigartigkeit Gottes aber macht den Islam zu einer streng vernunftorientierten Religion. Nichts verlangt der Koran an Gottesglauben und Sittlichkeit, was mit Vernunftgründen nicht zu rechtfertigen wäre. Der Islam kann von daher als eine vernunftgemäße, „natürliche" Religion verstanden werden.

Wider den Universalanspruch einer Religion

Reimarus selber freilich war in seiner Bewertung der Religionen noch weitergegangen, wie aus weiteren „Fragmenten" ersichtlich wird. Er wollte nachweisen, daß *alle* geoffenbarten Religionen in ihrem universalen Wahrheitsanspruch gescheitert waren: ob Judentum, Christentum oder Islam. Insbesondere das *„zweite Fragment"* ist in Sachen Religionsvergleich und Religionstheologie aufregend. Denn Reimarus nimmt hier über Dutzende von Seiten die traditionell-christliche Unheilstheologie gegenüber Nichtchristen Punkt für Punkt argumentativ auseinander — alles mit dem Ziel, seine eigene Grundüberzeugung als einzig vernünftige Alternative durchzusetzen: Es ist unmöglich, daß alle Menschen dieser Erde eine einzige Offenbarung glauben können. Keine der geoffenbarten Religionen kann von daher einen Universalanspruch auf Wahrheit für die gesamte Menschheit erheben.

Faßt man die zahlreichen Einzelargumente des Reimarus auch hier in Grundstrukturen zusammen, so ergibt sich folgendes Bild:

(1) *Widersprüchlich* ist es, wenn eine Religion einen Alleinseligmachungsanspruch erhebt, da ungezählte Menschen, die von dieser Religion gar keine Kenntnis haben können, auf diese Weise zum Unheil verdammt werden. Oder soll es vom biographischen Zufall abhängen, daß Kinder von Christen zum Heil, Kinder von Nichtchristen zum Unheil bestimmt sind? Reimarus wörtlich:

> „Oder hängt der Glaube und die Seligkeit ab von dem Wasser und von den christlichen Eltern, welche die Taufe für ihre Kinder verlangen? so ist es ein bloßes Glück, daß gewisse Kinder selig werden, weil sie von christlichen Eltern geboren sind; ein bloßes Unglück hergegen, warum noch weit mehrere ewig verdammet werden, weil sie nicht von christlichen Eltern das Leben empfangen haben. Alles dieses fasset unendlichen Widerspruch in sich... Wenigstens wird man zugestehen müssen, daß doch nur Christen-Kindern durch Glück und Zufall möglich werde, durch dieses Mittel den Glauben zu bekommen und selig zu werden; allen übrigen Türken-, Juden- und Heiden-Kindern aber durch Unglück unmöglich falle an der Offenbarung, Glauben und Seligkeit Anteil zu bekommen." (VIII, 197f)

(2) *Entwicklungspsychologisch* gesehen, wächst jeder Mensch im Kontext seiner Tradition auf. So wie jüdische Kinder im Judentum, türkische Kinder im Islam, so werden Christenkinder ganz selbstverständlich auf die christliche Tradition hin geprägt. Kein Mensch

hat wirklich eine Chance, mehr als seinen eigenen Glauben kennenzulernen. Jeder nimmt seine Tradition für wahr, in die er nun einmal hineingewachsen ist:

> „Wenn die Kinder erwachsen, so wird ein jedes nach dem Willen seiner Eltern von Lehrmeistern, oder auch von den Eltern selbst in den Anfangs-Gründen der väterlichen Religion unterrichtet: der Jude in dem Judentum, der Türke nach dem Alkoran, der Sineser, der Perser, der Heide in seinen hergebrachten Meinungen und Gebräuchen, der Christ in seinem Catechismo, so wie es fällt, auf Catholisch, Reformiert, Lutherisch, Arminianisch, Menonitisch, Socinianisch... Daher denn auch die Erfahrung bestätiget, daß ein jedes Kind meinet, die rechte Offenbarung und den rechten Verstand derselben erlernet zu haben: sie folgen den Eltern so getrost auf dem unbekannten Wege zur Seligkeit, als auf einem unbetretenen Wege zu einem Lustschlosse." (VIII, 198. 198f)

(3) *Religionsgeschichtlich* ist unübersehbar, daß die missionarische Expansionskraft einer Religion wie des Christentums nachgelassen hat. Das hat zum Teil mit der geschichtlich gewachsenen Unglaubwürdigkeit des Christentums zu tun, so daß man sich — Reimarus zufolge — nicht wundern darf, „daß an keinen weitern Fortgang des Christentums bei den Heiden mehr zu gedenken" ist (VIII, 209). Von daher ist die Aufrechterhaltung eines Universalanspruchs erst recht unrealistisch. Im Gegenteil ist damit zu rechnen, daß Menschen in ihrer Religion verbleiben, in der sie nun einmal erzogen wurden, und daß sie folglich nur ihre eigene Religion für wahr und seligmachend halten.

Für Reimarus also ist es ein religionsgeschichtliches Faktum: Die geoffenbarten Religionen sind in ihren Wahrheitsansprüchen gegeneinander so verfestigt, daß es lebensfremd wäre, wenn sie weiterhin einen Universalanspruch gegeneinander erheben würden. Dieser ist geschichtlich schlechterdings nicht mehr einlösbar. Gerade Christen und Muslime sind im Verlauf einer jahrhundertelangen polemischen Verwerfungs- und Verurteilungsgeschichte in gegenseitigen Vorwürfen erstarrt, wobei das Christentum sich oft als intoleranter denn der Islam erwies. Die Schlüsselpassage bei Reimarus über *Christen und Muslime* lohnt die längere Dokumentation; zum leichteren Verständnis gliedere ich sie in Abschnitte:

„Sie (die muslimischen Türken) sind so fest von der göttlichen Sendung des Mahomet, der Wahrheit seiner Wunder, von der göttlichen Eingebung und Vorzügen ihres Alkorans überredet; sie haben aus dem Alkoran so starken Haß wider das Christentum, als einer Vielgötterei und Abgötterei eingesogen, daß es keiner Gesetze oder Strafe brauchte, sie davon abzuhalten. Die guten Leute handeln darin nach ihrer Einsicht des Gewissens. Es ist wahr, sie dulden Christen unter sich, und man muß es der Christenheit zur Schande nachsagen, daß Christen unter Türkischer Regierung ihren Gottesdienst ungehinderter treiben als unter christlicher.

Es ist auch nicht zu leugnen, daß die Türken nach ihrem Alkoran selbst Mosen und Christum für große Propheten halten. Allein sie glauben, daß die Bücher altes Testaments von den Juden häßlich verdorben und die Lehre Christi sehr verfälschet sei; und insonderheit von diesen mancherlei Abgötterei und Vielgötterei eingeführet worden. Denn daß die Christen drei Götter anbeten, ist einem Türken so klar, als er drei zehlen kann; und daß ein Mensch zugleich Gott sei, ist bei ihnen offenbare Abgötterei. Dieses ihnen anders zu bedeuten und aus dem Sinne zu reden, ist schwer.

Dieses macht, daß sie so wenig Lust haben, Christen zu werden, als Christen Lust haben Juden zu werden, ungeachtet die Juden an manchen Orten unter ihnen wohnen, und das alte Testament beiden gemein ist; genug sie verwerfen Christum. So ist auch einem Türken zum Abscheu wider das Christentum genug, daß sie Gottes Wort und Lehre verfälschet, daß sie einen Gott, der Vater heißt, einen Gott, der Sohn heißt, einen Gott, der Heiliger Geist heißt, setzen, den Menschen Christum zugleich zu dem mittelsten Gott machen, und den von Gott gesandten Propheten Mahomed verwerfen. (...)

Weil nun ein Türke aus eben solchem Grunde, wie Christen, und ebenso stark und eifrig, wie Christen, die einige wahre Religion zu haben glaubt; weil er eben wie ein Christ für verdammlich hält, an seiner Religion zu zweifeln und darüber zu vernünfteln; weil er von dem Christentume so viel anstößiges und ärgerliches weiß, als immer einem Christen von der türkischen Religion bekannt ist; weil er endlich eben so sehr durch innerliche Gewissens — als weltliche Furcht — abgehalten wird, sich mit dem Christentume als deren Lehrern und Schriften bekannter zu machen: so ist menschlicherweise unmöglich, daß ein Türke in der Türkei zum Christentume sollte gelangen, oder darnach besser zu forschen Lust bekommen können.“ (VIII, 214–216)

Die Pointe dieser Ausführungen? Sie wird auch von Lessing geteilt, denn wie Reimarus ist auch er der Überzeugung, daß Menschen zwar vor Gott gleich, aber doch auch untereinander sehr verschieden sind, je anders, weil sie je andere kulturelle, nationale, ethnische oder religiöse Wurzeln haben. Das heißt: Die Andersheit von Menschen ist ein notwendiges Ergebnis ihrer Geschichte und Kultur und kann durch nichts, auch durch keine Religion, aufgehoben werden. Der Universalanspruch *einer Religion* über die *gesamte* Menschheit ist somit nicht nur ungeschichtlich, sondern unmenschlich; es ist wider die menschliche Natur. Von daher scheint die Grundthese von Reimarus nur konsequent: *Alle* geoffenbarten Religionen müssen überwunden und durch eine natürliche und vernünftige Religion ersetzt werden.

Offenbarung als Erziehungsprozeß

Und *Lessing?* Daß er Reimarus so weit folgen kann, hatte mit der *Neukonzeption seines Offenbarungs-Verständnisses* zu tun. Der entscheidende Grundgedanke ist dabei: Offenbarung ist für Lessing nicht länger wie für die Orthodoxen ein abgeschlossener Vorgang, wie ihn die Bibel „dokumentiert“, kein Depot von fixen Glaubenssätzen, gar noch identisch mit jedem Satz der Bibel, sondern ein dynamischer Prozeß, in den Gott die Menschheit von Anfang an hineingenommen hat. Lessing denkt Offenbarung im Bild der *zielstrebigen göttlichen Erziehung*, angefangen mit dem von Gott auserwählten jüdischen Volk, endend mit der Einbeziehung des ganzen Menschengeschlechtes. Kein Zufall deshalb, daß Lessing im Anschluß an die Publikation der ersten fünf Reimarus-Fragmente 53 Thesen über „die Erziehung des Menschengeschlechts“ (1777) anfügt (VIII, 333–350). Dies ist für uns deshalb wichtig, weil Lessing hier wie nirgendwo sonst in aller wünschenswerten Klarheit sein Verständnis vom Heil auch für Nichtchristen niedergeschrieben hat.[58]

Die Logik legte dies nahe: Wer einen geschichtlich-dynamischen, pädagogischen Offenbarungsbegriff im Blick auf die *gesamte Menschheit* vertritt, der kann nicht länger eine Scheidung der Menschen in Gerettete und Verworfene mitmachen. Für den ist klar, daß Gott auch Menschen *vor* der christlichen Religion und *außerhalb* der christlichen Religion „selig machen" wolle. So glaubte Lessing denn auch entdeckt zu haben:

> „Die heiligen Bücher der Braminen müssen es an Alter und an würdigen Vorstellungen von Gott mit den Büchern des A. T. aufnehmen können, wenn das Übrige den Proben entspricht, die uns itzt erst zuverlässige Männer daraus mitgeteilet haben." (VIII, 331)

Lessing spielt hier vermutlich an auf die für das Indienbild der Aufklärung maßgeblichen Arbeiten von zwei englischen Pionieren der Indologie des 18. Jahrhunderts: *Alexander Dowe* (gest. 1779), der das bahnbrechende Werk „The History of Hindostan" (1768) veröffentlichte, sowie auf *John Zephaniah Holwell* (1711–1798), der als früherer Gouverneur von Bengalen ebenfalls ein historisches Schlüsselwerk über Indien verfaßt hatte (1765/67). Lessing zieht daraus die grundsätzliche Konsequenz:

> „Denn obschon der Menschliche Verstand nur sehr allmählig ausgebildet worden, und Wahrheiten, die gegenwärtig dem gemein-

[58] Im Jahre 1780 dann — nach dem „Nathan" — läßt Lessing (anonym) die Thesen 54 bis 100 zur „Erziehung des Menschengeschlechts" erscheinen (G VIII, 501–510). Hier ist der Ort, wenigstens auf die erstaunliche Tatsache hinzuweisen, daß Lessing in diesen offenbarungsgeschichtlichen Grundthesen zwar den „Fortschritt" vom Judentum zum Christentum behandelt (§53), den Islam aber als die Religion nach dem Christentum mit keinem Wort erwähnt. Das muß erstaunen, nach all dem, wie Lessing den Islam als weiteren „Fortschritt" in der Geschichte der Menschheit betrachtet. Man mag sich deshalb fragen, ob Lessings Hinweis auf „die anderen Völker des Erdbodens", die „bei dem Lichte der Vernunft ihren Weg fortgegangen" seien, während „Gott sein auserwähltes Volk durch alle Staffeln einer kindischen Erziehung führte" (§ 20), auch indirekt eine Anspielung auf die Muslime enthält. Die „meisten" Völker seien ja — wie Lessing in derselben These weiter ausführt — „weit hinter dem erwählten Volk zurückgeblieben", „nur einige" ihm „zuvorgekommen". Es sei wie mit Kindern: „einige bilden sich zum Erstaunen selbst", andere blieben „ganz roh", wie das Volk der Juden, bevor Gott sich ihm offenbarte. Lessing nennt diese „glücklichern Einige", die „vor dem erwählten Volk noch bis itzt einen Vorsprung zu haben scheinen": „glücklicher organisierte Kind(er) der Natur" (§ 21). Nach allem, was wir vom Islam als vernunftgemäßer Religion bei Lessing gehört haben, könnte gerade das „bis itzt" ein „Fingerzeig" auf die arabischen Völker unter dem Islam sein.

sten Manne so einleuchtend und faßlich sind, einmal sehr unbegreiflich, und daher unmittelbare Eingebungen der Gottheit müssen geschienen haben, und als solche auch damals nur haben angenommen werden können: so hat es doch zu allen Zeiten und in allen Ländern privilegierte Seelen gegeben, die aus eignen Kräften über die Sphäre ihrer Zeitverwandten hinausdachten, dem größern Lichte entgegen eilten, und andern ihre Empfindungen davon, zwar nicht mitteilen, aber doch erzählen konnten." (VIII, 331)

Wenn dies aber so ist, wenn es „zu allen Zeiten und in allen Ländern" tiefe Gotteserkenntnis gegeben hat sowie Bücher, in denen diese Gotteserkenntnis aufgeschrieben wurde, so enthalten diese Bücher für Lessing konsequenterweise „seligmachende Religion", Religion, „bei deren Befolgung sich der Mensch seiner Glückseligkeit so weit versichert halten kann, als er hinausdenkt" (VIII, 331). Und um den christlichen Exklusivitätsanspruch auf Wahrheit und Heil endgültig zu unterlaufen, fügt Lessing hinzu:

„Freilich wäre eine solche seligmachende Religion nicht die seligmachende Christliche Religion. Aber wenn denn die Christliche Religion nur erst zu einer gewissen Zeit, in einem gewissen Bezirke erscheinen konnte, mußten deswegen alle vorhergehende Zeiten, alle andere Bezirke keine seligmachende Religion haben? Ich will es den Gottesgelehrten gern zugeben, daß aber doch das *Seligmachende* in den verschiednen Religionen immer das *Nemliche* müsse gewesen sein: wenn sie mir nur hinwiederum zugeben, daß darum nicht immer die Menschen den *nemlichen Begriff* damit müssen verbunden haben. Gott könnte ja wohl in allen Religionen die guten Menschen in der *nemlichen Betrachtung*, aus den *nemlichen Gründen* selig machen wollen: ohne darum allen Menschen von dieser Betrachtung, von diesen Gründen die *nemliche Offenbarung* erteilt zu haben." (VIII, 332)

5. Juden und Muslime könnten triumphieren: Goezes Alptraum

Bei dieser Radikalität religionstheologischer Thesen verwundert es nicht, daß spätestens jetzt sich öffentlicher Widerspruch aus dem

Lager der lutherischen Spätorthodoxie meldet. Dabei hat Lessing das Pech, in der ersten Runde auf protestantische Theologen zu treffen, die intellektuell unter seinem Niveau stehen. Universitätsgelehrte halten sich zunächst zurück und überlassen die orthodoxe Apologie ganz offensichtlich theologisch „zweitklassigen" Kirchenleuten in Pfarramt und Schuldienst, so den Pfarrern *Johann Heinrich Ress* (1732–1803) aus Wolfenbüttel und *Georg Christoph Silberschlag* (1731–1790) aus Berlin, oder Schulpädagogen wie *Friedrich Wilhelm Mascho* (gest. 1784) und *Johann Daniel Schumann* (1714–1787).

Wider die „Lästerung" des Christentums

Über Dutzende und Aberdutzende von Seiten geht nun der Streit hin und her; vieles ist langatmig ausgebreitet und ermüdend in der Detailfülle. Exegetische Fragen zum Wahrheitsbeweis der christlichen „Wunder", insbesondere der Auferstehung Christi, stehen im Vordergrund. Wichtig sind für uns zwei Grundgedanken, welche den ganzen „Fragmentenstreit" durchziehen und von allen orthodoxen Mitstreitern geteilt werden:
(1) Die *Wahrheit* der christlichen Religion ist *bewiesen* — und zwar durch die einmal und ein für allemal ergangene übernatürliche Offenbarung Gottes in Jesus Christus, der durch die gesamte — Wort für Wort durch Gottes Geist inspirierte — Bibel entweder indirekt (Altes Testament) oder direkt (Neues Testament) bezeugt wird. Allein die christliche Religion ist göttlichen Ursprungs; allein ihre Schrift ist „unmittelbare göttliche Offenbarung"; allein das biblische Wort ist Gottes Wort; allein dieses Wort verbürgt Wahrheit und Heil für alle Menschen. Insbesondere die durch die Bibel immer wieder ergangenen Weissagungen und bezeugten Wunder sind eindeutige Beweise für den göttlichen Ursprung der christlichen Religion. Keine andere Religion hat dies aufzuweisen.
(2) Die Reimarus-Fragmente werden von daher als Frontalangriff auf den göttlich verbürgten Wahrheits- und Heilsanspruch der christlichen Religion empfunden, und diese Wertung ist vor allem das Werk von *Johann Melchior Goeze* (1717–1786), Hauptpastor aus Hamburg. Mit ihm tritt in der *zweiten Runde des Fragmentenstreits* Lessing ein streitbarer, kampferprobter und zu polemischen Ausfäl-

len fähiger Kontrahent entgegen; und entsprechend nimmt der Streit an Dramatik, sachlicher Schärfe und persönlicher Bitterkeit zu.

Aus heutiger Perspektive freilich ist zu beachten: Dieser Hamburger Pastor ist seit dem epochalen Streit mit Lessing in der literaturwissenschaftlichen Forschung zum Negativ-Typus schlechthin abgestempelt worden. Er gilt als Inbegriff eines verblendeten, bornierten, aufklärungsfeindlichen und intoleranten Pfaffen. Gut 200 Jahre lang ist Goeze nur nach dem beurteilt worden, wie Lessing ihn sah und sehen mußte. Die neuere Forschung bemüht sich auch in seinem Fall um ein differenzierteres Urteil. Auch Goeze wird das Recht zugestanden, nach seinem eigenen Selbstverständnis und dem Zeitkontext beurteilt zu werden. Eine eigene Orthodoxie-Forschung hat sich bemüht, auch eine Figur wie Goeze von innen her zu verstehen und einzuordnen.[59]

So nötig freilich historische Differenzierung bei jeder geschichtlichen Figur ist, so wenig kann sie den scharfen Gegensatz aus der Welt schaffen, der Lessing und Goeze nun einmal trennt. Lessing mußte in diesem Vertreter lutherischer Orthodoxie alles sehen, was er selber bekämpfte. Von daher erklärt sich seine Bitterkeit, die sich in diesen Sätzen über Goeze niederschlägt:

> „Daß Göze für das Verbrennen der Ketzer und Heterodoxen stimmen sollte, glaube ich nicht. Dazu ist er wirklich wohl noch zu weichherzig. Aber daß er darauf bestehen würde, daß Semler, Basedow und Teller, ein Reisbündel auf dem Rücken, vor seiner Kanzel erscheinen und so widerrufen müßten, das bin ich vollkommen überzeugt." (IX, 691)

Dieser Text greift nicht nur Goezes Intoleranz und tendenziell inquisitorische Attitüde an, sondern hält auch fest, daß Goeze mit seinen schon früher erfolgten Attacken auf aufklärungsoffene Theologen der eigenen Kirche seit jeher einen Hang zur polemischen Rechthaberei aufwies. *Johann Salomo Semler,* Theologieprofessor aus Halle und Befürworter einer historischen Kritik der Bibel, bekam

[59] Zur *neuern Orthodoxie-Forschung* vgl.: *H. Schultze,* Toleranz und Orthodoxie. Johann Melchior Goeze in seiner Auseinandersetzung mit der Theologie der Aufklärung, in: Neue Zeitschrift für systematische Theologie und Religionsphilosophie 4 (1962), S. 197–219. *H. Reinitzer* (Hrsg.), Johann Melchior Goeze. Abhandlungen und Vorträge, Hamburg 1987 (Vestigia Bibliae 8). *H. Reinitzer — W. Sparn* (Hrsg.), Verspätete Orthodoxie. Über D. Johann Melchior Goeze, Wiesbaden 1989. *G. Freund,* Theologie im Widerspruch. Die Lessing-Goeze-Kontroverse, Stuttgart — Berlin — Köln — Mainz 1989.

Goezes Streitsucht ebenso zu spüren wie *Johannes Bernhard Basedow,* ein führender Kopf der deutschen Aufklärungspädagogik, sowie *Wilhelm Abraham Teller,* Theologieprofessor in Helmstedt, Mitarbeiter an Friedrich Nicolais „Allgemeiner deutscher Bibliothek" und eine wichtige Gestalt der Berliner Aufklärung. Auch im Fall von Lessing geht Goeze frontal vor, und schon sein erster Anti-Lessing-Artikel vom Dezember 1777 läßt ahnen, was noch folgen wird. Denn in bis dahin nicht gekannter Schärfe versteht es Goeze, die von Lessing herausgegebenen Fragmente als „feindselige Angriffe auf unser allerheiligste Religion" zu denunzieren. Sie seien „keine bescheidenen Einwürfe gegen die christliche Religion", sondern die „*lauteste Lästerung* derselben". Von Lessing wünscht er sich, er möge „künftig etwas Besseres liefern" als „Gift und Ärgernisse" (IX, 20).

Die Angst vor dem Judentum

Wichtig für unseren Zusammenhang ist dabei: Goeze hatte offensichtlich instinktsicher gemerkt, daß mit den theologischen Kontroversen die Grundsatzfrage nach dem Absolutheitsanspruch des Christentums als allein wahrer und allein seligmachender Religion auf dem Spiel steht. Durch all seine Äußerungen zieht sich deshalb direkt oder indirekt die *Angst vor Juden und Muslimen.* Ja, die Schärfe und Leidenschaft des gesamten „Fragmentenstreits" versteht man im Grunde nur, wenn man diese Angst eines orthodoxen Theologen in Rechnung stellt: Wenn Reimarus mit seiner Kritik recht hätte, dann könnten Juden möglicherweise triumphieren, dann könnte der Islam eine ebenso legitime Religion sein. Und weil dies für Goeze eine ganz und gar unerträgliche Vorstellung ist, wehrt er diesen Gedanken schon in der ersten Einlassung gegen Lessing unter direkter Bezugnahme auf „die Juden" ab:

> „Den Juden wird insonderheit das letzte Fragment (das fünfte Fragment „Über die Aufstehungsgeschichte": VIII, 277–311) sehr willkommen sein, u. ihnen zur Bestärkung in ihrem Unglauben, und in ihrer feindseligen Gesinnung gegen Jesum und seine Religion, bessere Dienste tun, als ihr Toldos Jeschu." (IX, 20)

Womit Goeze die Fragmente des Reimarus in die Tradition jüdischer Polemik stellt, in die Reihe der „Toledot Jeschu" („Geschichte Jesu"), eine um 800 erstmals erwähnte, berühmt-berüchtigte polemische Schrift gegen das Neue Testament. Reimarus (und indirekt Lessing) soll durch diese gezielte Zuordnung all das treffen, was christliche Theologie an Verachtung gegenüber den Juden bisher produzierte. *Goezes Antijudaismus* ist denn auch durch seine gesamten theologischen Schriften hindurch notorisch.[60] Nein, die Juden dürfen nicht triumphieren! Das wäre Goezes Alptraum.

Zu dieser prinzipiell antijüdischen Haltung unter christlichen Theologen passen die gegen Lessing 1779 inszenierten Gerüchte, er habe für einige „Fragmente" ein Tausend-Dukaten-Geschenk von der Amsterdamer Judenschaft zum Dank erhalten. Dieses, vermutlich auf den Heidelberger Kirchenrat Mieg zurückgehende Geschwätz (dieser hatte sich sogar auf den „Nathan" bezogen), das schon verschiedene Zeitungen aufgegriffen und verbreitet hatten, war nicht nur faktisch eine Lüge, sondern auch eine üble Verleumdung von Lessings moralischer Integrität. Dieser durchschaut denn auch sofort die Perfidie dieser Nachrede, verfaßt eine Gegendarstellung („Nähere Berichtigung des Märchens von tausend Dukaten oder Judas Ischarioth dem Zweiten": IX, 667–674) und veröffentlicht sie unter dem Namen seines Stiefsohns Theodor König. Einem Freund zu Berlin schreibt er zu Beginn des Jahres 1780 in aller Entschiedenheit:

> „Daß die tausend Dukaten von der Judenschaft in Amsterdam eine alberne Erdichtung ist, können Sie ja wohl denken. Da ich sie wegen der Fragmente erhalten haben soll, die man von einem Juden wider die christliche Religion geschrieben zu sein glaubt: so möchte man mich gern als einen zweiten Judas Ischariot verschreien, der seinen Meister, zwar nicht für dreißig Silberlinge, aber doch für tausend Dukaten, abermals zu verkaufen imstande wäre."[61]

60 Zu *Goezes Antijudaismus* vgl. bes.: *L. Steiger,* Goezes Schwächen, in: H. Reinitzer — W. Sparn (Hrsg.), Verspätete Orthodoxie, S. 69–78 (s. Anm. 59).

61 *G. E. Lessing,* Brief an einen Freund in Berlin (Ende Januar oder Februar 1780), in: Briefe von und an Lessing (1776–1781), hrsg. v. H. Kiesel, Frankfurt/M. 1994, S. 309. Zu dieser Geschenk-Affäre vgl. IX, 1295–1301.

Was hier vom Judentum gesagt ist, dürfte mutatis mutandis auch vom *Islam* gelten. Schon in der ersten Runde des „Fragmentenstreits" ist einmal vom Islam die Rede, ins Spiel gebracht durch Johann Daniel Schumann. Und gerade weil dieser Mann als Schulpädagoge (in Hannover) tätig ist, spiegelt seine Äußerung das *Islam-Bild* wider, das in weiten Teilen des deutschen Protestantismus bis hinunter auf die Ebenen der Schulen und Gemeinden vorgeherrscht haben dürfte.

Für Schumann ist der Islam wie für die gesamte lutherische Orthodoxie *„eine falsche Religion"*, und zwar gerade deshalb, weil sie sich nicht von einer übernatürlichen göttlichen Offenbarung herleiten kann. Dabei dreht Schumann das Argument von Reimarus glatt um. Fand Reimarus den Islam deshalb überzeugend, weil bei ihm als einer „natürlichen" Religion alles mit der Vernunft vereinbar sei, so wird für Schumann — ganz im Sinne Martin Luthers — diese Feststellung gerade zum Beweis der Unwahrheit des Islam. Gerade weil diese Religion bestenfalls das zu bieten hat, was in den Bereich der menschlichen Vernunft gehört, gerade weil der Islam nur eine „natürliche" Religion ist, beweist er umgekehrt, wie wenig er auf übernatürlicher Offenbarung beruht, ja, daß er die ganze Zwiespältigkeit menschlicher Vernunft teilt. Schumann wörtlich:

> „Was gewinnet der, der dem Glaubensbuche des Muhameds, oder den heidnischen Göttersprüchen folgt? Entweder Lehren, die eben deswegen, weil sie der Vernunft schon einleuchten, keine übernatürliche Offenbarung voraussetzen, und die daher zur Bewirkung der sittlichen Besserung so ohnmächtig sind, als es uns die allgemeine Erfahrung sagt; oder willkürliche Gebräuche, die das Äußere der Handlungen einschränken, aber das Herz weder mit heiliger Furcht, noch Liebe und Vertrauen auf Gott erfüllen; oder aberwitzige Meinungen, die von der Vernunft verdammet werden. Der Muhamedaner — denn von andern wird hier nicht die Rede sein — erkennet einen einigen Gott, betet und fastet, ist mildtätig usw. Gut, das alles konnte ihm die Vernunft schon vorschreiben, und es bringt ihn, aufs beste genommen, nur dahin, wohin bloße Naturkräfte führen können. Er hat daher kein ge-

gründetes Recht, seine Religion von einer göttlichen Offenbarung herzuleiten.“ (VIII, 379)

Daß dieses lutherische Islam-Bild auch von Goeze geteilt wurde, liegt auf der Hand. Zwar geht es in den langen Auseinandersetzungen zwischen Goeze und Lessing, die vom Dezember 1777 bis September 1778 Schlag auf Schlag erfolgen und ihren Höhepunkt in elf Anti-Goeze-Schriften Lessings und drei Anti-Lessing-Schriften Goezes („Lessings Schwächen“) erleben, nie direkt um den Islam, sondern vor allem um innerchristliche Fragen der Bibelkritik, vor allem um die durch die biblischen Wunder angeblich historisch bezeugte Wahrheit des Christentums. Und doch taucht der Islam an einer Stelle auf, die signalisiert, wie sehr er (wie das Judentum) im Untergrund dieses „Fragmentenstreits“ beunruhigend anwesend ist.

Schlüsselbedeutung hat hier eine Aussage von Lessing, die aus seiner Schrift „Gegensätze zu Reimarus“ (1777) stammt:

> „Der große Proceß, welcher von der glaubwürdigen Aussage dieser Zeugen abhing, ist gewonnen. Das Christentum hat über die Heidnische und Jüdische Religion gesiegt. Es ist da. Und wir sollten geschehen lassen, daß man uns diesen gewonnenen Proceß nach den unvollständigen, unconcertierten Nachrichten von jenen, wie aus dem Erfolge zu schließen, glaubwürdigen und einstimmigen Zeugnissen, nochmals nach zwei tausend Jahren revidieren wolle? Nimmermehr.“ (VIII, 348)

Lessing hatte damit seine Grundüberzeugung von der *Selbstevidenz des Christentums* zum Ausdruck bringen wollen. Gemeint war: Das Christentum hat sich geschichtlich-faktisch durchgesetzt, und es entfaltet seine positiven Wirkungen in der Geschichte, ohne daß man es ständig unter Berufung auf Wunder-Beweise legitimieren muß. Dieser Gedanke ist Lessing so wichtig, daß er noch des öfteren wiederkehrt, sowohl in der Schrift „Über den Beweis des Geistes und der Kraft“ (VIII, 444) sowie in „Eine Duplik“ (VIII, 517–519). Stets kam es Lessing in der Auseinandersetzung mit Goeze auf diesen entscheidenden Punkt an: Die Wahrheit des Christentums ist nicht von der Art ihrer Bezeugung abhängig. Mögen die Zeugen, wie Reimarus historisch-kritisch feststellte, sich noch so sehr widersprechen; mag die Überlieferung auch noch so problematisch sein, der „Geist“, die

„innere Wahrheit“ des Christentums hängen nicht von den biblischen Zeugnissen ab. Angriffe auf den Buchstaben der Bibel treffen deshalb nicht die geistige Substanz des Christentums. Diese war ohnehin da, bevor es die Bibel als *Schrift* gab. Und deshalb kann auf die Bibel zur Not auch verzichtet werden, wenn klar ist, worauf es im Christlichen entscheidend ankommt.

Diese Aussage vom gewonnenen Prozeß hat in den späteren theologischen Kontroversen heftigsten Widerspruch erfahren — nicht nur durch Goeze, sondern auch durch andere Kontrahenten. Und es ist bezeichnenderweise der *Islam*, der hier als Gegenbeispiel angeführt wird. So schreibt *Friederich Daniel Behn* (1733–1804), Subrektor am Katharineum in Lübeck, zur „Verteidigung der biblischen Geschichte von der Auferstehung Jesu gegen die bekannten Wolfenbüttelschen Angriffe“ direkt gegen diese Aussage Lessings:

> „Allein ist der Mohamedismus nicht auch da? Ist nicht auch dadurch ein sehr großer Teil des Heidentums besieget? Hat er nicht aus vielen Ländern das Christentum verdrängt? Darf der Mohamedaner deswegen nur ausrufen: — ‚Unser Proceß ist gewonnen! Sollten wir nach zwei tausend Jahren eine Revision desselben verstatten? Nimmermehr!‘ Was würden wir antworten? Es werden auch oft ungerechte Processe gewonnen. Wie wenn der Eurige ein solcher wäre? Wir müssen revidieren… Wir dürfen uns vor keiner noch so scharfen Revision unsers gewonnenen Processes scheuen. Wir haben noch alle die Gründe, woraus wir, ebenso, wie die Christen der ersten Jahrhunderte, die gerechte Sache unserer Religion in dem reinsten Licht erblicken können.“
> (IX, 106f.)

Dieser Gedanke, daß die Muslime dieselbe Evidenz für die Wahrheit ihrer Religion aufgrund ihrer geschichtlichen Durchsetzung geltend machen könnten, muß so beunruhigend gewirkt haben, daß noch ein weiterer Kontrahent Lessings auf dieses Argument zu sprechen kommt: *Johann Balthasar Lüderwald* (1722–1796), Doktor der Theologie und Braunschweigischer Superintendent. Unter dem programmatischen Titel „Die Wahrheit und Gewißheit der Auferstehung Jesu Christi“ heißt es in direkter Antwort an Lessing:

> „Allein diese Antwort will mich nicht befriedigen. Es ist wahr, das Christentum hat über das Juden- und Heidentum gewonnen,

und ist in dem besten Teil des bewohnten Erdreichs herrschend geworden. Aber, kann der Gegner sagen, dies beweiset noch keine Rechtmäßigkeit; dies beweiset noch nicht, daß der Proceß rechtlich gewonnen, sondern, daß Gewalt und allerhand andere vorteilhafte Umstände dazu getreten, die den Sieg befördert, und die zum Teil eben nicht von der besten Seite angegeben werden. Ferner könnte auf die Art der Mahomedaner sagen: unser Proceß ist gewonnen. Die Lehre Mahomeds hat über den größten Erdstrich von Asia und Africa gesieget, das Juden- und Christentum bis auf wenige zerstreuete und großmütig gedultete vertrieben, und die Lehre dieses Propheten von dem einigen Gott und ihm als seinem Diener stehet zur Bewunderung der Welt noch herrlich und blühend da, wie sie sich gleich Anfangs gezeiget hat; schon über 1000 Jahr dar." (IX, 157f)

Man spürt die Nervosität über die Erfolgsgeschichte des Islam, die in solchen Äußerungen steckt. Und man spürt, worauf die Analogie zum Islam argumentationsstrategisch zielen soll: Es genügt diesen christlichen Theologen nicht, daß ihre Religion sich faktisch-geschichtlich in der Menschheit durchgesetzt hat (denn das hat ja auch eine so problematische Religion wie der Islam). Man muß — gerade um sich vom Islam als einer illegitim erfolgreichen Religion abzugrenzen — sich *Gottes vergewissern*, um die Legitimität der eigenen Erfolgsgeschichte „bewiesen" zu haben. Gerade weil der Islam im Erfolg eine konkurrierende Religion ist, muß der göttliche Ursprung der eigenen Religion um so zweifelsfreier feststehen. Von daher *müssen* die Wunder des Alten und Neuen Testaments, von daher *muß* die Auferstehung Jesu Christi als geschichtliche Tatsache behauptet werden. Denn nur sie garantieren letztlich die Superiorität des Christentums gegenüber dem Islam, der äußerlich gesehen ja ebenso erfolgreich ist wie das Christentum.

6. Was Lessing und Goeze im Tiefsten trennt

Man sieht: Die theologischen Kontrahenten Lessings haben in dieser epochalen Auseinandersetzung gemerkt, was auf dem Spiel steht.

Wenn Reimarus recht hat, ist das Christentum der Kritik von Juden und Muslimen ausgesetzt. Deshalb muß das Christliche seine eigene göttliche Legitimation behaupten. Goeze stimmt seinen Kombattanten hier ausdrücklich zu und weist zugleich die gesamte Reimarus-Lessingsche Bibelkritik als *Lästerung des christlichen Glaubens* zurück. So greift auch Goeze das Lessingsche Wort vom gewonnenen Prozeß auf, lädt es aber zugleich mit seinem offenbarungsexklusivistischen Triumphalismus auf:

> „Der große Proceß für unsre Bibel ist gewonnen. Seit vier tausend Jahren haben alle Juden das alte Testament, und seit beinahe zwei tausend Jahren alle Christen das alte und neue Testament für das Wort Gottes erkannt. In keinem Glaubensartikel findet sich zwischen Catholiken, Lutheranern, Reformierten, Socinianern u.s.f. eine größere Übereinstimmung, als in diesem, daß die heil. Schrift von Gott dem heil. Geiste eingegeben sei, daß also alles, was in derselben enthalten, es betreffe Historie, oder Lehre, untrügbare Wahrheit sei. Und nun kommt ein Fragmenten-Schreiber, und schreiet: nein! alles was von der Auferstehung Christi da stehet, sind Lügen! Herr Leßing schreiet: nein! kaum zwei Dritteile, ja kaum die Hälfte der Bibel, sind Wahrheit." (IX, 126)

Wie weit geht Toleranz?

Man wird einem Mann wie Goeze die Beunruhigung über die brüchig gewordene Legitimation des Christentums zugestehen müssen. Aus seiner Sicht wollte er ein glühender Glaubenszeuge für Christus und ein unerschrockener Verteidiger der „christlichen Sache" lutherischer Couleur sein, die er durch Freigeister, Dissidenten und Andersglaubende aller Art bedroht sah. Und überschaut man seine weiteren Schriften,[62] so kann in der Tat keine Rede davon sein, daß dieser Hamburger Hauptpastor etwa ein „Verbrennen der Ketzer und Heterodoxen" befürwortet hätte. Lessings Ahnung hat ihn nicht ge-

[62] Vgl. dazu bes.: *H. Schultze,* Orthodoxie und Selbstbehauptung. Zum theologiegeschichtlichen Ort eines spätorthodoxen Theologen, in: H. Reinitzer – W. Sparn (Hrsg.), Verspätete Orthodoxie, S. 121–134 (s. Anm. 59).

trogen. Um Goezes Position zu verstehen, muß man bei ihm — wie bei zahllosen spätorthodoxen Theologen seiner Zeit — einen politisch-juristischen und einen theologisch-dogmatischen Toleranzbegriff unterscheiden. Auf der *politisch-juristischen Ebene* akzeptiert Goeze, daß der Staat auch Andersglaubenden oder Nichtglaubenden ein Minimum an Toleranz gewährt, solange solche Menschen sich an die staatlichen Gesetze halten. So denkt er nicht daran zu fordern, es sollten alle Nicht-Lutheraner (Katholiken, Reformierte) oder Nichtchristen (Juden) aus dem Hoheitsgebiet einer lutherischen Staatskirche ausgewiesen werden. Das wäre in einer internationalen Hafenstadt wie Hamburg ohnehin schon aus wirtschaftlichen Gründen weder möglich noch klug gewesen, lebten doch um das Jahr 1780 in Hamburg nicht nur Katholiken und Reformierte, sondern auch rund 5000 Juden.

Aber selbst im Juristisch-Politischen vertrat Goeze die restriktivst mögliche Position: „Er sprach sich nicht für Verfolgung aus, aber glaubte fest, daß in einer lutherischen Stadt keiner Minderheit das Recht auf Gottesdienst gewährt werden solle."[63] Dahinter steckt das *theologisch-dogmatische Problem* der Toleranz. Und hier war Goeze von einer kompromißlosen Unduldsamkeit. Die Debatte um die Seligkeit der Heiden (wir erinnern uns an Marmontel und Eberhard) kommentierte er mit einer eigenen Schrift, die an kompromißloser Härte nichts zu wünschen übrig ließ: „Über die neue Meynung von der Seligkeit der angeblich guten und redlichen Seelen unter den Juden, Heiden und Türken, durch Christum, ohne daß sie an Ihn glauben"[64]. Der irrende Mensch ja, aber nicht der Irrtum hatte für Goeze ein Existenzrecht, denn den Irrtum und die Unwahrheit zu tolerieren, hieß für ihn, den christlichen Glauben zu verleugnen.

[63] So zu Recht: *J. Whaley*, Pouvoir sauver les apparences: The Theory and Practice of Tolerance in Eighteenth-Century Germany, in: H. Reinitzer — W. Sparn (Hrsg.), Verspätete Orthodoxie, S. 9–26, Zit. S. 24 (s. Anm. 59).

[64] *J.M. Goeze*, Über die neue Meynung von der Seligkeit der angeblich guten und redlichen Seelen unter den Juden, Heiden und Türken, durch Christum, ohne daß sie an Ihn glauben, Hamburg 1784. Schon 1774 hatte sich Goeze in dieser Sache geäußert: „Einige Zweifel gegen die, von dem Hn. D. Leß angenommenen Meynung, von der Seligkeit tugendhafter Heiden, Kraft des Verdienstes Christi, ohne daß sie Jesum kennen". Und 1782 hatte Goeze seinen antijüdischen und antiislamischen Standpunkt mit Insistieren auf der *Mission gegen Juden, Türken und Heiden* klargemacht: „Beweis, daß nicht die Verbindung der Juden, Türken und Heiden mit den Christen, nicht die daher entstehende Aufklärung durch Künste und Wissenschaften … sondern allein die Missionen, die Mittel gewesen sind, und noch sind, die Erkäntnis der christlichen Lehre auf dem Erdboden auszubreiten".

Toleranz stand bei ihm immer im Verdacht, zum Substanzverlust des Glaubens zu führen. Dagegen reklamierte er für den Theologen ein Wächteramt. Dagegen verstand er die Kirche als *ecclesia militans*, als eine wider den Irrtum und die Unwahrheit kämpfende Kirche...

Statt Wahrheitssicherheit Wahrheitssuche

In der Frage freilich, was denn die *Substanz des Christlichen* eigentlich sei, trennen Lessing und Goeze Welten. Für Goeze ist die Substanz des Christlichen identisch mit dem Wort der Schrift. Im Hören auf diese gibt es für den Christen Glaubensgewißheit, ja Wahrheitssicherheit. Lessing stellt dem die stete Wahrheitssuche, den Glauben als geschichtlichen Prozeß gegenüber. Es ist somit das Gottes- und Wahrheitsverständnis, das Lessing und Goeze zutiefst trennt: hier der auf biblische Beweise vertrauende Gottesgewisse, dort der alles immer wieder hinterfragende Gottessucher. Die klassischen Texte, die diesen Dissens dokumentieren, sollen deshalb hier noch einmal angeführt werden. Auf die Einwände von Johann Heinrich Ress in der ersten Runde des Fragmentenstreits hatte Lessing mit einer „Duplik" geantwortet, was in der Rechtssprache die Antwort des Beklagten auf die „Replik" des Klägers ist. Mit einem anrührenden Bild veranschaulicht Lessing hier seine *religiöse Grundhaltung vor Gott:*

> „Nicht die Wahrheit, in deren Besitz irgend ein Mensch ist, oder zu sein vermeinet, sondern die aufrichtige Mühe, die er angewandt hat, hinter die Wahrheit zu kommen, macht den Wert des Menschen. Denn nicht durch den Besitz, sondern durch die Nachforschung der Wahrheit erweitern sich seine Kräfte, worin allein seine immer wachsende Vollkommenheit bestehet. Der Besitz macht ruhig, träge, stolz —
>
> Wenn Gott in seiner Rechten alle Wahrheit, und in seiner Linken den einzigen immer regen Trieb nach Wahrheit, obschon mit dem Zusatze, mich immer und ewig zu irren, verschlossen hielte, und spräche zu mir: wähle! Ich fiele ihm mit Demut in seine Linke und sagte: Vater gieb! die reine Wahrheit ist ja doch nur für dich allein!" (VIII, 510)

Goezes Einwände dagegen sind nicht weniger ernstzunehmen. Denn er argwöhnt an diesem Punkt, daß bei einer solchen Grundeinstellung der Mensch hoffnungslos dem Irrtum ausgeliefert sei. Auch das ist für Goeze ein Alptraum. Direkt auf dieses Bild von Lessing eingehend, antwortet er deshalb ganz entschieden:

> „Denn gehört die reine Wahrheit allein für Gott, bin ich in ewiger Gefahr zu irren; so ist kein Augenblick möglich, da ich versichert sein könnte, daß ich nicht irre, und dabei einen immer regen Trieb nach Wahrheit zu haben, das ist der schröcklichste Zustand, in welchem ich mir eine menschliche Seele denken kann. Und das ist, nach Herrn L. ganzen Vorstellung, der Zustand, zu welchem Gott alle Menschen in dieser und jener Welt bestimmet haben soll. Nach dieser Lehre ist alle Zuversicht des Glaubens, alle Freudigkeit zu Gott, alle Hoffnung des ewigen Lebens, und selbst die Seligkeit des ewigen Lebens, Torheit und Einbildung... Schröckliche, zur Verzweiflung führende Lehre! Doch von der Art ist die neue Weisheit, wodurch die angeblichen Freunde des Christentums, und declarierten Feinde der heiligen Schrift, die Welt erleuchten wollen.“ (IX, 175)

Statt christlicher Religion Religion Christi

Für Goeze war die Wahrheit des Christentums identisch mit dem Glauben an Jesus als den menschgewordenen Sohn Gottes, die zweite Person der Trinität, der um des Menschen Heils willen als Erlöser auf die Erde herabgekommen ist. Gottheit Christi als Wahrheitsbeweis des Christentums – diese traditionell dogmatische Position war ganz selbstverständlich der Ausgangspunkt von Goezes Polemik gewesen.

Für Lessing stellt sich die Sachlage völlig anders dar, nachdem ihm durch Reimarus die historische Bezeugung der Wahrheit des Christentums durch die Schrift zerstört worden war. Seine neue Position legt denn Lessing in unnachahmlicher Klarheit in jenem Text nieder, den er als Reaktion auf die Angriffe von Johann Daniel Schumann in der ersten Runde des Fragmentenstreits veröffentlicht: *„Über den Beweis des Geistes und der Kraft“* (VIII, 437–445). Schriftbeweise? Beweise, die auf Wundern und auf Erfüllung von Weissagungen beruhen? Sie scheitern für Lessing daran, daß Menschen heute diese Wunder und diese Erfüllungen selbst nicht mehr erleben, sondern nur durch ferne Zeugen von ihnen Kenntnis haben. Für ihn besteht von daher ein gewaltiger Unterschied zwischen der eigenen Erfahrung eines Ereignisses und der durch historische Zeugen vermittelten Kenntnis desselben Ereignisses. Gewiß: die Jünger Jesu befanden sich einstmals im Besitz eines Beweises des Geistes und der Kraft und konnten so an Jesus als den Christus glauben. Wir Menschen heute aber? Wir haben — so Lessing — nur zweifelhafte menschliche Zeugnisse von diesem Glauben. Die Wahrheit des Christentums muß deshalb unabhängig von diesen Zeugnissen gedacht sein. Sie muß als innere Wahrheit in der Vernünftigkeit der christlichen Religion begründet sein. Das Christentum ist wahr, wenn seine Lehren vernünftig sind, und wenn sie vernünftig sind, sind sie auch notwendig. „Zufällige Geschichtswahrheiten" aber können der Beweis für „notwendige Vernunftwahrheiten" nie werden! (VIII, 441)

Und dann kommt Lessing auf eine entscheidende Differenz im Glauben an Jesus als den Christus zu sprechen. Ganz entschieden führt er die Unterscheidung ein: Der Glaube Jesu ist das eine, der Glaube an Jesus als den Gottessohn ist das andere. Ein Glaube, wie ihn Jesus vorlebte, ist für Lessing noch vernünftig nachvollziehbar; ja selbst dem Glauben an Jesu Wunderwirken und dem Glauben an Jesu Auferstehung kann Lessing noch folgen. Aber Glauben an Jesus als ewigen Sohn Gottes, Glauben an Christi Gottheit und damit an Gott in drei Personen?[65] Das ist für Lessing nicht mehr akzeptabel:

> „Wenn ich folglich historisch nichts darwider einzuwenden habe, daß Christus einen Toten erweckt: muß ich darum für wahr halten, daß Gott einen Sohn habe, der mit ihm gleichen Wesens sei?... Wenn ich historisch nichts darwider einzuwenden habe, daß dieser Christus selbst von dem Tode auferstanden: muß ich darum für wahr halten, daß eben dieser auferstandene Christus der Sohn Gottes gewesen sei?... Man sagt freilich: aber eben der

[65] Die theologiegeschichtliche Problematik von ewiger Gottessohnschaft und Trinität habe ich geschildert in meinem Buch: *K.-J. Kuschel*, Geboren vor aller Zeit? Der Streit um Christi Ursprung, München 1990.

Christus, von dem du historisch mußt gelten lassen, daß er Tote erweckt, daß er selbst vom Tode erstanden, hat es selbst gesagt, daß Gott einen Sohn gleiches Wesens habe, und daß Er dieser Sohn sei. Das wäre ganz gut! Wenn nur nicht, daß dieses Christus gesagt, gleichfalls nicht mehr als historisch gewiß wäre. Wollte man mich noch weiter verfolgen und sagen, ‚O doch! das ist mehr als historisch gewiß; denn inspirierte Geschichtsschreiber versichern es, die nicht irren können': So ist auch das, leider, nur historisch gewiß; daß diese Geschichtsschreiber inspiriert waren, und nicht irren konnten. Das, das ist der garstige breite Graben, über den ich nicht kommen kann, so oft und ernstlich ich auch den Sprung versucht habe. Kann mir jemand hinüber helfen, der tu es; ich bitte ihn, ich beschwöre ihn. Er verdienet ein Gotteslohn an mir." (VIII, 442f)

Wie konsequent Lessing nun diese Unterscheidung zwischen Glauben Jesu und Glauben an Jesus durchführt, zeigt ein Text aus dem Nachlaß unter dem Titel „*Die Religion Christi*" (G VII, 711f). Lessing benutzt hier erstmals die dann durch ihn populär gewordene Unterscheidung zwischen Religion Christi und christlicher Religion. Acht kurze Paragraphen skizzieren seine grundsätzliche Position:

- *Religion Christi* ist für ihn diejenige Religion, die Jesus „als Mensch selbst erkannte und übte". Und diese Religion kann „jeder Mensch mit ihm gemeinsam haben". Ja, jeder Mensch werde um so mehr diese Religion wünschen, „je erhabener und liebenswürdiger der Charakter ist, den er sich von Christo als bloßen Menschen macht". Und diese Religion Christi ist in den Evangelien „mit den klarsten und deutlichsten Worten" enthalten.
- Die *christliche Religion* dagegen ist diejenige Religion, die von einem Menschen verlangt, von Christus anzunehmen, „daß er mehr als Mensch gewesen" ist und daß er so zu einem Objekt der „Verehrung" gemacht werden muß. Diese christliche Religion ist „kaum" in den Evangelien enthalten, ja so „ungewiß und vieldeutig", daß kaum „zwei Menschen, solange als die Welt steht, den nämlichen Gedanken" damit verbunden haben.
- Die Religion Christi und die christliche Religion stehen sich als zwei „ganz verschiedene Dinge" gegenüber. „Unbegreiflich" ist es

Lessing, wie beide Religionen „in Christo als in einer und derselben Person" bestehen können.

Damit hatte Lessing den schärfsten Dissens nicht nur im Gottes-, sondern auch im Christus-Verständnis gegenüber der lutherischen Orthodoxie markiert. Diese war ja in der Tat stets von dem Dogma ausgegangen, Jesus sei mehr als ein Mensch, nämlich der ewige Sohn Gottes, und könne von daher als „Gott von Gott" auch kultische Verehrung genießen. Dem stellt Lessing gegenüber, daß nur die Religion Jesu die eigentlich in der Bibel enthaltene Religion sei, welche dann durch die christliche Religion überfremdet worden sei. Was aber ist inhaltlich mit der Religion Christi gemeint? Diese Frage beantwortet die zweite im Anschluß an die Angriffe von Johann Daniel Schumann veröffentlichte kleine Schrift Lessings mit dem Titel „Das Testament Johannis" (1777).

Die Liebe als Maß aller Dinge

Dieses „*Testament Johannis*" (VIII, 447–454) ist schon von der Form her ein höchst aufregendes Dokument. Formal spürt man den Dramatiker Lessing, handelt es sich doch um ein Dialogstück zwischen einem „Er" und einem „Ich". Formal spürt man auch den theologischen Experimentator und kenntnisreichen Kombinierer Lessing, wird doch ein angebliches „Testament" des Evangelisten Johannes von seinem „Evangelium" fiktiv unterschieden. Das ganze Stück steht unter der Prämisse: Während das Evangelium des Johannes (durch seine hohe Christologie[66]) Trennungen innerhalb der Christenheit und gegenüber den Juden bewirkt hat, könnte das Testament des Johannes die Menschen „wieder vereinigen" (VIII, 445).

Was aber steht in dem „Testament" des Johannes? Was ist sein Inhalt? Lessing entwirft hier die fiktive Szenerie eines altgewordenen Evangelisten Johannes, der in seiner Gemeinde zu Ephesus jahrzehntelang gewirkt hat und nun altersschwach und müde geworden ist. Nach seiner Gewohnheit richtet aber auch der alte Johannes immer noch ein Wort an seine Gemeinde, „einfältig und kurz". Doch je schwächer er wird, desto einfältiger und kürzer werden auch seine

[66] Die Problematik der johanneischen Christologie habe ich dargestellt in: K.-J. Kuschel, a. a. O., S. 468–511.

Ansprachen, bis Johannes endlich alles, was er sagen will, auf drei Worte bringt: „Kinderchen, liebt euch!" Die Gemeinde ist zuerst ergriffen, dann bei ständiger Wiederholung gelangweilt, schließlich skeptisch: Wollte oder konnte ihr Meister nicht mehr sagen? Endlich nimmt man allen Mut zusammen und fragt den alten Mann direkt. Und dieser antwortet:

> „Darum, weil es der Herr befohlen. Weil das allein, das allein, wenn es geschieht, genug, hinlänglich genug ist. — " (VIII, 451)

Und Lessing läßt sein „Ich" hinzufügen:

> „glaube ich... daß... in allen unsern Kirchen, an dem sichtbarsten in die Augen fallendsten Orte, mit goldnen Buchstaben angeschrieben zu werden verdiente — das Testament Johannis... Dieses Testament Johannis war es, worauf ehedem ein gewisses Salz der Erde schwur. Itzt schwört dieses Salz der Erde, auf das Evangelium Johannis: und man sagt, es sei nach dieser Abänderung ein wenig dumpfig geworden." (VIII, 452)

Ein dritter Dissens also bricht zwischen Lessing und Goeze an diesem Punkt auf: nicht nur beim Gottes- und Christus-, sondern auch beim Verständnis des Zentralinhalts des Christlichen. Schematisch könnte man sagen: Für Goeze und seinesgleichen gilt — die Wahrheit geht vor der Liebe; für Lessing umgekehrt: die Liebe geht vor der Wahrheit. Für Goeze und seinesgleichen gilt: Erst aus der Annahme der christlichen Wahrheit folgt eine Praxis christlicher Liebe. Für Lessing gilt umgekehrt: Es kann für Christen nie eine Wahrheit auf Kosten der Liebe geben. Wahrheit muß immer *als Liebe* praktiziert werden. Wo geliebt wird, da ist Wahrheit, da ist Gott. Das allein ist genug. Und daß diese Grundposition Lessings erhebliche Folgen für seine Theologie der Religionen hat, werden wir in Kürze sehen, wenn wir uns dem Stück „Nathan der Weise" zuwenden.

Noch aber muß unsere Aufmerksamkeit einem Dokument ganz eigener Art gelten, das für unsere Frage von höchster Brisanz ist. Es läßt inhaltlich ahnen, daß Lessing im Islam eine Religion mit eigenem Wahrheitsanspruch zu sehen bereit war. Und es läßt formal aufblitzen (wiederum ist der meisterliche Kombinierer Lessing am Werk), wie Judentum und Christentum reagieren würden, wenn sie entdeckten, daß die islamische Sicht der Heilsgeschichte möglicherweise die richtige gewesen ist. Was wäre, wenn...?

7. Der Islam – die wahre Religion? Ein Gedanken-Experiment

Lessings Bruder Karl und dessen 1795 vorgelegtem Buch „Gotthold Ephraim Lessings Leben" verdanken wir einen ersten Hinweis auf dieses kleine Dokument, das er aus dem Nachlaß erstmals publizierte: *„Meines Arabers Beweis, daß nicht die Juden, sondern die Araber die wahren Nachkommen Abrahams sind"* (VIII, 617f.).

Was wäre, wenn? Eine Frage mit Brisanz

Die Araber die wahren Nachkommen Abrahams? Das hört sich nach einer langweiligen historischen und exegetischen Spezialfrage an. In Wirklichkeit aber verbirgt sich dahinter ein Problem von religionstheologischer Brisanz: die Frage des Wahrheitsanspruchs des Islam gegenüber Judentum und Christentum. Der Text lautet in voller Länge:

> „Daher weil diese von Ismael, der ganz gewiß der Sohn des Abraham war, und nicht von Isaak abstammen, der zwar der Sohn der Sara, aber Gott weiß, ob auch der Sohn Abrahams war. Diesen Verdacht bekräftiget
>
> 1) Die Zusammenstimmung der Zeit, indem Sara eben darauf mit ihm nieder kam, als sie bei dem Abimelech gewesen war.
>
> 2) Verschiedene kleine Umstände, welche in der Bibel selbst auf diesen Verdacht zu zielen scheinen. Als
>
> a) der Name Isaak, welcher so viel bedeutet, als *man wird lachen* 1. Mos. XVII. 19. Dahinter scheint mehr zu stecken, als die bloße Verwunderung, daß die betagte Sara ihrem noch betagteren Manne einen Sohn bringt.
>
> b) Die Austreibung des Ismael, mit samt der Hagar, weil Ismael spottete und sein Gelächter hatte. Worüber sonst, als darüber, daß sich sein guter Vater so gutherzig ein Bankbein unterschieben ließ. XXI. Nach des Michaelis Übersetzung kömmt es heraus, als ob Ismael über das Gastmahl gelacht hätte, welches Abraham bei der Entwöhnung des Isaak angestellt. Aber wenn dieses auch: so muß er doch Ursache zu glauben gehabt haben, warum er dieses Gastmahl für lächerlich gehalten.

> c) Die Stelle XXI. 12. wo Gott zu dem Abraham sagt: In Isaak soll dir der Same *genennet* werden; von dem Ismael hingegen es heißt v. 13. Darum, daß er deines Samens *ist.*
>
> d) Dürfte nicht vielleicht auch die Bereitwilligkeit Abrahams den Isaak zu opfern, daraus zu erklären sein? Dieser Versuch, aus welchem man hernach eine göttliche Probe gemacht, kam ihm in einem Anfalle von Eifersucht ein. Die Liebe gegen seinen verstoßenen wahren Sohn wachte auf; er wollte also den andern aus dem Wege schaffen."

Ein seltsames Stück wilder Exegese, keine Frage. Ein Midrasch eigener Art, mit Humor zu lesen, mit Amüsement über die Ergebnisse einer Kombinationskunst, die zu komischen Effekten führt: Isaak – im Gegensatz zu Ismael – ein illegitimer Abraham-Sohn, Produkt aus der Verbindung Sara – Abimelech (vgl. Gen 20,1–5), dem etwas naiven Abraham möglicherweise als Bastard untergeschoben? Zum Lachen das Ganze. Und dann doch auch wieder tragikomisch. Man stelle sich vor: Das Lachen, von dem die Genesis berichtet, wäre ein Lachen Ismaels gewesen, der gewußt habe, daß es sich bei seinem „Bruder" in Wirklichkeit um einen Bastard handelt. Und dieses Lachen des Ismael könnte der Grund für seine schreckliche Vertreibung gewesen sein. Ja, man stelle sich vor, die versuchte „Opferung Isaaks" hätte Abrahams Eifersucht zum Grund, nachdem dieser plötzlich gemerkt haben mag, was mit ihm gespielt wurde. Welch komische Umkehr der Verhältnisse: der biblisch legitime Sohn würde zum illegitimen; der verstoßene zum wahren Erbsohn... Lessing, der Komödienschreiber, dürfte seinen Spaß an diesen Verkehrungen, Neukombinationen und überraschenden Möglichkeiten gehabt haben...

Und doch dürfte er zugleich auch um den *theologischen Sprengstoff* gewußt haben, der in diesem Midrasch steckt. Zu datieren ist er mit ziemlicher Sicherheit in die Wolfenbütteler Zeit, da diese Art des kritischen Umgangs mit biblischen Texten, diese Art des Hinterfragens und Neukombinierens, unverkennbar auf eine Beschäftigung mit der Bibelkritik des Reimarus verweist (vgl. VIII, 1082). Damit kommt religionspolitischer Ernst in die Sache. Denn jeder Kenner der Materie weiß, was an den Gestalten Abraham und Isaak hängt: die *heilsgeschichtliche Vorrangstellung des jüdischen Volkes* vor allen anderen Völkern der Erde.[67] Mit Abraham (Isaak inklusive) hat Gott nach Aussagen der Hebräischen Bibel einen eigenen Bund geschlossen, der eine konkrete Gottesverpflichtung für das Wohlergehen eines konkreten Volkes in einem konkreten Land enthält (vgl. Gen 17). Abraham und Isaak sind somit Bürgen einer besonderen Selbstverpflichtung Gottes für das Volk Israel, als deren Urväter beide gelten. Auch Christen haben diese im Abraham-Bund gegründete heilsgeschichtliche Sonderstellung des jüdischen Volkes in der Menschheitsgeschichte durch ihren Glauben an Jesus Christus bestätigt.[68]

Indirekte Aufwertung des Islam

Lessings Text aber spielt mit dem brisanten Gedanken, daß Isaak gar nicht der legitime Sohn Abrahams gewesen sein könne, was im Klartext heißt, daß Israel seinen Anspruch auf Abrahamskindschaft gar nicht erheben und die heilsgeschichtliche Prärogative somit eine Fiktion, eine jahrhundertelange Selbsttäuschung gewesen sein könnte. Die *legitime Abrahamssohnschaft Ismaels* dagegen wird nachdrücklich bekräftigt, was zur Konsequenz hätte: Diejenige Religion rückt ins Zentrum, welche von jeher ja ebenfalls eine Abraham-Abstammung behauptete, und zwar über eben den Ismael, der nach Aussagen der Genesis zweimal vertrieben und aus dem Bund Gottes ausdrücklich ausgeschlossen worden war (Gen 16,1–12; 21,8–21). Gemeint ist der *Islam,* der durch die Verkündigung Mohammeds, niedergelegt im Koran, sogar beansprucht, die *ursprüngliche Religion Abrahams* wiederhergestellt zu haben. Islam und „Religion Abrahams“ sind nach dem im Koran grundgelegten Selbstverständnis der Muslime eins.[69] Die Abraham-Abstammung ist somit nicht nur für den Propheten Mohammed genealogisch wichtig (sein Stamm, die Quraish, leiteten sich über Ismael direkt von Abraham ab), sie ist auch sachlich wichtig, denn damit kann der Islam, obwohl nach Judentum und Christentum in der Weltgeschichte aufgetreten, seine sachliche Priorität

[67] Die *Abraham-Problematik* aus jüdischer, christlicher und muslimischer Sicht habe ich dargestellt in meinem Buch: *K.-J. Kuschel,* Streit um Abraham. Was Juden, Christen und Muslime trennt — und was sie eint, München 1994, TB-Ausgabe München 1996 (Serie Piper 2288).

[68] Vgl. dazu *K.-J. Kuschel,* a. a. O., Teil A I und II: Abraham und das Judentum/Abraham und das Christentum.

[69] Vgl. dazu *K.-J. Kuschel,* a. a. O., Teil A III: Abraham und der Islam.

vor Judentum und Christentum legitimieren. Die Abraham-Ismael-Abstammung ist also für Muslime zentral zur Legitimierung ihrer Vorrangstellung vor Juden und Christen.

Lessing also weiß, was er hier tut und was ein Experiment in Sachen Abraham-Abstammung für das Verhältnis der Religionen Judentum, Christentum und Islam bedeutet. Im jüngsten Kommentar zu diesem Text ist denn auch mit Recht bemerkt worden: „Indirekt wertet Lessing damit die islamische Religion auf, insofern nicht die Juden, sondern die (arabischen) Moslems als die wahren Nachkommen Abrahams anzusehen sind." (VIII, 1083). Dieses Urteil kann sich stützen auf den protestantischen Alttestamentler *Rudolf Smend*, der alle Nachlaßfragmente Lessings zum Alten Testament einer Untersuchung unterzog und in unserem Fall zu dem Ergebnis kam, daß in diesem Text der Sache nach durchaus etwas sehr Ernsthaftes ausgesprochen ist: „Lessings Araber ist natürlich mitsamt seinem kuriosen Beweis eine Fiktion. Aber es hieße das Stück falsch einschätzen, wollte man es nur ‚geistige Gymnastik' nennen. Auch die Alternative ‚spöttischer Witz oder Unreife' geht weit daneben. Wir dürfen vielmehr als unausgesprochenes Motiv einen sehr ernsthaften Gedanken vermuten, nämlich diesen: die Legitimität ihrer Religion, die Juden und Christen historisch durch Auslegung der Bibel zu beweisen versuchen, könnten auf ähnliche Weise auch die Mohammedaner für sich beanspruchen. Oder umgekehrt, auf die Kuriosität, ja das Groteske des hier geführten Beweises, dieser Parodie eines Beweises, gesehen: sie könnten es auf solche Weise eben nicht, so wie es auch Juden und Christen in Wahrheit nicht können. Damit aber rückt der kurze Text in die Nähe der wichtigsten theologischen Aussagen des späten — oder, um einmal den unangemessenen Ausdruck zu gebrauchen, des ‚reifen' — Lessing, rückt in die Nähe des ‚Nathan'."[70]

Wir sind in der Tat in der Nähe des „Nathan". Und wir zögern jetzt keinen Moment mehr, dieses Stück direkt in den Blick zu nehmen. Es bildet den Höhe- und Schlußpunkt Lessings in Sachen Theologie der Religionen, in Sachen Judentum, Christentum und Islam.

[70] *R. Smend*, Lessings Nachlaßfragmente zum Alten Testament, in: Nachrichten der Akademie der Wissenschaft in Göttingen aus dem Jahre 1979. Philologisch-historische Klasse, Göttingen 1979, S. 93–103, Zitat S. 98.

III. WIDER DIE TRAGÖDIEN IN SACHEN RELIGION: „NATHAN DER WEISE"

Nein, Goeze hatte nicht nach dem Scheiterhaufen gerufen, noch hatte er den kaiserlichen Minister gegen Lessing gehetzt, wie der Sohn von Reimarus vermutet hatte. Wohl aber hatte er am Ende genauso sein Ziel erreicht. Denn da Goeze die theologische Frage nach dem Offenbarungsanspruch des Christentums stets mit der politischen Frage nach der Staatsraison verbunden hatte (nach der Devise: Ist die Religion in Frage gestellt, ist auch die politisch-gesellschaftliche Ordnung bedroht), werden auch die staatlichen Autoritäten langsam nervös. Ja, Lessings Arbeitgeber, der Braunschweiger Hof, macht sich den Goezeschen Vorwurf zu eigen, Lessing habe durch die Veröffentlichung der Fragmente die christliche Religion „in ihrem Grunde" erschüttert, „lächerlich und verächtlich" gemacht. Das hatte Folgen.

1. Lessing unter Zensur

Im Namen des Herzogs wird Lessing am 13. Juli 1778 befohlen, das fragliche Manuskript „binnen acht Tagen ohnfehlbar" einzuschikken, die weitere Publikation einzustellen und sich bei künftigen Veröffentlichungen zu theologischen Fragen der Zensur zu unterwerfen; widrigenfalls drohten drastische Sanktionen. Und das gelte — wie auf Lessings Nachfrage am 17. August ausdrücklich hinzugefügt wurde — für Publikationen innerhalb und außerhalb des Braunschweiger Territoriums, für namentlich gezeichnete Artikel ebenso wie für anonyme. Will Lessing nicht seine berufliche Existenz riskieren, muß er diesen Befehl ernst nehmen; er kommt einem völligen Publikationsverbot in Sachen kritischer Theologie gleich. Bruder Karl hatte recht, als er am 1. August 1778 nach Wolfenbüttel schreibt: „die Diener Gottes legen die Hände nicht in den Schoß, und haben göttlichere Waffen als die schwache Vernunft."[1]

Ein Drama als Tarnung

Aber versiert in publizistischen Fragen, wie er war, findet Lessing Auswege. Der erste besteht darin, das Zensurverbot kaltlächelnd zu unterlaufen und außerhalb Braunschweigs dennoch zu publizieren. So geschehen mit der im September oder Oktober 1778 öffentlich erfolgten (und letzten) Antwort an Goeze, die in Hamburg ohne Nennung des Verlegers und Verfassers erschien (IX, 471–479). Die Braunschweiger Behörden ließen Lessing offensichtlich gewähren. „Du siehst also", schreibt Lessing an Bruder Karl, „daß ich in meiner Streitigkeit fortfahre; ungeachtet mir das Ministerium allhier verboten, auch nicht einmal auswärts etwas drucken zu lassen, was ich nicht zuvor der Censur ihm eingesandt. Das wäre mir eben recht! Ich tue das nicht, mag auch daraus entstehen, was will."[2]

Der zweite Ausweg heißt „Nathan". Schon Mitte August 1778 hatte es in einem Brief an Karl geheißen, er, Lessing, habe des nachts einen „närrischen Einfall" gehabt. Vor vielen Jahren habe er einmal ein Schauspiel entworfen, dessen Inhalt „eine Art von Analogie" mit seinen gegenwärtigen Streitigkeiten aufweise, wie er sie sich damals nicht habe träumen lassen. Grundlage der Idee sei eine Geschichte aus des Italieners Boccaccio Novellensammlung „Il Decamerone". Und Lessing fügt hinzu: „Ich glaube, eine sehr interessante Episode dazu erfunden zu haben, daß sich alles sehr gut soll lesen lassen und ich gewiß den Theologen ein ärgern Possen damit spielen will, als noch mit zehn Fragmenten."[3] Der Dramatiker in ihm ist wieder er-

[1] *K. Lessing*, Brief an G.E. Lessing vom 1.8.1778, in: Briefe von und an Lessing (1776–1781), hrsg. v. H. Kiesel, Frankfurt/M. 1994, S. 177.

[2] *G.E. Lessing*, Brief an K. Lessing vom 20.10.1778, in: a.a.O., S. 199f.

[3] *G.E. Lessing*, Brief an K. Lessing vom 11.8.1778, in: a.a.O., S. 186. Später präzisiert Lessing noch einmal die Zeitangaben für den Grundeinfall und die ersten Entwürfe zum „Nathan", vor allem wohl deshalb, um das Stück aus den aktuellen theologie- und kirchenpolitischen Kontroversen herauszuhalten und es möglichst als „alte Geschichte" hinzustellen. An K. Lessing am 7.11.1778: „Mein Nathan, wie mir Professor Schmid und Eschenburg bezeugen können, ist ein Stück, welches ich schon vor drei Jahren, gleich nach meiner Zurückkunft von der Reise, vollends aufs Reine bringen und drucken lassen wollen. Ich habe es jetzt nur wieder vorgesucht, weil mir auf einmal beifiel, daß ich, nach einigen kleinen Veränderungen des Plans, dem Feinde auf einer andern Seite damit in die Flanke fallen könne. Mit diesen Ver-

wacht, und kampfeslustig läßt Lessing sich bereits im September so vernehmen: „Ich muß versuchen, ob man mich auf meiner alten Kanzel, auf dem Theater wenigstens, noch ungestört will predigen lassen"[4]. Zugleich aber war Lessing sich wohl im klaren, daß er vorsichtig zu sein hatte, um seinen Gegnern keine Handhabe für die Ausübung der Zensur zu bieten. Anfang November 1778 heißt es an den Bruder:

> „Mein Stück hat mit unsern jetzigen Schwarzröcken nichts zu tun; und ich will ihm den Weg nicht selbst verbauen, endlich doch einmal aufs Theater zu kommen, wenn es auch erst nach hundert Jahren wäre. Die Theologen aller geoffenbarten Religionen werden freilich innerlich darauf schimpfen; doch dawider sich öffentlich zu erklären, werden sie wohl bleiben lassen."[5]

Sie ließen es bleiben, aber Lessing erlebte auch keine Aufführung des „Nathan" zu Lebzeiten; diese erfolgte erst am 14. April 1783 in Berlin, zwei Jahre nach Lessings Tod.

„Nathan der Weise" entsteht — und auch Lessing wählt den *Schauplatz Jerusalem*, diesen für Juden, Christen und Muslime nun einmal zutiefst symbolischen Ort. Das Stück ist denn auch die Summe Lessings gerade in Sachen Theologie der Religionen. Viele der großen theologischen Themen seines Lebens kehren hier in einzigartig verdichteter Form noch einmal wieder: Toleranz gegenüber Andersglaubenden, Kritik und Überwindung der lutherischen Spätorthodoxie, Christentumskritik und die Vision eines anderen Christseins, Humanität in und durch Religiosität.

änderungen bin ich nun zu Rande, und mein Stück ist so vollkommen fertig, als nur immer eins von meinen Stücken fertig gewesen, wenn ich sie drucken zu lassen anfing." (a. a. O., S. 207) Auch in der *geplanten Vorrede* dieselbe Strategie: „Es ist allerdings wahr, und ich habe keinem meiner Freunde verhehlt, daß ich den ersten Gedanken zum Nathan im Dekameron des Boccaz gefunden. Allerdings ist die dritte Novelle des ersten Buches, dieser so reichen Quelle theatralischer Produkte, der Keim, aus dem sich Nathan bei mir entwickelt hat. Aber nicht erst jetzt, nicht erst *nach* der Streitigkeit, in welche man einen Laien, wie mich, nicht bei den Haaren hätte ziehen sollen. Ich erinnere dieses gleich Anfangs, damit meine Leser nicht mehr Anspielungen suchen mögen, als deren noch die letzte Hand hineinzubringen im Stande war." (IX, 665)

[4] *G. E. Lessing*, Brief an E. Reimarus vom 6. 9. 1778, in: a. a. O., S. 193.

[5] *G. E. Lessing*, Brief an K. Lessing vom 7. 11. 1778, in: a. a. O., S. 207.

Und doch — schaut man genau hin — gibt es etwas in diesem Stück, was man als Lessing-Leser in dieser Form nicht hat erwarten können. Die *Grundthese* unserer folgenden Kapitel deshalb vorweg: Zwei Dimensionen des Stückes sind überraschend originell, für die man im bisherigen Werk Lessings zwar Ansatzpunkte, aber keine direkte Parallele findet. Negativ heißt das: *Nicht überraschend* ist die Präsentierung eines Juden als eines „edlen Helden". Gewiß, der Jude Nathan unterscheidet sich von seinem jüdischen Bruder, dem „Reisenden", im frühen Stück „Die Juden" (1749) vom Niveau her signifikant. Aber von der literarischen Strategie her (Durchbrechung antijüdischer Stereotypen und Vorurteile durch gezielte Aufwertung eines Juden) unterscheiden sich beide Stücke nicht. Hier — in der „Judenfrage" — ist der „Nathan" bei allen Niveauunterschieden zum frühen Stück werkgeschichtlich nicht originell. Nicht überraschend ist auch die scharfe Christentumskritik, die Kritik an einer unbarmherzigen christlichen Orthodoxie, die weder zu Toleranz noch gar zur positiven Hochschätzung anderer Religionen fähig ist. Insbesondere in die Figur des Patriarchen ist viel an Goeze-Erfahrung eingeflossen, wenn Lessing diesen Christen sagen läßt: „Alle bürgerlichen Bande / Sind aufgelöst, sind zerrissen, wenn / Der Mensch nichts glauben darf" (IV/2). Auch in dieser Hinsicht also ist der „Nathan" thematisch keineswegs neu.

Positiv heißt das: Die überraschende *Originalität* des Stückes liegt neben der ästhetischen und sprachlichen Form in zwei Dimensionen, die wir in den nun folgenden Kapiteln behandeln werden.

Originalität I: Es werden im „Nathan" Muslime präsentiert, die in bisher unerhörter Form strategisch aufgewertet werden. Zwar hatte sich Lessing schon vor rund 25 Jahren im „Cardanus", wie wir hörten, in die Rolle eines Muslimen versetzt, jetzt aber, im „Nathan", bekommen Muslime ein so konkretes Profil, daß sie zu herausragenden Gestalten des Stückes werden. Mehr noch: Der Islam als die neben dem Christentum zweite religiöse „Großmacht" tritt in diesem Stück wie nie zuvor in Lessings Werk in den Vordergrund. Hier liegt denn auch der entscheidende Unterschied zum frühen Stück „Die Juden". Dieses spielte im deutschen Kontext und spiegelte das Gegenüber von Christen (Deutschen) und Juden — mit Juden in der Minderheit. Durch den Wechsel des Schauplatzes (Jerusalem zur Kreuzzugszeit) kommt die zweite, machtmäßig genauso starke Weltreligion erstmals mit ins Spiel: der Islam, mit der doppelten Folge, daß Juden zum zweiten Mal in eine Minderheitsposition geraten, aber auch in der Lage sind, Islam und Christentum nun gegeneinander auszuspielen. Beide Folgen werden im „Nathan" präsent sein.

Originalität II: Entworfen wird die Vision eines Zusammenlebens von Juden, Christen und Muslimen. Auch hier geht der „Nathan" über all das hinaus, was Lessing bisher in seinem Werk dazu zu sagen hatte. Zwar hatte er sich immer wieder zu Judentum, Christentum und Islam geäußert, im „Nathan" aber legt er erstmals *die Gesamtkonzeption einer inneren Verbindung* von Menschen der drei abrahamischen Religionen vor.

Doch bevor wir uns Handlung und Figuren des „Nathan" vergegenwärtigen, nähern wir uns dem Stück stoff- und dramengeschichtlich. Diese Annäherung wird Lessings originärer Leistung das nötige Profil verschaffen.

2. Jerusalem-Tragödien um Christen und Muslime

Den stoff- und dramengeschichtlichen Hintergrund erhellen, heißt die Frage beantworten: Hat es Vorbilder in der Geschichte der Literatur gegeben, die Lessing zu dieser Form des Stück inspiriert haben könnten? Stoffe oder Dramen, die ebenfalls den Schauplatz Jerusalem wählten und an diesem Schauplatz Menschen der verschiedenen Religionen aufeinandertreffen ließen? Schaut man sich um in seinem Werk, so kommt man zu der erstaunlichen Feststellung: Lessing kennt mindestens drei literarische Dokumente, die Jerusalem bereits als Schauplatz gewählt und an diesem so geschichtsträchtigen Ort Konflikte zwischen Muslimen und Christen gezeigt hatten.

Eine christliche Opfergeschichte: Torquato Tasso

Lessing kennt die Dichtungen des großen italienischen Renaissance-Autors *Torquato Tasso* (1544–1595), insbesondere dessen Heldenepos in zwanzig Gesängen rund um den ersten Kreuzzug (1099) mit dem christlichen Feldherrn Gottfried von Bouillon: „Gerusalemme liberata“ („Das befreite Jerusalem“). Ein breites, handlungsreiches, dramatisches Geschehen war von Tasso in unerhört berauschender, sinnlicher, nuancenreicher Sprache vor seinen Lesern entfaltet worden, großen antiken Vorbildern im Epos wie Homer und Vergil nacheifernd. Die Handlung ist ausgespannt zwischen Himmel, Erde und Hölle und konzentriert auf die Taten einiger großer Helden (Tankred und Rinaldo auf christlicher, Soliman und Aladin auf muslimischer Seite) sowie auf einige überragende Heldinnen: die junge Christin Sophronia, die muslimische Amazone Clorinda, die Sarazenenprinzessin Erminia sowie die Magierin Armida. Entstanden war das alles größtenteils zwischen 1570 und 1575, als Tasso im Dienste des Hofes der Familie Este in Ferrara stand. 1581 wurde es in unautorisierter und unvollständiger Form erstmals veröffentlicht und erhielt dann — der Dichter war in die Mühlen der Inquisition geraten und hatte als Geistesverwirrter bis 1586 sieben Jahre in einem Irrenhaus-Gefängnis zu verbringen — erst zwischen 1587 und 1592 seine Endgestalt. In ihr wurde aus ästhetischen und religiösen Skrupeln das Erotische, Hedonistische, Amoralische und Sentimentale zugunsten des asketisch-religiösen Aspektes zurückgedrängt, so daß die 1593 gedruckte Neufassung nicht zufällig den verschärfenden Titel „Gerusalemme conquista“, „Das eroberte Jerusalem“ erhielt.[6]

Im zweiten Gesang, in den Strophen 1–54, kann man eine in sich geschlossene Episode nachlesen, die zugleich etwas über Tassos *Bild von Christentum und Islam* in dieser Dichtung aussagt. Zum geschichtlichen Hintergrund des Epos gehört die *Seeschlacht bei Lepanto* am 20. Mai 1571, bei der eingangs des Golfes von Korinth eine (aus Spaniern und Venezianern gebildete) christliche Flotte („Heilige Liga“) unter Don Juan d'Austria eine überlegene türkische Flotte besiegen konnte. Erstmals war damit die Vorherrschaft der Türken über das Mittelmeer gebrochen, nachdem das osmanische Reich unter den Sultanen Mohammed II., dem „Eroberer“ (1451–1481), und vor allem unter Suleiman II., „dem Prächtigen“, eine beispiellose Ausdehnung erlebt hatte. Die Entstehung von Tassos Werk fiel also in die Zeit der Türkenabwehr und traf eine Stimmung, in der sich

[6] Zitiert wird nach folgender Ausgabe: *T. Tasso,* Die Befreiung Jerusalems, in: Werke und Briefe, übersetzt und eingeleitet von E. Staiger, München 1978, S. 181–674.

Christen seit langem wieder einmal als militärische Sieger über Muslime fühlen konnten. Nicht zufällig projizierte Tasso denn auch die Handlung seines Epos in die Zeit des ersten Kreuzzugs (1096–1099), der bekanntlich mit dem Sieg „christlicher" Heere und der Errichtung eines „Königreichs Jerusalem" unter Gottfried von Bouillon geendet hatte.

Für uns (wie für Lessing) von besonderem Interesse ist die im zweiten Gesang erzählte Geschichte deshalb, weil hier ein durchaus *differenziertes Bild vom Islam* zum Ausdruck kommt. Es geht um fünf Personen, die in der Stadt Jerusalem während der Belagerung durch das Heer der Christen aufeinandertreffen. Zwei sind Christen (Sophronia und Olind), zwei sind Muslime (Aladin, Clorinda), einer ist ein Mischling, ein Synkretist aus Christentum und Islam. Er heißt Ismen, war früher ein Christ, ist jetzt Muslim, mischte aber aus beiden Religionen sich sein eigenes Gebräu und agiert jetzt als verschlagener, bösartiger Magier. Da er Einfluß auf den muslimischen Herrscher in Jerusalem, Aladin, hat, rät er diesem, ein Madonnenbild aus einer Kirche zu rauben und in die Moschee zu bringen, um sich der magischen Kräfte des Bildes zu vergewissern.

Am nächsten Tag aber ist das Bild aus der Moschee verschwunden; Christen werden verdächtigt, und der Sultan droht der christlichen Gemeinde Jerusalems mit kollektivem Tod, wenn sich der Täter nicht offenbart. Da opfert sich die schöne junge Christin Sophronia, um ihrem Volk den Tod zu ersparen; gnadenloser Feuertod steht ihr bevor. Als sie aber schon auf dem Scheiterhaufen steht, springt ihr der junge Christ Olind bei. Aus Liebe zu Sophronia gibt er sich für den Täter aus und ist bereit, anstelle der Geliebten zu sterben. Doch beide werden in letzter Minute vom Scheiterhaufen gerettet. Die persisch-muslimische Amazone Clorinda war von Mitleid für die beiden ergriffen worden und kann den Sultan gnädig stimmen, da sie bei ihm als große Kämpferin hohes Ansehen genießt. Olind und Sophronia wird vom Sultan das Leben geschenkt; sie können aus Palästina fortziehen. Der Sultan aber läßt seinen Zorn dennoch an den Christen aus und verbannt viele der Gläubigen aus Jerusalem...

Welches Bild von Christentum und Islam enthält diese Geschichte? Zunächst – ein *erster Aspekt* – kann kein Zweifel daran bestehen, daß Tasso unter dem Eindruck der historischen Ereignisse die

Stereotypen des mittelalterlich-reformatorischen Konfrontationsparadigmas gegenüber dem Islam reproduziert. Die Moschee wird bei ihm als „ekler Raum“ (Str. 9) bezeichnet, wo „der Wahnsinn / Des argen Kults den Himmel oft beleidigt“ habe (Str. 7). Auch wird der oberste Muslim, Sultan Aladin, als rachsüchtiger Tyrann dargestellt, der in seinem Zorn auch vor Massentötung unschuldiger Menschen nicht zurückscheut. Umgekehrt erstrahlt das Christentum in glänzendstem Licht, wird es doch vertreten durch die schöne und opfermutige Sophronia sowie durch den nicht weniger tapferen und todesverachtenden Olind. Beider Liebe erweckt Bewunderung, ja Mitleid selbst im harten Herz des muslimischen Sultans (Str. 37).

Ebenfalls kann — ein *zweiter Aspekt* — kein Zweifel daran sein, daß das ganze Epos, konzipiert als *christliches* Gegenstück zu den antiken Vorbildern, letztlich darauf abzielt, den Sieg des Christentums über eine falsche Religion zu feiern und zu preisen. Jerusalem soll ja letztlich von muslimischer Herrschaft „befreit“, soll christlich „erobert“ werden. Geschichte wird hier wieder einmal für den Abwehrkampf des Christentums gegenüber dem Islam funktionalisiert. Selbst von Clorinda, der persischen Amazone, erfährt man schließlich, daß sie das Kind eines christlichen Äthiopierfürsten ist, ausgesetzt wurde und unter Muslimen aufgewachsen war. Nachdem sie im Kampf von Tankred (irrtümlich) niedergestreckt wurde, kann dieser sie kurz vor ihrem Tod noch taufen, was weniger als „Wunder“ denn als Rückkehr zu ihrem Ursprung gewertet werden soll (12. Gesang). Eine triumphale Sicht des Christentums gegenüber dem Islam — wir befinden uns zur Zeit der Gegenreformation unter dem Eindruck des Konzils von Trient — wird also durch das ganze Epos hindurch spürbar.

Zugleich aber ist unübersehbar, daß zumindest in unserer Episode, die noch aus der Frühphase der Werkgeschichte stammt, die persische Amazone Clorinda als Muslimin positiv gezeichnet ist. Der wahre Verbrecher ist Ismen, dessen Boshaftigkeit mit seiner religiösen Undefinierbarkeit erklärt wird:

„Er glaubt an Mohammed und war einst Christ,
Doch kann er nicht die ersten Bräuche lassen.
Er mischt zu Zwecken, gottlos und unheilig,
Die beiden Lehren, die ihm schlecht bekannt sind.“ (II, 2)

Umgekehrt steckt im Lob Clorindas auch ein *Lob des Islam*, wird diese Frau doch als Muslimin wegen ihrer Gerechtigkeit im Urteil und ihrer Ritterlichkeit im Verhalten eindrucksvoll herausgestellt. Als Muslimin kritisiert sie sogar das Verhalten des muslimischen Herrschers in Sachen Bilder-Diebstahl. Dieser widerspricht eindeutig muslimischen Prinzipien, und durch diese ihre innermuslimische Erklärung nimmt sie die Schärfe aus der Anklage und rettet auf diese Weise die Christen:

„Es war Mißachtung unsrer heil'gen Lehre,
Daß ihr getan habt, was der Magier riet.
Sie duldet in dem Tempel keine Bilder,
Geschweige denn ein christliches Gemälde.

Ich bin geneigt, auf Mohammed das Wunder
Zurückzuführen. Er vollbrachte es
Um darzutun, er wolle seinen Tempel
Durch neue Bräuche nicht beflecken lassen.
Ismen versuche all sein Heil mit Zauber,
Er, der die Waffen mit Magie vertauscht hat.
Uns Rittern ziemt allein, das Schwert zu führen.
Dies ist die Kunst, der wir Vertrauen schenken." (II, 50/51)

Diese dramaturgische Option also hätte Lessing gehabt: Wenn man ein Stück *erstens* in Jerusalem spielen läßt und *zweitens* zur Kreuzzugszeit, dann hat man als Dramatiker die Möglichkeit, ein *Opferspiel* zu schreiben — und zwar im doppelten Sinn des Wortes. Man kann Christen zu unfreiwilligen Opfern ihrer muslimischen Beherrscher machen und zugleich zeigen, daß sie durch freiwilligen Opfergang ihre innere Freiheit und Überlegenheit bewahren. Die dramaturgische Spannung entsteht dann von selbst aus dem Konflikt, ob solche Christen denn auch standhaft genug sind, den Opfergang zu vollenden, oder ob dieser von außen nicht doch noch verhindert werden kann. Genau so ist ja Tassos Geschichte angelegt: Jedem Leser drängt sich sofort die Frage auf, ob die christliche Heldin ihren Schritt nicht bereut und ob sie am Ende gerettet werden kann. Und noch die glückliche Auflösung der Spannung bestätigt nur die inhaltliche Gesamtaussage der Episode: Christsein soll sich hier auszeichnen durch freiwilliges Selbstopfer, hingebende Liebe und Verachtung für den Tod. Und dieses Christsein kann um so heller strahlen, als der muslimische Hintergrund düster gezeichnet ist. Diese Option also hätte Lessing gehabt: ein christliches Opferdrama in muslimischem Kontext, wo eine Christin sich für ihr Volk, ein Christ sich für seine Geliebte opfert und ihr Glaubenszeugnis sich vor schwarzer muslimischer Kulisse um so herrlicher abhebt.

Aber Lessing hatte bereits, als er den „Nathan" zu schreiben begann, ein Beispiel dafür vor Augen, daß ein junger Schriftsteller seiner Generation diese Episode von Tasso aufgegriffen und ein ganzes „Trauerspiel" daraus gemacht hatte. Der Autor hieß Johann Friedrich von Cronegk. Hatte er — 200 Jahre nach Tasso — jetzt ein überzeugendes Drama geliefert?

Eine christliche Märtyrertragödie: J. F. von Cronegk

Johann Friedrich von Cronegk (1731–1758) war in jeder Hinsicht eine unglückliche Figur. Altadeliger Familie entstammend, erhielt er zunächst eine glänzende Bildung, erlernte viele Sprachen, studierte in Halle und Leipzig, knüpfte Beziehungen bis in höchste Kreise, auch zu vielen Schriftstellern seiner Zeit, und konnte auf Reisen die „Welt" kennenlernen, Italien und Frankreich. Und doch scheiterte er als Schriftsteller, als der er sich verstand, sowohl als Lyriker wie auch als Dramatiker. Seine Lust- und Trauerspiele sowie seine Gedichte kamen über die epigonale Nachahmung französischer und englischer Vorbilder nicht hinaus. Früh fühlte er sich alt und müde, mischte Weltschmerz in seine Dichtungen, Vorahnungen des Todes. Und mit ganzen 26 Jahren wurde er in der Silvesternacht 1757 auf 1758 durch die Pocken dahingerafft. Unvollendet blieb u.a. ein Trauerspiel mit dem Titel „Olint und Sophronia" (1760 posthum veröffentlicht), von dem Cronegk noch vier Akte abschließen konnte, während ein fünfter Akt später durch einen Wiener Autor namens Roschmann ergänzend hinzugefügt wurde, um das Stück spielbar zu machen.[7]

Lessing kannte Cronegks Arbeiten von Anfang an, und die Fü-

[7] Zitiert wird nach folgender Ausgabe: *J.F. v. Cronegk*, Olint und Sophronia. Ein Trauerspiel, in: Lessings Jugendfreunde, hrsg. v. J. Minor, Berlin — Stuttgart o.J., S. 137–199 (Deutsche Nationalliteratur Bd. 72).

gung will es, daß er ausgerechnet dieses Stück „Olint und Sophronia“ als allererstes im Hamburger Nationaltheater zu sehen bekommt, kaum daß er dort als Dramaturg und Kritiker seine Stelle antritt. Am 22. April 1767 sieht Lessing eine Inszenierung, und die ersten sieben Stücke seiner „Hamburgischen Dramaturgie“ handeln von nichts anderem als diesem Trauerspiel (VI, 187–221). Freilich: Lessings schonungslose Kritik wird zu einem Trauerspiel für Cronegk selber. Schon seine ersten Sätze lassen nichts Gutes für den Kollegen ahnen:

> „Der Stoff ist die bekannte Episode beim Tasso. Eine kleine rührende Erzehlung in ein rührendes Drama umzuschaffen, ist so leicht nicht.“ (VI, 187)

Denn als Dramatiker eigenen Rechts hatte Lessing sofort gemerkt: Dieser unglückliche Cronegk hatte aus der noch einigermaßen ausbalancierten christlichen Opfergeschichte bei Tasso ein *plumpes, plakatives christliches Märtyrerdrama* gemacht, das jetzt allen Gesetzen psychologischer Wahrscheinlichkeit Hohn spottete. Was bei Tasso noch glaubwürdig war, hatte Cronegk in grobe Dualismen auseinandergerissen und so aller Einsichtigkeit beraubt. Bei ihm gibt es nur noch das einfältige Schwarz-Weiß-Schema, keine Zwischentöne mehr.

Dabei hatte sich auch Cronegk zunächst des gleichen dramaturgischen Ausgangspunkts bedient. Auch bei ihm wird aus einer christlichen Kirche ein Bild gestohlen (in seinem Fall sogar ein Kreuz) und in die Jerusalemer Moschee verbracht, woraus es noch einmal entwendet wird. Auch bei Cronegk droht ein Sultan namens Aladin der Jerusalemer Christengemeinde mit dem Tod; auch bei ihm opfern sich Sophronia und dann Olint; auch bei ihm startet eine Perserin namens Chlorinde (Clorinda) einen Rettungsversuch... Und doch ist alles bei diesem jungen Dramatiker aus der Balance geraten, und zwar dadurch, daß Cronegk offensichtlich nicht bemerkte, daß leichte Verschiebungen bei „alten“ Figuren in einem neuen Stück schwerwiegende Folgen für die Glaubwürdigkeit haben können:

- Wird bei Tasso der Diebstahl bewußt — zur Entlastung der Christen — unaufgeklärt gelassen, ja auf ein mögliches Wunder (innermuslimisch plausibel) zurückgeführt, hat Cronegk *den Christen Olint* direkt zum Täter gemacht. Dadurch aber wird dessen

Rettungstat *aus selbstloser Liebe* für Sophronia unglaubwürdig. Er ist schließlich der allein Schuldige, der obendrein hätte wissen müssen, daß eine solche Wahnsinnstat in politisch-militärisch angespannter Lage schlimme Folgen haben würde.

- Ist bei Tasso *Clorinda* eine aus Gerechtigkeitsempfinden und Mitleid handelnde Figur, macht Cronegk aus ihr eine den Helden Olint liebende Frau. Dadurch aber ist auch ihr Rettungsversuch nicht mehr uneigennützig, sondern egoistisch: Sie möchte den Geliebten für sich gewinnen und ist zutiefst verletzt, als Olint sie zurückweist. Hinzu kommt: War bei Tasso Clorinda eine überlegen handelnde Gestalt, wird sie bei Cronegk zu einer emotional extrem zerrissenen Figur, die so jede moralische Glaubwürdigkeit verliert.
- Handeln bei Tasso *Sophronia und Olind* aus glaubwürdiger christlicher Opfergesinnung (Opfer für das Volk; Opfer für die Geliebte) und werden am Ende vor dem Martyrium verschont, setzt Cronegk alles daran, seine beiden Ideal-Christen zu leidensverliebten und todessüchtigen Märtyrern zu machen. Von der ersten bis zur letzten Szene (verstärkt durch die Hinzufügung des fünften Aktes) schwärmen Cronegks Hauptthelden von nichts anderem als ihrem Märtyrertod. Schon in der ersten Szene gibt Olint seinem Vater Evander gegenüber diese pathostriefenden Sätze von sich:

  „Mein Gott lehrt mich, dem Tod gelassen Trotz zu bieten.
  Erkenne deinen Sohn, der als ein wahrer Christ
  Für Gott und Vaterland bereit zu sterben ist.“ (I/2)

Später noch drastischer:

„Vergnügt eil' ich zur Marter hin;
Ich sterb' und zittre nicht: und du fragst, wer ich bin?
Das Christentum allein kann so viel Stärke geben;
Nur dieses lehret uns so sterben, wie wir leben.
Ich bin ein Christ.“ (III/2)

Ähnlich ist es bei Sophronia. Auch sie kann ihrer Freundin gegenüber schon bei ihrem ersten Auftritt sagen:

„Wie süß sind Pein und Ketten,
Wie süß ist selbst der Tod, das Vaterland zu retten!...
Gelassen sterben, ist der Christen größte Pflicht.“ (II/1)

Und gegen Ende des Stückes ist sie es, die gerade den Schauplatz Jerusalem zu einem besonders glücklichen Todesplatz für Christen verklärt — das Leidensvorbild Christi vor Augen:

„Hier redet jeder Stein, von Christenblut befleckt,
Und dort ist Golgatha, das sich von hier entdeckt.
Hier, wo bei Sterblichen der Ewige gewandelt,
Wo er als Mensch erschien, und als ein Gott gehandelt;
Dort, wo er siegend starb, der Höllen Macht bestritt,
Die Sünden auf sich nahm, die größte Marter litt:
Hier kann ein wahrer Christ vor Pein und Tod nicht beben:
Wer gäbe nicht für den, der für uns starb, das Leben!
Wer wollte zaghaft sein, wann alles um uns spricht:
Hier starb der Ewige! Christ, denk an deine Pflicht!" (IV/4)

Kein Wunder, daß Lessing diese penetrante Martyriums-Sucht Cronegkscher Christen auf die Nerven geht. Ihm ist das alles deshalb unerträglich, weil ihm solche Figuren auf der Bühne völlig unglaubwürdig vorkommen: „Was in Olint und Sophronia Christ ist, das alles hält gemartert werden und sterben für ein Glas Wasser trinken" (VI, 190), kommentiert er bissig in seiner „Hamburgischen Dramaturgie". Ja, Lessing hält all dies in einer Zeit wie der seinen schlechterdings für abgeschmackt, in einer „Zeit, in welcher die Stimme der gesunden Vernunft zu laut erschallet, als daß jeder Rasender, der sich mutwillig, ohne alle Not, mit Verachtung aller seiner bürgerlichen Obliegenheiten, in den Tod stürzet, den Titel eines Märtyrers sich anmaßen dürfte" (VI, 190). Und mit dem Zeigefinger des erfahrenen Dramatikers fügt Lessing hinzu:

„Wenn daher der Dichter einen Märtyrer zu seinem Helden wählet; daß er ihm ja die lautersten und triftigsten Beweggründe gebe! daß er ihn ja in die unumgängliche Notwendigkeit setze, den Schritt zu tun, durch den er sich der Gefahr bloß stellet! daß er ihn ja den Tod nicht freventlich suchen, nicht höhnisch ertrotzen lasse! Sonst wird uns sein frommer Held zum Abscheu und die Religion selbst, die er ehren wollte, kann darunter leiden."
(VI, 190)

Deshalb zieht Lessing Tassos Behandlung des Themas „freiwilliger Tod" derjenigen Cronegks vor, weil bei Tasso das erotische Motiv eine größere Rolle gespielt habe:

„Beim Tasso läßt ihn (Olind) bloß die Liebe diesen Schritt tun; er will Sophronien retten, oder mit ihr sterben; mit ihr sterben, bloß um mit ihr zu sterben; kann er mit ihr nicht Ein Bette besteigen, so sei es Ein Scheiterhaufen." (VI, 189)

Und einmal in Fahrt, benutzt Lessing die Gelegenheit, einen generellen Ratschlag loszuwerden, überhaupt „alle bisherige christliche Trauerspiele unaufgeführet" zu lassen. Warum? Weil echte Christen ohnehin auf der Bühne kaum glaubwürdig darzustellen seien:

„Ist ein solches Stück (in dem ‚einzig der Christ als Christ uns interessieret') aber auch wohl möglich? Ist der Charakter des wahren Christen nicht etwa ganz untheatralisch? Streiten nicht etwa die stille Gelassenheit, die unveränderliche Sanftmut, die seine wesentlichsten Züge sind, mit dem ganzen Geschäfte der Tragödie, welches Leidenschaften durch Leidenschaften zu reinigen sucht? Widerspricht nicht etwa seine Erwartung einer belohnenden Glückseligkeit nach diesem Leben, der Uneigennützigkeit, mit welcher wir alle große und gute Handlungen auf der Bühne unternommen und vollzogen zu sehen wünschen? Bis ein Werk des Genies, von dem man nur aus der Erfahrung lernen kann, wie viel Schwierigkeiten es zu übersteigen vermag, diese Bedenklichkeiten unwidersprechlich widerlegt, wäre also mein Rat: — man ließe alle bisherige christliche Trauerspiele unaufgeführet."
(VI, 193)

Eine Märtyrer-Ideologie also war Lessing zuwider, ästhetisch wie theologisch. Ästhetisch, weil Martyrium auf der Bühne kaum glaubwürdig darstellbar ist, theologisch, weil diese Art Glauben in der Regel *auf Kosten anderer Religionen* geht, in diesem Fall auf Kosten des Islam. Denn Lessing hatte ebenfalls gemerkt, daß Cronegks „Olint und Sophronia" ein plump *antiislamisches Stück* ist. Keine Spur mehr vom Lob des Islam, zu dem ein Renaissance-Mensch wie Tasso immerhin noch fähig war. Und gegen dieses Machwerk nimmt Lessing den Islam in Schutz.

In der Tat hatte Cronegk gerade in Sachen Religion alle Tassoschen Grautöne in tiefstes Schwarz verwandelt:

- Ist bei Tasso der eigentliche Schurke im Stück ein *synkretistischer Magier* (Ismen), der weder das Christentum noch den Islam wirklich kennt, so ist bei Cronegk dieselbe Figur (mit Namen Ismenor) jetzt ein Muslim, ein „mahommedanischer Priester", der an Verschlagenheit und Brutalität von niemandem übertroffen wird. Selbst hinter dem Rücken des Sultans will er seinen Haß durch Tötung der Jerusalemer Christengemeinde ausleben.

- Ist bei Tasso die Amazone *Clorinda* eine glaubwürdige Muslimin (die erst in einem späteren Gesang kurz vor ihrem Tod ihre Herkunft erfährt und die Taufe empfängt), so macht Cronegk seine Chlorinde von Anfang an zu einer das *Christentum begehrenden Proselytin,* die denn auch am Ende des Stückes zur Muster-Christin Sophronia sagen kann: „O möcht' ich doch den Gott, den du verehrest, kennen! / Ach, darf ich ihn auch mein — darf ich ihn Vater nennen?" (IV/4)
- Gibt Tasso den Islam als streng monotheistische, das Bilderverbot beachtende Religion wieder, so verzerrt Cronegk aus Antipathie oder Ignoranz in seinem Stück *den Islam zu einem polytheistischen Aberglauben.* Olints Vater Evander kann sich schon in der ersten Szene über die Moschee erregen. Ausgerechnet sie bezeichnet er als Sitz der falschen „Götter", als sei die Moschee ein heidnischer Tempel:

> „Wir seufzen unterm Joch erzürnter Sarazenen.
> Was sonst am letzten fehlt, die Hoffnung fehlt uns fast!
> Hier herrschet Aladin, hier pranget sein Palast;
> Und hier ist die Moschee, der Sitz der falschen Götter!
> Bewaffne dich, o Herr, mit einem Donnerwetter,
> Und stürze diesen Bau, in dem man dich entweiht,
> In Schutt und Asche hin, zur ew'gen Dunkelheit." (I/1)

Bei Cronegk wird es denn auch nicht als anstößig empfunden, daß ein Bildnis überhaupt in einer Moschee aufgestellt werden kann. Lessing kommentiert auch dies, indem er den *Islam gegen Cronegk verteidigt:*

> „Cronegk verrät sich in mehreren Stücken, daß ihm eine sehr unrichtige Vorstellung von dem mahomedanischen Glauben beigewohnet. Der gröbste Fehler aber ist, daß er eine Religion überall des Polytheismus schuldig macht, die fast mehr als jede andere auf die Einheit Gottes dringet. Die Moschee heißt ihm ‚ein Sitz der falschen Götter', und den Priester selbst läßt er ausrufen: ‚So

wollt ihr euch noch nicht mit Rach und Strafe rüsten,/Ihr Götter? Blitzt, vertilgt, das freche Volk der Christen!'" (VI, 188f)

Ja, Lessing hatte gemerkt, daß Cronegk durch diese Akzentverlagerung beim Schurken des Stückes einen *religionsgeschichtlichen Kapitalfehler* begangen hatte. Kann bei Tasso der synkretistische Magier Ismen einen solchen Rat noch glaubwürdig geben, verliert derselbe Rat bei Ismenor als „mohammedanischem Priester" jeden Sinn, wobei schon der Begriff „Priester" am Islam völlig vorbeigeht. Lessing deshalb kühl:

> „Beim Tasso ist es ein Zauberer, ein Kerl, der weder Christ noch Mahomedaner ist, sondern sich aus beiden Religionen einen eigenen Aberglauben zusammengesponnen hat, welcher dem Aladin den Rat giebt, das wundertätige Marienbild aus dem Tempel in die Moschee zu bringen. Warum machte Cronegk aus diesem Zauberer einen mahomedanischen Priester? Wenn dieser Priester in seiner Religion nicht eben so unwissend war, als es der Dichter zu sein scheinet, so konnte er einen solchen Rat unmöglich geben. Sie duldet durchaus keine Bilder in ihren Moscheen." (VI, 188)

Hinzu kommt der ganze *unglaubwürdige Dualismus Christentum – Islam zur Kreuzzugszeit.* Cronegk hatte sich offensichtlich anders als Lessing nicht über die geschichtlichen Ursachen der Kreuzzüge informiert, vor allem nicht über den christlichen Schuldanteil an diesen blutigen Vorgängen. Auch hier ist Lessing unnachsichtig, indem er Cronegk Geschichtsfälschung vorwirft: Nicht die Muslime sind für die Kreuzzüge zu kritisieren, sondern zu allererst die Christen:

> „Es war zuvor von dem Hrn von Cronegk ein wenig unüberlegt, in einem Stücke, dessen Stoff aus den unglücklichen Zeiten der Kreuzzüge genommen ist, die Toleranz predigen, und die Abscheulichkeiten des Geistes der Verfolgung an den Bekennern der mahomedanischen Religion zeigen zu wollen. Denn diese Kreuzzüge selbst, die in ihrer Anlage ein politischer Kunstgriff der Päbste waren, wurden in ihrer Ausführung die unmenschlichsten Verfolgungen, deren sich der christliche Aberglaube jemals schuldig gemacht hat; die meisten und blutgierigsten Ismenors hatte damals die wahre Religion; und einzelne Personen, die eine Mo-

schee beraubet haben, zur Strafe ziehen, kömmt das wohl gegen die unselige Raserei, welche das rechtgläubige Europa entvölkerte, um das ungläubige Asien zu verwüsten?“ (VI, 218)

Ja, das alles war wohl „ein wenig unüberlegt“, und Lessing konnte an diesem Stück genau studieren, wie man ein Drama um Christen und Muslime in Jerusalem nicht würde schreiben dürfen.[8] Es konnte kein Drama sein, bei der sich eine Religion auf Kosten einer anderen profiliert; bei der Umwahrheiten über eine Religion verbreitet werden, bei der die Schwarz-Weiß-Malerei triumphiert, und bei der eine Figur bei der Vorstellung einer ehelichen Verbindung zwischen einem Christen und einer Muslimin vor Entsetzen ausrufen kann: „Ein Christ / Liebt eine Heidin — Gott!“ (I/2). Hatte es da der vielbewunderte und vielkritisierte große Franzose Voltaire anders gemacht?

Ein unglückliches Liebesdrama: Voltaire

Auch Voltaire hatte eine Tragödie geschrieben, die zwischen Christen und Muslimen in Jerusalem spielt, und Lessing hatte eine Inszenierung dieses Stücks am 13. Mai 1767 im Hamburger Nationaltheater gesehen. Es trägt den Titel „Zaïre“, war 1732 in Paris uraufgeführt und zum größten Theatererfolg der Zeit geworden.[9] Für Voltaire bedeutete dieses Stück den endgültigen Durchbruch zum allseits bewunderten Tragödienschreiber. Er selber hatte sich auch die größte Mühe gegeben, diesmal die entsprechende Wirkung zu erzielen. Einem Freund hatte er über sein Stück geschrieben:

„Ich will, daß es nichts Türkischeres, nichts Christlicheres, nichts Verliebteres, nichts Rasenderes geben soll... Die Namen von Montmorency, dem Heiligen Ludwig, Saladins, Jesu und Mohammeds werden sich darin finden. Man wird von der Seine und

[8] Als „catalyst“ bzw. als „negative Inspiration“ für den „Nathan“ haben Cronegks Stück zu Recht bewertet: *R. K. Angress*, Lessing's Criticism of Cronegk: Nathan in Ovo? in: Lessing Yearbook 4 (1972), S. 27–36 sowie *R. Klüger*, Kreuzzug und Kinderträume in Lessings „Nathan der Weise“, in: dies., Katastrophen. Über deutsche Literatur, Göttingen 1994, S. 189–227.

[9] Zitiert wird nach folgender Ausgabe: *Voltaire*, Zaïre, in: Les Oeuvres complètes de Voltaire / The complete Works of Voltaire Bd. VIII, Oxford 1988. Vgl. dort die höchst informative Einführung S. 277–329.

> vom Jordan, von Paris und Jerusalem sprechen. Man wird lieben, taufen und töten."[10]

Lessings Hamburger Kritik ist diesmal weniger inhaltlich als charakterpsychologisch und wirkungsgeschichtlich orientiert (VI, 255–265). Lang diskutiert er Übersetzungen und Rezeptionen des Stücks in verschiedenen europäischen Ländern, das Verhalten verschiedener Schauspieler und den Kontrast zwischen Voltaire und Shakespeare. Und im Vergleich zum großen Engländer schneidet Voltaire dabei schlecht ab. Zwar geht es auch in Voltaires Stück um Eifersucht und Liebe, aber die abgründige Tiefe von Tragödien wie „Othello" (in Sachen Eifersucht) oder „Romeo und Julia" (in Sachen Liebe) hatte der Franzose in Lessings Augen bei weitem nicht erreicht. Zu viel „Galanterie", zu viel „Kanzeleistil der Liebe" beim französischen Rivalen...

Deshalb kann es sich Lessing nicht verkneifen, einen Hinweis Voltaires auf die Entstehung des Stücks ironisch aufzugreifen und gegen den Franzosen auszuspielen. Dieser hatte mitgeteilt, „verschiedene Damen" hätten an seinen bisherigen Tragödien kritisiert, „nicht genug Liebe" zu enthalten, und im neuen Stück „Zaïre" sei dies nun anders. Lessing kommentiert dies spöttisch, indem er gleich auch noch den Inhalt des Stückes so karikiert:

> „Den Damen haben wir also dieses Stück zu verdanken, und es wird noch lange das Lieblingsstück der Damen bleiben. Ein junger feuriger Monarch, nur der Liebe unterwürfig; ein stolzer Sieger, nur von der Schönheit besiegt; ein Sultan ohne Polygamie; ein Seraglio, in den freien zugänglichen Sitz einer unumschränkten Gebieterin verwandelt; ein verlassenes Mädchen, zur höchsten Staffel des Glücks, durch nichts als ihre schönen Augen, erhöhet; ein Herz, um das Zärtlichkeit und Religion streiten, das sich zwischen seinem Gott und seinem Abgott teilet, das gern fromm sein möchte, wenn es nur nicht aufhören sollte zu lieben; ein Eifersüchtiger, der sein Unrecht erkennet, und es an sich selbst rächet: wenn diese schmeichelnde Ideen das schöne Geschlecht nicht bestechen, durch was ließe es sich denn bestechen?" (VI, 255f)

10 Zitiert nach *Voltaire*, Die Werke. Zum 300. Geburtstag, Berlin 1944, S. 39f.

Nehmen wir das Stichwort auf: *Sultan ohne Polygamie.* Auch Voltaire läßt sein Stück zur Kreuzzugszeit spielen, im Jahre 1249. Wieder haben Muslime (seit 1244 und damit endgültig) Jerusalem erobert, und auch ein erneuter Kreuzzug, diesmal durchgeführt durch den französischen König Ludwig IX. („den Heiligen"), kann das Geschehen nicht mehr rückgängig machen. Im Gegenteil, sein Kreuzzug (1248–1254) scheitert kläglich. Zwar kann er die Festung Damiette im ägyptischen Nildelta noch erobern, wird gleich darauf aber bei Mansura geschlagen und gerät mit seinem gesamten Heer in Gefangenschaft, aus welcher ihn nur ein hohes Lösegeld befreit. Nach der Befestigung von Akkon kehrt er nach Frankreich zurück.

Diese kriegerische Auseinandersetzung zwischen Christen und Muslimen wird im Stück immer wieder angesprochen. Und doch widersteht Voltaire der Versuchung, gerade diesen Konflikt ins Zentrum zu rücken. Das Bemerkenswerte an seinem Stück ist gerade dies: Entgegen allen antagonistischen Klischees handelt seine muslimische Hauptfigur ebenso unerwartet wie seine christliche. Voltaire ist offensichtlich nicht daran interessiert, die eine Religion gegen die andere auszuspielen, sondern daran, zu zeigen, was Religionen mit Menschen machen können, in welche Tragödien des Lebens sie Menschen hineintreiben. Deshalb zeigt er einen Sultan mit Namen Orosmane, Herrscher von Jerusalem, der eine junge Frau namens Zaïre liebt, die religionslos in seinem Harem aufgewachsen ist. Sie ist (was sie anfangs nicht weiß) die Tochter des letzten christlichen Verteidigers von Jerusalem, Lusignan, der jetzt schon 20 Jahre in einem Gefängnisloch verbringen muß, ohne um das Schicksal seiner Kinder zu wissen. Zaïres Mutter war einst in den Flammen Caesareas umgekommen, und auch zwei ihrer Brüder waren bei Kämpfen getötet worden. Orosmane liebt diese junge Frau, will sie heiraten, und auch sie ist diesem Muslimen zugetan.

Insbesondere an dieser Stelle hatte Voltaire alles typisch Muslimische von seinem Helden abgeschliffen, und darauf spielt Lessing an, wenn er den Voltaireschen Sultan ironisch einen „Sultan ohne Polygamie" nennt oder darauf hinweist, daß dessen „Seraglio" (Serail) kein Harem mehr sei. Voltaire hatte hier offensichtlich Konzessionen an sein Pariser Publikum gemacht, das sich nur so vorstellen konnte, daß eine Europäerin sich in einen muslimischen Prinzen verliebt. Nur ein „Sultan ohne Polygamie“ war für eine Europäerin offensichtlich liebes- und heiratsfähig...

Der tragische Konflikt bei Voltaire also ist nicht mehr länger identisch mit dem Religionskonflikt Christentum — Islam. Voltaire verlegt ihn *in* die Christin und *in* seinen Muslim. Denn zur Zuspitzung in diesem Stück kommt es erst in dem Moment, als Zaïre ihre wahre Herkunft durch den christlichen Ritter Nerestan erfährt. Dieser war vom Sultan auf Ehrenwort zur Lösegeld-Beschaffung nach Europa entlassen worden und kehrt mit dem Geld zurück, um Zaïre und zehn Gefangene loszukaufen, darunter den jetzt fast blinden, alten Lusignan. Eine doppelte Enthüllung treibt den Konflikt auf die Spitze: Lusignan entdeckt, daß Zaïre und Nerestan seine längst verloren geglaubten Kinder sind, und Zaïre begreift plötzlich ihre christliche Herkunft. Dadurch aber gerät sie unter einen schier unerträglichen Druck, so wie Recha, deren „schwächliches Urbild“ (E. Schmidt) sie ist, später im „Nathan“ durch Proselytenmacherei dieser Art unter Druck geraten wird. Denn ihre christliche Umgebung, ihr Bruder allen voran, bearbeitet sie heftig, jetzt endlich die Taufe nachzuholen und ihre Heiratspläne mit einem Muslimen zu begraben. Insbesondere in die Figur des Nerestan hat Voltaire alles an Glaubensfanatismus hineinprojiziert, was er in seiner eigenen Umgebung zu bekämpfen gedachte. Nerestan zeigt nicht das geringste Verständnis für die Sympathien seiner Schwester, nicht das geringste Mitgefühl für ihren Konflikt. Für ihn ist jedes Herauszögern der Taufe identisch mit Verrat am Christentum — zumal dies alles in einer Stadt geschieht, wo doch Christus am Kreuze gelitten habe, um alle Menschen zu erlösen...

Dieses Verhalten eines fanatischen Christen steht bei Voltaire so ganz im *Kontrast zu der toleranten Haltung des Muslim.* Und dieses Moment des Stückes dürfte Lessing sympathisch gewesen sein. Denn in seiner Liebe ist Orosmane fähig, die Religionsgrenzen zu transzendieren. Er zeigt, daß Liebe eine stärkere Kraft sein kann als traditionelle Religion und daß ein Muslim menschlicher handeln kann als bestimmte Christen. Lessings Biograph Erich Schmidt dürfte hier den richtigen Punkt getroffen haben: „Wenn er (Lessing) den zahmen Othello Orosman verachtete, war ihm doch der milde, duldsame, wohlthätige Sultan lieb, der als Besieger der Christen den fränkischen Brausekopf durch eine Fülle von Gnaden belehrt, daß die

Tugend auch in Syrien wohne und sich das Lob verdient: wär' er als Christ geboren, was würde er mehr sein?"[11]

Kein Wunder, daß Friedrich der Große, der noch 1775 bei einer Wiederaufführung von „Zaïre" in Potsdam seine „Tränen" nicht „zurückhalten" konnte, so „anrührende Stellen" gäbe es in diesem Stück, mit dem Gedanken spielte (wir haben davon gehört), „tausend mohammedanischen Familien" in Westpreußen „Heimstätten und Moscheen" zu geben...

Und doch geht der *religionskritische Stachel* des Stückes diesmal noch tiefer. Er berührt grundsätzlich die Frage nach Gott. Denn Voltaire schürt den Konflikt so, daß sich jedem Zuhörer oder Leser die Frage förmlich aufdrängt: Was muß das für ein Gott sein, auf den Christen sich in ihrem Fanatismus berufen können? Was muß das für ein Gott sein, der nicht zu verhindern weiß, daß gutwillige Christen wie Zaïre so tragisch scheitern? Denn Voltaire erzählt seine Geschichte auf diese Weise zu Ende: Als Orosmane, durch das Zögern von Zaïre verwirrt, ein Verhältnis zwischen ihr und Nerestan argwöhnt und in einem Brief beider die Bestätigung seines Zweifels zu finden glaubt, tötet er Zaïre. Aber auch sich selber bringt er um, nicht ohne vorher seinen Irrtum erkannt und in einer letzten Geste des Großmuts den Christen die Freiheit geschenkt zu haben.

In der neueren Kritik des Stückes ist denn auch hier die entscheidende religionskritische Dimension gesehen worden: „Wenn Zaïre nicht an den Gott der Christen geglaubt hätte, würde sie Orosmane geheiratet haben, und hätte danach, so wird uns zu denken nahegelegt, glücklich weitergelebt. Leben ohne den christlichen Gott würde für sie Glück bedeutet haben. Es ist bemerkenswert, daß Voltaire sie zu Tode kommen läßt, bevor sie getauft werden konnte, so daß sie – technisch gesprochen – nicht hat ‚gerettet' werden können. Sie ist nicht getauft, sie hat nicht bereut, einen Muslimen heiraten zu wollen – im Gegenteil, sie hoffte bis ans Ende, daß sie imstande sein würde, ihn zu ehelichen. Glauben wir, wie ein christlicher Leser des 18. Jahrhunderts es tun sollte, daß sie ewiger Verdammnis entgegengeht? Ist religiöse Selbstzufriedenheit hier möglich? Selbst für einen Gläubigen?"[12] Nein, religiöse Selbstzufriedenheit ist hier unmöglich, denn das Stück vermag im Leser die *Frage nach Gott und*

[11] *E. Schmidt,* Lessing. Geschichte seines Lebens und seiner Schriften Bd. II, Berlin 1892, S. 522.
[12] So in der Einführung zu Voltaires „Zaïre", S. 321 (s. Anm. 9).

der Schöpfungsordnung wachzurufen und steht damit im Gegensatz zu Leibniz und seiner damals überall in Europa verbreiteten These von der Schöpfung als der bestmöglichen aller Welten. Die Tragödie „Zaïre" kann deshalb als Vorwegnahme einer später berühmten Erzählung Voltaires, „Candide", aus dem Jahre 1759 gelesen werden, die der Autor als Reaktion auf das Erdbeben von Lissabon (1755) schreiben wird und in der er das Leibniz'sche Theodizee-Verständnis vollends ad absurdum zu führen versucht...

Diese Optionen also hätte Lessing ebenfalls gehabt, als er an den „Nathan" ging: Er hätte ein Stück schreiben können, das *erstens* in Jerusalem angesiedelt ist, *zweitens* zur Kreuzzugszeit spielt, *drittens* Christen und Muslime zu Handlungsträgern macht und *viertens* Christen nicht länger auf Kosten von Muslimen profiliert, sondern in einen *tragischen Konflikt* stürzt, einen Konflikt, wie Lessing schreibt, zwischen Zärtlichkeit und Religion, Gott und Abgott, Frömmigkeit und Liebe. Auch er hätte zeigen können — in gotteskritischer Absicht: Wenn Menschen unterschiedlicher Religionen in Liebe zueinanderfinden, dann kann Religion zu einem tödlichen Hindernis für sie werden; dann kann es zu tragischen Mißverständnissen, ja tödlichen Auflösungen kommen; dann kann der Religionskonflikt Menschen in Abgründe treiben, die den ursprünglichen Intentionen der Religionen Hohn spotten. Tasso — Cronegk — Voltaire: Lessing kannte sie alle und hatte die Wahl. Was wählte er?

3. Lessings Kontrapunkt

Auf den ersten Blick geht es auch in Lessings Stück um Vertrautes. Es geht auch hier um Menschen verschiedener Religionen im Jerusalem der Kreuzzugszeit; es geht auch hier um die Macht der Liebe.[13] Diese Macht treibt auch bei Lessing die Spielhandlung voran. Und doch ist bei ihm alles anders. Denn Lessing hatte begriffen: Ein Kontrapunkt war fällig.

[13] Die mir wichtigste Literatur zur *Deutung des Dramas* findet sich unter „Grundliteratur zu Lessing"

Geschichtlicher Hintergrund ist bei Lessing der dritte Kreuzzug der Jahre 1189–1192. Unter ihrem Sultan Saladin haben die Muslime 1191 Jerusalem besetzt und mit ihrem christlichen Kontrahenten, dem englischen König Richard Löwenherz, einen Waffenstillstand vereinbart. In diesen Rahmen stellt Lessing seine fiktive Geschichte: Sultan Saladin hat einen jungen christlichen Ordensritter, im Stück der „Tempelherr" genannt, ganz überraschend begnadigt, und während dieser in Jerusalem herumläuft, entdeckt er ein brennendes Haus und rettet daraus ein junges Mädchen. Er erfährt: Das Mädchen heißt Recha, und das Haus gehört dem reichen jüdischen Kaufmann Nathan, der zur Zeit auf Geschäftsreise ist. Doch zur Überraschung aller wehrt der junge Mann allen Dank ab, der ihm sowohl durch die Gesellschafterin des jungen Mädchens, Daja, eine Christin, als auch später durch Nathan, den Vater, abgestattet werden soll.

Als er später dann aber doch Recha gegenübersteht (III/2), verliebt er sich sofort und will sie auf der Stelle heiraten (III/9). Nathan zögert, und der junge Mann gerät außer sich, zumal er durch die intrigante Daja erfährt, daß Recha gar nicht Nathans Kind, sondern eine Christin ist (III/10). Der angebliche Vater hat damit in seinen Augen ohnehin jedes Recht verwirkt, das „Christenkind" einem Christen vorzuenthalten. Wutentbrannt läuft der Tempelherr zum Patriarchen, dem obersten Christen in Jerusalem, um zu erkunden, was mit Juden geschieht, die Christenkinder von ihrem Glauben abgebracht haben. Dessen gnadenlose Auskunft (auf den Scheiterhaufen mit ihnen!) stößt ihn freilich so sehr ab, daß der Tempelherr den Fall nicht weiter enthüllt und zu Saladin geht.

Dieser hatte in der Zwischenzeit die Bekanntschaft des Juden Nathan gemacht. Denn Saladin ist in Geldverlegenheit, da seine Steuereinnahmen aus Ägypten seit Jahren ausbleiben. Seine Schwester Sittah, Partnerin und Beraterin in allen Fragen, muß ihm bereits finanziell aushelfen. Auf der Suche nach neuen Geldgebern hatte sie den Namen des reichen Juden Nathan ins Spiel gebracht, und obwohl Saladins Schatzmeister, der Derwisch Al-Hafi, abrät (als Freund Nathans weiß er um Saladins aussaugendes Finanzgebaren), hatte der Sultan den reichen Juden vorladen lassen. Es war zu einer folgenreichen ersten Begegnung gekommen, bei der Saladin zunächst sein Opfer mit der Frage nach der wahren Religion einzuschüchtern versucht hatte. Nathan hatte die Parabel von den drei Ringen erzählt (III/7), und Saladin, betroffen von diesem Gleichnis, hatte Nathan die Freundschaft angeboten, worauf dieser — wissend um die finanzielle Lage des Sultans — diesem freiwillig Kredit angeboten hatte. Es war der Beginn einer wunderbaren Freundschaft...

Diese ist denn auch bitter nötig, drängt sich doch aus der Tiefe der Zeit allmählich eine Wahrheit in den Vordergrund, welche die Personen im Stück bedrohlich gegeneinander aufhetzen könnte. Denn nachdem der Tempelherr aus Enttäuschung über Nathan und aus Entsetzen über den Patriarchen zum Sultan gegangen war, wird ihm ein Geheimnis enthüllt, das ihn seine und die Geschichte aller anderen Figuren völlig neu sehen läßt. Dieses neue Sehen, dieses Offenbarwerden des Unerwarteten macht die ganze Spannung des Stückes aus. Darin unterscheidet sich Lessings Drama strukturell nicht von dem Voltaires; aber Lessing verfolgt auch hier seine ganz eigene Konzeption. Zunächst die Einzelheiten.

Was an Wahrheit ans Licht kommt

Der *Tempelherr* glaubt, sein Name sei *Curd von Stauffen,* aber selbst sein Name lautet unerwartet anders. Vordergründig erscheint er als ein „plumper Schwab" (I/6), der in einen plumpen Antijudaismus gefangen ist: Das Haus eines Juden betritt er grundsätzlich nicht (I/5); deshalb sind ihm alle Dankesbezeugungen von dieser Seite eher peinlich. Daß er „nur" ein Judenmädchen aus dem Feuer rettete, tut diesem „Christen" fast schon leid. Denn Juden verachtet der Tempelherr so sehr („Jud' ist Jude"!), daß er nicht ausschließt, das nächste Mal ein Haus brennen zu lassen, wenn er weiß, daß sich ein Jude darin befindet (I/6). Erst in der Begegnung mit Nathan wird der Hintergrund für diese Verachtung angedeutet (II/5). Sie hat mit der Erfahrung der Kreuzzüge zu tun, denn diese haben für den Tempelherrn ihren tiefsten Grund in der „frommen Raserei, den besseren Gott" zu besitzen und diesen „besseren der ganzen Welt als besten aufzudringen" (II/5). Daß es aber diese Vorstellung von einem „besseren Gott" überhaupt gibt, schiebt der junge Mann den Juden zu. Sie hätten zuerst diese „Menschenmäkelei“ getrieben, hätten sich zuerst als „auserwähltes Volk“ gesehen und diesen „Stolz“ auf „Christ und Muselman vererbt“. Das geschichtliche Ergebnis, ein Fiasko, hat der Tempelherr hier und jetzt vor Augen: Die „fromme Raserei“ hat sich gerade in Jerusalem „in ihrer schwärzesten Gestalt“ gezeigt! Deshalb die Verachtung für ein Volk, mit dem das alles angeblich angefangen hat.

Doch am Ende des Dramas stellt sich heraus: Curd von Stauffen, der sich für nichts als einen treuen Christen hält, heißt in Wirklichkeit *Leu von Filnek*, ist ein Sohn eines gewissen Wolf von Filnek. Hinter diesem Namen aber verbirgt sich niemand anderer als ein jüngerer Bruder Saladins, Assad (arab.: „Löwe“), der — 18 Jahre ist es her — bei einer Schlacht um die Stadt Askalon gefallen war. Vorher war er noch in Europa gewesen und hatte mit einer Christin aus der deutsch-schwäbischen Familie derer von Stauffen zwei Kinder gezeugt: einen Jungen und ein Mädchen. Nach dem Tod beider Eltern wächst der Junge in Schwaben bei der Familie von Stauffen heran und erhält den Namen Curd. Das Mädchen lebt anderswo.

Auch bei *Recha* vollzieht sich dasselbe Spiel mit Schein und Sein, mit Vordergrund und Hintergrund. Vordergründig ist sie die Tochter Nathans, eine Jüdin, in jüdischer Tradition erzogen. Hintergründig ist sie das zweite Kind aus der muslimisch-christlichen Verbindung Wolfs mit einer von Stauffen. Als getaufte Christin hieß sie ursprünglich einmal *Blanda von Filnek* und ist damit die Schwester von Leu („Curd“). Zu Nathan gekommen ist sie durch einen Klosterbruder, dem wir ebenfalls im Stück wiederbegegnen und bei dem sich die gleiche Struktur wiederholt. Denn dieser *Bruder Bonafides* (IV/3) ist vordergründig lediglich ein Bote des obersten Christen, des Patriarchen. Aber aus dem Hintergrund wird bekannt, daß er 18 Jahre zuvor Reitknecht bei Wolf von Filnek gewesen war, dessen „Brevier“ er retten konnte, in das Wolf seine und seiner Frau Familiengeschichte eingetragen hatte. In den Händen Nathans liefert dieses Buch die nötige Aufklärung der familiären Verknotungen. Nathan und der Klosterbruder kennen einander, denn dieser hatte jenem seinerzeit die junge Recha gebracht, da Nathan mit Wolf von Filnek befreundet war. Während der Junge also bei der Familie der Mutter in Deutschland aufwächst, wird das kleine Mädchen bei Nathan erzogen.

Auch für ihn, *Nathan*, gilt dieselbe Struktur: Vordergründig scheint er ein innerlich abgeklärter, jeder Situation gewachsener, souverän-erfolgreicher Geschäftsmann. Hintergründig aber ist Nathan ein zutiefst verletzter, traumatisierter Mensch. Vor 18 Jahren nämlich hatten Christen in der Stadt Gath „alle Juden mit Weib und Kind ermordet", darunter Nathans Frau und seine sieben Söhne im Kindesalter; sie waren im Hause seines Bruders verbrannt (IV/7). Drei Tage und Nächte hatte Nathan „in Asch' und Staub vor Gott gelegen und geweint", hatte mit Gott „gerechtet, gezürnt, getobt", hatte sich und die Welt „verwünscht". Und vor allem: Er hatte „der Christenheit den unversöhnlichsten Haß zugeschworen". Da war der nachmalige Klosterbruder in sein Haus gekommen und hatte ihm die kleine Recha anvertraut. Und an dieser seiner Recha hängt Nathans ganzes Herz. Seine größte Angst ist der nochmalige Verlust eines geliebten Kindes durch ein Feuer...

Damit sind die Figuren vorgestellt. Wie sind sie im Ganzen des Dramas zu gewichten und in welcher Gesamtkonzeption müssen sie gesehen werden?

4. Keine Idealisierung des Judentums

Vielfach ist noch die Meinung verbreitet, Lessings „Nathan" sei vor allem eine Idealisierung des Judentums. Eine präzise Textanalyse freilich ergibt ein höchst differenziertes Bild. Gewiß: Mit Nathan als Titelheld hat dieses Stück einem Repräsentanten des Judentums einzigartiges Profil gegeben. Einen Juden seines Formats als „Vorbild" hatte die deutsche Bühne bis dahin noch nicht gesehen — und wird sie auch später nicht mehr sehen.[14]

Schonungsloser Realismus

Aber schaut man genau hin, so wird Judentum in diesem Stück keineswegs idealisiert. Im Gegenteil. Auffallend ist, daß das *Bild vom*

[14] Die mir wichtigste Literatur zum Verständnis von *Lessings Beziehung zum Judentum* sowie der jüdischen Rezeption von Lessing findet sich unter „Grundliteratur zu Lessing".

Judentum als sozialer Realität in diesem Stück *weitgehend negativ* ist. Wie schon in seinem Frühwerk („Die Juden") zeigt Lessing auch hier wieder Juden in einer Minderheitsposition (im Jerusalem der Kreuzfahrerzeit). Diese ist prekär und jederzeit gefährdet, wie das ganze Spektrum an Negativstereotypen zeigt, die Lessing den verschiedenen Figuren seines Stückes in den Mund legt. Realist, der er ist, läßt er fast alles noch einmal wach werden, was sich über eine jahrhundertelange antijüdische Tradition an sozial, psychologisch und theologisch motivierter Denunziation angesammelt hat. Nicht um diese zu bekräftigen, sondern um sie durch Aussprache durchschaubar zu machen.

Konkret: Eine gewisse Verachtung gegenüber Juden liegt in den Worten von *Muslimen* wie Saladin und Sittah, als sie sich auf den Empfang von Nathan vorbereiten. Sie grenzen den „guten", den „weisen" Mann ab von dem „geizigen, besorglichen, furchtsamen Juden" (III/4). Ja, Sittah macht ihrem Bruder durch Abwertung des erwarteten Juden Mut: „ist's bloß / Ein Jude, wie ein Jude: gegen den / Wirst du dich doch nicht schämen": (III/4). Ein *Christ* wie der Tempelherr geht in seiner Kritik sogar noch weiter: Sie ist zum ersten *sozial* bedingt („Seinem Volk ist reich und weise vielleicht das Nämliche": I/6); sie ist zweitens *psychologisch* begründet: Aufgrund seiner persönlichen Enttäuschung entdeckt er auf einmal eine Falschheit und Gemeinheit Nathans, die er — und das ist entscheidend — für *typisch jüdisch* hält: „Wenn gleichwohl dieser Ausbund aller Menschen / So ein gemeiner Jude wäre, daß / Er Christenkinder zu bekommen suche, / Um sie als Juden aufzuziehn: / wie dann?" (IV/4), wobei der Tiefpunkt der Entlarvung von Nathans angeblicher Falschheit mit dem Satz erreicht ist: „Der tolerante Schwätzer ist entdeckt! / Ich werde hinter diesen jüd'schen Wolf / Im philosoph'schen Schafspelz, Hunde schon / Zu bringen wissen, die ihn zerzausen sollen!" (IV/4), ein ungeheurer Satz, der schonungslos zeigt, wieviel Progromstimmung erzeugende Verfolgungs- und Ausrottungsenergie schon in diesem jungen Christen steckt (II/5).

Ja, Lessings Stück läßt keinen Zweifel daran, wie gefährdet jüdisches Leben als Minderheitenexistenz ist. Als Dramatiker durfte er die brutale Realität des „handfesten antisemitischen Schimpfs" (H. Mayer) nicht wegretuschieren oder moralisierend dementieren. Die

Gegensätze mußten im Stück hart aufeinanderprallen. Wohl aber konnte er als Dramatiker den „christlichen“ Antijudaismus durch seine Geschichte strukturell unterlaufen. Denn so wie Lessing jede Blutideologie im Zusammenhang mit christlichem Martyrium verwirft, so verwirft seine Geschichte als ganze auch jede *Blutideologie im Blick auf das Judentum.* In der neueren Kritik ist darauf zu Recht hingewiesen worden.[15] Denn Lessing läßt ja noch erkennen, daß er um den atavistischen Blutbeschuldigungswahn weiß, mit der Christen ihren Haß auf Juden auszuleben pflegten. In der Kritik des Tempelherrn an Nathan blitzt die Infamie dieser antisemitischen Denunziation noch einmal auf. Noch einmal — gleichsam verlangsamt — sei der Satz zitiert:

„Wenn gleichwohl dieser Ausbund aller Menschen
So ein gemeiner Jude wäre, daß
Er Christenkinder zu bekommen suche,
Um sie als Juden aufzuziehen.“ (IV/4)

Hier wird das Stereotyp erkennbar, daß Juden nun einmal danach trachten, Christen etwas wegzunehmen, Christen etwas anzutun. In uralten Geschichten rauben Juden stets Christenkinder, um sie zu töten. Lessings Geschichte setzt den Kontrapunkt, indem er das bekannte Schema umdreht: Sein Jude Nathan adoptiert ein Christenkind, um es vor dem Tode zu retten, nachdem Christen an seinen eigenen Kindern ein Blutbad angerichtet hatten. Nathan durchbricht damit *als Jude* die Kette von Blut, Rache und neuem Blut und unterläuft damit jede Blut- und Todesideologie — und zwar durch Rekurs auf universale Kategorien wie Gottesglauben und Menschlichkeit:

„Sind Christ und Jude eher Christ und Jude,
Als Mensch? Ah! wenn ich einen mehr in Euch
Gefunden hätte, dem es gnügt, ein Mensch
Zu heißen!“ (II/5)

Nirgendwo eindrücklicher als hier wird klar, wie sehr Lessings „Nathan“ eine Geschichte gegen den Tod, eine Anti-Blut- und Opfer-

[15] *A. Scott-Prelorentzos,* „Kleiner Raub, ein solches Geschöpf“: „Nathan der Weise“ und die Judenfrage, in: Lessing und die Toleranz, hrsg. v. B. Freimark u. a., Detroit 1986, S. 198–205, Zitat S. 201f.

Parabel ist. Die Struktur der Erzählung selber ist somit die schärfstmögliche antisemitische Ideologiekritik.

Daraus folgt: Lessings „Nathan" abstrahiert keineswegs von der sozialen Wirklichkeit des Judentums. Dies haben auch Juden der „zionistischen" Richtung nie bestritten, die zu Beginn unseres Jahrhunderts nicht gegen Lessing, wohl aber gegen das „blasse und blutlose Judenbild" (E. Simon) polemisierten, das liberale Juden des 19. Jahrhunderts — allzu sehr auf Assimilation mit dem Deutschtum bedacht — aus Lessings „Nathan" gewonnen hatten.[16] Hier hat Walter Jens die richtigen Akzente gesetzt. Lessings Nathan ist, wie er schreibt, kein „Schattenbild aus dem Lehrbuch der Philanthropie, keine erklügelte Märchenfigur und kein gesellschaftsferner homo humanus, sondern Jud aus Fleisch und Blut: ein Kaufmann (wie Mendelssohn), der Zinsen eintreibt und nüchterne Handlung höher als die here Schwärmerei einschätzt — nicht zu seinem Nachteil übrigens: Ganz so weit entfernt von Shylock (Shakespeares gleichnamigem jüdischen Anti-Held) sind wir denn doch nicht bei diesem Reichen."[17]

Von daher ist es kein Zufall, daß das Wort „Jude" im Stück weithin negativ besetzt ist. Und wo es negativ gebraucht wird, signalisiert es Engherzigkeit, Egoismus, Fanatismus, signalisiert es Abgrenzung und Ausgrenzung. Nathans Wort vom „Stockjuden" meint diese negative Form jüdischer Selbstisolation und eingekapselter Orthodoxie. Eine Form der Religion, die vor allem darin konkret wird, daß sie andere zwingt, so zu werden, wie man selber ist. Nathan aber ist gerade darin für die Freunde vorbildlich, daß er dies nicht verlangt, wie es Saladin dem Tempelherrn gegenüber zum

[16] Vgl. *E. Simon*, Lessing und die jüdische Geschichte (1929), in: ders., Brücken. Gesammelte Aufsätze, Heidelberg 1965, S. 215–219. Die eindrucksvollen Sätze des Vfs. lohnen die Dokumentation: „Wir sollten verzichten auf Nathans blasse Judenschemen, die es im 18. Jahrhundert noch nicht gegeben hat, wohl aber im 19., als seine Maxime ‚So ganz Stockjude sein zu wollen, geht schon nicht, und ganz und gar nicht Jude, geht noch weniger' besonders in ihrem ersten Teil zu einem Leitsatz der jüdischen Geschichte Europas wurde. Denn dies ist der Schlüssel zu Nathans historischer Stellung: er hat keine adäquate Zukunft und Gegenwart gestaltet, aber eine ihn nachahmende Zukunft mitbewirkt. Kein lebendiger Jude hat den Nathan, und sei es auch nur als Modell, mitgezeugt: aber Nathan hat in Verbindung mit der sozialen, politischen und geistigen Entwicklung Hunderttausende von Scheinjuden nach seinem Ebenbilde gemacht. Wir aber, die wir Lessings tapfere Humanität gerade in unserer jungen Nationalbewegung brauchen können, wir wenden uns dennoch von seinem blassen und blutlosen Judenbild ab und hören lieber mit Heinrich Heine in der Nacht des Jom Kippur Sheylocks Stöhnen und Rufen: ‚Jessica, mein Kind'."

[17] *W. Jens*, Nathan der Weise aus der Sicht von Auschwitz, S. 46 (s. „Grundliteratur zu Lessing").

Ausdruck bringt: „Wird er (Nathan) denn von dir verlangen, / Daß du erst Jude werden sollst?“ (IV/4).

Am deutlichsten wird diese Negativbesetzung des Wortes „Jude“ in der Szene, in der Saladin Nathan zum ersten Mal empfängt. Solange Mißtrauen und Entfremdung zwischen den beiden herrscht, nennt Saladin Nathan nicht bei seinem Namen, sondern kühl und leicht verächtlich bei seiner Religionsbezeichnung: „Tritt näher, Jude! / Näher! / Nur ganz her!“ (III/5). Und im Verlauf des abtastenden Gesprächs bleibt es bei dieser distanzierenden Redeweise: „Aufrichtig, Jud', aufrichtig!“ (III/5). Erst, als Nathan ihn durch das Gleichnis von den Ringen zutiefst getroffen hat, wechselt Saladin seine Anrede. Von der Distanz geht er in Freundschaft über, von der Kälte in die Umarmung, von dem verächtlichen Kollektivstereotyp „Jude“ zum persönlichen Namen:

„Nathan, lieber Nathan! –
Die tausend tausend Jahre deines Richters
Sind noch nicht um. – Sein Richterstuhl ist nicht
Der meine. – Geh! – Geh! – Aber sei mein Freund.“ (III/7)

Nathan als Ausnahmefall

Dieses negative Bild vom real existierenden Judentum wird gerade auch dadurch unterstrichen, daß Nathan selber (undementiert) immer wieder als *jüdischer Ausnahmefall* herausgestellt wird. Dadurch, daß Nathan anders ist als andere Juden, tritt die Realität des Antijudaismus im Stück eher noch hervor.[18] Ein *Muslim* wie Al-Hafi etwa nennt Nathan einen Juden, „wie's nicht viel Juden gibt“ (II/2). Ein *Christ* wie der Tempelherr – als er noch von Nathan begeistert ist – kann es kaum glauben: „Welch ein Jude! – / Und der so ganz nur Jude scheinen will!“ (III/8). Und ein Christ wie der Klosterbruder sieht in der Praxis Nathans, ein Christenkind aufzuziehen, obwohl sieben seiner Söhne durch Christen ermordet worden waren,

[18] Dies hat überzeugend herausgestellt: *A. Scott-Prelorentzos,* a. a. O., S. 198–205 (s. Anm. 15). Auch *Th. Koebner* bemerkt treffend: „Das Jüdische an Nathan ist auffällig gering ausgeprägt. Auf der Bühne fällt nicht der geringsten Hinweis auf die Riten und Regeln orthodoxer jüdischer Lebensführung“ (S. 159; s. „Grundliteratur zu Lessing“).

spontan nicht etwas typisch Jüdisches, sondern Christliches: „Nathan! Nathan! / Ihr seid ein Christ! — Bei Gott, Ihr seid ein Christ! / Ein beßrer Christ war nie!“ (IV/7), was im Fall des Klosterbruders besonders auffällt, da doch von ihm gleichzeitig die Einsicht artikuliert wird, daß „das ganze Christentum aufs Judentum gebaut“ sei (IV/7). Die Voraussetzung dieses Enthusiasmus ist überall dieselbe: Eigentlich ist das Bild von Juden negativ; nur in Nathan hat man eine überraschende Sondergestalt vor sich. Diese Überraschung über Nathan aber zeigt gerade umgekehrt, wie negativ das Bild vom „typischen Juden“ bei vielen Personen dieses Stückes sein muß.

Dies wird bestätigt durch die *Selbstwahrnehmung Nathans.* Auch er läßt nicht nur erkennen, daß er die Negativstereotypen kennt (Nathan zu Daja: „Und doch bin ich nur ein Jude — gelt, / Das willst du sagen?“: I/1), sondern auch, daß er sich innerhalb seines Volkes als etwas Eigenes sieht. Zwar wird Nathan offensichtlich von seinem Volk wie ein „Fürst“ verehrt und „der Weise“ genannt (I/6); zwar tritt Nathan gegenüber dem Klosterbruder in aller Entschiedenheit als Jude auf und denkt nicht daran, alles Negative auf sein Judesein und alles Positive auf ein angebliches Christsein zurückzuführen: „Wohl uns! Denn was / Mich Euch zum Christen macht, macht Euch mir / Zum Juden!“ (IV/7). Aber zugleich hat sich Nathan die innere Freiheit bewahrt, mit Formen des Judeseins ironisch zu spielen. So etwa kurz vor der Entfaltung der Ringparabel, als Nathan sein Vorgehen Saladin gegenüber abwägt:

„... So ganz
Stockjude sein zu wollen, geht schon nicht.
Und ganz und gar nicht Jude, geht noch minder.“ (III/6)

Im *Zwischenraum von „Stockjude“ und „Nichtjude“* also ist Nathan zu begreifen, der so seine Eigenständigkeit innerhalb seiner eigenen Tradition unter Beweis stellt, sein subjektives Profil innerhalb einer kollektiven Volksgemeinschaft. Von ihr kann er sich denn auch durchaus distanzieren, so etwa, als er merkt, daß der Tempelherr betroffen ist von der „frommen Raserei“, für die er den Auserwähltheitsglauben des jüdischen Volkes verantwortlich macht:

„... verachtet
Mein Volk so sehr Ihr wollt. Wir haben beide

Uns unser Volk nicht auserlesen. Sind
Wir unser Volk? Was heißt denn Volk?
Sind Christ und Jude eher Christ und Jude,
Als Mensch?" (II/5)

Dieses Eigenprofil Nathans wird dadurch noch verschärft, daß er der einzige Jude ist, der in diesem Drama überhaupt vorkommt, was in auffälligem Kontrast steht zu den anderen Religionen, die in mehreren Personen gespiegelt werden. Und dieser Jude ist weder ein orthodoxer Rabbi aus talmudischer Tradition noch ein gelehrter Philosoph aus der Tradition von Philo bis Maimonides, noch argumentiert er wie einer der beiden. Vor uns steht ein reich gewordener Geschäftsmann, der — wie wir durch seine Tochter Recha erfahren — die „kalte Buchgelehrsamkeit, die sich / Mit toten Zeichen ins Gehirn nur drückt" (V/6) überhaupt nicht liebt, was eine deutliche Orthodoxie-Kritik mit ihrer exklusiven Fixierung auf das Buch (Tora, Talmud) bedeutet.

Eine solche Figurenwahl allein unterstreicht schon Lessings bewußte Distanz zu allem „Offiziellen" und „Institutionellen" in den Religionen, auch im Judentum. Mit Nathan sollte gerade kein offizieller Religionsrepräsentant, sondern ein Bürger auftreten, ein Mensch als Jude, ein Jude als Mensch. Dessen Weisheit ist Lebensklugheit, nicht Buchwissen; sie kommt aus Lebenserfahrung, nicht aus halachischen (religionsgesetzlichen) Entscheidungen. Erhellend dafür ist eine Äußerung von Moses Mendelssohn, Urbild des Nathan, die Lessings Bruder Karl aus Berlin im Juli 1778 nach Wolfenbüttel zu übermitteln weiß, als er erstmals von der Zensur gegen seinen Bruder gehört hat:

„Unser Freund Moses grüßt Dich, und bittet, wenn dieses Gerücht wahr ist, um Mitteilung einer Abschrift von der Untersagungs-Acte. Er wird darüber an Dich schreiben, und den Brief drucken lassen, damit Du und Andere ihn besser lesen können. Er hat immer prophezeiet, daß es so kommen würde. Er kennt, glaube ich, die christlichen Theologen gar zu gut aus seinen ohnmächtigen Rabbinen. Die Herren, die in der Welt um Anderer Seligkeit willen besoldet und beamtet werden, gleichen sich so sehr in ihrem Betragen, als sie sich in ihren dogmatischen Sätzen nicht gleichen."[19]

Heißt dies aber, daß Religion in Lessings Konzeption abgestreift werden soll wie eine alte Haut, um dem rein Menschlichen ohne alle Religion Platz zu machen? Nein, die Grundkonzeption des „Nathan" ist weder identisch mit der Konzeption aller religiösen Orthodoxen: Menschsein ist halachisches Judesein (oder kirchliches Christsein oder gesetzestreues Muslimsein). Noch ist sie identisch mit der Konzeption aller nichtreligiösen Humanisten: Menschsein gelingt nur ohne Judesein (Christsein, Muslimsein). Lessings Konzeption ist komplexer, weil dialektisch: Menschsein soll als Judesein (Christsein, Muslimsein) verwirklicht werden und umgekehrt. Nathans Behauptung lautete ja gerade nicht: Christen und Juden — sie sollen nichts als Menschen werden (also das Religiöse völlig vergessen). Nathans Rückfrage („Sind Christ und Jude eher Christ und Jude als Mensch?") gibt dem *Humanum nicht Exklusivität, wohl aber Priorität vor dem Religiösen,* aber so, daß das Religiöse als Menschlichkeit verwirklicht und die Menschlichkeit im Religiösen begründet ist.

Daraus folgt: Jude-, Christ- und Muslimsein sollen nach der Konzeption des „Nathan" nicht überwunden werden. Vielmehr geht es darum, den Anteil des universal Menschlichen *in* allen Religionen freizulegen. Authentisches Menschsein ist für Lessings „Nathan" in *allen* Religionen und Kulturen anzutreffen, gemäß dem Satz: „Ich weiß, wie gute Menschen denken; weiß / Daß alle Länder gute Menschen tragen" (II/5), eine Überzeugung, die der Muslim Al-Hafi bestätigt, wenn er über seinen Freund sagt: „Jud' und Christ / Und Muselmann und Parsi, alles ist / Ihm eins" (II/2). Später werden auch andere Schlüsselfiguren des Stückes (der Tempelherr und Saladin) dieses Gleichsein, dieses „Gleichviel", diese Gleichrangigkeit von Menschen aller Religionen zum Ausdruck bringen.

Eindrucksvoll illustriert wird dies an *Nathans Erziehungspraxis gegenüber Recha.* Schon dem Tempelherrn war aufgefallen, Nathan „habe / Das Mädchen nicht sowohl in seinem, als / Vielmehr in keinem Glauben auferzogen, / Und sie von Gott nicht mehr nicht weniger / Gelehrt, als der Vernunft genügt" (IV/2). Nathan bestätigt das, wenn er sie dem Klosterbruder gegenüber als ein Mädchen

[19] *K. Lessing,* Brief an G. E. Lessing vom Juli 1778, in: Briefe von und an Lessing (1776–1781), hrsg. v. H. Kiesel, Frankfurt/M. 1994, S. 164f.

rühmt, das „jedes Haus, jedes Glaubens Zierde / Zu sein erschaffen und erzogen ward“ (IV/7). Und Recha selbst legt mit nahezu allem, was sie äußert, für die Wahrheit dieser Aussage Zeugnis ab. Woraus folgt: Während Nathan, aufgezogen in der Tradition des Judentums, noch von sich sagen kann: „Ich bin ein Jud“, vermag Recha, seine Tochter und Schülerin, sich weder als Jüdin noch als Christin im traditionellen Sinn zu fühlen. Was sie daran hindert, ist die von ihr zutiefst verinnerlichte Lehre Nathans, „daß Ergebenheit / In Gott von unserm Wähnen über Gott / So ganz und gar nicht abhängt“ (III/1), eine Lehre, die das Wesentliche der Religion im handelnden Vollzug des Glaubens, nicht mehr in bestimmten Inhalten findet.

Zu Recht hat der Philosoph *Helmut Fuhrmann* aus diesem Befund gefolgert: „Auch wenn bei Rechas Erziehung, gerichtet auf eine Gesinnung, die frei ist vom ‚Unkraut‘ und von den ‚bunten Blumen‘ positiver Religion, die Rücksicht auf ihre christliche Herkunft mitgespielt haben mag, weist doch die Saat, die aus dem ‚Samen der Vernunft‘ in ihrer Seele aufgeht, zurück auf die eigentümliche Zwischenstellung, die Nathan (und mit ihm wahrscheinlich Lessing) einnimmt: er kann zwar sich selbst noch zum Judentum (Christentum) *bekennen*, aber andere nicht mehr zum Judentum (Christentum) *erziehen*.“[20] Das ist klug formuliert, aber wir müssen hier präzisierend hinzufügen: Nathan kann nicht mehr zu einem Judentum (Christentum, Islam) erziehen, das die Menschlichkeit des Menschen einschränkt oder gar unterdrückt, sondern nur zu einer Form des Glaubens, der die Humanität fördert. In Lessings Entwürfen zum „Nathan“ steht denn auch ein Satz, der Nathans Erziehungspraxis in ihrer unabweisbaren Dialektik präzise beschreibt:

> „Er (Saladin) freuet sich zu finden, daß Nathan keine Jüdin aus einer Christin machen wollen, und ihr nur eine Erziehung gegeben, bei der sie in jeder Religion ein Muster der Vollkommenheit sein könne.“ (IX, 657)

Deshalb kann auch das Wort „Jude“ in diesem Stück durchaus auch positiv gefüllt sein. Das ist dort der Fall, wo der Tempelherr emphatisch ausruft: „Welch ein Jude! — Und der so ganz nur Jude scheinen will!“ (III/9) Oder dann, wenn Nathan dem Tempelherrn antwortet: „Denn was mich Euch zum Christen macht, das macht

[20] *H. Fuhrmann*, a. a. O., S. 76 (s. „Grundliteratur zu Lessing“).

Euch mir zum Juden!" Jedesmal ist damit gemeint, daß im Judesein Menschlichkeit aufgeleuchtet ist und daß sich so der Geist vorurteilsfreier Liebe und „herzlicher Verträglichkeit" Bahn gebrochen hat.

5. Zwiespältiges Christentum

Ist Judentum als soziale Realität in Lessings „Nathan" weitgehend negativ akzentuiert, so kennt das Stück für die christliche Seite ein ganzes Spektrum von Verhaltens- und Reaktionsweisen: negative, positive und Zwischentöne.

Ein Patriarch als Schurke

Negativ dargestellt, ja satirisch wie keine andere Figur zur Lächerlichkeit verzerrt, ist der *Patriarch,* der oberste Christ in Jerusalem. Schon früh erfahren wir, und zwar durch seinen Gehilfen, den Klosterbruder, um welche Art von Christ es sich bei diesem Patriarchen offensichtlich handeln muß:

> „... Ich hab' mich oft gewundert
> Wie doch ein Heiliger, der sonst so ganz
> Im Himmel lebt, zugleich so unterrichtet
> Von Dingen dieser Welt zu sein, herab
> Sich lassen kann." (I/5)

Und zu diesen „Dingen" gehört für den Patriarchen die militärische Auseinandersetzung, die als Glaubenskampf die Dimension des Fanatischen hat. Diesen Patriarchen läßt Lessing als selbstgefällige Inkarnation der „frommen Raserei" auftreten. Er stattet ihn nicht nur mit allem „geistlichen Pomp" aus, sondern läßt ihn auch von der Idee besessen sein, daß die ganze nichtchristliche Menschheit in Christen umgewandelt werden muß. Schwert und Scheiterhaufen werden dabei nicht gescheut, so daß davon selbst der junge Tempelherr abgestoßen wird. Ihm geht nämlich im Verlauf des Gesprächs auf, daß der Patriarch seine Recha (wenn er ihren Fall weiter enthüllte) bestenfalls „ins Kloster schleppen“ lassen werde (V/5). Diese mögliche „Schurkerei des Patriarchen“ (V/5) empört ihn zutiefst; der Patriarch ist von Stund an nicht mehr sein Mann.

Ein Klosterbruder mit Sehnsucht nach Gott

Als positives christliches Gegenbild zum Patriarchen ist der *Klosterbruder* entworfen. Er ist mehr als ein schlauer Bursche, der die Nachrichten seines Herrn distanziert-ironisch zu überbringen weiß. Er ist mehr als ein kluger Kopf, der die Machtspiele seines obersten Herrn durchschaut. Er ist vor allem ein Mann *religiöser Sehnsucht* und gläubiger Tiefe. Lange Zeit, so erfahren wir (IV/7), hatte er in der Nähe der Stadt Jericho als Eremit gelebt. Arabisches „Raubgesindel“ hatte ihm sein Gotteshäuschen und seine Zelle zerstört und ihn fortgeschleppt. Zum Glück war er mit dem Leben davongekommen und hatte sich zum Patriarchen durchgeschlagen. Doch statt daß ihm dieser ein „ander Plätzchen“ gewährte, wo der Klosterbruder seinem Gott wieder „in Einsamkeit“ bis an sein „selig Ende“ hätte dienen können, macht ihn der Patriarch zu seinem Erfüllungsgehilfen. Die Sehnsucht aber nach Gottesdienst in der Einsamkeit der Wüste glimmt noch immer in diesem Bruder, fühlt er sich vom Patriarchen doch zu allerlei Machenschaften mißbraucht, vor denen er „großen Ekel“ hat.

Diesem Christen ist es vorbehalten, des Juden Nathan größte Sympathien zu erwecken. Und zwar deshalb, weil dieser — in kritischer Situation — für Nathans Verhalten gegenüber Recha Verständnis aufbringt. Im Zentrum steht denn auch für diesen Mann die *Liebe*, und Nathan hat in seinen Augen deshalb recht daran getan, das ihm übergebene Kind als Jüdin aufzuziehen, weil er nur dadurch (indem er ganz er selber ist) diesem Kind die größte Liebe hatte angedeihen lassen können:

> „Wenn Ihr die Christin durch die zweite Hand
> Als Christin auferziehen lassen: aber
> So hättet Ihr das Kindchen Eures Freunds
> Auch nicht geliebt. Und Kinder brauchen Liebe,
> Wärs eines wilden Tieres Lieb' auch nur,

In solchen Jahren mehr, als Christentum.
Zum Christentume hats noch immer Zeit.
Wenn nur das Mädchen sonst gesund und fromm
Vor Euern Augen aufgewachsen ist,
So bliebs vor Gottes Augen, was es war." (IV/7)

Und dann folgen bemerkenswerte Sätze über das *Verhältnis von Christentum und Judentum* aus dem Munde eines Christen:

„Und ist denn nicht das ganze Christentum
Aufs Judentum gebaut? Es hat mich oft
Geärgert, hat mir Tränen gnug gekostet,
Wenn Christen gar so sehr vergessen konnten,
Daß unser Herr ja selbst ein Jude war." (IV/7)

Extremer also könnten die innerchristlichen Positionen in diesem Stück nicht sein. Sie schwanken zwischen dem gnadenlosen „Tut nichts! der Jude wird verbrannt!" bis zur demütig-liebenden Einsicht, daß das ganze Christentum sein Fundament im Judentum hat und der Herr aller Christen selbst „ein Jude" war.

Eine Amme als Fanatikerin: Daja

Zwischen diesen Extremen sind zwei Christen angesiedelt, die in ihrem Verhalten schwanken, weil ihr Charakter schillert. Da ist *Daja* (das persische Wort für „Amme"), von deren zwiespältigem, intrigantem Verhalten wir gehört haben. Sie war mit ihrem Mann, einem Schweizer, kreuzzugsbedingt nach Palästina gekommen; ihr Mann hatte das Schicksal seines Kaisers Friedrich Barbarossa erlitten und war unterwegs ertrunken, so daß Daja ihren Lebensunterhalt in einer Rolle bestreiten muß, die ihr nicht eben „vor der Wiege gesungen" worden war: „ein Judenmädchen zu erziehen" (I/6), das eigentlich eine Christin ist. Diese zwiespältige Rolle geht Daja gegen ihren „Wert als Christin" (I/6), weshalb sie denn auch schon in der allerersten Szene Nathan damit in den Ohren liegt.

Niemand aber kennt diese Frau besser als ihr „Judenmädchen", und deshalb hat Rechas Urteil Gewicht, wenn sie diejenige Frau, ihr von Kindesbeinen an vertraut, ihre „gute böse Daja" (V/6) nennt.

Gut? Weil Recha nicht vergessen kann, daß Daja sie stets wie eine Mutter gepflegt hat; nichts mußte sie entbehren; alles, was eine leibliche Mutter für ihr Kind getan hätte, hat Daja getan. Andererseits aber hat Recha die *innere Gespaltenheit Dajas* voll durchschaut. In ihren Augen ist Daja „eine Christin", die „aus Liebe quälen" muß, ist sie doch eine von den „Schwärmerinnen", die den „einzig wahren Weg" zu Gott zu kennen meinen. Und da solche Menschen nur ihren eigenen Weg als den allein seligmachenden anerkennen, gehen alle Nichtchristen „ins Verderben", ins „ewige Verderben". Das aber kann Daja im Fall ihrer Recha nicht hinnehmen, im Fall eines Kindes, das sie liebt. Deshalb muß sie Recha „zur selben Zeit lieben und hassen", lieben als Kind und hassen als Jüdin, so daß bei Daja neben Liebesbezeugungen immer auch „ihr Seufzen, ihr Warnen, ihr Gebet, ihr Drohen" zu hören ist. Recha will sie „retten" wie einen überaus wertvollen Schatz, und deshalb fügt diese, die gar nicht auf Dajas Art „gerettet" werden will, ironisch hinzu:

„... Und wem schmeichelts doch
Im Grunde nicht, sich gar so wert und teuer,
Von wems auch sei, gehalten fühlen, daß
Er den Gedanken nicht ertragen kann,
Er müß' einmal auf ewig uns entbehren!" (V/6)

Daja ist für Recha deshalb eine „arme Frau": „Rettet" sie Recha, quält sie diese; rettet sie Recha nicht, quält sie sich selbst. Die Reihenfolge hier ist also genau umgekehrt wie beim Klosterbruder. Bei ihm kam die Menschenliebe zuerst, dann das „Christentum"; bei Daja führt ihr Christentum zu einem quälerisch-selbstquälerischen Liebenmüssen, zu einer Perversion von Liebe also.

Ein Tempelherr in der Krise

Und da ist schließlich der *Tempelherr* als Christ. Er macht die *radikalste Wandlung* von allen Figuren in diesem Stück durch. Keiner kennt solche Extremreaktionen wie er: seine primitive Judenverachtung („Jud' ist Jude": I/6) kann plötzlich umschlagen in Judenenthusiasmus („Welch ein Jude!" III/9) und dieser wiederum in irrationalen Judenhaß („Jüd'scher Wolf im philosophischen Schafspelz":

IV/4). Kein Temperament in diesem Stück gerät so in Wallung wie das des Tempelherrn, dessen emotionale Überreaktion gegenüber Nathan denn auch die ganze Familiengeschichte erst ins Rollen bringt. Keiner außer dem Patriarchen versteht *Religion* zunächst so sehr *als Partei* gegen andere wie dieser Christ. So hatte er sich für seinen Gang zum Patriarchen, antijüdisch motiviert, diese Begründung gegeben:

„Zudem, ich seh nun wohl,
Religion ist auch Partei; und wer
Sich drob auch noch so unparteiisch glaubt,
Hält, ohn' es selbst zu wissen, doch nur seiner
die Stange. Weil das einmal nun so ist:
Wirds so wohl recht sein." (IV/1)

Keine Figur aber ist auch so in der *Krise* wie der Tempelherr, die mit der Begnadigung durch Saladin begann. Es spricht dabei für diesen jungen Mann, daß er sich bei Nathan nicht nur entschuldigt („Was sollt ich eines Fehls mich schämen? Hab' / Ich nicht den festen Vorsatz, ihn zu bessern?" V/5); es spricht vor allem für ihn, daß er sich zu einer *neuen Grundeinstellung* in Sachen Fremdreligionen durchringen kann. Die Liebe hat auch in seinem Fall eine Schlüsselbedeutung. Denn die Liebe zu einem „Judenmädchen" wie Recha macht aus dem fanatischen Parteigänger seines Glaubens einen toleranten Menschen. Ja, die Begnadigung durch Saladin begreift er jetzt als Auferstehung aus dem Tod in ein neues Leben, in dem nur noch der *Primat der Liebe* zählt, was für den Angehörigen eines streitbaren christlichen Ritterordens doppelt schwer wiegen muß:

„... Ist das nun Liebe:
So — liebt der Tempelritter freilich, — liebt
Der Christ das Judenmädchen freilich. — Hm!
Was tuts? — Ich hab' in dem gelobten Lande, —
Und drum auch mir *gelobt* auf immerdar! —
Der Vorurteile mehr schon abgelegt. —
Was will mein Orden auch? Ich Tempelherr
Bin tot; war von dem Augenblick' ihm tot,
Der mich zu Saladins Gefangnen machte.
Der Kopf, den Saladin mir schenkte, wär'

Mein alter? — Ist ein neuer; der von allem
Nichts weiß, was jenem eingeplaudert ward,
Was jenen band. — Und ist ein beßrer; für
Den väterlichen Himmel mehr gemacht.“ (III/8)

Der Ausdruck „väterlicher Himmel“ verweist dabei auf des Tempelherrn leiblichen Vater Assad. Und es ist in diesem entscheidenden Monolog aufregend zu beobachten, wie der Tempelherr in seiner Orientierungslosigkeit (von einem Muslim begnadigt, in eine Jüdin verliebt, der eigenen Glaubensgemeinschaft entfremdet) sich nun immer stärker seiner *muslimischen Herkunft vergewissert.* In seiner neuen Situation beginnt er sich nämlich seines Vaters zu erinnern, der schon einmal durch die Heirat mit einer Christin die Religionsparteien transzendierte:

„Das spür' ich ja. Denn erst mit ihm beginn'
Ich so zu denken, wie mein Vater hier
Gedacht muß haben; wenn man Märchen nicht
Von ihm mir vorgelogen. — Märchen? — doch
Ganz glaubliche; die glaublicher mir nie
Als itzt geschienen, da ich nur Gefahr
Zu straucheln laufe, wo er fiel. — Er fiel?
Ich will mit Männern lieber fallen, als
Mit Kindern stehen. — Sein Beispiel bürget mir
Für seinen Beifall.“ (III/8)

Geschickt verkoppelt ist hier von Lessing Charakterpsychologie (ein unruhiger junger Mann) mit Familienarchäologie (Vergewisserung über die eigenen Lebenswurzeln), und beides wird zusätzlich noch als religionstheologisches Argument benutzt, treibt doch seine Unruhe auf der Suche nach den eigenen Wurzeln den Tempelherrn „vom Christentum … auf den Islam zu …, dem seine neue Identifikationsfigur Assad doch einst angehört hat.“[21]

[21] *Th. Koebner,* a. a. O., S. 178 (s. „Grundliteratur zu Lessing“). Der Vf. freilich ist an einem für uns nicht unwichtigen Punkt mit sich im Widerspruch. An einer Stelle seiner Ausführungen (S. 111) *vermutet* er bei Assad einen Glaubenswechsel zum Christentum im Zuge seiner Ehe mit einer Christin, an einer anderen Stelle (S. 175) *behauptet* er ihn schon. Wie aber soll sich der Tempelherr auf den „Islam“ zubewegen, wie an unserer zitierten Stelle von Koebner mit Recht bemerkt, wenn sein Vater in der Zwischenzeit Christ geworden ist? Assad hatte zwar einen europäischen Namen angenommen, daß er aber zum Christentum übertrat, ist nirgendwo im Text direkt gesagt, auch nicht indirekt in IV/3, Verse 453–460. Direkt allerdings gesagt

„Ich hab' in dem gelobten Lande...": Wichtig ist hier, daß Lessing eine seiner wichtigsten Figuren mit dem Topos des „gelobten Landes" spielen läßt — und zwar so, daß aus dem Indikativ ein Imperativ wird. Gerade im „gelobten Land" sollen sich Menschen etwas „geloben": nämlich zu neuen Menschen zu werden, die ihre Religion nicht gegeneinander aufhetzt, sondern zueinander bringt und miteinander leben und lieben läßt. Wie schwer diese vernünftige Einsicht auch gefühlsmäßig zu leben ist, zeigt gerade noch einmal der Tempelherr. Denn in seiner emotionalen Zerrissenheit ist er sich keineswegs sicher, ob sein Kopf wirklich „neu" ist und ob er wirklich überwunden hat, was ihm einstmals „eingeplaudert" worden. Aber es spricht noch einmal für ihn, daß er bei allem Zorn über Nathan selbst durchschaut, daß er in ein altes Rollenverhalten zurückzufallen droht. Zur Besinnung gekommen, fragt er sich, warum er eigentlich so empört ist über Nathan, und kleidet dies in die bezeichnende Frage:

> „Wie? sollte wirklich wohl in mir der Christ
> Noch tiefer nisten, als in ihm der Jude? —
> Wer kennt sich recht?" (V/3)

Dem Tempelherrn wird damit das gleiche Sprachspiel in den Mund gelegt, das wir auch schon bei der Rede vom „Juden" in diesem Stück entdeckt haben. Wenn er vom „Christen" in sich spricht, dann meint er Formen der Verengung und Verblendung, die verhindern, offen für das universal Menschliche im Christlichen zu sein. Zu dieser Offenheit aber gelangt der hitzige junge Mann schließlich doch:

> „... Ach! Rechas wahrer Vater
> Bleibt, Trotz dem Christen, der sie zeugte —, bleibt
> In Ewigkeit der Jude." (V/3)

Jude sein — Mensch sein; Christ sein — Mensch sein: die Grundkonzeption Lessings wird auch hier wieder erkennbar. Deshalb

ist, daß Assad „am liebsten Persisch" sprach (V/8, Verse 674–676). Das Nötige hat dazu schon früh gesagt: *R. K. Angress*, „Dreams that were more than dreams" in Lessing's „Nathan", in: Lessing Yearbook 3 (1971), S. 108–127, bes. S. 109–111.

kann es nicht überraschen, wenn auch der *Name Christ* in diesem Stück schillert. Meist ist er wie der Begriff „Jude" bewußt *negativ besetzt.* Und auch hier ist keine Szene sprechender als diejenige, in der Sultan Saladin den Tempelherrn von seiner Wut auf Nathan abzubringen sucht (IV/4). Diese Szene läuft gerade umgekehrt ab als die erste Begegnung zwischen Saladin und Nathan. War dort ein Gefälle von der unpersonalen Distanz („Tritt näher *Jude*") zur personalen Nähe („Nathan ... mein *Freund*") erkennbar, ist es hier genau umgekehrt: Anfangs begegnet der Sultan seinem Gast mit größtem Wohlwollen, hat er ihn doch deshalb begnadigt, weil er ihn an seinen Bruder Assad erinnert. Er nennt ihn zärtlich einen „braven jungen Mann". Aber der Ton wechselt in dem Moment, wo der Tempelherr seiner Verachtung für Nathan freien Lauf läßt („toleranter Schwätzer", „jüd'scher Wolf im philosophischen Schafspelz"). In diesem Moment wird Saladin ernst und reagiert mit dem bezeichnenden Satz: „Sei ruhig, *Christ!*" Und das Wort „Christ" bezeichnet in diesem Augenblick die Grundhaltung des Fanatischen, Verengten und Verrannten. Der Tempelherr bestätigt dies auch noch durch seine Reaktion:

> „Was? ruhig Christ? — Wenn Jud'
> Und Muselmann, auf Jud', auf Muselmann
> Bestehen: soll allein der Christ den Christen
> Nicht machen dürfen?" (IV/4)

Worauf Saladin ob dieser Unverschämtheit „noch ernster", fast drohend antwortet: „Ruhig, Christ!" und dem Tempelherrn eine Lektion in Freundschaft erteilt:

> „Indes, er ist mein Freund, und meiner Freunde
> Muß keiner mit dem andern hadern. — Laß
> Dich weisen! Geh behutsam! Gieb ihn nicht
> Sofort den Schwärmern deines Pöbels Preis!
> Verschweig, was deine Geistlichkeit, an ihm
> Zu rächen mir so nahe legen würde!
> Sei keinem Juden, keinem Muselmanne
> Zum Trotz ein Christ!" (IV/4)

Umgekehrt aber kann der Begriff „Christ" auch *positiv gebraucht* werden, dort nämlich, wo Christliches ganz authentisch zum Ausdruck kommt. Unmißverständlich geschieht dies dort, wo der Klosterbruder Nathan auf den Kopf zusagt: „Ihr seid ein Christ! – bei Gott, Ihr seid ein Christ! / Ein bessrer Christ war nie!", und damit Christsein mit dem Wert „schrankenlose Barmherzigkeit" verbindet. Unzweideutig auch dort, wo die Liebe über alle Ausgrenzungsideologien triumphiert wie im Fall des Tempelherrn. Denn im entscheidenden Gespräch mit Nathan gegen Ende des Stückes stellt dieser jetzt vollends die Liebe über alle abgegrenzte Religionsparteilichkeit. Sie macht ihn fähig zu einer Wende von der konfessionellen Verengung zu einer religiös-humanen Weite, genauer: macht ihn aus neuer christlicher Elementarität heraus („Liebe") frei zur Entdekkung des „Gleichviel" der konkreten Religionen. Der Tempelherr vollzieht damit die Einsicht auf seine Weise nach, die Nathan bereits aus jüdischen Wurzeln heraus vorlebt („Jude, Christ und Muselmann und Parsi, alles ist ihm eins"):

„Gebt sie mir; geschwind! – Sie sei
Nun Eure Tochter, oder sei es nicht!
Sei Christin, oder Jüdin, oder keines!
Gleich viel! gleich viel! Ich werd' Euch weder itzt
Noch jemals sonst in meinem Leben
Darum befragen. Sei, wie's sei!" (V/5)

Wir begreifen nun vollends die *kritische Spitze des Antitragischen* in Lessings Stück. Dessen Handlung ist – wie wir sahen – bewußt strukturell so gefügt, daß am Ende eine radikale Absage an jede antijüdische Blutideologie steht. Jetzt können wir hinzufügen: Am Ende steht ebenso entschieden eine Absage an jede christliche Märtyrerideologie. Auch diese lebt ja vom verblendeten Anti gegen andere Religionen. Deshalb macht Lessing – gegen Cronegks Märtyrer-Heroismus („Vergnügt eil' ich zur Marter hin") – im eigenen Stück fast überdeutlich, was ein Flammentod für Menschen bedeutet; sein Nathan hatte ja seine ganze Familie auf diese Weise verloren, und auch die geliebte Recha wäre beinahe wieder im Feuer umgekommen:

„Die arme Recha, die indes verbrannte! –
Fast, fast verbrannte! Fast nur. Schaudert nicht!
Es ist ein garst'ger Tod, verbrennen." (I/2)

Und die Muslime? Wie werden sie in diesem Stück gesehen?

IV. „NATHAN DER WEISE“ ALS PROISLAMISCHES STÜCK

Generell gilt: Ist das Bild des real existierenden Judentums weitgehend negativ (mit Nathan als „Ausnahme“), ist das Bild des konkreten Christentums zutiefst zwiespältig, so ist das Bild des Islam (wie es in den hier gezeigten Muslimen konkret gespiegelt wird) auf eine erstaunliche Weise rundum positiv, genauer: auf kalkulierte, strategische Weise „idealisiert“. Drei Figuren repräsentieren den Islam, und auch sie schauen wir uns genau an.

1. Al-Hafi: Toleranz im Geiste des Sufismus

Der *Derwisch Al-Hafi* hatte bei Kritikern des „Nathan“ lange Zeit eine äußerst ungünstige „Presse“. Meist wurde er als lächerliche Figur abgetan und wegen seines angeblich weltfremden Eskapismus gegen Nathan ausgespielt: Des Derwisch naiv-schwärmerische Weltflucht sollte um so strahlender Nathans Weltgewandtheit und Weltgestaltung zum Leuchten bringen. Neuere Arbeiten nehmen diese Gestalt ernster und erkennen in ihr „mehr Weisheit“, als die Kritik bisher annahm.[1] Diese Neubewertung kann sich zweifellos auf die Tatsache stützen, daß Lessing ausgerechnet die Derwisch-Geschichte in einem „Nachspiel zum Nathan“ weiterführen wollte. In Briefen an den Bruder ist öfter davon die Rede, zuerst am 15. Januar 1779:

> „Auch sollte, nach meinem ersten Anschlage, noch ein Nachspiel dazu kommen, genannt ‚Der Derwisch‘, welches auf eine neue

[1] Belege dazu bei *R.H. Farquharson*, Lessing's Dervish and the Mystery of the Dervish-„Nachspiel“, in: Lessing Yearbook 18 (1986), S. 47–67. Schon früher: *D. von König*, Natürlichkeit und Wirklichkeit. Studien zu Lessings „Nathan der Weise“, Bonn 1976, S. 50–66. Zum biographischen Hintergrund und orientalischen Vordergrund der Al-Hafi-Gestalt vgl. *E. Schmidt*, Lessing. Geschichte seines Lebens und seiner Schriften. Band II, Berlin 1892, S. 542–547.

Art den Faden einer Episode des Stücks selbst wieder aufnähme und zu Ende brächte."[2]

Mehr als das Faktum der Absicht freilich haben wir aus Lessing-Dokumenten leider nicht. Nirgendwo läßt der Dramatiker erkennen, warum er ausgerechnet die Derwisch-Episode weiterschreiben wollte, noch gar, wie der „Faden" dieser Geschichte konkret hätte weitergesponnen werden sollen. Da nützt auch der Hinweis auf *Christoph Martin Wielands* „Geschichte des weisen Danischmend" (1775) wenig, die Lessing kannte und in der bereits die Figur eines muslimischen Mönchs mit Namen Al-Hafi vorkam, zumal Wielands Geschichte inhaltlich ohnehin völlig anders orientiert ist. Spekulationen sind hier so abenteuerlich wie müßig.[3] Und statt über die ungeschriebene Zukunft des Derwisch zu räsonieren, sollte man besser seine geschriebene Gegenwart sorgfältig auswerten — und zwar auf der Basis der drei Szenen (I/3; II/2; II/9), in denen Al-Hafi auftritt.

Eine zwiespältige Rolle

Was die Person des Al-Hafi angeht, so trägt sie durchaus *komische Züge.* Schon beim ersten Auftritt führt er in kindlich-naiver Weise Nathan seine Kleider vor, die seine neue Stellung als Schatzmeister am Hof des Sultans zeigen sollen. In der zweiten Szene versucht er auf eine fast zum Lachen reizende Art, den Sultan von dessen Finanzschwierigkeiten zu überzeugen und auch davon, daß Saladin nicht auch noch seinen Freund Nathan in seine Geldgeschäfte verwickeln möge. Aber rasch wird deutlich, daß dieses komische Verhalten Teil eines Rollenspiels ist, einer Tarnung aus Angst vor der Autorität. Des Sultans widersprüchliches Finanzgebaren hat Al-Hafi bekanntlich vom ersten Augenblick seines Auftritts an durchschaut.

[2] *G.E. Lessing,* Brief an K. Lessing vom 15. 1. 1779, in: Briefe von und an Lessing (1776–1781), hrsg. v. H. Kiesel, Frankfurt/M. 1994. S. 231f. Siehe auch S. 240 u. 246.

[3] *R.H. Farquharson* nimmt die Hinweise auf das Parsentum auf und führt weitere Belege für Lessings Sympathie gegenüber dem Zoroastrismus an. Daran wird die Spekulation geknüpft: „Could it not be that in ‚Der Derwisch', the play that was intended as a complement and completition to ‚Nathan der Weise' Al-Hafi was to become the spokesman for the final manifestation of ‚Lessing's System' for a transcentendal, universal religion that rose bejond sects and doctrines to reach toward internal truth?" (a. a. O., S. 62; s. Anm. 1).

Da er aber sein Wissen einem Sultan nicht direkt offenbaren kann, spielt er diesem eine Rolle vor. Er selber nennt das „Mummerei" (II/2), die er aber je länger desto weniger noch mitzumachen bereit ist. So entsteht die Komik des Al-Hafi aus seiner Verlegenheit im Machtgefüge des Sultans. Dieser „Schatzmeister" muß sich tarnen, um sich selber und dann auch seinen Freund Nathan vor dem Sultan zu retten.

Was die *Geschichte* des Al-Hafi betrifft, so weist sie bemerkenswerte Parallelen zu der des Klosterbruders auf. Denn wie der Klosterbruder die Rolle des Boten für den Patriarchen, so spielt Al-Hafi die Rolle des Schatzmeisters für den Sultan. Seine Sehnsüchte aber liegen ganz woanders. So wie der Klosterbruder in seiner Einsiedelei, möchte auch er nach Indien, an den Ganges, um dort „leicht und barfuß den heiligen Sand mit meinen Lehrern" (I/3) zu treten. Der Grund dafür ist nicht Eskapismus, sondern — angesichts des Machtgefüges am Sultan-Hof — Sehnsucht nach Freiheit und unverstellter Humanität, was Nathan seinem Freund Al-Hafi denn auch ausdrücklich bestätigt. Einbezogen in das finanzpolitische Spiel des Sultans, könnte Al-Hafi gerade unter Menschen das Menschsein „verlernen", meint Nathan und wünscht seinem Freund einzig aus diesem Grund, er möge wieder „in seine Wüste" kommen.

Im Gegensatz zum Klosterbruder aber schafft Al-Hafi den Absprung und kann sich aus dem Spiel um Geldgeschäfte tatsächlich ausklinken. Er weiß: „Am Ganges, / Am Ganges nur giebt's Menschen"; niemandes „Werkzeug" braucht er dort zu sein, niemandes „Sklave" (II/9). Ja, Al-Hafi fordert Nathan sogar auf, ihm an den Ganges zu folgen als „der einzige", der „würdig wäre, / Daß er am Ganges lebte" (II/9). Zwar folgt Nathan diesem Ansinnen nicht (diese Art des Exodus ist in der Tat seine Sache nicht), aber einen tiefen Respekt kann er seinem Freund Al-Hafi nicht versagen. Er verabschiedet ihn mit den Worten:

„Wilder, guter, edler —
Wie nenn ich ihn? — Der wahre Bettler ist
Doch einzig und allein der wahre König!" (II/9)

Was das religiöse Profil Al-Hafis betrifft, so bekommen wir im Text verschiedene Signale, welche diese Figur zu einer *komplexen Gestalt* werden lassen. Da ist der Hintergrund der *muslimischen Mystik,* des *Sufismus.* Das Wort „Derwisch" stammt bekanntlich aus dem Persischen und meint „Bettler"; das Wort „Al-Hafi" ist das arabische Wort für „Barfüßer". Lessing hatte hier eine konkrete geschichtliche Figur vor Augen: *Bishr al-Hafi,* geboren ca. 767 im ostiranischen Marw, gestorben ca. 840 in Bagdad, der sich der sufitischen Bewegung angeschlossen hatte. Zwar ist dieser Al-Hafi auch in Reiskes „Abulfedae Annales Moslemici" (Bd. I, 1754) erwähnt, wo Lessing ihn hätte finden können; wahrscheinlich aber ist seine Quelle auch hier die „Bibliothèque Orientale", und der dort gedruckte Artikel Baschar al-Hafi. Und liest man, was die Geschichtsschreibung auch heute noch zu diesem Sufi zu sagen hat, so erkennt man noch immer Grundzüge, die bereits Lessing verarbeitet hat. So heißt es in der heute maßgebenden „Encyclopaedia of Islam":

> „Angesichts der Wahl zwischen Gott und der Welt machte er (Al-Hafi) seine Wahl ohne Rückhalt zugunsten Gottes, und er verachtete alle Formen weltlicher Ambitionen und Selbstbezogenheit. Er predigte Armut, die einhergehen sollte mit Geduld und Nächstenliebe, und es wurde von ihm gesagt, daß er, als er eines Tages einen Mann traf, der unter der Kälte litt, er ihm nicht anders zu helfen wußte, als daß er sich selber auskleidete und auf diese Weise ihm sein Mitleid zeigte und ein Beispiel gab. Er starb in einem geliehenen Hemd, weil er sein eigenes für einen armen Mann weggegeben hatte... Er setzte sogar das Almosengeben über die Pilgerfahrt nach Mekka und den Heiligen Krieg, weil man Almosen im Verborgenen geben kann, ohne daß andere Menschen davon wissen."[4]

Und der Tübinger Islamkundler *Josef van Ess* fügt in seinem monumentalen sechsbändigen Werk über die frühe islamische Theologie bei Al-Hafi hinzu, was ebenfalls bei Lessing schon angeklungen war: Al-Hafi „litt an der Stadt, in der er lebte. ‚Bagdad ist beklemmend

[4] Art.: Bishr al-Hafi, in: The Encyclopaedia of Islam. New Edition Bd. I, Leiden — London 1960, S. 1244–1246, Zitat S. 1244f.

für einen Gottesfürchtigen. Kein Gläubiger sollte in ihr verweilen', so wollte man von ihm gehört haben. Sein Lehrer, Iraner wie er, hat sich in der Tat nicht länger dort aufgehalten; er meinte, man könne dort nicht beten, weil der Boden auf illegale Weise enteignet sei. Daraus sprach jene Skrupelhaftigkeit, für die er wie Bishr und viele andere bekannt war; um nur gar nicht in Sünde zu fallen, mußte man, so schien es, auch manches andere um sich herum für tabu halten. Nach Bishrs Ansicht gehörte dazu nicht so sehr die Stadt selber wie die Menschen, die in ihr lebten; er hielt sich vor ihnen zurück."[5]

Lessing also wollte mit der Figur des Derwisch Al-Hafi ganz offensichtlich die sehr populäre *mystische Tradition des Islam* aufgreifen, sind doch die Derwische Teil der großen mystischen Bewegung, die sich im Islam im 8. und 9. Jahrhundert als Alternative zum offiziellen Gesetzesislam herausgebildet hatte. Dabei verkörpern Sufis in besonderer Weise „die Ideale der Toleranz und des Humanismus im Islam: Gottes- und Menschenliebe sowie die Wertschätzung der mystischen Erfahrung anderer Religionen haben die Sufis zu einer liberalen und toleranten Einstellung gegenüber Nicht-Muslimen geführt."[6] In dieser Tradition steht auch das Derwischwesen. Idealtypisch gesprochen: Verfolgt der Sufi den mystischen Weg zu Gott mehr durch philosophisch-theoretische Betrachtung, so lebt und praktiziert der Derwisch ihn auch bis in den Lebensstil durch die Befolgung des Gebotes der Armut vor allem, einschließlich der Bettelei. Gerade im Unterschied zum orthodoxen Sufismus ist das Derwischwesen somit stark von der Armut geprägt; Derwische sind *homines religiosi,* deren materielle Armut ihre Gottesbedürftigkeit und zugleich ihren Gottesreichtum widerspiegeln soll. Lessings Al-Hafi

5 *J. van Ess,* Theologie und Gesellschaft im 2. und 3. Jahrhundert Hidschra. Eine Gechichte des religiösen Denkens im frühen Islam, Bd. III, Berlin — New York 1992, S. 105f.

6 *J. Frembgen,* Derwische. Gelebter Sufismus, Köln 1993, S. 16. Die Kenntnisse über den Sufismus dürfte Lessing der „Bibliothèque Orientale" von *B. d'Herbelot* verdanken. Dort werden „Sofis" und „Derwische" als die beiden Hauptspielarten des muslimischen Mönchwesens bezeichnet. Daß Al-Hafi ein Sufi ist, wird auch durch eine Stelle in Lessings *Entwurf zum „Nathan"* direkt belegt. Hier läßt der Autor Saladin über Al-Hafi sagen: „Ich wußte nicht, daß ich einen so erleuchteten Sophi zu meinem Schatzmeister hätte" (IX, 642). Im Kommentar wird das Wort „Sophi" fälschlicherweise auf das griechische „Sophia" („Weisheit") zurückgeführt (IX, 1286). Mir scheint hier eher eine Anspielung auf den „Sufi" Al-Hafi vorzuliegen. So mit Recht *R. H. Farquharson,* a. a. O., S. 66 (s. Anm. 1) und *H. Birus,* Poetische Namengebung. Zur Bedeutung der Namen in Lessings „Nathan der Weise", Göttingen 1978, S. 154, Anm. 142 u. 143.

verkörpert genau diesen Typus: „Der wahre *Bettler* ist doch einzig und allein der wahre *König!*"

Dies wird erhärtet durch eine Beobachtung, die schon *Erich Schmidt* in seiner großen Lessing-Biographie Ende des vorigen Jahrhunderts gemacht hat: „Bücher wie der bewährte Herbelot oder Saadis ‚Persianisches Rosenthal' im altfränkischen Deutsch des Olearius lagen auf Lessings Tisch aufgeschlagen... Da wimmelt es von sinnreichen Fabeln, die zum reflectirenden Redeschmuck aufgegriffen werden konnten, wie die Jagd des Löwen mit dem Fuchse, von scharfen Vergleichen, wie daß der Fürst lieber ein Geier unter Äsern als ein Aas unter Geiern sein solle, von bunten Beispielen der Lebensweisheit, der Sittlichkeit, des Witzes."[7] Und in der Tat war Lessing wohlvertraut mit dem bahnbrechenden Werk des Adam Olearius (lateinischer Name für Adam Ölschläger: 1599–1671), der 1647 die Beschreibung einer Orientreise vorgelegt hatte, die ihn im Rahmen einer Handelsmission durch den Herzog Friedrich III. von Holstein-Gottrop zunächst nach Rußland und dann nach Persien geführt hatte. Des Olearius' „Newe Orientalische Reise" stellt denn auch eine der wichtigsten Quellen für die Kulturgeschichte Rußlands und Persiens dar, ja diesem enzyklopädisch gebildeten Gelehrten ist es zu verdanken, daß auch das populärste Prosawerk der persischen Literatur, der „Golestan" („Der Rosengarten"), ebenfalls in Deutschland bekannt wurde. 1654 hatte Olearius diese im Geiste des sufitischen weisheitlichen Universalismus geschriebenen Texte des persischen Dichters Sa'di (rund 1215 bis 1292) in einer eigenen Schrift unter dem Titel „Persianisches Rosenthal" veröffentlicht. Später gab er beide Texte, die von der orientalischen Reise und die von Sa'di, in einer Gesamtausgabe heraus, die Lessing gekannt haben dürfte.

Für uns ist von Bedeutung, daß Sa'dis in Reimprosa abgefaßtes Werk nicht nur die Lebensweise und die Moral der Könige, sondern auch das „Wesen der Derwische" behandelt, insbesondere Reflexionen über den „Wert der Genügsamkeit" anstellt. Und man kann sich in der Tat vorstellen, daß Lessing, wenn er Sa'dis „Der Rosengarten" tatsächlich während der Arbeit am „Nathan" auf dem Tisch gehabt haben soll, von diesen Texten angeregt worden sein könnte:

[7] *E. Schmidt*, Lessing. Geschichte seines Lebens und seiner Schriften, Bd. II, Berlin 1892, S. 544.

„Einmal habe ich einen Derwisch gesehen, der im Feuer der Armut fast erstickte und Lappen auf Lappen zusammenflickte, der aber mit solchen Versen sich selbst tröstete:

Sei zufrieden, daß du
trockenes Brot und Lumpenkleider hast.
Besser ist es eignen Elends
als der fremden Wohltat Last!

Da fragte ihn einer: ‚Warum sitzt du da? wo es doch in dieser Stadt einen Mann gibt, der eine Seele voll großzügigem Edelmut und allumfassendem Großmut hat! Er hört auf die Worte der wohlgesinnten Menschen und sitzt als Diener an des Herzens Pforte. Wenn du diesem Mann deine Lage schilderst, so hält er es gewiß für seine Pflicht, einem anständigen Mann, wie du es bist, seine Unterstützung zu geben!' — ‚Still', erwiderte der Derwisch, ‚es ist besser, die Dürftigkeit bis zum Grabe tragen, als seine Hilfsbedürftigkeit einem andern klagen!'

Besser ist es, Bettelkleider
in des Elends Winkel flicken,
als um Kleider Bettelbriefe
reichen Herren überreichen!
O gewiß, es ist nicht schlimmer,
in der Hölle Strafe leiden
als mit eines Nachbarn Füßen
in das Paradies zu schleichen."[8]

Sehnsucht nach dem Ganges

Wichtig ist aber auch, daß es bei Al-Hafi Hinweise auf die Tradition des *Parsentums* gibt. Denn es muß auffallen, daß Lessings Al-Hafi bei der Beschreibung von Nathans Religionstoleranz nicht nur — wie im Stück üblich — Juden, Christen und Muslime anspricht, sondern ausdrücklich und als einziger auch die Parsen mit einbezogen sieht: „Jud' und Christ / Und Muselmann und *Parsi*, alles ist /

[8] *Muslih ad-Din Sa'di*, Der Rosengarten. Nach der Übersetzung von K. H. Graf neubearb. v. D. Bellmann, Bremen 1982, S. 117f.

Ihm eins." (II/2) Und in seiner Abschiedsszene (II/9) heißt es gegenüber Nathan:

„Unter meinen Ghebern, an
Dem Ganges, brauch ich beides nicht, und brauche
Das Werkzeug beider nicht zu sein. Am Ganges,
Am Ganges nur giebts Menschen." (II/9)

Parsen sind in Indien lebende Anhänger der Lehre des persischen Religionsstifters Zoroaster (Zarathustra). Dessen Religion war um 600 v.Chr. gegründet, aber nach der muslimischen Eroberung Persiens als nicht-monotheistische Religion von den Muslimen bekämpft worden. Viele Anhänger des Zoroastrismus waren daraufhin nach Indien ausgewandert, und darauf dürfte Al-Hafi anspielen, wenn er von seinen „Ghebern" am „Ganges" spricht, denn „Gheber" ist nichts anderes als das persische Wort für eben diese Anhänger der zoroastrischen Lehre. Lessings Quelle dürfte hier vermutlich Voltaires dramatisches Gedicht „Les Guèbres ou la tolérance" („Die Gheber oder die Toleranz") aus dem Jahre 1769 gewesen sein.[9]

Aus all dem folgt, daß Al-Hafi einerseits als Muslim dargestellt wird (sein Ausruf „Beim Propheten!" ist nur einem Muslimen möglich: I/3), dessen Muslimsein aber durch die mystische Tradition auf andere Religionen hin geöffnet ist. Dieser Bettelmönch hat offensichtlich bei „seinen" Ghebern gelernt und sich so mit den Anschauungen des Parsentums vertraut gemacht, ohne dadurch sein Muslimsein aufzugeben. Auch Al-Hafi liegt damit auf der Linie der Religionstoleranz, um die es dem gesamten Stück geht. Auch seine religiöse Identität ist nicht starr, sondern offen. So, wie er durch die

[9] Treffend charakterisiert *E. Schmidt* in seiner großen Lessing-Biographie dieses Stück so: „Mit dem ihm so geläufigen Angebot von Maskenspiel und schleierhaften Einleitungen gründete der alte Kämpfer (Voltaire) sein Stück auf Haß und Liebe, Haß gegen das ‚grausige Pfaffenthum', Liebe — charité universelle — für alle gute Menschen, welche die Erde trägt. Die Ghebern schon in der ‚Henriade' und im Essai sur les moeurs gefeiert, will er erst nachträglich an Stelle von Christen eingeführt haben, woran natürlich kein wahres Wort ist; aber so human lädt Voltaire in der Rolle des alten Arzemon gen Osten ein, daß ein weltmüder Al-Hafi gern ‚den heißen Sand mit seinen Ghebern treten' möchte. Schwach und unklar gebaut und voll conventioneller Declamation, richtet das Perserstück seine Spitze gegen ‚die unduldsame Schaar der Plutopriesterschaft' und giebt im ‚Großpriester des Pluto' einen wirklich höllischen Ausbund grausamster Verfolgungswuth, bis der bei den römischen Hauptleuten und den frommen Parsi gleich verhaßte Pfaffe ein blutiges Ende findet. Bang schauen seine Richter in die nächste Zukunft, als der Kaiser erscheint, alles zum Besten kehrt, in einer großen Programmrede den erhabenen Herold der Duldung macht und den Ghebern vollste Religionsfreiheit gewährt" (Lessing. Geschichte seines Lebens und seiner Schriften, Bd. II, Berlin 1892, S. 523).

Tradition des Parsentums bereichert wurde, so hat dieser muslimische „Mystiker“ auch keine Probleme, mit einem Juden in tiefer Freundschaft verbunden zu sein, wird er doch gleich zu Anfang als Nathans „Schachgesell“ (I/2) vorgestellt.

Die Pointe dieser Al-Hafi-Szenen liegt somit auf der Hand: Lessing wollte offensichtlich neben Saladin und Sittah einen Muslimen porträtieren, der authentische muslimische Spiritualität im Geiste des Sufismus verkörpert: die Dialektik von Bettelei und Königtum und die daraus folgende universale Toleranz. Eine Dimension des Islam sollte zum Leuchten kommen (vergleichbar der eremitisch-spirituellen Dimension im Christlichen durch den Klosterbruder), bei der Menschen aus radikaler Gottergebenheit zu Machtkritik, Weltverzicht und universaler Menschlichkeit fähig sind. Und es ist ja genau diese Gottergebenheit, die es diesem Muslim möglich macht, das Machtspiel der Welt kritisch zu durchschauen und es zugleich durch Ausstieg zu überwinden.

2. Sittah als Partnerin und Muslimin

Mit dem Geschwisterpaar Saladin und Sittah haben wir — neben Nathan — die religionstheologisch und religionspolitisch aufregendsten Figuren des ganzen Stückes vor uns. Und zwar nicht deshalb, weil hier in einem deutschen Drama ideale Fürsten dargestellt wären, sondern weil diese idealen Fürsten *Muslime* sind. Darin dürfte eine zweite Herausforderung Lessings an seine christliche Umgebung gelegen haben, in der nicht nur über Jahrhunderte antijüdische, sondern auch antiislamische Stereotypen sich festgesetzt hatten: Neben einem „weisen“ Juden steht das Idealbild von Muslimen, von „Ungläubigen“, die zu überlegener Toleranz, gerechter Herrschaft und sympathischer Menschlichkeit fähig sind.

Die Dimension der Geschwisterlichkeit

Diese sympathische Menschlichkeit kommt im Stück schon dadurch zum Ausdruck, daß Lessing bei diesem Fürstenpaar eher die private

Dimension zeigt, nicht die Aura ihrer Macht. Bewußt läßt der Dramatiker seine beiden wichtigsten Muslime stets *als Geschwister* auftreten; in 11 von 13 ihnen gewidmeten Szenen treten Saladin und Sittah gemeinsam auf. Selbst bei der entscheidenden Begegnung Saladins mit Nathan (III/5–7) sitzt Sittah ausdrücklich im „Nebenzimmer" und dürfte so alles mitbekommen haben; in der entscheidenden Szene Saladins mit dem Tempelherrn (IV/4) wird Sittahs Präsenz sogar ausdrücklich erwähnt, verschleiert „seitwärts auf einen Sofa" sitzend.

Geschwisterlichkeit ist dabei mehr als dramaturgisches Stilmittel. Gewiß: Der Dramatiker Lessing „brauchte" zweifellos einen Dialogpartner für Saladin, aber die Wahl einer Schwester ist mehr als ein dramaturgischer Kunstgriff. Sie unterstreicht zugleich die in diesem Stück so betonte Familiarität, die hier noch einmal als Geschwisterlichkeit konkretisiert ist. Und Geschwisterlichkeit bedeutet in diesem Fall *Dialogizität in Freundschaft und Zuneigung zueinander.* Ja, wie wichtig Lessings Saladin Geschwisterliebe ist, von der auch Nathan gehört hat (I/2), zeigen die anrührenden Erinnerungen, die im Sultan an die Zeit mit seinem geliebten Bruder Assad hochkommen, als er den Tempelherrn noch einmal wiedertrifft:

„Du bist
Mit Seel und Leib mein Assad. Sieh! ich könnte
Dich fragen: wo du denn die ganze Zeit
Gesteckt? in welcher Höhle du geschlafen?
In welchem Ginnistan, von welcher guten
Div diese Blume fort und fort so frisch
Erhalten worden? Sieh! ich könnte dich
Erinnern wollen, was wir dort und dort
Zusammen ausgeführt. Ich könnte mit
Dir zanken, daß du Ein Geheimnis doch
Vor mir gehabt! Ein Abenteuer mir
Doch unterschlagen: — Ja, das könnt' ich; wenn
Ich dich nur säh', und nicht auch mich. — Nun, mags!
Von dieser süßen Träumerei ist immer
Doch so viel wahr, daß mir in meinem Herbst
Ein Assad wieder blühen soll." (IV/4)

Eine ähnliche Zuneigung besteht auch zu Sittah. Nichts entscheidet Saladin, ohne vorher mit seiner Schwester-Freundin über alles gesprochen zu haben. Und Sittah erweist sich in diesen Gesprächen nicht nur als überaus intelligente und lebenskluge Frau, sondern auch als die aktivere, nach vorne denkende Partnerin. Deshalb verdient diese für eine deutsche Bühne ganz und gar ungewöhnliche Muslimin unsere besondere Aufmerksamkeit.

Eine politisch intelligente Frau

Eingeführt wird Sittah als geschickte und zugleich schlagfertige Schachpartnerin ihres Bruders und zugleich als taktvolle Frau, die ihren Bruder die finanzielle Verlegenheit nicht fühlen läßt, um die sie weiß. Selbst die Spielschulden, die ihr Bruder bei ihr hat, verschwieg sie bisher. Sie löste sie nicht nur nicht ein; sie bezahlte in jüngster Zeit sogar aus ihrem eigenen Vermögen die ganze Hofhaltung ihres Bruders. Mehr noch: Lebensklug, wie sie ist, bringt sie — als die Finanzkrise sich nicht länger verschweigen läßt — den Namen des reichen Juden Nathan ins Spiel. Über ihn ist sie — im Gegensatz zu ihrem Bruder — bestens informiert, sowohl über Nathans Geschäftsverbindungen und Finanzquellen wie über seinen Charakter. Keine Sekunde zweifelt sie deshalb an Al-Hafis Bericht über Nathan, dessen Charakterisierung Rückschlüsse auf ihre eigenen Vorlieben zuläßt:

> „Hinzugefügt, wie frei von Vorurteilen
> Sein Geist; sein Herz wie offen jeder Tugend,
> Wie eingestimmt mit jeder Schönheit sei." (II/3)

Diese Frau mit dem „ruhigen und schnellen Blick" nicht nur beim Schachspiel ist es also, die ihren Bruder dazu bringt, sich Nathans zu bedienen. Hier geht sie mit allem Selbstbewußtsein einer Fürstin vor, die mit Untertanen nach Gutdünken zu verfahren pflegt, ohne freilich kalt und berechnend zu sein. Zwar horcht man als Leser auf, wenn der eigene Bruder gegenüber Sittah Gewaltlosigkeit im Vorgehen sicherstellen muß (was Rückschlüsse auf frühere Praktiken erlauben mag), aber Sittahs Reaktion auf diese Sicherstellung ist eher gelassen und souverän als menschenverachtend und skrupellos:

„Ja, was heißt
Bei dir Gewalt? Bei Feu'r und Schwert? Nein, nein,
Was braucht es mit den Schwachen für Gewalt,
Als ihre Schwäche? – Komm vor itzt nur mit
In meinen Haram, eine Sängerin
Zu hören, die ich gestern erst gekauft.
Es reift indes bei mir vielleicht ein Anschlag,
Den ich auf diesen Nathan habe. – Komm!" (II/3)

So geht es denn auch auf Sittahs Einfluß zurück, daß Saladin mit Nathan in der entscheidenden Begegnung des 3. Aktes nicht plump fordernd, sondern klug vorgeht. Wieder ist Saladin der Unsichere, Sittah die Entschiedene, die ihrem Bruder „als Mann" eine Lektion in Menschenführung und geschickter Verhandlung erteilt:

„Trau dir auch nur nicht zu wenig!
Ich stehe dir für dich! Wenn du nur willst. –
Daß uns die Männer deines gleichen doch
So gern bereden möchten, nur ihr Schwert,
Ihr Schwert nur habe sie so weit gebracht.
Der Löwe schämt sich freilich, wenn er mit
Dem Fuchse jagt: – des Fuchses, nicht der List." (III/4)

Worauf Saladin sich die „männliche" Antwort in diesem geistreichen Mann-Frau-Spiel der Geschwister nicht verkneifen kann:

„Und daß die Weiber doch so gern den Mann
Zu sich herunter hätten! – Geh nur geh! –
Ich glaube meine Lection zu können." (III/4)

In alldem erweist sich Sittah gegenüber ihrem Bruder als die Aktivere, Drängendere, Planendere, kurz: als *politisch intelligente Frau*, als eine „ältere orientalische Minna" von Barnhelm (E. Schmidt). Im Gegensatz zu ihrem oft ahnungslosen und passiven Bruder hat sie Über- und Durchblick. Und nachdem sie des Tempelherrn Enthüllungen über Recha als „Christenkind" mitbekommen hat (IV/4), ist sie es, welche die Initiative ergreift, um Recha zu empfangen. Sie ahnt die Probleme und denkt eine Lösung voraus, die ihr Bruder dann tatsächlich anbieten wird: Recha möge ihn als geistigen Vater annehmen, nachdem ihre leibliche Vaterschaft so zweifelhaft geworden ist („Sobald der Väter zwei / Sich um dich streiten: — laß sie beide; nimm / Den dritten! — Nimm dann mich zu deinem Vater!": V/7). In der Schlußszene des Stückes ist Sittah denn auch diejenige, die als erste begreift: Curd und Recha sind Geschwister; spontan geht sie auf beide zu, um ihnen „ihre Teilnehmung zu bezeigen" (V/8). Und auch die Tatsache, daß Curd und Recha nicht nur Geschwister, sondern daß sie, Sittah, jetzt deren Tante ist, hat diese erstaunliche Frau geahnt. Ihre Reaktion ist bezeichnend: „Was hör' ich! — Konnts auch anders, anders sein! — " (V/8)

Christentumskritik im Lichte des Islam

Erstaunlich ist auch Sittahs Profil als Muslimin, ein Aspekt, der in der Lessing-Forschung so gut wie ausgeblendet ist, wenn es um die Nachzeichnung der Schwester des Sultans geht. Gewiß: Von einer religiösen Praxis erfahren wir bei Sittah nichts, wohl aber von einer geistigen Prägung, wie sie klassischer muslimisch nicht sein könnte. Dabei zeugt es noch einmal von Lessings religionstheologischer Strategie, daß er das Verhältnis von Christsein und Menschsein gerade nicht Christen, sondern seine *Muslime* reflektieren läßt, konkret sogar seine Muslimin. Christen wird auf diese Weise (ausgerechnet von den so verachteten Muslimen!) kritisch der Spiegel vorgehalten. Muslime werden ob ihrer klaren Sicht der Dinge aufgewertet. So läßt Lessing gleich zu Beginn ihres allerersten Auftritts (II/1) Saladin und Sittah über das Christentum nachdenken, und die Bilanz fällt zutiefst zwiespältig aus. Wir haben von der Ausgangskonstellation gehört: Saladin hatte sich (was sogar historisch verbürgt ist) der Vorstellung hingegeben, er könne seinen Bruder Melek mit der Schwester des englischen Königs Richard (Johanna von Sizilien) vermählen und gleich auch noch seine Schwester Sittah mit einem Bruder Richards. Aus diesen Verbindungen hätten „Menschen" entstehen können, phantasiert der Sultan — eine Sekunde lang.

Es ist aber Sittah, welche die *religionspolitische Begründung* dafür liefert, warum diese Vorstellung nur ein „schöner Traum" bleiben kann. Ihre Argumente sind gut in der muslimischen Tradition begründet:

„Du kennst die Christen nicht, willst sie nicht kennen.
Ihr Stolz ist: Christen sein; nicht Menschen. Denn
Selbst das, was, noch von ihrem Stifter her,
Mit Menschlichkeit den Aberglauben wirzt,
Das lieben sie, nicht weil es menschlich ist:
Weils Christus lehrt; weils Christus hat getan. –
Wohl ihnen, daß er so ein guter Mensch
Noch war! Wohl ihnen, daß sie seine Tugend
Auf Treu und Glaube nehmen können! – Doch
Was Tugend? – Seine Tugend nicht; sein Name
Soll überall verbreitet werden; soll
Die Namen aller guten Menschen schänden,
Verschlingen. Um den Namen, um den Namen
Ist ihnen nur zu tun." (II/1)

Klassisch muslimisch ist an diesen Aussagen die Diskrepanz von Lob Jesu und Kritik der Christen, wie sie im Koran breit bezeugt ist.[10] Klassisch muslimisch ist auch die Empfindlichkeit gegenüber jedem christlichen Exklusivitätsanspruch. Statt daß die Christen die Tugend ihres Stifters leben, wollen sie Andersgläubigen ihren Glauben aufzwingen. Diese Praxis der „Verbreiterung" des christlichen Glaubens aber führt dazu, daß die Namen aller anderen „guten Menschen" geschändet, ja „verschlungen" würden. Nicht Liebe zu anderen Menschen im Geiste des Stifters, was ein Geltenlassen der Religionen nebeneinander einschlösse, ist die Praxis der Christen, sondern ein Trachten nach Auslöschung anderer Glaubensexistenzen sowie nach totaler Durchsetzung der christlichen als der einzig wahren Religion. Klassisch muslimisch ist schließlich der Rekurs auf die Schöpfungsordnung: Gott, der Schöpfer, hat alle Menschen, hat Mann und Frau, von Anfang an mit Liebesfähigkeit ausgestattet; die Christen aber lassen nur die Liebe zwischen Christen gelten.

[10] Zur Deutung der *Gestalt Jesu im Koran* und in der islamischen Tradition vgl.: *G. Parrinder,* Jesus in the Qur'an, London 1965. *H. Räisänen,* Das koranische Jesusbild. Ein Beitrag zur Theologie des Koran, Helsinki 1971. *C. Schedl,* Mohammad und Jesus. Die christologisch relevanten Texte des Korans, neu übersetzt und erklärt, Freiburg/Br. 1978. *G. Riße,* „Gott ist Christus, der Sohn der Maria". Eine Studie zum Christusbild im Koran, Bonn 1989. *A. Schimmel,* Jesus und Maria in der islamischen Mystik, München 1996.

Saladin:

„Du meinst, warum
Sie sonst verlangen würden, daß auch ihr,
Auch du und Melek, Christen heißet, eh'
Als Ehgemahl ihr Christen lieben wolltet?

Sittah:

„Ja wohl! Als wär' von Christen nur, als Christen,
Die Liebe zu gewärtigen, womit
Der Schöpfer Mann und Männin ausgestattet!" (II/1)

Lessing also läßt seine Muslimin schöpfungstheologisch argumentieren und damit auf einen göttlichen Ursprung verweisen, der allen Offenbarungsgeschichten vorausliegt.

Zugleich ist wichtig, daß Lessing an dieser entscheidenden religionskritischen Stelle noch einmal das Schlüsselwort „*Stolz*" fallen läßt. Hatte der Tempelherr als *Christ* den Juden Stolz vorgeworfen im Anspruch, nur ihr Gott sei „der rechte Gott" (II/5), so läßt Lessing nun seine Muslimin den Christen Stolz vorwerfen, nichts als Christen sein zu wollen und nicht Menschen! Wir erinnern uns an eine entscheidende Stelle in der ersten Runde des „Fragmentenstreits". In seiner „Duplik" gegen Johann Heinrich Ress hatte Lessing geschrieben: „Der Besitz der Wahrheit macht ruhig, träge, stolz" (VIII, 510). Diese grundlegende eigene Überzeugung legt der Dramatiker hier einer Muslimin in den Mund. Ausgerechnet sie läßt er sagen: Religiöse Überzeugungen können Menschen zu pervertierten Formen von Unmenschlichkeit führen. Religion vermag Menschen nicht menschlicher, sondern herzenshärter, unduldsamer, ja gewaltsamer zu machen. Nirgendwo deutlicher als hier illustriert Lessing damit seine Überzeugung, daß der Islam eine Religion der Vernunft, der Menschlichkeit und Toleranz sein kann.

Für die Einschätzung der originären dramaturgischen Leistung Lessings ist dabei wichtig zu wissen: Die Figur der Sittah war ihm weder durch literarische Vorbilder[11] noch durch seine historischen

[11] *A. Schimmel* hat in ihrem Buch: West-östliche Annäherung. Europa in der Begegnung mit der islamischen Welt, Stuttgart — Berlin — Köln 1995, folgende Vermutung angestellt: „Auch das Drama konnte zur Verschleierung der politischen Kritik dienen; dafür scheint Max Klingers *Giafar der Barmakide* ein gutes Beispiel zu sein. Der Held wird von Harun ar-Rasid getötet, weil er die Scheinehe mit Haruns Schwester Abbasa nicht als solche gehalten hat. Der Stoff

Quellen in dieser Weise vorgegeben. Nur so viel gab die Hauptquelle Lessings, die „Histoire de Saladin" (1758) des französischen Historikers *Françoise Louis Claude Marin,* her:

> „Saladin ließ allen Armen, selbst den dürftigen Christen, die sich in der Stadt befanden, Almosen austeilen. Da er in seinem Leben alles vergeben und für sich nichts zurück behalten hatte, so war man (nach seinem Hinscheiden) genötigt, seine Juwelen und seinen Hausrath zu verkaufen. Eine von seinen Schwestern (sie hieß Sill-alscham oder Sillah Alscham), welcher dieses Werk der Liebe aufgetragen war, legte ihre eigenen Gerätschaften dazu, um diese Almosen desto reichlicher zu machen."[12]

Damit hatte Lessing wenigstens zwei Anhaltspunkte: *erstens* die Existenz einer Schwester Saladins und *zweitens* einen Schwester und Bruder offensichtlich vereinigenden Geist der praktischen Barmherzigkeit, der sogar Religionsgrenzen überschritt. Alles andere ist Lessings Werk. Die Figur des Saladin konnte er in seinen Quellen weitgehend „finden", Sittah mußte er er-finden. Um so stärker ist seine konzeptionelle Absicht einzuschätzen, einer Muslimin dieses Profil zu geben.

der *Barmakiden,* in dem man Machtgier und Untreue wie Despotismus geißeln konnte, war um 1800 sehr beliebt; auch Joseph von Hammer und Platen haben sich mit ihm dramatisch-poetisch beschäftigt. Es könnte sein, daß die Rolle der Schwester Haruns im Barmakidendrama Lessing zur Erfindung der Sittah, der Schwester Saladins, in seinem *Nathan* inspiriert hat. *Nathan der Weise* ist zweifellos das schönste aller Aufklärungsdramen mit seiner weisen Toleranz gegenüber allen drei ‚abrahamitischen' Religionen. Es ist wohl auch das einzige orientalisierende Werk des 18. Jahrhunderts, das weiterlebt." (S. 56) Diese Vermutung im Blick auf Sittah ist leider durch nichts verifiziert.

12 *F. L. C. Marin,* Geschichte Saladins, Sulthans von Egypten und Syrien, zwei Theile. Aus dem Französischen übersetzt (von E. G. Küster), Zelle 1761, Bd. II, S. 319. Auch in den anderen Quellen Lessings (bei Schultens und d'Herbelot) wird eine solche Schwester (jeweils in unterschiedlicher Schreibweise) angegeben. *H. Birus* hat dazu auf folgendes aufmerksam gemacht: „die Form *Sittah Alscham,* von der die Lessingsche Kurzform *Sittah* abgeleitet ist, (beruht) auf einem prinzipiellen sprachlichen Mißverständnis. Denn wie Schultens' arabisch-lateinische Abu'l-Fida-Ausgabe zeigt, trug Saladins Schwester in Wirklichkeit den Namen Sitt as-Sam, der jedoch seit d'Herbelot in Analogie zu anderen semitischen Femina auf *-a* als Assimilationsform von Sitt as-Sam mißdeutet und daher als Sittah Al-scham transkribiert wurde. Lessing dürfte diese morphologische Fehlinterpretation schwerlich durchschaut haben; andererseits ist es aber auch nicht auszuschließen, daß er Reiskes Übersetzung: ‚Sitt es-Scham (seu *domina syriae*)' aus dessen großer Edition von Abu'l-Fidas ‚Annalaes Muslemici' gekannt hatte, die zwar erst nach seinem Tode im Druck erschienen ist, deren Handschrift er aber seit 1774 mit anderen Reiskeschen Manuskripten für einige Jahre verwaltet hatte. In diesem Fall wäre die Charakterisierung Sittahs als ‚Königinn' bzw. als ‚Prinzessinn' möglicherweise auch als Anspielung auf den Bedeutungsgehalt ihres Namens aufzufassen" (a. a. O., S. 231; s. Anm. 6).

3. Saladin als Sultan und Muslim

Könnte man Lessing bei der Figur der Sittah den Vorwurf der Schwärmerei und Geschichtsklitterung machen, so ist dies im Fall von Saladin schon von den *Quellen* her nicht möglich. Denn sowohl muslimische wie christliche Geschichtsschreiber loben schon früh diesen *Sultan Salah-ad-Din* (1138–1193) wegen seiner Ritterlichkeit im besten Sinne des Wortes. Auch heutige kritische Geschichtsschreibung hält daran im Prinzip fest.[13] Dieser einer kurdischen Familie entstammende Mann, Sohn des Aijub, war zu seiner Zeit im Raum zwischen Damaskus, Jerusalem und Kairo ein überlegener militärischer Stratege und Kämpfer, ein tatkräftiger Dynastiegründer (1171 Beendigung der Herrschaft der Fatimiden in Ägypten und Gründung der Aijubiden) und ein entschlossener Eroberer (1174 Besetzung von Damaskus; 1183 von Aleppo; 1191 von Jerusalem). Wichtig auch: Saladin galt schon früh in den Quellen als ein Mann von positiven Charaktereigenschaften wie Großzügigkeit und Gerechtigkeit.

Ein Muslim als kritischer Spiegel für Christen

Diesmal hatte Lessing seine orientalistischen Schulaufgaben besonders gründlich gemacht. Er studiert — neben der „Bibliothèque Orientale" — eine lateinische Ausgabe des Lebens Saladins, die der Leidener Orientalist und Reiske-Lehrer *Albert Schultens* 1732 aus der Weltgeschichte Abu'l-Fedas herausgegeben hatte. Er studiert eine Orient-Beschreibung von *Olfert Dapper*, die schon 1712 „zur Erläuterung der Heiligen Schrift" herausgekommen war. Und er zieht Voltaire und Marin heran. Von *Voltaires Saladin-Bild* haben wir im ersten Kapitel dieses Buches gehört; es stand ganz im Zeichen der Großmut, der Religionstoleranz und der sozialen Mildtätigkeit gegenüber Menschen anderer Religionen. Großes Lob wußte Voltaire diesem Herrscher zu spenden: Er sei zugleich ein „Bezwinger, ein Mensch und ein Philosoph" gewesen. Und dieses Lob war wie immer bei Voltaire mit einer christentumskritischen Spitze versehen:

[13] Ein historisch nüchternes Saladin-Porträt unter Einbeziehung der Quellen liefert: Art. Salah Al-din in: Encyclopaedia of Islam. New Edition, Bd. VIII, Leiden 1995, S. 910–914.

„Aber ungeachtet seines Eifers für seine Religion, gab er doch den morgenländischen Christen die Kirche des heiligen Grabes wieder. Wenn man dieses Bezeigen mit der Christen ihrem, als sie Jerusalem einnahmen, in Vergleichung zieht, sieht man leider! wer die Barbaren seyn." (IX, 1158)

Damit hatte schon Voltaire das Saladin-Bild der Aufklärung vorgezeichnet. Mit diesem Herrscher hatte man offensichtlich das Musterbeispiel eines „um religiöse Unparteilichkeit bemühten ‚edlen Heiden'" vor Augen, der „in Darstellungen des 18. Jahrhunderts fast zu einer Vorwegnahme des aufklärerischen Toleranzideals" wurde.[14]

Das wird bestätigt durch das für Lessing genauso wichtige Saladin-Porträt, das er bei *Marin* finden konnte. Auf Einzelheiten ist hier nicht einzugehen (Texte: IX, 1160–1176), aber ein Grundzug bei Marin ist erwähnenswert, den auch schon Voltaire angedeutet hatte: die Verbindung des Saladin-Lobs mit der leidenschaftlichen *Kritik an allen Perversionen des Christentums* im Zeitalter der Kreuzzüge. Immer wieder arbeitet auch dieser französische Historiker den Kontrast heraus zwischen einem sittlich vorbildlichen Muslim wie Saladin und den sittlich verwahrlosten Christen, die ausgerechnet in Palästina, der Wiege ihrer Religion, durch die Art, wie sie das Christentum verteidigten, „von dem Christentume abfielen, um es zu zerstören." (IX, 1163) Dabei läßt Marin keinen Zweifel an seiner grundsätzlich negativen Einstellung gegenüber dem Islam. Wie für Bayle und Voltaire ist auch für ihn Mohammed nach wie vor ein „Betrüger", und die Muslime sind „Anhänger eines Betrügers". Und doch kommt er als Historiker nicht darum herum zu konstatieren: Wo Tugend praktiziert wird, muß man sie Tugend nennen, sei sie gelebt, von wem immer. Schande bleibt Schande, auch wenn sie von einem Christen begangen; Tugend bleibt Tugend, auch wenn sie von einem Muslimen praktiziert wird. Marin wörtlich:

„Ja: ich werde sagen, daß ein Patriarch, der öffentlich eine Maitresse unterhält, ein Mensch ohne Sitten ist; daß eine Nation, die sich ungescheuet den Schandthaten und den niederträchtigsten Lastern überläßt, eine verdorbene und boshafte Nation ist; daß Fürsten, die kein Gesetz, keinen Eidschwur, keinen Friedens-

[14] So *H. Birus,* a. a. O., S. 231 (s. Anm. 6). Dort auch zum geschichtlichen und kulturellen Hintergrund aller weiteren orientalischen Figuren im „Nathan".

schluß halten, meineidig und bundbrüchig sind; und daß Muhammedaner, sie mögen so muhammedanisch seyn als sie wollen, wenn sie große Tugenden üben, große Männer sind. Die erste Pflicht eines Geschichtsschreibers, sagt einer der scharfsinnigsten Schriftsteller des Alterthums, ist diese, daß er sich nicht scheuet, die Wahrheit zu sagen." (IX, 1162f)

Und zu dieser Wahrheit gehört nach Marin im Fall von Saladin: Dieser Mann ist einer der großmütigsten Herrscher seiner Zeit gewesen, fähig zum Mitleid gegenüber Gefangenen, zur Freigiebigkeit gegenüber Unterdrückten, zur Toleranz gegenüber Andersgläubigen, zur Gerechtigkeit gegenüber jedermann ohne Ansehen der Person. Kurz: Zu Saladins „eigentümlichem Charakter" gehörten nach Marin „Milde, Wohlthätigkeit, Menschenliebe, Religion, Gerechtigkeit, Freigiebigkeit" (IX, 1175). Religion? Ja, auch Religion.

Denn gegen Voltaire legt Marin größten Wert auf die Feststellung, daß Saladin ein *frommer Muslim* gewesen sei. Er habe die Vorschriften des Koran mit so viel Gewissenhaftigkeit beobachtet, daß die Muslime ihn unter die Zahl ihrer Heiligen versetzt hätten. Er habe gelebt und sei gestorben als ein „frommer und andächtiger Herr". Er habe Gelehrte, Redner und Dichter an seinen Hof kommen lassen, aber auch die berühmtesten Lehrer des muslimischen Gesetzes:

„er suchte nämlich alle muhammedanische Traditionen, die Erklärungen des Korans, den mannigfaltigen Sinn der Ausleger, die verschiedenen Meynungen der Schulen kennen zu lernen, und fand ein Vergnügen daran, über diese Materien mit den Priestern und Cadhis zu disputiren." (IX, 1176)

Und all dies war offensichtlich bei Saladin getragen von der religiösen Grundüberzeugung, daß Gott selbst „die Quelle alles Guten" ist. Marin überliefert denn auch ein *Mahnwort des Sultans* an einen seiner Söhne, und in diesem „Fürstenspiegel" wird auch Saladins Anspruch an sich selbst auf eindrückliche Weise lebendig:

„Ich ermahne dich daher, mein Sohn, und dies soll mein letzter Wille seyn, liebe, ehre Gott, der die Quelle alles Guten ist, und halte die Gebote seines Gesetzes, denn darauf beruhet deine ganze Wohlfahrt. Schone des Menschenbluts, damit es nicht gegen dein eigenes Haupt sprütze: vergossenes Blut bleibt niemals ohne Rache. Bestrebe dich, das Herz und die Hochachtung deiner Unterthanen zu gewinnen; laß ihnen Gerechtigkeit widerfahren; sorge für ihren Nutzen, wie für deinen eigenen Nutzen. Du wirst dereinst Gott von diesem Pfande, welches ich dir heute in seinem Namen anvertraue, Rechenschaft geben müssen... Wir sind alle sterblich; o mein Sohn, laß daher keinen Groll, keinen Haß gegen jemanden, er mag seyn wer es will, in deiner Seele Wurzel schlagen. Hüte dich insonderheit niemals einen Menschen zu beleidigen. Die Menschen vergessen das erlittene Unrecht nicht, bis sie sich gerächet oder eine Genugthuung erhalten haben, da hingegen Gott uns auf eine bloße Reue unsere Fehler vergiebt; denn er ist wohlthätig und barmherzig." (IX, 1172f)

Keine Idealisierung bei Lessing

Und Lessing? Gewiß: Als Dramatiker nimmt er sich die Freiheit, sich selbst „über alle Chronologie hinweg" zu setzen (IX, 660). Aber bemerkenswert ist, daß Lessing in seinem Saladin-Bild mehr zu Marin als zu Voltaire neigt. Bei seinen Vorarbeiten hatte er sich zum Beispiel einen Satz von Marin über *Saladin als Muslim* aufgeschrieben:

> „Unter den Titlen, deren sich Saladin bediente, war auch ‚Besserer der Welt u. des Gesetzes'." (IX, 659)

Ebenso eine Bemerkung über Saladins Bescheidenheit:

> „Saladin hatte nie mehr als *ein* Kleid, nie mehr als ein Pferd in seinem Stalle. Mitten unter Reichtümern u. Überfluß freute er sich einer willigen Armut. H. 331. Ein Kleid, ein Pferd, einen Gott! Nach seinem Tode fand man in des Saladins Schatze mehr nicht als einen Ducaten u. 40 silberne Naserinen." (IX, 660)

Dem entspricht die bei Voltaire überlieferte Information, die in Lessings Übersetzung so lautet:

> „Er hatte in seiner letzten Krankheit, statt der Fahne, die man vor seine Thüre zu pflanzen pflegte, das Tuch, darinnen man ihn

> begraben sollte, bringen lassen. Der, welcher die Todesfahne hielt, rufte mit lauter Stimme aus: ‚das ist alles, was Saladin, der Bezwinger des Orients, von seinen Siegen davon trägt.'"[15]

Das Drama selber freilich idealisiert den Sultan keineswegs. Ich fasse auch hier das Wichtigste in knapper Form zusammen:

(1) *Negative Seiten von Saladins Praxis* werden nicht verschwiegen. Wir erfahren: Als oberster Feldherr pflegte der Sultan mit seinen christlichen Gegnern in der militärischen Auseinandersetzung durchaus grausam zu verfahren. Daß er den einen Tempelherrn verschont, ist eine Ausnahme, rein subjektiv bedingt. Zwar ist das Saladin-Bild des Patriarchen leicht als haßerfüllte Projektion zu durchschauen („Feind der Christenheit": I/5), aber auch für Nathan ist diese Begnadigung kein „geringres Wunder" (I/1), weiß er doch von der üblichen Praxis dieses Sultans: „Wer hat schon gehört, daß Saladin / Je eines Tempelherrn verschont?" (I/2).

(2) Auch in seiner *sozialen Aktivität* wird Saladin zwiespältig gesehen, und zwar von dessen eigenem Vertrauten Al-Hafi, wie wir gehört haben. Dieser hat Saladins „gutherzigen Wahn" durchschaut, Almosen in einem Maße zu verschenken, daß seine Kasse ständig leer ist, diese defizitäre Freigiebigkeit aber durch die Unterdrückung anderer zu kompensieren. Al-Hafi nennt das „Geckerei", was soviel wie Narretei, eitles Gebaren meint. Saladin spielt gern Gott, ohne dessen Ressourcen zu haben. Al-Hafis Analyse könnte denn auch schonungsloser nicht sein:

> „Bei Hunderttausenden die Menschen drücken,
> Ausmärgeln, plündern, martern, würgen; und
> Ein Menschenfreund an Einzeln scheinen wollen?
> Es wär' nicht Geckerei, des Höchsten Milde,
> Die sonder Auswahl über Bös' und Gute
> Und Flur und Wüstenei, in Sonnenschein
> Und Regen sich verbreitet, — nachzuäffen,
> Und nicht des Höchsten immer volle Hand
> Zu haben? Was? es wär' nicht Geckerei..." (I/3)

[15] *G.E. Lessing*, Übersetzungen aus dem Französischen Friedrichs des Großen und Voltaires, hrsg. v. E. Schmidt, Berlin 1892, S. 198.

Diese Kritik an der militärischen und sozialen Praxis Saladins läßt Lessing aber nicht durchschlagen auf die Ebene der Religion, auf Saladins *Selbstverständnis als Muslim,* eine Dimension seiner Person, welche ebenfalls in der Lessingforschung bisher ignoriert wurde.[16] Gewiß: Bei der Zeichnung des religiösen Profils ist Lessing bei Saladin so sparsam wie bei Nathan oder Sittah. Über dessen konkrete religiöse Praxis als Muslim erfahren wir (im Gegensatz zu Marin) im Stück so gut wie nichts, nichts vom Gesetzesislam (Sharia), nichts von seinen Gelehrten und Gesetzeslehren, nichts von privaten religiösen Übungen, nichts von Koran-Lektüre. Aber das eine erfahren wir doch: Auch bei Lessing ist Saladins Leben tief in seinem Gottesglauben verwurzelt, und dieser Gottesglaube führt auch bei ihm zu einer — für einen Herrscher ungewöhnlichen — *Selbstgenügsamkeit, gegründet in Gottergebenheit.* So läßt der Autor auch im Stück seinen Saladin sagen:

> „Ein Kleid, Ein Schwert, Ein Pferd, — Und Einen Gott!
> Was brauch' ich mehr? (...) Mir, für mich
> Fehlt nichts und kann nichts fehlen. (...)
> Ein Pferd, Ein Kleid, Ein Schwert, muß ich doch haben.
> Und meinem Gott ist auch nichts abzudingen.
> Ihm gnügt schon so mit wenigen genug;
> Mit meinem Herzen." (II/2)

[16] Ein charakteristisches jüngeres Beispiel stellt die ansonsten verdienstvolle Untersuchung von *A. Fuchs-Sumiyoshi* dar. Ihre Darstellung zeigt die ganze widersprüchliche Verlegenheit der Literaturwissenschaft gegenüber einer Religion wie dem Islam. Einerseits zeigt die Verfasserin mit Recht: „Die Motivation für Lessings Verteidigung liegt nicht primär in der Erkenntnis der Tatsache, daß der Orient im Westen bislang verzerrte Darstellungen und Mißrepräsentationen erhielt, sondern darin, daß der Islam ein ausgezeichnetes Gegengewicht zum Christentum bildete, an dessen Vorbildlichkeit die Unzulänglichkeiten der christlichen Religion dargestellt werden konnten" (S. 30). Andererseits wird vor lauter Fixiertheit auf die Orient-Darstellung bei Lessing die islamische Dimension bagatellisiert oder geleugnet. So wird im Blick auf den „Nathan" fälschlicherweise behauptet: „Im Kontrast zu der Marin-Quelle umgeht Lessing jede direkte Verbindung Saladins mit dem Islam; Saladin wird nicht als Mohammedaner typisiert. Vielmehr ist der Orient ein Mittel der Darstellung zur Typisierung des Toleranz- und Humanitätsgedankens." (Orientalismus in der deutschen Literatur, S. 38f.: siehe in unserem Buch Kap. I, Anm. 2.) Wie aber soll „der Orient" Toleranz und Humanität hervorgebracht haben ohne den Islam? Ich stimme hier eher mit *G. Pons* überein, den die Vf. kritisiert: „Seuls les Musulmans ont finalement lieu d'être satisfaits: Saladin et Sittah rivalisent de vertu, ignorent le fanatisme, bref, font honeur à leur religion, et Al-Hafi lui aussi, à sa manière. Voltaire eut applaudi des deux mains." (Gotthold Ephraim Lessing et le Christianisme, Paris 1964, S. 149.)

Eine Aussage, die so ganz im Kontrast steht zur Prunkverliebtheit des obersten Christen in Jerusalem, der selbst einen Krankenbesuch „mit allem geistlichen Pomp“ zu inszenieren pflegt (IV/2).

Dieser Verbindung von Gottergebenheit und Selbstgenügsamkeit aber entspricht bei Lessings Saladin durchaus ein für Muslime typisches *religiöses Selbstbewußtsein* gegenüber Christen. Auch hier steht die Vernunftgemäßheit des Islam im Vordergrund, während an Christen der polemische Vorwurf ergeht, einem „Aberglauben“ nachzuhängen oder an „Armseligkeiten“ zu glauben. Und wir wissen mittlerweile, daß diese Vernunftgemäßheit des Islam auch Lessings eigene Überzeugung war. Der Dramatiker betreibt somit auch hier ein Stück *Christenkritik*, wenn er seinen Muslim im Blick auf das christliche Liebesverständnis sagen läßt:

„Die Christen glauben mehr Armseligkeiten,
Als daß sie *die* nicht auch noch glauben könnten!“ (II/1)

Und zugleich betreibt Lessings Muslim *Christenverteidigung*, indem Saladin seiner Schwester gegenüber Christen in Schutz nimmt:

„Und gleichwohl irrst du dich. — Die Tempelherren,
Die Christen nicht, sind Schuld: sind nicht, als Christen,
Als Tempelherren Schuld. Durch die allein
Wird aus der Sache nichts. Sie wollen Acca,
Das Richards Schwester unserm Bruder Melek
Zum Brautschatz bringen müßte, schlechterdings
Nicht fahren lassen.“ (II/1)

Wichtig auch: Als entschiedener Muslim ist Lessings Saladin offensichtlich noch auf der *Suche nach der wahren Religion*, zumindest nach vernünftigen Gründen für seinen Glauben.[17] Nicht zufällig stellt er Nathan eine Frage dieser Art, die trotz allen Spiels zwischen den beiden ernsthaft gewesen sein dürfte. Saladin will Einsicht — und dies nicht nur aus vorgeschobenen Gründen; er will Argumen-

[17] Zu dieser ungewöhnlichen religiösen Offenheit des Sultans Saladin paßt auch die Geschichte, die in *Einenkel's Weltbuch* (1190–1251) überliefert ist. Saladin soll, als er sein Ende nahen fühlte, und die Ärzte erkannten, daß er nicht mehr genesen könne, zur Sicherung seines Seelenheils sich auf dreifache Weise vor seinem Tod abgesichert haben. Er zerlegte ein kostbares Erbstück, einen Tisch aus Saphir, in drei Teile, und gab dem Gott des Islam, des Christentums und des Judentums je einen Teil mit den Worten: „Wer nun der stärkste von allen dreien ist, der mag mir helfen.“

te. Und da er sie von Nathan geliefert bekommt, läßt er sich überzeugen, auch wenn sie anders ausfallen als erwartet. Diese seine religiöse Offenheit kommt auch dadurch zum Ausdruck, daß Saladin es gerade ablehnt, am Ende der Ringparabel der Richter zu sein, der über die wahre Religion entscheiden könnte, obwohl Nathan ihm diese Rolle durchaus anbietet. Saladin aber nimmt sich zurück:

„Ich Staub? Ich Nichts?
O Gott! ...
Nathan, lieber Nathan! –
Die tausend tausend Jahre deines Richters
Sind noch nicht um. – Sein Richterstuhl ist nicht
Der meine. – Geh! – Geh! – Aber sei mein Freund." (III/7)

Distanz zum Islam der Imame

Diesem Muslimsein aus der Grundhaltung der Gottergebenheit und Selbstbescheidung, dieser Gläubigkeit des Fragens und Suchens entspricht auch bei Lessings Saladin eine gewisse *Distanz zum institutionalisierten Islam der Geistlichkeit.* Wir erinnern uns, daß es Saladin war, der den Tempelherrn nicht nur vor den „Schwärmern" des christlichen „Pöpels", sondern auch vor einer bestimmten „Geistlichkeit" gewarnt hatte (IV/4). An einer einzigen Stelle blitzt diese Distanz auch bei Saladin selber auf. Als der Sultan schon in seiner ersten Auftrittsszene (II/1) sein Schachspiel vorzeitig verloren gibt, liefert er neben seiner Zerstreutheit auch diesen seltsamen Grund:

„Und dann: wer giebt uns denn die glatten Steine
Beständig? die an nichts erinnern, nichts
Bezeichnen. Hab' ich mit dem Imam denn
Gespielt?" (II/1)

Diese der Forschung lange Zeit „dunkle" Stelle läßt sich durch eine Passage in George Sales „Discourse" zu seiner Koran-Übersetzung erhellen.[18] Sie dürfte Lessing bei diesen Versen vor Augen gestanden haben:

[18] Erstmals dürfte wohl *R. Boxberger* zur Klärung dieser „dunklen" Stelle auf G. Sale verwiesen haben, den er freilich nur in einer französischen Übersetzung zitiert: Zu Lessings Dichtungen, in: Archiv für Literaturgeschichte, Bd. VII, Leipzig 1878, S. 24–32, bes. S. 31f.

> „Spielen ist durch den Koran verboten... wie Würfeln, Karten- und Brettspiele usw. ... Schach ist fast das einzige Spiel, das die muslimischen Gelehrten gesetzlich erlauben... weil es völlig von den Fähigkeiten und den Übungen abhängt und nicht von Zufällen. Aber Schach ist nur unter bestimmten Einschränkungen erlaubt: daß es kein Hindernis darstellt bei den regulären Frömmigkeitsübungen und daß weder für Geld noch für andere Dinge gespielt oder gewettet wird. Das letztere beachten die Türken und Sunniten streng religiös; die Perser und Mogulen dagegen nicht. Was aber Mohammed offensichtlich hauptsächlich mißfiel beim Schachspiel, waren die geschnitzten Steine oder Figuren, mit denen die heidnischen Araber gespielt hatten: seien es kleine Menschenfiguren oder Elefanten, Pferde oder Dromedare... Deshalb erklären die muslimischen Gelehrten, daß das Spiel nur wegen der Abbilder verworfen wurde. Aus diesem Grunde spielen die Sunniten stets mit glatten Steinen aus Holz oder Elfenbein; die Perser und Inder dagegen machen weiterhin von geschnitzten Figuren Gebrauch."[19]

Damit ist Lessings Text so zu verstehen: Mit Sittah hatte Saladin Schach gespielt, als hätte er den Imam vor sich, den offiziellen Religionsrepräsentanten des Islam. Mit diesem pflegte er offensichtlich nur mit den „erlaubten" Steinen zu spielen. Kein Wunder, daß er verliert, denn die offiziellen Schachsteine, die meist nur eine Wertbezeichnung tragen, sind schwieriger zu handhaben; bei Unkonzentriertheit verliert man noch leichter. Zugleich aber deutet Saladin an, daß er selber im privaten Gebrauch so religiös skrupulös nicht ist oder sein müßte. Gegenüber dem Imam muß die Form gewahrt werden; man selber fühlt sich frei.

[19] *G. Sale,* Discourse, S. 89 (s. Kap. I, Anm. 84). Eigene Übersetzung. Auf eine wichtige Dimension kann ich in diesem Zusammenhang nur bibliographisch verweisen: auf die bedeutende Rolle des Spiels und des Spielens im „Nathan" (vgl. dazu *A. V. Wernsing,* Nathan der Spieler. Über den Sinn von Spiel in Lessings „Nathan der Weise", in. Wirkendes Wort 20, 1970, S. 52–59) sowie auf die Spielobsession bei Lessing selber, von dem man weiß, daß ihn kaum eines der Glücksspiele fremd gewesen ist und daß er von jungen Jahren bis ins hohe Alter dem Glücksspiel leidenschaftlich gefröhnt hat (vgl. dazu: *K. S. Guthke,* Der Glücksspieler als Autor. Überlegungen zur „Gestalt" Lessings im Sinne der inneren Biographie, in: Euphorion 71, 1977, S. 353–382; auch in: *ders.,* Das Abenteuer der Literatur. Studien zum literarischen Leben der deutschsprachigen Länder von der Aufklärung bis zum Exil, Bern — München 1981, S. 94–122).

So entspricht Saladins Grundhaltung (Analoges gilt für Sittah) exakt der des idealen Juden und des idealen Christen in diesem Stück. So wie Nathan mehr auf das „Menschsein" des Menschen denn auf das Jude- oder Christsein setzt (II/5); so wie Klosterbruder und Tempelherr vor „Jude" und „Christ" der Liebe Priorität geben (V/5), so wird aus der Kritik Sittahs an den Christen („ihr Stolz ist: Christen sein; nicht Menschen": II/1) sowie der Selbstzurücknahme und der inneren Freiheit Saladins die religiöse Grundhaltung der beiden Muslime erschließbar. Saladin ist denn auch ähnlich wie der Tempelherr und Nathan vom „Gleichviel" der Religionen überzeugt:

> „Als Christ, als Muselmann: gleich viel!
> Im weißen Mantel, oder Jamerlonk;
> Im Tulban, oder deinem Filze: wie
> Du willst! Gleich viel! Ich habe nie verlangt,
> Daß allen Bäumen Eine Rinde wachse." (IV/4)

Auch die beiden Muslime lassen somit eine Menschlichkeit erkennen, die sie in und durch ihr Muslimsein leben. Beide verkörpern einen muslimisch geprägten Humanismus. Schon früh erkannt hat dies Elise, die Tochter von Hermann Samuel Reimarus, vertraute Hamburger Freundin Lessings gerade in den schweren letzten Jahren. Im Mai 1779 schreibt sie nach Wolfenbüttel:

> „Tausend Gotteslohn für Ihren *Nathan,* lieber Lessing! Lange, lange muß kein Trunk Wassers in einer dürren Sandwüste so verschluckt worden sein, so gelabt haben als dieser uns. — Ob wir zufrieden sind?... So ein Jude, so ein Sultan, so ein Tempelherr, so eine Recha, Sittah — was für Menschen! Gott! wenn es deren viele vor ordentlichen Vätern geboren gäbe, wer möchte nicht so lieb auf Erden als im Himmel leben, da, wie Sie ganz recht bemerken, der Mensch dem Menschen doch immer lieber bleibt als der Engel. Sie haben Wort gehalten; eins Ihrer rührendsten Stücke ist *Nathan* geworden."[20]

[20] *E. Reimarus,* Brief an G. E. Lessing vom 18. 5. 1779, in: Briefe von und an Lessing (1776–1781), hrsg. v. H. Kiesel, Frankfurt/M. 1994, S. 257. Zu dieser Unbefangenheit im Umgang mit dem Islam paßt folgende Geschichte: Elise Reimarus hatte Lessing Anfang Mai 1780 auf Gerüchte angesprochen, er sei in seine in Wolfenbüttel mit ihm lebende Stieftochter Amalie König ver-

4. Strategische Aufwertung des Islam

Vergegenwärtigt man sich noch einmal die innere Gewichtung der Figuren, spricht vieles für unsere zu Beginn von Kapitel III aufgestellte Grundthese: Zwar vollzieht das Drama — in radikaler Kritik am gesellschaftlichen und kirchlichen Antijudaismus — eine strategische Aufwertung eines Juden als „edlen Helden“ und damit des jüdischen Humanismus als einer legitimen religiösen Grundoption, aber nicht hier liegt seine eigentliche Originalität. Sie liegt auch hier in der strategischen Aufwertung von Muslimen und damit des *islamischen Humanismus* als religiöser Grundhaltung.

Keine naive Idealisierung

Auch hier benutze ich das Wort „kalkulierte“ oder „strategische Aufwertung“ bewußt und verstehe es als Gegensatz zu einer naiven Idealisierung, die auf geschichtlicher Ahnungslosigkeit, sachlicher Inkompetenz und mangelndem komplexen Denken beruht. Noch einmal sei es gesagt: Wer Personen, Religionen oder Kulturen strategisch aufwertet, muß nicht alle Dimensionen dieser Phänomene präsentieren noch sich mit den betreffenden Personen, Religionen oder

liebt. Lessing verteidigt sich in einem Brief vom 7. 5. 1780, und Elise wünscht anschließend alles „Gewäsch“ und alle „Wäscher“ zum „Schaïtan“ (13. 5. 1780). Dieses arabische Wort (Schaïtan) für „Satan“, „Teufel“, im Koran häufig begegnend als Al-Shaïtan (Fürst der bösen Geister), konnte Elise Reimarus einem kleinen allegorischen Fragment des als „deutscher Fielding“ bekannt gewordenen Roman-Autors *Johann Gottwerth Müller* (1743–1828), genannt der *Müller von Itzehoe*, entnommen haben. In dieser Allegorie heißt es von einer Hauptfigur: „So war der Mann, und Gott, der ihm das Leben gab, weiß am Besten, daß er so war. Aber ein Imam schwur Stein und Bein, der Mann sei mit Leib und Seele des leidigen Schaitan's, und Münkir und Nebir würden ihn dermaleinst jämmerlich mit dem Flammenhaken heraufziehen und mit der stählenen Keule wieder herunterschmettern, immer Eins ums Andere, denn, sagte er, der Mann höret nicht darauf, wenn vom Minaret gerufen wird, daß er dann in die Moschee ginge, auch unterläßt er wie ich sicher weiß, die fünfmaligen Waschungen. Imam! woher weißt Du das? Wie wenn Du einstweilen Deinen Pilau in Ruhe äßest, schiedlich und friedlich, und es Gott überließest, zu schlichten, was Gott nur schlichten und richten kann. Glaube mir, Freund, sei zufrieden in Deiner heilen Haut! und so bewahre Dich der Himmel vor dem Haken Münkir's und der Keule des anderen schwarzen Engels, auch vor den Klauen des leidigen Schaitan's. Gott sei bei uns auch vor unberufnen lieblosen Richtern! — Das magst Du dem Mann trauen, daß er seinen Koran so gut lieset wie Du. Versteht er ihn nicht so, wie Du ihn nun verstehst, so hadre Du nicht mit Gott, dem, wie in seiner ganzen Schöpfung, also vielleicht auch hier, Mannichfaltichkeit behagt.“ (Zitiert nach: Briefe von und an Lessing 1776–1781, hrsg. v. H. Kiesel, Frankfurt/M. 1994, S. 595f.)

Kulturen identifizieren. Er muß nicht — z. B. in unserem Fall — den ganzen Islam behandeln, alle Bereiche und Komplexe. Er muß sich nicht zum Islam bekennen. Der will in einem Negativ-Kontext durch bewußte Hervorhebung des Positiven kritisch wirken; will Stereotypen durchbrechen, Vorurteile überwinden, Gerechtigkeit im Urteil herstellen. Der sieht eine gängige Praxis verurteilender Abqualifizierung und setzt ihr gezielt ein positives Bild gegenüber, nicht weil er die Wirklichkeit (hier des Islam) nur rosig oder ideal sähe und nicht wüßte, daß es Negatives, Mißbräuchliches, Inhumanes, Vernunftwidriges auch in dieser Religion gibt. Er tut dies, weil er in seinem Negativ-Kontext einen positiven Kontrapunkt erzwingen will. In diesem Sinne — kontextabhängig und damit notwendig selektiv — präsentiert Lessing das Judentum — und dann auch den Islam. Nirgendwo vollzieht er eine Identifikation mit anderen Religionen, aber sein ganzes Werk hindurch streitet er für Komplexität im Denken und Gerechtigkeit im Urteil — auch gegenüber dem Islam.

Wider den „christlichen Pöbel"

Gegen welchen Kontext Lessing anschreibt, macht seine *geplante Vorrede* zum „Nathan" überdeutlich. Sie enthält zwei Aussagen zur Religionsproblematik, die konträr scheinen, aber letztlich innerlich verbunden sind. Zunächst die entschieden negative Aussage:

> „Nathans Gesinnung gegen *alle* positive Religion ist von jeher *die meinige* gewesen. Aber hier ist nicht der Ort, sie zu rechtfertigen."

Und dann folgt gleich im nächsten Abschnitt die Differenzierung:

> „Wenn man sagen wird, dieses Stück lehre, daß es nicht erst von gestern her unter allerlei Volke Leute gegeben, die sich über alle geoffenbarte Religion hinweggesetzt hätten, und doch gute Leute gewesen wären; wenn man hinzufügen wird, daß ganz sichtbar meine Absicht dahin gegangen sei, dergleichen Leute in einem weniger abscheulichen Lichte vorzustellen, als in welchem der christliche Pöbel sie gemeiniglich erblickt: so werde ich nicht viel dagegen einzuwenden haben.

Denn beides kann auch ein Mensch lehren und zur Absicht haben wollen, der nicht jede geoffenbarte Religion, nicht jede ganz verwirft. Mich als einen solchen zu stellen, bin ich nicht verschlagen genug: doch dreist genug, mich als einen solchen nicht zu verstellen. –

Wenn man aber sagen wird, daß ich wider die poetische Schicklichkeit gehandelt, und jenerlei Leute unter Juden und Muselmännern wolle gefunden haben: so werde ich zu bedenken geben, daß Juden und Muselmänner damals die einzigen Gelehrten waren; daß der Nachteil, welchen geoffenbarte Religionen dem menschlichen Geschlechte bringen, zu keiner Zeit einem vernünftigen Manne müsse auffallender gewesen sein, als zu den Zeiten der Kreuzzüge, und daß es an Winken bei den Geschichtsschreibern nicht fehlt, ein solcher vernünftiger Mann habe sich nun eben in einem Sultane gefunden." (IX, 665f)

Das also ist der Kontext: Ein christlicher Pöbel pflegt Menschen, konkret: Juden und Muslime, die nicht in ihre gängigen religiösen Schemata passen, in „abscheulichem Licht" darzustellen. Schon Reimarus hatte dies beklagt. Neuser war ein Opfer desselben Pöbels geworden, und Leute wie Goeze hatten durch ihre Theologie der Ausgrenzung und Aburteilung Andersglaubender eben diesem Pöbel Nahrung gegeben. Wieviel an Intoleranz, Ignoranz und Arroganz insbesondere gegenüber Juden und Muslimen – produziert von „Herren, die in der Welt um Anderer Seligkeit willen besoldet und beamtet werden"...

Lessing dagegen betont strategisch die kulturellen Leistungen von Menschen anderer Religionen (immer wieder der Hinweis auf „Gelehrte"), betont die Gewährung von Religions- und Gewissensfreiheit sowie religiöse und philosophische Tiefe bei anderen. Und genauso strategisch verweist Lessing innerchristlich immer wieder auf die Kreuzzüge, die nun einmal ein nicht zu leugnender Schandfleck in der Geschichte des Christentums sind. Er betont dies, nicht weil er Christentum darauf reduziert, sondern weil er Christen zur Demut und Bescheidenheit im Urteil über andere „erziehen" will. Ein *Lernprozeß* soll in Gang kommen, veranstaltet durch einen Mann, der nicht jede geoffenbarte Religion und nicht jede ganz verwirft!

Diese christentumskritische Dimension des „Nathan" war im Fall von Lessing zweifellos auch persönlich begründet. Sein Stück ist auch ein Stück privater Abrechnung mit einer kirchlichen Herrschaftspraxis, die er soeben noch am eigenen Leib erfahren hatte. „Ärger" kann man denn auch kaum offiziellen Kirchenvertretern „ein Possen spielen": Nachdem man mit einem Vertreter der christlichen Orthodoxie in heftigsten Streit geraten und dafür sogar von seinem „Sultan" in Braunschweig abgestraft worden war, hält man eben dieser christlich-kirchlichen Gesellschaft als ideale Bürger und Herrscher ausgerechnet einen Juden und zwei Muslime entgegen, die in ihrer Wachheit für den Religionsdisput und in ihrer offenen Humanität genau das Gegenbild sind zu den kirchlichen und staatlichen Autoritäten, deren autoritären Zwang man soeben verspürt hatte.

Toleranz im Zeichen des Islam

Zur kalkulierten Aufwertung des Islam gehört *zum einen* die Tatsache, daß Lessing seinen „Nathan" in einem *muslimischen Herrschaftsraum* spielen läßt. Hier liegt ja — wie wir zu Beginn von Kapitel III feststellten — der Hauptunterschied zum frühen Stück „Die Juden". Erstmals in Lessings Werk ist der Islam ja als Faktor der Weltpolitik hier mit im Spiel, und Juden, zum zweiten Mal, sind in einer Minderheitsposition, schneiden aber unter der Herrschaft der Muslime nicht schlecht ab. Man vergleiche nur die Äußerung des obersten Christen („Tut nichts, der Jude wird verbrannt") mit der des obersten Muslim („Nathan — mein Freund"). Lessing nützt also die „trialogische" Situation, um den Islam als religionspolitischen Faktor günstiger als das Christentum zu zeigen.

Zur kalkulierten Aufwertung gehört *zum zweiten* die Wahl *des Jerusalems der Kreuzfahrerzeit.* Dies ist bei allem bemühten „orientalischen Ton" und allen milieugetreuen arabischen Details[21] — mehr als orientalisches Dekor, mehr als Theater-Orient. Wieder ist ein Symbolraum eröffnet, wie er schon bei Tasso, Cronegk und Voltaire zu finden gewesen war. Aber anders als seine drei Vorgänger

[21] Vgl. dazu *G. E. Lessing,* Brief an K. W. Ramler vom 18. 12. 1778 und Brief an K. Lessing vom April 1779, in: a. a. O., S. 215 u. 247 (s. Anm. 20).

verstärkt Lessing nicht den religionspolitischen Antagonismus, sondern läßt — im Zeichen spezifisch muslimischer Religionstoleranz — ein Miteinander von Menschen verschiedener Religionen aufblitzen. Tassos und Cronegks Jerusalemer Sultan Aladin war zwar Muslim, aber auch ein grausamer Herrscher; Voltaires Orosmane war zwar ein edler Sultan, aber kaum noch Muslim. Lessings Saladin ist beides: ein gerechter Herrscher als Muslim, ein Muslim als gerechter Herrscher — in dessen Herrschaftsraum Zeichen der Versöhnung gesetzt werden können.

Die Muslime als die eigentlichen „Gewinner"

Zur kalkulierten Aufwertung gehört aber auch die Tatsache, daß am Ende die *Muslime die eigentlichen „Gewinner"* des Stückes sind. Zwar fallen sich am Ende alle ohne Ausnahme in die Arme und können ihr Glück kaum fassen. Aber Tatsache ist auch: Im engen Familiensinn „verlieren" Nathan und der Tempelherr ihre Recha (als Vater bzw. als potentieller Ehemann); Saladin und Sittah aber gewinnen einen Neffen und eine Nichte hinzu. Das ist nicht überzuinterpretieren, denn die Familie im weiteren, geistigen Sinn wird ja letztlich gestärkt, dürfte aber von Lessing eine gewollte zusätzliche symbolische Geste gewesen sein. Entscheidend ist, daß es die Muslime sind, die in diesem Stück die für Lessing so zentrale Grundaussage als erste entwickeln können: *Humanität in und durch Religiosität.* Denn schon der Muslimin Sittah legt ja Lessing in den Mund, was er selber in seinem im Nachlaß gefundenen „Thesenblatt" zum Ausdruck gebracht hatte: die Unterscheidung von „Religion Christi" und „christlicher Religion" (G VII,711f). Schon Sittah hatte den „Stifter" Jesus als guten, tugendhaften Menschen gegen die Christen und ihre Praxis der Intoleranz ausgespielt. Und Saladin ist es vorbehalten, *die Absichtslosigkeit der reinen Liebe,* die dem Tempelherrn schwerfällt und die Recha verkörpert, prononciert zu formulieren: Auf Recha am Ende des Stückes zugehend, um sie dem Tempelherrn zuzuführen, läßt Lessing seinen Muslim sagen:

> „Komm, liebes Mädchen,
> Komm! Nimms mit ihm nicht so genau. Denn wär'

Er anders; wär' er minder warm und stolz:
Er hätt' es bleiben lassen, dich zu retten.
Du mußt ihm eins fürs andre rechnen. — Komm!
Beschäm ihn! tu, was ihm zu tun geziemte!
Bekenn' ihm deine Liebe! trage dich ihm an!
Und wenn er dich verschmäht; dirs je vergißt,
Wie ungleich mehr in diesem Schritte du
Für ihn getan, als er für dich ... Was hat
Er denn für dich getan? Ein wenig sich
Beräuchern lassen! ist was rechts! — so hat
Er meines Bruders, meines Assad, nichts!
So trägt er seine Larve, nicht sein Herz.
Komm, Liebe ..." (V/8)

Diese proislamische Tendenz des „Nathan" ist in der neuern Forschung vereinzelt bereits gesehen worden. So hat der Wolfenbütteler Literaturwissenschaftler *Friedrich Niewöhner* vom „Nathan" direkt als einem „proislamischen Stück" gesprochen.[22] Der Freiburger Literaturwissenschaftler *Gerhard Kaiser* hat jüngst auf die „hohe Wertschätzung" aufmerksam gemacht, die Lessing gerade seinen Muslimen habe zuteil werden lassen. Den Zeitkontext in Rechnung stellend, liest man bei diesem Autor: Die „Feindschaft gegen den Islam war doch durch Jahrhunderte eine Leitlinie der europäischen Geschichte, vor allem seit dessen erfolgreicher Offensive im mittleren und östlichen Mittelmeerraum, der zur Zerstörung des christlichen Byzanz, zur Eroberung des Balkans und zur zeitweiligen Seeherrschaft im Mittelmeer führte. 1683 standen die muslimischen Türken vor Wien — nicht zum ersten Mal —, und blutrünstige, angsterregende Muselmanen waren ein kulturelles Klischee. Lessings ‚Nathan' ist — ähnlich wie 1782 *Mozarts* ‚Entführung aus dem Serail' — das Zeugnis einer Wende, die gewiß auch auf das Nachlassen der Türkengefahr im 18. Jahrhundert zurückgeht."[23] Schließlich kann man auch im neuesten Kommentar zum „Nathan" den Satz lesen: „Lessing steht mit seiner historischen Sicht in der Tradition eines Jahr-

[22] *F. Niewöhner,* Das muslimische Familientreffen. Gotthold Ephraim Lessing und die Ringparabel, oder: Der Islam als natürliche Religion, in: Frankfurter Allgemeine Zeitung vom 5. Juni 1996.

[23] *G. Kaiser,* Lessings „Nathan der Weise". Glaube, Liebe, Hoffnung als Grund des Toleranzdramas, in: Pastoraltheologie 80 (1991), S. 1–17, Zitat S. 1f.

hunderts, das dem ‚Morgenland' erhöhte Aufmerksamkeit schenkt und in der islamischen Welt Werte zu erblicken bereit ist, die dem ‚Abendland' in kulturkritischer Sicht als moralischer Spiegel vorgehalten werden können." (IX, 1138f) So ist es, und wir werden im nächsten Kapitel herausarbeiten, welche Folgen dies für das Miteinander von Juden, Christen und Muslimen haben wird.

V. DIE VISION EINES MITEINANDERS VON JUDEN, CHRISTEN UND MUSLIMEN: DIE RING-GESCHICHTEN

Wir hatten von einer zweiten Originalität von Lessings „Nathan" gesprochen. Sie liegt darin, daß Lessing erstmals die Religionen Judentum, Christentum und Islam nicht isoliert behandelt, sondern für sie eine Gesamtkonzeption vorlegt, ein Zu- und Miteinander der Menschen verschiedener Religionen programmatisch formuliert.

1. Juden, Christen und Muslime als Schicksalsgemeinschaft

Deutlich wurde: Auch im „Nathan" hat die Kraft der Liebe alles bewegt, alles vorangetrieben. Sie hat alle Figuren miteinander verwickelt und zueinandergebracht. Genauso war es bei Tasso, Cronegk und Voltaire gewesen. Aber Lessing mutet seinen Figuren keinen Opfergang mehr zu, noch treibt er sie zum Martyrium oder in die Tragödie. Im Gegenteil. Lessing entscheidet sich bewußt für den glücklichen Ausgang seiner Geschichte, um auf diese Weise an ihr etwas Zukünftiges zu zeigen. Er braucht die Nicht-Tragödie — im Bewußtsein aller Tragödien des Lebens. Er braucht das Untragische in Sachen Religion, weil er einen Kontrapunkt setzen, eine Gegenkonzeption liefern will. Er will eine Geschichte erzählen gegen den Tod und gegen das Blut, das der religiöse Fanatismus Jahrhundert für Jahrhundert fordert. Und in dieser Konzeption steht die *Geschichte einer Familie* im Zentrum. Der Literaturwissenschaftler *Peter Demetz* hat zu Recht von einem „genialen Kunstgriff" Lessings gesprochen, und zwar dort, „wo er die Familiengeschichte ins Metaphysische projiziert und in den familiären Umarmungen des Schlußbildes auf die Utopie einer Menschheitsfamilie, ohne Zwist und Hader, vorausweist."[1]

[1] *P. Demetz,* Gotthold Ephraim Lessing: Nathan der Weise. Vollständiger Text. Dokumentation, Frankfurt/M. — Berlin 1966, S. 126.

In der Tat: Es ist die Familie, die hier zum Gleichnis für das Verhältnis von Judentum, Christentum und Islam zueinander geworden ist. Genauer: Das Sich-Entdecken *als Familie* im Stück ist auf der Sachebene eine religionstheologische Aussage. Die besondere Figurenführung und -fügung soll gleichnishaft das Verhältnis der Religionen untereinander spiegeln. Jedem Leser oder Zuschauer soll sich die Einsicht aufdrängen: Nichts ist so, wie es auf den ersten Blick scheint; erst der Tiefenblick in die Hintergründe macht Zusammenhänge sichtbar. Was auf den ersten Blick getrennten Welten anzugehören scheint, gehört in Wirklichkeit auf eine wundersam gefügte Weise zusammen. Juden, Christen und Muslime scheinen auf den ersten Blick separaten, ja antagonistischen Welten anzugehören. In Wahrheit bilden sie eine *ursprüngliche Einheit* und eine *Schicksalsgemeinschaft*, in der alle auf gnadenhafte Weise zu gegenseitigem Wohl zueinander gefügt und geführt sind. Schauen wir uns noch einmal diese besondere Führung und Fügung der Lessingschen Hauptfiguren an:

(1) Der *Tempelherr.* Aufgewachsen ist er als Christ; militant kämpft er als junger Mann für „seinen Gott". Aber zugleich steckt in ihm muslimisches Erbe; einem Muslimen verdankt er sein Leben, und in eine „Jüdin" ist er unsterblich verliebt. Bemerkenswert auch dies: Bevor er Recha zum ersten Mal sieht, ist er — als Begleiter von Pilgern — auf dem Berge Sinai gewesen (III/2), dem heiligen Berg, auf dem der Lehrer des jüdischen Volkes, Mose, die Gesetzestafeln empfing und der auch für Christen und Muslime eine tiefe religiöse Bedeutung hat. Auf diese genealogische und religionssymbolische Weise wird auch der Tempelherr als Teil dieser jüdisch-christlich-muslimischen Schicksalsgemeinschaft gezeigt. Der vermeintliche Christ und Judenhasser ist in Wirklichkeit ein über die „fromme Raserei" empörter Mensch, von der familiären Wurzel her zur Hälfte Christ, zur Hälfte Muslim. Klar soll werden. Sein Glück findet dieser Christ nur noch im Miteinander, nicht mehr im Gegeneinander von Juden und Muslimen.

(2) *Recha.* Getauft ist sie als Christin, aufgewachsen als Jüdin, einem Juden verdankt sie alles, was sie geworden ist. Zugleich steckt väterlicherseits muslimisches Erbe in ihr, und durch einen Christen wur-

de sie vor dem sicheren Flammentod bewahrt; in diesen Christen verliebt sie sich obendrein. Auch sie ist damit Teil dieser jüdisch-christlich-muslimischen Schicksalsgemeinschaft. Daß sie überhaupt lebt, dann überlebt und schließlich weiterlebt, verdankt sie einem Muslimen, einem Juden, einem Christen. Und da ein Muslim ihr leiblicher Erzeuger, eine Christin ihre leibliche Mutter, ein Jude ihr geistiger Vater ist, ist sie wie keine andere Figur im Stück mit den *Anteilen aller Religionen* ausgestattet. Hier liegt denn auch der Grund, warum Recha gegenüber der Vereinnahmung Gottes für eine der Religionen von vornherein resistent ist. Als Daja ihr einmal weismachen will, der Tempelherr kämpfe doch für „seinen" Gott, weist sie diese Rede liebenswürdig, aber entschieden ab:

> „Du hast doch wahrlich deine sonderbaren
> Begriffe! ‚Sein, sein Gott! für den er kämpft!'
> Wem eignet Gott? was ist das für ein Gott,
> Der einem Menschen eignet? der für sich
> Muß kämpfen lassen? — " (III/1)

In seinen Entwürfen zum „Nathan" hatte sich Lessing denn auch für Recha eigens Stichworte notiert wie „ohne alle geoffenbarte Religion" oder (wir haben bereits dieses Wort zitiert) „in jeder Religion ein Muster der Vollkommenheit":

> „Im Seraglio der Sittah: *Sittah* u. *Rahel* (ursprünglicher Name für Recha). Sittah findet an Rahel nichts, als ein unschuldiges Mädchen ohne alle geoffenbarte Religion, wovon sie kaum den Namen kennt, aber voll Gefühl des Guten u. Furcht vor Gott.
>
> *Saladin* zu ihnen: Er freuet sich zu finden, daß Nathan keine Jüdin aus einer Christin machen wollen, und ihr nur eine Erziehung gegeben, bei der sie in jeder Religion ein Muster der Vollkommenheit sein könne. Nathan wird gemeldet." (IX, 657)

(3) *Saladin, Sittah, Assad.* Souverän scheinen Saladin und Sittah als muslimische Herrscher über allen Parteien zu stehen, von niemandem abhängig und betroffen. Aber: Ein Christ wird durch Saladin begnadigt, und seine Familie hätte er am liebsten mit einer von ihm sehr bewunderten christlichen Herrscherfamilie verbunden: seine Schwester Sittah mit einem Bruder des englischen Königs und Kreuzzugsgegners Richard Löwenherz und seinen Bruder Melek mit

dessen Schwester (II/1). Und was im Fall von Melek und Sittah ein „schöner Traum“ blieb, hat Bruder Assad – ohne Saladins Wissen – bereits erreicht: eine muslimisch-christliche Familienverbindung. Gerade Assad, der Bruder, ist bereits ein *Wanderer zwischen den Welten,* stellt er doch nicht nur Verbindungen zu Christen, sondern auch zu Juden her, wie wir von Nathan hören werden. Aber auch für Saladin gilt: Daß er seine finanziellen Engpässe überwinden kann, bevor seine ägyptischen Steuereinnahmen tatsächlich eintreffen (V/1), verdankt er einem Juden, dem er dann auch Freundschaft anbietet. Woraus folgt: Auch die Muslime sind familiär und freundschaftlich eingebunden in dieselbe Schicksalsgemeinschaft.

(4) *Nathan.* Er ist Jude von Geburt und Tradition, der besten einer. Doch in Unglück (Progrom) und Glück (Rettung Rechas) ist sein Schicksal mit dem von Christen verflochten. Mit Muslimen wie dem Derwisch Al-Hafi verbindet ihn Schachpartnerschaft und große Zuneigung; mit Saladin später Freundschaft und Geschäft, ja einem Muslim, Saladins Bruder Assad, verdankt Nathan nach eigenen Angaben mehr als einmal sein Leben (IV/7). Und was die Christen angeht: Niemand steht ihm näher als der Klosterbruder, für dessen „fromme Einfalt“ Nathan so viel Sympathie empfindet, daß er diesem Christen als einzigem unter Tränen sein persönliches Schicksal enthüllt:

„Ihr, guter Bruder, müßt mein Fürsprach sein,
Wenn Haß und Gleißnerei sich gegen mich
Erheben sollten, – wegen einer Tat –
Ah, wegen einer Tat! – Nur Ihr, Ihr sollt
Sie wissen! – Nehmt sie aber mit ins Grab!
Noch hat mich nie die Eitelkeit versucht,
Sie jemand andern zu erzählen. Euch
Allein erzähl' ich sie. Der frommen Einfalt
Allein erzähl' ich sie. Weil die allein
Versteht, was sich der gottergebne Mensch
Für Taten abgewinnen kann.“ (IV/7)

Außerhalb dieser Schicksalsgemeinschaft steht nur ein einziger in diesem Stück: der oberste Christ in Jerusalem, der *Patriarch.* Er aber hat sich als Verkörperung eines gewalttätigen religiösen Fanatismus, als „Todfeind jeglicher Gesprächskultur“ selbst „außerhalb jedes Humanität stiftenden Kommunikationszusammenhangs"[2] gestellt. Zwei Szenen charakterisieren ihn:

- Kaum hatte sich die Nachricht von des Tempelherrn wundersamer Begnadigung durch Saladin herumgesprochen, schickt der Patriarch den Klosterbruder, um den Tempelherrn als Spion, ja als Attentäter gegen Saladin zu gewinnen. Die Vertrauensstellung eines Christen beim muslimischen Herrscher könnte für die „christliche" Sache militärisch von Nutzen sein. Der Tempelherr lehnt empört ab (I/5).
- Als der Patriarch durch den Tempelherrn hypothetisch den Fall eines Juden, der ein Christenkind aufzieht, vorgetragen bekommt, reagiert er gnadenlos. Unbekümmert um den konkreten Einzelfall und die genauen Umstände dekrediert er dreimal schneidend: „Tut nichts! der Jude wird verbrannt!" (IV/2).

Alle sind Teil einer Familie

Gegen diese Form unbarmherzigen religiösen Fanatismus schreibt dieses Stück an, gegen die Patriarchen, Ismenors und Nerestans aller Provenienz und aller Zeiten. Genauer: Der gnadenlosen Rechthaberei, welche die eine Religion von der anderen isoliert und die Menschen der verschiedenen Religionen miteinander entzweit, stellt Lessing mit seinem „Nathan" den Glauben an die gnadenhafte Fügung gegenüber, die Menschen verschiedener Religionen zusammenbringt und *gegenseitig zu Verdankten und Dankenden* macht. Zwischen dem *Gnaden- und dem Toleranzverständnis* besteht bei Lessing ein innerer Zusammenhang, den der evangelische Theologe *Johannes von Lüpke* einmal so beschrieben hat: „Der ‚Fluß der Gnade' (III/7) verläuft somit nicht in den Bahnen institutioneller Religiosität. Er läßt sich nicht der immer schon in Besitz genommenen ‚positiven' Religion zurechnen, er begegnet vielmehr als unverdientes Geschenk von außen, vermittelt durch den Vertreter einer anderen Religion. In solcher Erfahrung universeller Gnade wurzelt die Lessingsche Toleranz. Der Einzelne weiß sich von dem individuellen oder kollektiven Selbstbehauptungswillen befreit, kraft dessen er das vermeint-

[2] *W. Jens*, Lessings „Nathan der Weise", in: W. Jens — H. Küng, Dichtung und Religion, München 1985, S. 112.

lich Eigene gegen andere zu verteidigen und durchzusetzen bestrebt war. So wie er alles ‚Eigene' der Liebe eines anderen verdankt, so kann er es nun auch zugunsten anderer einsetzen."[3]

An dieser Stelle wird vollends offensichtlich, warum Lessing im Kontext seiner Religionstheologie keinen christlichen Opfergang wie bei Tasso, schon gar keine Märtyrer-Ideologie vom Schlage Cronegks, aber auch keine Tragödie à la Voltaire gebrauchen konnte. Sein Stück sollte programmatisch das Gegenteil zeigen: Menschen verschiedener Religionen sollen sich weder gegeneinander profilieren (und sei es aus noch so idealistischen Motiven), noch sollen sie in die Katastrophe geraten aus Gründen ihrer Religion. Menschen sollen sich auf ihre gemeinsamen Wurzeln besinnen, auf ihre ursprüngliche Einheit und Zusammengehörigkeit. In diesem Sinn ist Lessings Fügungsgeschichte bewußt ein Kontrapunkt zur Tradition des Märtyrer-Dramas und der Glaubenstragödien, in denen bisher das Aufeinandertreffen von Menschen verschiedener Religionen literarisch gespiegelt wurde. Für Lessings Nathan gilt, daß die Gnade die Beziehung zwischen den Menschen positiv verändern kann. „Das Leben, das / Ich leb, ist sein Geschenk" erkennt der Christ (der Tempelherr) im Blick auf den Muslim (den Sultan), und Nathan antwortet ihm:

„Durch das er mir
Ein doppelt, dreifach Leben schenkte. Dies
Hat alles zwischen uns verändert; hat
Mit eins ein Seil mir umgeworfen, Das
Mich seinem Dienst auf ewig fesselt." (II/7)

Daraus folgt: Statt des ausgrenzenden und abgrenzenden Denkens wagt Lessing in Sachen Theologie der Religionen vernetztes Denken, Beziehungsdenken. Gegen die Selbstisolation einer Religion gegenüber anderen wagt er es, die Verbindung aller miteinander herauszustellen. Gegen die Überhebung einer Religion über andere zeigt er die Abhängigkeit aller gläubigen Menschen voneinander zu gegenseitigem Wohl — als glückhafte Führung und Fügung.

Wie konzeptionell bewußt sich Lessing für eine *Familien-Parabel als Religionsparabel* entschied, zeigt noch einmal ein Blick in die Entwürfe zum Stück (IX, 631–658). Denn ursprünglich hatte Lessing

[3] *J. v. Lüpke,* Wege der Weisheit. Studien zu Lessings Theologiekritik, Göttingen 1989, S. 149.

an eine Eheverbindungen zwischen Saladin und Recha einerseits sowie zwischen Sittah und dem Tempelherrn andererseits gedacht, nicht an Familien-Bindungen. Das Stück sollte in der letzten Szene so enden:

> „Curd dazu, u. die Entdeckung geschieht. Als Curd herein kömmt, schlug Sittah den Schleier herab. Sie schlägt ihn wieder auf führet ihrem Bruder die Rahel zu. Ihr Bruder führt ihr Curden zu, den er zum Fürsten von Antiochien macht, von deren Geschlechte er abstammet. Sittah errötet, u. läßt den Schleier wieder fallen." (IX, 658)

Der ursprüngliche Gedanke war also, den Junggesellen Saladin und die unverheiratete Recha zusammenzubringen und zugleich Sittah mit dem Tempelherrn zu verbinden. Dieser sollte gleich auch noch zum „Fürsten von Antiochien" gemacht werden, „von deren Geschlecht (als Staufer) er abstammt" (IX, 658), ist doch Friedrich von Antiochia der natürliche Sohn Kaiser Friedrichs II., des Staufers. Diese Konzeption wurde — zum Glück — zugunsten einer Familiengemeinschaft aufgegeben. Lessing hatte offensichtlich begriffen: „Familiarität" ist für die hier verhandelten Religionen ganz anders gleichnisfähig, sind doch schon religionshistorisch Judentum, Christentum und Islam voneinander abhängig und miteinander verflochten. Bei Eheverbindungen hätte die Gefahr des Exklusivismus von Zweierbeziehungen bestanden. So aber bleibt ein Netz familiärer Strukturen erhalten, das der Abhängigkeit der drei abrahamischen Religionen kongenial entspricht.

Altes Blut und neuer Geist

„Familiarität" steht dabei ohnehin nicht im engen Sinn für Blutsverwandtschaft allein, zeigt doch das Stück geradezu programmatisch, daß es neben Blutsverwandtschaft (Saladin — Sittah — Curd — Recha) auch noch andere Beziehungen des Miteinander geben kann und soll: freiwillige Adoption (Nathan — Recha) und sympathische Freundschaft (Nathan — Al-Hafi; Nathan — Klosterbruder). Diese anderen Formen der Verbindung müssen ja im Verlauf der Geschichte einmal ausdrücklich gegen einen Rückfall in enges

Blut-Denken verteidigt werden – nach dem Wort von Recha, das sie in höchst kritischer Situation dem Sultan gegenüber hervorstößt: „Aber macht denn nur das Blut / Den Vater? nur das Blut?" (V/7) Das Stück tritt somit für eine *Familiarität im weiteren Sinne* ein. Treffend hat dies der Literaturwissenschaftler *Thomas Koebner* in seiner „Nathan"-Interpretation so beschrieben: „Dem alten Modell der Familie, bestimmt durch Elternautorität und Kindesgehorsam, durch Machtstrukturen und Erbgesetz, überlagert sich ein neues Familienmodell, zustandegekommen und ausgezeichnet durch liebende Fürsorge und die Verständigung zwischen Gleichberechtigten. Lessings Drama vollzieht eine für das Verständnis der Zeit doch recht ungewöhnliche und aufregende Verschiebung von traditionellem Rechtsdenken zu einer in die Zukunft weisenden Vorstellung egalitärer und ‚brüderlicher' Verhältnisse."[4]

Zur Lessingschen Familie also gehört man gerade nicht bloß durch altes Blut, sondern vor allem durch einen neuen Geist. Mit der Metapher „Familie" ist somit ein doppelter Gedanke fruchtbar gemacht:

- der Grundgedanke der *ursprünglichen Einheit* vor aller Zersplitterung und damit religionstheologisch der Gedanke der Einheit der Menschheit vor allem Auseinanderfallen in und durch die Religionen.
- der Grundgedanke der *Verwiesenheit aufeinander*, der Abhängigkeit voneinander, Zuneigung füreinander und Solidarität miteinander.

Dieser Gedanke ist für das Nathan-Drama spezifisch. Schon vorher in seinem Werk hatte Lessing – wie wir sahen – eine Theologie der Religionen ohne Kategorien der offenbarungsgeschichtlichen Überordnung und moralischen Überlegenheit entworfen. Im „Nathan" geht er einen wichtigen Schritt weiter: Jetzt denkt er eine Religionstheologie von Judentum, Christentum und Islam in Kategorien struktureller *Verflochtenheit*, gegenseitiger *Verwiesenheit* und solidarischem *Miteinander von Menschen*. Nicht abstrakte theologische Fragen interessieren Lessing in diesem Stück, sondern das Verhalten von Menschen unterschiedlicher religiöser Herkunft in konkreten Situationen.

[4] *Th. Koebner*, „Nathan der Weise". Ein polemisches Stück?, in: Lessings Dramen, Stuttgart 1987, S. 138–206, Zitat S. 169.

Die Spitze gegen Voltaire ist hier unüberhörbar. Zeigt Voltaire in „Zaïre", daß Religion Menschen in Abgründe führt, entwirft Lessing das Gleichnis eines gelingenden Miteinanders von Menschen verschiedener Religionen. Führt bei Voltaire das *literarische Motiv des Wiedersehens und Wiederfindens* von Angehörigen einer Familie (Lusignan findet seine Kinder; Zaïre und Nerestan erkennen sich als Geschwister) in die Katastrophe (weil die Religon jetzt alle entzweit), so führt bei Lessing dasselbe Motiv ins Glück neuer Familiarität, die alle Religionen integriert. Führt bei Voltaire die Liebe zwischen einem Muslimen und einer Christin in den Tod, so kann bei Lessing die Macht der Liebe die Religionsparteien überschreiten und Menschen zueinander bringen. Denn diese Liebe ist bei Lessing theozentrisch und schöpfungstheologisch verankert: Gott will in seiner Liebe die Aufhebung der Hierarchien zwischen den Religionen (so wird die Botschaft der „Ringparabel" lauten); und Gott hat „Mann und Männin" von Anfang der Schöpfung an mit Liebesenergie ausgestattet, die durch die Religionen der Menschen nicht wieder unterdrückt werden sollte, durch die „Herren, die um Anderer Seligkeit willen besoldet und beamtet werden" (K. Lessing).

2. Wenn Christen eine Ring-Geschichte erzählten

Es ist nun an der Zeit, auch die Parabel von den drei Ringen ins Spiel zu bringen.[5] Sie steht zwar gezielt in der Mitte des Stückes, aber nicht als isolierter philosophischer Höhepunkt einer ansonsten relativ trivialen und rührseligen Familiengeschichte, sondern als komprimierte Summe dessen, was auf der Ebene der Figurenkonstellation und der Handlungsstruktur inhaltlich ebenfalls ausgesagt ist. Die Ringparabel ist somit als Parabel innerhalb eines Parabelstücks zu lesen, die das Miteinander von Juden, Christen und Muslimen konzeptionell noch tiefer begründet.

Auch hier dürfte eine genaue Motivgeschichte nützlich sein, um der Lessingschen Fassung scharfes Profil zu geben. Der Dramatiker selber hatte ja nie einen Zweifel daran gelassen, wem er die Ring-

[5] Die mir wichtigste Literatur zum *Verständnis der Ring-Parabel* findet sich unter „Grundliteratur zu Lessing".

Geschichte verdankte. Noch als die Ausarbeitung des Dramas kaum mehr als ein „närrischer Einfall" war, hatte Lessing seinem Bruder Karl gegenüber schon durchblicken lassen:

> „Ich möchte zwar nicht gern, daß der eigentliche Inhalt meines anzukündigenden Stücks allzufrüh bekannt würde; aber doch, wenn Ihr, Du oder Moses, ihn wissen wollt, so schlagt das Decamerone des Bocaccio auf: Giornata I. Nov. III. Melchisedech Giudio."[6]

Die erste Spur also führt ins italienische 14. Jahrhundert, und zwar zu Giovanni Boccaccios Geschichte von einem Juden namens Melchisedek, nachzulesen in seiner Novellensammlung „Il Decamerone". Wir werden mehr davon hören. Doch die Ring-Geschichte ist viel älter und in Europa viel weiter verbreitet. Auch Boccaccio hatte nur gefunden, nicht erfunden. Und die Geschichte der Geschichte zu erzählen, heißt ein Stück europäischer Mentalitätsgeschichte rekonstruieren, die gepolt ist auf Antijudaismus und Antiislamismus.

Ein Ring – eine wahre Religion: Texte aus Frankreich

Kundige Lessing-Forscher insbesondere reformjüdischer Tradition (A. Wünsche, M. Landau) haben schon vor gut hundert Jahren das meiste Material aufgespürt; wesentlich Neues ist seither nicht dazugekommen.[7] Überblickt man die weitverstreuten Quellen, so gilt dies eine für alle: Wo immer diese Geschichte erzählt wurde, war es bitter ernst in Sachen Wahrheit und Religion. Wo immer diese Geschichte erzählt wurde, roch es nach Glaubenskrieg, Lebensgefahr, Intoleranz, Inquisition und Vertreibung. Der europäische Lebenskontext der Ring-Geschichte war alles andere als harmlos, vor allem dann nicht, wenn Christen eine solche Geschichte erzählten.

Im Frankreich des 13. Jahrhunderts müssen zwei Versionen kursiert haben. Die eine hat der Dominikaner *Étienne de Bourbon* (gest. um 1261) überliefert. In seiner Geschichte geht es um einen reichen Mann, dessen *wertvoller Ring* die Kraft besitzt, alle Krankheiten zu

6 *G.E. Lessing*, Brief an K. Lessing vom 11. 8. 1778, in: Briefe von und an Lessing (1776–1781), hrsg. v. H. Kiesel, Frankfurt/M. 1994, S. 186.

7 Zur *Motivgeschichte* siehe „Grundliteratur zu Lessing".

heilen. Mit seiner Frau hatte er zunächst eine legitime Tochter; später bricht die Frau die Ehe und bringt illegitim weitere Töchter zur Welt. Als es ans Sterben geht, setzt der Mann ein Testament auf, in dem er nur die legitime Tochter mit dem Ring begünstigt. Die beiden anderen aber merken dies und lassen sich ähnliche Ringe anfertigen. Als nach dem Tod des Mannes das Testament vor einem Richter geöffnet wird, kann jede der Töchter einen Ring vorzeigen und damit behaupten, die legitime zu sein. Und was tut der Richter? Er läßt die Ringe auf ihre Heilkraft prüfen, und da die Heilkraft nur im Ring der legitimen Tochter steckt, spricht er ihr das väterliche Erbe zu. Die anderen Töchter gehen endgültig leer aus. *Moral* von der Geschichte? Sie besteht für den Dominikaner ausdrücklich im „Nachweis des wahren Glaubens". Das Ganze ist nach der Devise erzählt: Ein Gott — eine legitime Religion, und diese legitime ist ganz selbstverständlich das Christentum.[8] Keine gute Nachricht also für Juden und Muslime in dieser Geschichte. Sie gelten als Angehörige illegitimer Religionen; sie dürfen sich als religiöse Bastarde denunziert sehen.

Die andere Version ist in der *altfranzösischen Erzählung „Vom echten Ring"* (ca. 1270–1294) überliefert. Weit holt der Erzähler hier aus, baut zunächst einen Rahmen der Belehrung in Lebensklugheit und Weisheit auf, um darin seine Geschichte von *drei Ringen* zu plazieren. Sie spielt bemerkenswerterweise bereits im Nahen Osten, in *Ägypten,* wo ein Mann einen Ring besitzt, der nicht nur zu heilen, sondern selbst Tote aufzuwecken versteht. Mit lobenswerter Großzügigkeit benutzt dieser Mann seinen Ring und verbreitet überall Werke der Barmherzigkeit. Er hat drei Söhne, von denen aber nur der jüngste tugendhaft ist; die beiden anderen sind Schurken. So überrascht es nicht, daß der Vater seinen Ring dem Jüngsten vermachen will. Da er aber die Reaktion der beiden älteren Söhne vorausahnt, läßt er zwei weitere Ringe anfertigen und übergibt jedem der Söhne auf dem Sterbebett einen Ring. Nur dem Jüngsten offenbart er, daß sein Ring der echte ist, die beiden anderen Söhne sind getäuscht.

Nach dem Tod des Vaters wird die Sache rasch ruchbar. Denn wirksam ist nun einmal nur der Ring des jüngsten Bruders, und die

[8] Die meisten Quellentexte in deutscher Übersetzung werden hier und künftig zitiert nach: *P. Demetz,* a. a. O., S. 200–213 (s. Anm. 1); hier S. 201f.

beiden älteren, die dies merken, jagen ihren Bruder aus dem Land. Ja, auch der Ring wird vernachlässigt und verliert seine Kraft. Erst als eine Streitmacht von außen eingreift, die beiden Brüder bekämpft und ihrerseits aus dem Lande treibt, kommt der Ring wieder zutage und kann seine Kraft aufs Neue entfalten. *Symbolik?* Die zwei verdorbenen Söhne stehen für Islam und Judentum; der jüngste mit dem echten Ring für das Christentum; ihr Land steht für das Heilige Land, aus dem Muslime und Juden die Christen vertrieben haben. *Moral?* Erzählt wird mit der politischen Absicht, drei Schlüsselfiguren der damaligen Geschichte Frankreichs, den König, den Grafen von Artois und den Grafen von Flandern, zur Befreiung des Heiligen Landes, sprich zum Kreuzzug, zu motivieren. Denn an der Geschichte des jüngsten Bruders, der von den schurkischen Geschwistern aus dem Lande vertrieben worden war und in Not ist, sollen die feudalen Herrschaften begreifen, daß das Christentum im Heiligen Land dringend der Hilfe bedarf. So wie eine Streitmacht von außen die beiden schurkischen Brüder vertrieb, damit der jüngste wieder Lebensraum hat, so soll nun auch durch einen Kreuzzug die Kraft des Christentums im Heiligen Land wiederhergestellt werden:

„Durch sie würde die Vorherrschaft
Dem jüngsten wieder leicht errungen,
Wie's dem, von dem ich sprach, gelungen;
Vom Ring würde mit Lob gesprochen,
Den man beschädigt und gebrochen,
Von unserm Glauben, hoch an Ruhm,
Von unserm hehren Christentum,
Das lang nun leidet bittre Not!"[9]

Nur das Christentum heilt: „Gesta Romanorum"

Ebenfalls zugunsten des Christentums erzählt ist die Ring-Geschichte, die in der weitverbreiteten mittelalterlichen Exempel-Sammlung *„Gesta Romanorum"* (wörtl.: „Taten der Römer") überliefert ist. Es

[9] Zitiert nach *P. Demetz*, a. a. O., S. 202–211, Zit. S. 211

handelt sich um eine — vermutlich in England und Deutschland entstandene — Sammlung von Novellen, Anekdoten und kürzeren Texten aus mittelalterlichem Erzählgut griechischer, römischer und orientalischer Provenienz. Geschichten aus den Büchern des Alten und Neuen Testamentes sind hier ebenso zu finden wie aus der Legenden- und Mirakel-Literatur, aus Chroniken, Sagen und Mythologien, aus Tierfabeln und Naturgeschichte — zusammengestellt zu moralisierenden Exempeln. Nicht um ihrer selbst, sondern um ihrer moralischen Anwendung willen (in Predigten, katechetischen Unterweisungen) sind diese Texte hier aufgenommen. Älteste lateinische Manuskripte gehen auf die Mitte des 14. Jahrhunderts zurück, was umgekehrt heißt: Die Geschichten, die man hier findet, sind noch um vieles älter. Lessing jedenfalls hat die „Gesta Romanorum", von denen sich einige Exemplare in Wolfenbüttel befanden, bestens gekannt.[10] Die uns interessierende Geschichte lautet in hochdeutscher Übertragung so:

> „Es gab einst einen Ritter, der *drei Söhne* hatte, und als er sterben sollte, er dem Erstgeborenen ein Erbgut, dem zweiten einen gesammelten Schatz aussetzte. Dem dritten Sohne aber gab er *einen kostbaren Ring*, der mehr wert war, als Alles das, was er den ersten Beiden vermacht hatte. Übrigens gab er auch den beiden ersteren Söhnen *zwei, aber nicht so kostbare Ringe*, allein alle hatten dasselbe Aussehen. Wie nun der Vater gestorben war, sprach der erste Sohn: ich habe den kostbaren Ring meines Vaters. Darauf der zweite: nicht Du hast ihn, sondern ich. Der dritte aber sagte: es ist nicht recht, daß ihr ihn haben solltet, weil aber der ältere von Euch ein Erbgut, der andere aber einen Schatz erhalten habt: also lehret die Vernunft, daß ich jenen köstlichen Ring haben muß. Da rief der erste Sohn aus: laßt uns durch die Tat beweisen, welcher Ring der kostbarere und bessere ist. Jeder aber entgegnete: also gefällt es mir auch. Alsbald wurden verschiedene Kranke herbeigebracht, welche an verschiedenen Gebresten litten, aber die ersten beiden Ringe waren ganz ohne Wirkung, der Ring des Jüngeren aber heilte alle Krankheiten.

[10] Vgl. dazu *G.E. Lessing*, Brief an J.J. Eschenburg vom 4.1.1774, in: Briefe von und an Lessing (1770–1776), hrsg. v. H. Kiesel, Frankfurt/M. 1988, S. 608f., sowie *G.E. Lessing*, Brief an J.J. Eschenburg vom 19.11.1776, in: Briefe von und an Lessing (1776–1781), hrsg. v. H. Kiesel, Frankfurt/M. 1994, S. 23.

[Ihr sehr Lieben, dieser Ritter ist unser Herr Jesus Christus, der drei Söhne besaß, d. h. die Juden, Sarazenen, und Christen. Den Juden gab er das gelobte Land, den Sarazenen den Schatz dieser Welt, sofern er Macht und Reichtum betrifft, den Christen den edlen Ring, d. h. den Glauben, denn durch den Glauben vermögen die Christen verschiedene Krankheiten und Erschlaffungen der Seele zu heilen, wie geschrieben steht: Dem Glaubenden ist alles möglich. Desgleichen: der Glaube ist wie ein Senfkorn, etc. Desgleichen: Es ist unmöglich, Gott ohne Glauben angenehm zu sein.][11]

Geschichten wider Juden und Muslime

Deutlich wird das *Gemeinsame* all dieser Ring-Geschichten: Sie wurden von Christen erzählt, um das Christentum als die wahre Religion, als den einzig heilsamen und wirksamen Glauben zu behaupten. Geschichtlicher Kontext ist eine religiöse Legitimationskrise des Christlichen, da Judentum und Islam als konkurrierende Religionen Herausforderungen geworden sind. Und auf diese Herausforderung reagierte man:

- Wie der Dominikaner *Étienne de Bourbon* im Ungeist *„gehässiger Unduldsamkeit“:*[12] Islam und Judentum werden als „illegitim“ bloßgestellt und damit als Bastarde der Religionsgeschichte disqualifiziert.
- Mit *militärischer Selbstfanatisierung:* In der altfranzösischen Erzählung werden Islam und Judentum als lasterhafte, gewalttätige Verbrecher hingestellt, die man nur noch gewaltsam vertreiben könne.
- Mit *trotziger Wahrheitsbehauptung:* Wie in den „Gesta Romanorum“ haben nur Christen das, worauf es vor Gott einzig und allein ankommt: den echten und wirksamen Glauben, der es ihnen allein ermöglicht, „verschiedene Krankheiten und Erschlaffungen der Seele zu heilen“.

11 Zitiert nach *P. Demetz*, a. a. O., S. 213f. (s. Anm. 1).
12 So *B. Heller*, a. a. O., S. 479 (s. „Grundliteratur zu Lessing“).

Zwischenfazit: Wenn Christen eine Geschichte von den Ringen erzählten, dann taten sie dies *gegen* Juden und Muslime. Und wie ist es im umgekehrten Fall?

3. Wenn Juden eine Ring-Geschichte erzählten

Zunächst gilt es zu konstatieren, daß es auch im Jüdischen eine Parallele zur christlichen Unduldsamkeit gibt. Hingewiesen wurde in der Forschung auf *Abraham Abulafia* (1240 bis ca. 1291), einen jüdischen Mystiker (Kabbalisten), der eine abenteuerliche Lebensgeschichte aufzuweisen hat. Schon früh überzeugt von prophetischen Inspirationen und göttlichen Kräften in sich, wußte dieser Mann auf seinen abenteuerlichen Wanderungen zwischen Spanien, Italien und Griechenland immer wieder eine kleine Schar von Anhängern um sich zu scharen, die in ihm eine neue messianische Figur erblickten. Sein prophetisches Selbstbewußtsein war so weit gegangen, daß er im Jahre 1280 selbst den damals regierenden Papst (Nikolaus III.) zum Judentum zu bekehren versuchte, was Abulafia beinahe mit dem Tod bezahlt hätte.

Jüdische Unduldsamkeit — und der kleine Unterschied

Nicht die zahlreichen mystischen Schriften von Abulafia sind hier von Interesse,[13] sondern folgendes Gleichnis, in dem es zwar nur um eine Perle geht, in der aber alles so erzählt wird, daß sich Parallelen zur Ring-Geschichte geradezu aufdrängen. Abulafias Erzählung geht dabei von der Tatsache aus, daß das jüdische Volk von Gott einst mit besonderen Vorzügen ausgestattet wurde, jetzt aber in einem beklagenswerten Zustand lebt, ohne daß aber diese ursprüngliche Bevorzugung von Gott widerrufen worden wäre. Mit einem Gleichnis wird diese Situation so gedeutet:

[13] Vgl. dazu Art.: Abulafia, Abraham Ben Samuel, in: Encyclopaedia Judaica, Bd. II, Jerusalem 1971, Sp. 185f. Ausführliches Material zu Leben und Werk von Abraham Abulafia bei: *M. Idel*, Werk und Lehre Abraham Abulafias, Jerusalem 1976 (Diss. der Hebräischen Universität); *ders.*, Abraham Abulafia und der Papst — zu einem mißglückten Unternehmen, in: AJS Review, Bd. 7–8, 1982, S. 1–17.

„Ein Vater besitzt *eine wertvolle Perle,* die er seinem Sohne als Erbe zugedacht. Während der Vater seinen Sohn belehrt, die Perle zu schätzen und sie edel zu finden, wie der Vater sie edel findet, erzürnt der Sohn den Vater. Was tut dieser? Jemand anderem möchte er die Perle nicht überlassen, damit der Sohn, falls er reuig seinen Vater versöhnt, sein Erbteil nicht einbüße. Er wirft sie in eine Grube, denn er denkt: Bessert sich mein Sohn nicht, so wünsche ich nicht, daß die Perle ihm zufalle; kehrt er um, so will ich nicht, daß er sie verliere; so bleibe sie denn in der Grube verborgen, und sobald er Reue bekundet, hole ich sie ihm sofort hervor. Während nun der Sohn in seiner Schuld verharrt, reizen ihn die Knechte seines Vaters, indem sich ein jeder rühmt, er habe die Perle erhalten. Anfangs kehrte sich der Sohn nicht daran, doch sie erregten ihn so sehr, daß er endlich reuig umkehrte. Da vergibt ihm der Vater, holt die Perle aus der Grube herauf und übergibt sie ihm. Als dies die Knechte sehen, fallen sie auf ihr Antlitz, stehen beschämt ob ihrer Falschheit vor dem Sohn und haben große Mühe, ihn zu versöhnen. –

Ganz so ergeht es uns (Juden) mit den Völkern, die da behaupten, Gott habe sie an unsere Stelle gesetzt. Wir sind sprachlos, finden keine Antwort, solange wir von Gott nicht Verzeihung für unsere Sünden erwirken. Dereinst, wenn wir reuig umkehren und Gott unsere Verbannten heimführt, dann werden beschämt, die uns jetzt beschämen. Da wir leider die erhoffte Stufe noch nicht erklommen haben, bleibt noch immer der Streit aufrecht, wessen der Wert, wessen die Wahrheit, ob unser oder unser Bedränger. Bis endlich der Schiedsrichter kommt, die Perle aus der Grube holt, sie dem Sohne zurückerstattet. Dann wird klar die Wahrheit, dann kommt der Schatz an seinen rechtmäßigen Herrn, genannt das Volk des Ewigen; Neid und Hader verstummen; in jedem Fremden sieht man einen Genossen, in jedem Genossen sich selbst."[14]

Auch dieses Gleichnis ist Ergebnis einer Selbstbeschwörungsstrategie, diesmal jüdisch gewendet. Abraham Abulafia ist Zeitgenosse von Étienne de Bourbon! Wie der Christ arbeitet auch der Jude hier

[14] Zitiert nach *B. Heller,* a. a. O., S. 481f. (s. „Grundliteratur zu Lessing").

mit der Überzeugung: Es gibt nur eine göttliche Wahrheit, und diese Wahrheit ist identisch mit der jüdischen Religion. Diese ist zwar gegenwärtig verdunkelt, aber nicht aufgehoben. Gott hat keines aus den Völkern an die Stelle Israels gesetzt. Der gegenwärtig beklagenswerte Zustand des jüdischen Volkes ist Ergebnis seiner Sünden und Sündenstrafen, aber nicht einer Zurücknahme von Gottes Erwählung. Es werden Zeiten kommen, wo ein „Schiedsrichter" das jüdische Volk wieder voll in seine Rechte einsetzt. Die Kritik hat zu dieser Geschichte angemerkt: „Das Gleichnis von der verlorenen Perle beweist, daß auch der jüdische Glaubensstolz seine Parabel prägte. Unduldsam erscheint sie, weil sie von einem Sohn des Hauses und mehreren Dienern, also nicht von Brüdern spricht. Doch sie klingt in einer versöhnlichen messianischen Schlußerwartung aus."[15]

Und doch ist schon bei Abulafias Geschichte ein entscheidender Unterschied zu der des Dominikaners zu beachten. Abulafia geht als Jude davon aus, daß das Judentum sich in einem miserablen Zustand befindet; sein Festhalten an der Auserwähltheit des jüdischen Volkes geschieht also gewissermaßen aus Trotz, gegen die Empirie. Sein jüdischer „Glaubensstolz" kommt aus einer Situation der Schwäche, der diskriminierten Minderheit, des sozialen Elends. Der Christ ist grundsätzlich in einer anderen Situation. Bei ihm ist das Christentum nur in einem Winkel der Erde, in Palästina, in Bedrängnis, ansonsten in einer Position der Stärke. Die Unduldsamkeit des Christen kommt somit aus einem Gefühl des Triumphes, der prinzipiellen Überlegenheit des Christentums als Mehrheitsreligion über alle anderen Religionen. Christlicher und jüdischer „Glaubensstolz" haben also einen völlig verschiedenen Hintergrund. Juden, wo immer diese Geschichte erzählt wird, sind in einer grundsätzlich anderen Situation als Christen. Und niemand hat dafür ein eindrücklicheres Zeugnis geliefert als Rabbi Ibn Verga aus der zweiten Hälfte des 15. Jahrhunderts. Gerade seine Geschichte steht im Zeichen von Inquisition, Vertreibung, Zwangstaufen, im Zeichen von Terror und Angst.

[15] So *B. Heller,* a. a. O., S. 482.

In Sevilla geboren, hatte *Salomon Ibn Verga* eine einflußreiche Stellung bei den christlichen Herrschern Kastiliens einnehmen und auch bei der jüdischen Gemeinde dort hohes Ansehen genießen können. Doch sein Leben wird überschattet von der beginnenden Austreibung der Juden aus Spanien (wir haben im Zusammenhang des Falles Michael Servet darüber berichtet). 1492 muß auch Ibn Verga fliehen, und zwar nach Portugal, wo er noch einmal — vermutlich zum Glaubenswechsel gezwungen — Zeuge und Opfer unsäglicher Leiden wurde.[16] Erst 1507 öffneten sich die Tore Portugals für Juden wieder, und Ibn Verga kann sich in Neapel niederlassen, wo er sein Hauptwerk „Schevet Jehuda" (wörtlich: „Die Zuchtrute für Juda") abschließt. Grundthema: Was ist der Sinn jüdischer Existenz in dieser Zeit? Warum müssen Juden immer wieder neu durch Perioden entsetzlichen Leids, schändlicher Verleumdung und grausamer Verfolgung hindurch? Diese Fragen werden in Ibn Vergas Buch in Religionsgesprächen abgehandelt, wo Könige mit hohen Geistlichen oder mit jüdischen Schriftgelehrten, wo Päpste mit jüdischen oder christlichen städtischen Volksgruppen diskutieren. Insbesondere die Aufdeckung des Judenhasses der breiten Volksmassen überträgt Ibn Verga einem König namens Alfonso und einem hohen Geistlichen namens Thomas. Beide erweisen sich dabei als Anwälte der Juden, die sich bemühen, der jüdischen Existenz Gerechtigkeit widerfahren zu lassen.

In diesem Zusammenhang wird nun auch im 32. Kapitel des Buches *eine Geschichte von zwei Brüdern und zwei Edelsteinen* erzählt, die eine Analogie zu unserer Ring-Geschichte aufweist. Zurückprojiziert wird sie in die Herrschaftszeit von Don Pedro, dem christlichen König von Aragonien (1094–1104). Diesem wird von seinem Berater Nicolaus von Valencia empfohlen, die Juden in seinem Land zu bekämpfen, da deren Haß gegen die Christen doch groß sei und diese, wie es doch in jüdischen Schriften heiße, die Christen nicht grüßen dürften. Im übrigen schmerze ihn die jüdische Unverschämt-

[16] Vgl. dazu die eindrücklichen Studien von *M. Awerbuch,* Zwischen Hoffnung und Vernunft. Geschichtsdeutung der Juden in Spanien vor der Vertreibung am Beispiel Abravanels und Ibn Vergas, Berlin 1985; *dies.,* Die Religionsgespräche in Salomo Ibn Vergas „Schevet Jehuda", in: Religionsgespräche im Mittelalter, hrsg. v. B. Lewis — F. Niewöhner, Wiesbaden 1992, S. 43–59.

heit in der Behauptung, das christliche Bekenntnis sei irrig. Da aber der König sich selber überzeugen will, läßt er einen jüdischen Weisen namens Ephraim Sancho kommen und will von diesem wissen, ob für ihn das jüdische oder das christliche „Gesetz“ das bessere sei. Der Jude versucht sich zunächst mit einer pragmatischen Auskunft aus der Affäre zu ziehen: Für den König sei gewiß sein Gesetz das bessere, so wie für ihn das seine. Doch der König will mehr. Und so erbittet der Jude drei Tage Bedenkzeit, um dann mit diesem Gleichnis zurückzukommen:

„Vor einem Monat reiste mein Nachbar in die Ferne, und um seine beiden Söhne zu trösten, ließ er ihnen zwei Edelsteine zurück. Nun kamen die beiden Brüder zu mir und verlangten von mir, ich sollte sie von der Eigentümlichkeit der Steine und deren Unterschied in Kenntnis setzen. Als ich ihnen bemerkte, daß dazu niemand geeigneter sei, als ihr Vater, der ja eine große Meisterschaft in der Kenntnis der Steine nach Wert und Form besitze, da er Juwelier sei, sie also an ihn sich wenden möchten, schlugen sie mich und schmähten mich wegen dieses Bescheides. — Da haben sie Unrecht getan, sprach der König, sie verdienen bestraft zu werden. — Der Weise versetzt darauf: So möchten denn deine Ohren, oh König, vernehmen, was soeben dein Mund gesprochen! Siehe, auch Esau und Jakob sind Brüder, von denen jeder einen Edelstein erhielt, und unser Herr fragt nun, welches der bessere sei. Möge unser Herr doch einen Boten an den Vater im Himmel senden, denn das ist der größte Juwelier, er wird den Unterschied der Steine schon angeben.

Da sprach der König: Siehst Du, Nicolaus, die Klugheit der Juden? Wahrlich ein solcher Weise verdient beschenkt und geehrt zu werden. Du aber müßtest Strafe erhalten, da Du Falsches geredet hast wider die gesamten Juden. Da sprach Nicolaus: Wie dem auch sei, es war immer bei den heiligen Königen Brauch, alle Religionen der ihren zu unterwerfen; warum unterwirfst Du diese nicht? Der König: Ich habe nie einen Erfolg bei einer Sache gesehen, die durch Zwang geschieht, denn so wie der Bezwinger nachläßt, kehrt sie zu ihrem früheren Zustande zurück, wie der in die Höhe geschleuderte Stein sofort, wenn die Kraft der Hand aufhört, wieder nach dem Mittelpunkte der Erde zurückfällt, oder der im Innern der Erde eingeschlossene Wind bald diese auseinanderreißt und zu seinem Elemente zurückkehrt. Darum rathe ich Dir, Nicolaus, verfahre mit diesem Volke nicht zwangsweise. Vielleicht aber vermagst Du etwas über sie durch milde Belehrung und anhaltende tägliche Ermahnung, denn wenn schon der herabfließende Tropfen ungeachtet seiner Schwäche auf dem Marmor trotz aller seiner Härte einen Eindruck macht, einen um wie tieferen Eindruck müssen dann milde Zungen auf das weiche Herz von Fleisch machen?"[17]

Historisch bemerkenswert ist zunächst, daß wir hier die *älteste der Forschung bekannte jüdische Quelle* für die spätere Ringparabel vor uns haben. Ibn Verga verweist ja selber in das Spanien des 11. Jahrhunderts.

Geschichten aus Existenzangst

Inhaltlich bemerkenswert ist an Ibn Vergas Geschichte dreierlei:
(1) Sie reflektiert die *Repression gegenüber Juden* und zeigt, wie unausrottbar das Mißtrauen in diesem christlichen Kontext ist. Zugleich läßt es auf eine politisch kluge Weise erkennen, wie falsch die Strategie der Gewalt gegenüber Juden ist. Denn die Pointe dieser Erzählung ist gerade die: Gegen seinen Berater entscheidet sich der *christliche* König dafür, den Juden Zwang und Gewalt zu ersparen und stattdessen „auf milde Belehrung und anhaltende tägliche Ermahnung" zu vertrauen. Man kann dies – negativ interpretiert – „ein Beispiel für die Ablösung der Juden*verfolgung* durch penetrante Juden*mission*" nennen,[18] oder – positiv – „ein Toleranzdenken, das, im kirchlich fanatisierten Spanien des 15. Jahrhunderts, im Spanien der Inquisitionsgerichte verkündet, unzeitgemäß erscheinen" muß.[19]
(2) Erkennbar ist eine Verschiebung von der Pragmatik in die *Theozentrik* bei der *Begründung der Toleranz*. Denn für die Antwort auf die Wahrheitsfrage wird hier ausdrücklich auf Gott verwiesen. Er

[17] *R. Salomo Ibn Verga,* Das Buch Schevet Jehuda. Aus dem Hebräischen ins Deutsche übertragen von M. Wiener, Hannover 1856 (Neudruck 1924), S. 105–109.

[18] *F. Niewöhner,* Veritas sive Varietas. Lessings Toleranzparabel und das Buch Von den drei Betrügern, Heidelberg 1988, S. 52.

[19] So *M. Awerbuch,* Die Religionsgespräche, S. 50 (s. Anm. 16).

allein, nicht die Menschen, weiß die Lösung. Daraus folgt für die Toleranzfrage *auf Erden:* Da niemand wirklich einen Boten zu Gott senden kann, da also kein Mensch auf Erden die göttliche Antwort kennt, bleibt *unter Menschen* nur die gegenseitige Akzeptanz. Äußerlich gesehen sind die Religionen ja — wie Edelsteine — völlig gleich, gleichwertig; nur der himmlische Juwelier könnte die Steine wirklich beurteilen. Der Verweis auf das „Gott allein" dient also nicht einem Wahrheitsrelativismus, sondern der Milderung einer absolutistischen Wahrheitsverbissenheit unter Menschen. Und diese Wahrheitsverbissenheit — Ibn Verga weiß, wovon er redet — ist schuld an Hunderten von Toten, Tausenden von Vertriebenen und Abertausenden von Zwangskonvertierten.
(3) Erkennbar ist eine *Tarnung des eigenen Wahrheitsanspruchs.* Will ein Jude in einem repressiven christlichen Kontext den Wahrheitstest überleben, kann er den Anspruch seiner eigenen Religion nicht offensiv vortragen. Das würde zur Auslöschung seiner Existenz führen. Die äußerste Möglichkeit, die ein Jude in diesem Kontext verbleibt, ist die Unentschiedenheit der Wahrheitsfrage durch Verweis auf Gott selbst. Daß aber selbst dieses Unentschieden schwer zu erreichen ist, macht die Reaktion des christlichen Beraters von Don Pedro überdeutlich. Er denkt gar nicht daran, diesen Appell an Gott plausibel zu finden. Im Gegenteil insistiert er darauf, daß es „immer bei den heiligen Königen Brauch" gewesen sei, „alle Religionen der ihrigen zu unterwerfen"...

Hier liegt denn auch der entscheidende Unterschied beider Überlieferungsstränge: Wenn bisher Christen die Geschichte von den Ringen erzählten, dann taten sie dies aus triumphalistischem Wahrheitsbesitz heraus — *gegen* Juden und Muslime. Wenn Juden eine solche (oder eine ähnliche) Geschichte erzählten, dann mußten sie in der Regel ihren eigenen Wahrheitsanspruch tarnen, dann herrschte in solchen Geschichten die Angst vor Repression oder Existenzauslöschung, dann konnten Juden bestenfalls ein „Unentschieden" erreichen: ein Geltenlassen ihrer Religion auf Erden durch Appell an Gott selbst.

Was haben wir motivgeschichtlich bisher als Ergebnis erreicht?

- Ursprung der Ring-Geschichte ist ein Land, in dem notwendigerweise das Zusammenleben von Juden, Christen und Muslimen reflektiert werden mußte. Spanien ist der Wurzelboden der späteren Ringparabel.

- Zu einer Geschichte, die gleichnishaft das Verhältnis der Religionen untereinander spiegelt, hat erstmals jüdische Imagination diesen Stoff geformt. Es waren Juden, die sich gezwungen sahen, mit Hilfe dieses Gleichnisses ihr Existenzrecht im christlichen Kontext zu sichern und der schamlosen Intoleranz mit einer Toleranzgeschichte zu begegnen. Die „Uridee" zu dieser Gleichnisgeschichte dürfte also jüdischem Überlebenswillen entsprungen sein.

Und doch muß noch einmal gefragt werden: Wenn Spanien der Wurzelboden der späteren Ringparabel ist, hat nicht dann auch der Islam einen Anteil an dieser Geschichte? Gibt es möglicherweise auch in der Welt des Islam Parallelen für die spätere Ringparabel, zumal schon die altfranzösische Ring-Erzählung des 13. Jahrhunderts ins muslimische Ägypten verwies?

4. Parallelen in der Welt des Islam?

Weder in der Literaturwissenschaft noch in der Islamkunde ist — meines Wissens — je umfassend genug untersucht worden, ob es Parallelen zu Lessings Ringparabel in der Welt des Islam gibt, analoge Geschichten, die möglicherweise untergründig den Wurzelboden mitgenährt haben könnten, auf dem die Ring-Geschichte wuchs. Oder ist die in der Ring-Parabel narrativ verdichtete Konzeption völlig unislamisch? Die gründliche Erforschung eines möglichen muslimischen Hintergrunds also ist ein dringendes und zugleich spannendes Desiderat der Forschung.

Ich selber bin bei meinen Recherchen vor allem den Spuren gefolgt, die mein Tübinger Kollege und Professor für Islamkunde, *Josef van Ess*, mir in seinen Schriften und in persönlichen Gesprächen wies.[20] Drei Texte sind dabei von besonderem Interesse, die zumin-

[20] Vgl. dazu *J. van Ess*, Ketzer und Zweifler im Islam, in: Boustan 5 (1964), S. 10–15 (H. 2); *ders.*, Die Erkenntnislehre des Adud'addin al-Ici. Übersetzung und Kommentar des ersten Buches seiner Mawaqif, Wiesbaden 1966, bes. S. 221–236. Auch *F. Niewöhners* große Studie über die Ring-Parabel (s. Anm. 18) kann für die Herkunft im muslimischen Raum nur auf das Perlen-Gleichnis verweisen (vgl. a. a. O., S. 254–256).

dest Anklänge an Lessings Ring-Parabel verraten. Einer entstammt dem spanisch-muslimischen Raum, zwei kommen aus der großen Stadt Bagdad, die bekanntlich unter dem Kalifen Al-Mansur (754–775), dem zweiten Kalifen der Abbasiden-Dynastie, gegründet worden war und bald der syrischen Hauptstadt Damaskus den Rang als politisches, religiöses und kulturelles Zentrum des Islam ablaufen sollte. Ja, Bagdad — mit möglicherweise 1½ Millionen Einwohnern schon im 10. Jahrhundert größer als selbst Konstantinopel — wurde für Jahrhunderte die Metropole der muslimischen Welt schlechthin, in der Menschen verschiedener Regionen, Klassen, Kulturen und Religionen zusammenlebten. Kein Wunder, daß in einer solchen Vielvölker- und Weltstadt auch Fragen des religiösen Pluralismus diskutiert wurden, die Frage also, welche Religion die wahre sei und wie man sich zur Wahrheitsfrage angesichts der Vielfalt der Religionen verhalten solle.

Ein Religionsgespräch mit unerwartetem Ausgang: das Perlengleichnis

Al-Mansur wurde als Kalif durch seinen Sohn *Al-Mahdi* (775–785) abgelöst, der u. a. dadurch bekannt ist, daß er innermuslimisch Ketzerverfolgungen (vor allem gegen iranische Manichäer) betrieb und sogar das Amt eines Ketzerrichters einrichtete. Er soll auch — als erster, wie man sagt — die islamischen Theologen dazu angehalten haben, sich mit den „Ketzern" auseinanderzusetzen, verstand er es doch als seine Aufgabe, die Religion rein zu erhalten.

Das hinderte Al-Mahdi offensichtlich nicht daran, mit einem führenden Christen ein intensives Religionsgespräch zu führen, nach außen also — gemäß den Weisungen des Koran — mit Christen „dialogisch" umzugehen. Im Jahre 781 dürfte dieses nachmals berühmte Gespräch mit dem geistlichen Oberhaupt der ostsyrischen Kirche, dem nestorianischen *Patriarchen Timotheus I.*, stattgefunden haben. Es besticht noch heute durch ein hohes Maß an Respekt und Verständnis, um das sich die beiden Gesprächspartner bemühen, zumal die gesamte Palette der zwischen Christen und Muslimen umstrittenen theologischen Sachfragen zur Sprache kommt.[21] Zur Ein-

[21] Vgl. dazu *J. van Ess*, Theologie und Gesellschaft im 2. und 3. Jahrhundert Hidschra. Eine Geschichte des religiösen Denkens im frühen Islam, Bd. IV, Berlin — New York 1992, S. 20–28;

schätzung aber ist wichtig, daß der Christ in diesem Gespräch politisch gegenüber dem muslimischen Herrscher in der Defensive ist; er muß vorsichtig argumentieren, um seine Person nicht zu gefährden. Und auch dies muß man wissen: Der Text, den wir über dieses Religionsgespräch haben, stammt aus christlicher Überlieferung. Da aber die Mitteilungen über den muslimischen Partner kaum erfunden sein dürften, lassen sie Rückschlüsse auf damals im Islam vertretene Positionen zu. Deshalb ist diese christliche Quelle auch für unsere Frage hier von Bedeutung.

Das Religionsgespräch endet mit einem bemerkenswerten Schluß: dem *Gleichnis von einer Perle.* Es scheint so, daß die Gesprächspartner sich im Verlauf ihrer langen Auseinandersetzung erschöpft hätten. Argument stand offensichtlich gegen Argument, Überzeugung gegen Überzeugung, und alles hob sich gegenseitig auf. Jedenfalls konnte sich die eine Wahrheit nicht gegen die andere durchsetzen. Und etwas von dieser Ermüdung, diesem „Unentschieden" der Wahrheitsfrage wird durch das Perlen-Gleichnis fühlbar. Denn der Patriarch läßt den Kalifen wissen:

> „Unser siegreicher König, in dieser Welt sind wir alle wie in einem dunklen Haus in der Mitte der Nacht. Wenn des nachts und in dem dunklen Haus zufällig eine kostbare Perle mitten unter die Menschen fällt und alle sich ihrer Existenz bewußt werden, wird jeder danach trachten, diese Perle aufzuheben. Sie wird nicht jedermann zufallen, sondern nur einem. Während aber einer die Perle selbst bekommen wird, wird ein anderer ein Stück Glas, ein Dritter ein Stück Stein oder ein Stück Erde bekommen, aber jeder wird glücklich und stolz sein, daß er der wirkliche Besitzer der Perle ist. Wenn jedoch Nacht und Dunkelheit verschwinden und Licht und Tag heraufziehen, dann wird jeder, der glaubte, daß er die Perle habe, seine Hand nach dem Licht ausstrecken, das alleine zeigen kann, was jeder in der Hand hat. Der, welcher die Perle besitzt, wird triumphieren und glücklich und befriedigt mit ihr sein, während die, die ein Stück Glas oder ein bißchen Stein in der Hand halten, weinen und traurig sein werden. Sie werden seufzen und Tränen vergießen.

Bd. V, Berlin — New York 1997, S. 688–694. Ebenso: *F. Niewöhner,* a. a. O., S. 254–256 (s. Anm. 10).

In der gleichen Weise sind wir Menschenkinder in dieser vergänglichen Welt wie in Finsternis. Die Perle des wahren Glaubens fiel mitten unter uns alle, und sie ist zweifellos in der Hand von einem von uns, während alle von uns nur glauben, daß wir dieses kostbare Objekt besitzen. In der Welt jedoch, die kommt, vergeht die Dunkelheit der Sterblichkeit, der Nebel der Unwissenheit löst sich auf, da es das wahre und wirkliche Licht ist, das dem Nebel der Unwissenheit absolut fremd ist. Dann werden die Besitzer der Perle triumphieren, glücklich und befriedigt sein, und die Besitzer bloßer Stücke von Steinen werden weinen, seufzen und Tränen vergießen, wie wir vorher gesagt haben.

Und unser siegreicher König sagte: ‚Die Besitzer der Steine sind in dieser Welt unbekannt, oh Katholikos.' Und ich antwortete: ‚Sie sind teilweise bekannt, oh unser siegreicher König.' Und unser siegreicher und sehr weiser König sagte: ‚Was meinst du mit ‚teilweise bekannt', und wodurch sind sie als solche bekannt?' – Und ich antwortete: ‚Durch gute Werke, oh unser siegreicher König, und fromme Taten'."[22]

Zwar führt der christliche Patriarch im folgenden doch noch einmal das Christentum als bestes Zeugnis für die Existenz der echten Perle an. Den muslimischen Kalifen aber beeindruckt er auch damit nicht. Dieser verabschiedet sich vielmehr aus dem Gespräch mit der eher skeptisch-zurückhaltenden Wendung: „Wir haben Hoffnung in Gott, daß wir die Besitzer dieser Perle sind, und daß wir sie in unseren Händen halten." Und Hoffnung ist nicht Sicherheit, ist nicht Beweis.

Josef van Ess sieht hier den Einfluß der antiken Skepsis im Raum des Islam. Schon sie kannte die Denkfigur der „isostheneia ton logon", der „Gleichwertigkeit aller Meinungen". Schon ihr war die Vorstellung vertraut, daß im Streit um die Wahrheit These und Gegenthese, Beweis und Gegenbeweis subjektiv vom gleichen Wert sein können. Menschen haben nun einmal kein objektives Kriterium in der Hand, um selber über die Wahrheit ein für allemal zu entscheiden. Satz und Gegensatz heben sich oft genug auf. Und die-

[22] Der Text des Religionsgesprächs ist in Originalsprache dokumentiert und ins Englische übersetzt durch: *A. Mingana,* Thimothy's Apology for Christianity, in: Woodbrook Studies. Christian Documents in Syriac, Arabic, and Garshuni, Bd. II, Cambridge 1928, S. 15–90 (englischer Text), S. 91–162 (syrischer Text). Eigene Übersetzung aus dem Englischen ins Deutsche.

ser Skeptizismus ist seinerseits bereits Reaktion auf die Erfahrung pluralistischer Zersplitterung der Wahrheit in die verschiedenen Religionen, ein Prozeß, dessen Einfluß offensichtlich noch in der Zeit des Islam spürbar ist. Das Perlen-Gleichnis ist ein Beispiel dafür: Der rechte Glaube ist wie eine wertvolle Perle, die jeder zu besitzen meint, deren Echtheit aber erst im Jenseits erkannt wird, im Diesseits höchstens in einer Andeutung durch die guten Werke seiner Anhänger.

Josef van Ess kann denn auch hier einen „Vorläufer der Ring-Parabel"[23] erkennen. Und in der Tat liegen die Analogien zu Lessings Geschichte auf der Hand. Wir werden hören: Auch in seiner Parabel gibt es den echten Ring noch, aber er ist von Menschen unter irdischen Bedingungen nicht mehr erkennbar. Seine Echtheit wirkt sich bestenfalls in guten Taten aus. Erst in der Zukunft, in „tausend, tausend Jahren", mag ein Richter über den wahren Ring entscheiden. Erst dann, wenn das „Licht" angezündet ist, wird offenbar, bei wem der wahre Ring möglicherweise noch existiert.

Alle Religionen gleich schlecht: das Karavanseray-Gleichnis

Noch einmal radikalisiert ist diese Skepsis auf muslimischem Boden zweihundert Jahre später im Bagdad des 10. Jahrhunderts unter Intellektuellen einer überfeinerten Stadtkultur. Hier gab es einen Mann namens *Abu Sulaiman*, der „Logiker" genannt, Initiator und Mittelpunkt eines schöngeistigen philosophischen Zirkels in Bagdad kurz vor der Jahrtausendwende. Von ihm ist die Geschichte eines Skeptikers aus dem nordostiranischen Sidschistan überliefert, an den die Frage gerichtet wurde, wie er beweisen wolle, daß seine Grundüberzeugung von der Skepsis die richtige sei. Unter anderem habe dieser geantwortet:

> „Durch die Nachricht aus den (heiligen) ‚Büchern'. Da aber konnte ich nicht finden, daß die Anhänger der einen Religion darauf größeren Anspruch hätten als die einer andern, noch auch fand ich Möglichkeiten, ihnen allen (zugleich) zu glauben. Einer Gruppe vor der andern zu glauben, wäre Unrecht; denn (alle)

[23] *J. van Ess*, Die Erkenntnislehre, S. 227 (s. Anm. 20).

> kommen sie einander gleich in Anspruch und Argument, Apologie und Anwaltschaft.“

Da habe man dem Skeptiker die Frage gestellt, warum er sich dennoch an seine Religion binde, in der er sich nun einmal bewege. Und er habe geantwortet:

> „Sie hat (für mich) ein besonderes Fluidum, welches keine andere hat. Ich bin in ihr geboren und aufgewachsen, ich habe ihre Süßigkeit in mich aufgesogen und bin mit den Gewohnheiten ihrer Anhänger vertraut geworden. Ich bin einem Manne gleich, der in ein Karavanseray hineinging, um dort, bei strahlendem Himmel, eine Weile des Tages Schatten zu suchen. Der Herr des Karavanserays brachte ihn in eines der Zimmer, ohne aber sich weiter zu erkundigen oder (sichere) Kenntnis zu haben, ob dies ihm passe. Während er nun dorten sich aufhielt, siehe!, da kam eine Wolke auf, und es goß vom Himmel. Im Zimmer (begann es) zu tropfen, und er schaute sich um nach den (andern) Zimmern, die in dem Absteigequartier waren; aber er sah, daß es auch in ihnen durchregnete. Der Hof des Hauses jedoch war, so sah er, (von) Schlamm (bedeckt). Da dachte er bei sich (daß es besser sei), dort zu bleiben, wo er war, und nicht in ein anderes Zimmer umzuziehen; (so) würde er seine Ruhe haben und seine Füße nicht mit dem Schlamm und dem Kot im Hof beschmutzen. Er entschied sich dafür, in seinem Zimmer auszuharren und in seiner Lage zu verweilen. –
>
> So auch ich: Ich wurde geboren, ohne Verstand zu besitzen; dann brachten mich meine Eltern in diese Religion hinein, ohne daß ich diese vorher (hätte) erproben (können). Und als ich sie näher prüfte, da sah ich, daß sie vorgeht wie die andern auch, und ich sah, daß es mir besser anstünde, bei ihr auszuharren, als sie im Stiche zu lassen; denn ich hätte sie nur aufgeben und mich für eine andere entscheiden können, indem ich jene für mich wählte und der ersteren vorzog. Ich fand aber für jene kein Argument, ohne nicht sofort ein gleiches zu finden, das eine andere ihr hätte entgegenhalten können.“[24]

[24] Ich zitiere die Übersetzung von *J. van Ess*, in: Boustan 5 (1964), S. 14f. (H. 2).

Bemerkenswert an diesem Gleichnis ist die Begründung der Toleranz nicht aus der Theozentrik, sondern aus der menschlichen Skeptik. Verwiesen wird hier ja nicht — wie beim Juden Abulafia oder beim Religionsgespräch zwischen dem Patriarchen und dem Kalifen — auf Gott allein als den Garanten der Wahrheit. Verwiesen wird hier auf rein menschlichen Skeptizismus. Wer so argumentiert, hat seinen Glauben im Grunde verloren, will aber seine angestammte Religion nicht völlig preisgeben, weil er eine bessere Alternative auch nicht sieht. Jeder ist nun einmal in seine Religion hineingeboren, und wenn er sie verließe, würde er nur eine defizitäre Größe gegen die andere austauschen. Konsequenz: Da alle Argumente für und gegen eine Religion sich gegenseitig aufzuheben und es überall gleich „schlecht" zuzugehen scheint, ist ein Wechsel von einer Religion zur anderen buchstäblich der Mühe nicht wert, zumal man sich beim Umzug von der einen in die andere möglicherweise noch „schmutzig" machen könnte...

Auch hier ist eine *Parallele zu Lessing* deutlich erkennbar. Auch in seiner Parabel wird nicht der Rat gegeben werden, die eigene Religion zu verlassen. Im Gegenteil. Eines der Hauptargumente lautet: „Wie kann ich meinen Vätern weniger, / Als du den deinen glauben? Oder umgekehrt. — / Kann ich von dir verlangen, daß du deine / Vorfahren Lügen strafst, um meinen nicht / Zu widersprechen? Oder umgekehrt. / Daß nemliche gilt von den Christen." (III/7) Auch in Lessings Parabel wird für das Verbleiben in den Religionen geworben, freilich nicht aus Skeptizismus wie bei Abu Sulaiman, sondern aus Hoffnung darauf, daß man die Religionen von innen auf authentische Menschlichkeit hin verändern kann.

Für alle Religionen offen: Ibn 'Arabis mystische Liebe

Gewiß: Diese Vertreter eines humanen Skeptizismus im Islam blieben Randfiguren; der Hauptstrom islamischen Denkens, insbesondere in den vier Rechtsschulen, wird an ihnen vorbeigehen. Und doch sollte man auch einen Blick auf die *Tradition der Mystik* werfen, und hier fällt — möglicherweise eine *dritte Parallele* — ein Text ins Auge, der von einem der berühmtesten islamischen Mystiker, *Ibn 'Arabi,* stammt. 1165 im südspanischen Murcia geboren, kam er mit

8 Jahren nach Sevilla, wo er rund 30 Jahre blieb. Hier verschaffte er sich glänzende Kenntnisse in der Traditions- und Rechtswissenschaft, bevor er im Jahre 1201 Spanien für immer verließ. Er trat zunächst eine Pilgerfahrt nach Mekka an, reiste später nach Kairo und ins türkische Konya, der Hauptstadt der Rum-Seldschuken, besuchte Bagdad und ließ sich schließlich in Damaskus nieder, wo er 1240 starb und wo sein Grab noch heute Verehrung genießt. Nach Einschätzung von Annemarie Schimmel, der wir ein Standardwerk über „Mystische Dimensionen des Islam" verdanken, stellen die Schriften Ibn 'Arabis den „Höhepunkt mystischer Theorien dar, während die Orthodoxie niemals aufgehört hat, ihn anzugreifen"[25].

Warum Ibn 'Arabis Denken der Orthodoxie gefährlich sein mußte, wird klar, wenn man sich seinen Grundgedanken verdeutlicht: Gott und Mensch sind auf innigste Weise verbunden durch die unerschöpfliche Energie der Liebe. Sie hält die Einheit des Seins zusammen. In der Liebe ist die Welt in Gott, und Gott ist in der Welt, ja auch im Menschen. Je nach Standpunkt kann Gott Mensch und der Mensch Gott sein. Schöpfer und Schöpfung sind wie Wasser und Eis, das gleiche Sein in verschiedenen Gestalten und Manifestationen. Gott wird zum Spiegel, in dem der Mensch seine eigene Realität schaut, und der Mensch wiederum wird zum Spiegel, in dem Gott Seine Namen und Qualitäten schaut. Plastisch wird dieser Gedanke im Lieblingssymbol der späteren persischen mystischen Dichtung: dem Symbol des Ringsteins. Das Herz wird als Siegelring angesehen, auf dem die göttlichen Namen und Attribute eingegraben sind, die nun wieder anderen Menschen eingeprägt werden sollen, die dem Siegelwachs vergleichbar sind.

Aus dieser Vorstellung der universalen Liebe heraus begegnet bei Ibn 'Arabi nun auch der Gedanke, daß es für jedes menschliche Wesen eine bestimmte Form der Religion gibt. Der Gläubige kann nur in der Form des Glaubens, den er kennt, Visionen haben; der Muslim wird etwas anderes schauen als der Christ oder der Jude. Alle aber machen auf ihre Weise die göttliche Liebesenergie spürbar, so daß Rangunterschiede zwischen den Religionen aufgehoben erscheinen. Von daher erklärt sich ein Text, der Ibn 'Arabis Vorstellungen

[25] *A. Schimmel*, Mystische Dimensionen des Islam. Die Geschichte des Sufismus, München 1985, 2. Aufl. 1992, S. 374. Die folgende Darstellung Ibn 'Arabis verdankt sich dem entsprechenden Kapitel aus diesem Buch.

von der *Gleichwertigkeit der Religionen* auf plastische Weise zum Ausdruck bringt:

> „Mein Herz ist für jede Form (des Glaubens) aufnahmefähig
> geworden.
> Es ist daher ein Weideplatz für indische Weisheit,
> Ein Kloster für christliche Mönche.
> Ein Tempel für Götzen,
> Eine Ka'ba für einen muslimischen Pilger,
> Die Gesetzestafeln der Tora
> Und die Buchrolle des Koran.
> Ich hänge in der Religion der mystischen Liebe an.
> Wohin auch immer deren Kamele ihren Weg nehmen!
> Dies ist meine Religion und mein Glaube!"[26]

Gewiß wollte Ibn 'Arabi, selber strenggläubiger Muslim, damit keiner allgemeinen Religionsgleichgültigkeit das Wort reden. Der Text redet nicht religionstheologisch, sondern mystisch. Er will keine allgemeine religionspolitische Anweisung für die Masse geben, sondern ist eher – wie Annemarie Schimmel formuliert – „eine Feststellung über den hohen geistigen Rang des Verfassers", und „damit höchstes Selbstlob, Anerkennung einer Erleuchtung, die weit jenseits der ‚Erleuchtung durch die Namen' liegt"[27].

Und doch dürfte eine solche Aussage in der Wirkung der allgemeinen Religionstoleranz Vorschub leisten. Denn wenn das Herz des mystisch in Gottes Liebe versunkenen Menschen so weit wird, daß es alle Glaubensenergie umfaßt, sei sie jüdischer, christlicher oder auch heidnischer Provenienz, dann ist damit ein Geist des religiösen Universalismus zum Ausdruck gebracht, der die Anerkennung der Gleichwertigkeit der Religionen befördert. Der Sufismus zeichnet sich denn auch – wie wir im Fall des Derwisch Al-Hafi aus dem „Nathan" bereits gehört haben – bei aller Gesetzestreue im allgemeinen durch universale Akzeptanz aller Zugänge zum Göttlichen aus. Und wiederum dürfte es kein Zufall sein, daß Spanien der Ursprungsort dieses großen muslimischen Mystikers ist. Mit *Otto F. Best*, der als einer der wenigen Lessings religionsphiloso-

26 Zit. nach: *M. Horten*, Mystische Texte aus dem Islam. Drei Gedichte des Ibn 'Arabi, Bonn 1912, S. 6f.

27 *A. Schimmel*, a. a. O., S. 384 (s. Anm. 25)

phisches Denken mit der großen arabischen Philosophie (Ibn Ṭufail, Ibn Rushd) in Verbindung setzte, wird man sagen können:

> „Der nachweislich universell belesene, mit der islamischen Kultur und der mittelalterlichen Philosophie vertraute Autor hat der Idee der Toleranz in seinem *Nathan* ein bleibendes Denkmal gesetzt. Die Ringparabel, die ihren Kern bildet, entstand in Spanien, einem Land, wo der arabische mystische Rationalismus eine Blütezeit erlebte und die vitale und legale Harmonie zwischen den Gläubigen, d. h. zwischen Christen, Mauren und Juden, kein Märchen war. Ins Märchen verwiesen wurde der Toleranzgedanke erst, als er fragwürdig geworden, als die Doktrin der Toleranz sich im Niedergang befand, in den Schatten des Vergessens geriet wie die einst fortschrittliche spanisch-maurische Kultur."[28]

Die *Parallelen zu Lessings Parabel* sind in der Tat hier namhaft zu machen. Wir werden hören, daß die Toleranz gegenüber allen Religionen in der Ringparabel aus der Liebe Gottes begründet wird: Gott selber wollte in seiner Liebe die Ununterscheidbarkeit der Ringe (bzw. der Religionen), so daß von ihm her die Rangunterschiede aufgehoben und die Gleichwertigkeit der Religionen etabliert ist.

Aus diesem selektiven Textbefund folgt, daß uns die drei klassischen theologischen Begründungsmuster für religiöse Toleranz auch im muslimischen Raum begegnen. Man kann nämlich Toleranz zwischen den Religionen begründen

- aus dem *Vertrauen auf Gottes Zukunft:* Die Entscheidung über die Wahrheitsfrage wird dann einem göttlichen Entscheid in der Zukunft überlassen. Gott selbst wird entscheiden, was auf Erden unter Menschen niemand entscheiden kann (Perlen-Gleichnis).
- aus der *menschlichen Skepsis:* Weil niemand unter Menschen über die Wahrheitsfrage entscheiden kann, sollte sich jeder mit dem begnügen, was er an religiöser Wahrheit nun einmal überliefert bekommen hat. Ein Religionswechsel ist der Mühe nicht wert, da man ein Schlechtes nur gegen ein Schlechtes austauscht (Karavanseray-Gleichnis).
- aus dem *Glauben an die universale Liebe Gottes:* Die Entscheidung über die Wahrheitsfrage hat Gott selbst bereits getroffen. In sei-

[28] *O. F. Best,* a. a. O., S. 145f (s. „Grundliteratur zu Lessing").

ner Liebe will Gott keine Rangfolge unter den Religionen. Seine Liebe macht vielmehr zu universaler Akzeptanz unter Menschen fähig, weil jeder Mensch, welchen Glaubens auch immer, von dieser Liebe umgriffen ist.

Dies alles sind Schlaglichter aus der Welt des Islam, Analogien zu Teilaspekten von Lessings Ringparabel. Als direkte Quelle kommen all diese Texte nicht in Frage. Wohl aber lassen sie die Schlußfolgerung zu, daß die in Lessings Ringparabel entwickelte Konzeption durchaus nicht unmuslimisch ist, ja innermuslimisch vertreten wurde.

5. Neue Verhältnisse in Italien

So wenig der islamische Raum für unsere Frage gründlich genug erforscht ist, so gut ist der christliche untersucht. Wir konnten schon darauf hinweisen: An vielen Orten in Europa haben Christen die Ring-Geschichte gegen Juden und Muslime erzählt. In Italien war es anders. Und die *älteste christliche Quelle* für die Ringparabel hat man denn auch in Italien gefunden, in jenem faszinierenden „Buch der hundert alten Novellen" („Il Novellino"), das anonym zwischen 1280 und 1300 — vermutlich in Florenz — zusammengestellt worden war. Die Texte selber sind wesentlich älter. Lange Zeit literarisch unterschätzt, erkennt man in diesem Buch heute den Höhepunkt einer jahrhundertealten Erzähltradition, der man die Unbekümmertheit und Frische der mündlichen Weitergabe noch anmerkt.[29]

Der weisheitliche Universalismus des „Il Novellino"

Für uns von besonderem Interesse ist der *weisheitliche Universalismus* dieser ältesten europäischen Novellensammlung. Wie selbstverständlich sind hier die großen Länder Europas (England, Spanien, Frankreich, Griechenland) mit Geschichten vertreten; wie selbstverständlich die Kulturen Asiens (Indien) und des Orients (Arabien); wie selbstverständlich stehen christliche Kaiser (die Staufer Friedrich

[29] Ich zitiere nach folgender Ausgabe: *Il Novellino.* Das Buch der hundert alten Novellen. Italienisch-deutsch, übers. u. hrsg. v. J. Riesz, Stuttgart 1988.

I. und Friedrich II.), jüdische Könige (König David), muslimische Sultane (Saladin) und heidnische Imperatoren (Alexander der Große) nebeneinander. Weisheit wird auf diese Weise als ein nationen-, kulturen- und religionenübergreifendes Phänomen geschildert. Die in diesem Buch erkennbare fragende Neugierde, der „Anstoß zum richtigen Fragen" und „damit die Infragestellung des überlieferten, für sicher gehaltenen Wissens", kommt in der Tat „von außerhalb, sogar von weither"[30]...

Kein Zufall deshalb, daß der *Staufer Friedrich II.* in diesen Geschichten häufig auftaucht (Nr. 21, 22, 23, 90). Jener Herrscher, den schon seine Zeit „stupor mundi" nannte, das Staunen der Welt. Denn wie keiner der christlichen Kaiser des Mittelalters hatte dieser in der sizilianischen Stadt Palermo geborene und unter Christen und Muslimen aufgewachsene Mann Kontakt zur orientalisch-arabischen Kultur. Niemand verstand es wie er, arabisch-philosophisches Denken und muslimische Religiosität christlich nicht nur zu tolerieren, sondern kulturell fruchtbar zu machen. „Sultan von Lucera" nannte man Friedrich, weil er auf dem Hochplateau von Lucera, 17 Kilometer nordwestlich von Foggia in Süditalien, ab 1221 eine Kolonie sizilianischer Sarazenen angesiedelt hatte. Das war zwar geschehen als Zwangsmaßnahme, aber damit hatte Friedrich einen Ort rein muslimischer Glaubensausübung geduldet — zum Entsetzen des damaligen Papstes auf „christlichem Boden".[31]

Kein Zufall auch, daß hier wieder einmal *Sultan Saladin* als Idealgestalt eines Herrschers präsentiert wird. Aber bemerkenswert ist schon, wie die Geschichte dieses Muslim (Nr. 25) indirekt zur *Kritik an christlichem Verhalten* eingesetzt ist. Fanatische Unduldsamkeit zwischen Christen und Muslimen im Zeichen der Kreuzzüge? Davon ist im Kontrast zu den zeitgenössischen Theologen bei diesen poetischen, volksnahen Weisheitstexten nichts zu spüren. Im Gegenteil:

> „Derselbe Saladin bot einmal, in der Zeit seines Sultanats, einen Waffenstillstand zwischen seinem Land und den Christen an; er wollte, so sagte er, unsere Sitten kennenlernen und Christ werden, wenn unser Verhalten ihm gefiele. Der Waffenstillstand kam zustande. Saladin persönlich kam zu den Christen, um ihre Bräu-

[30] So im Kommentar von *J. Riesz,* S. 316 (s. Anm. 29).

[31] Einzelheiten dazu in der schönen kleinen Studie neuerdings von *E. Horst,* Der Sultan von Lucera. Friedrich II. und der Islam, Freiburg/Br. 1997.

che zu studieren. Als er die mit weißen Tischtüchern gedeckte Tafel sah, war er voll des Lobes; er sah die Tischordnung, nach welcher der König von Frankreich getrennt von den anderen saß, und fand sie lobenswert; er sah die Tische, an denen die Anführer saßen, und lobte sie sehr. Schließlich sah er, wie die einfachen Soldaten auf der Erde saßen und kümmerlich aßen. Dies tadelte er sehr und hieß nicht gut, daß die Armen, die Freunde Gottes, auf der Erde saßen und nur kümmerlich zu essen hatten.

Danach kamen die Christen, um ihrerseits die Bräuche der Sarazenen zu studieren. Sie sahen, wie die Sarazenen zu ebener Erde saßen und ohne jegliches Gedeck aßen. Der Sultan ließ da, wo sie aßen, einen reich geschmückten Pavillon aufstellen; auf dem Boden ließ er Teppiche ausbreiten, in die Kreuzmuster eingewoben waren. Die törichten Christen traten unachtsam mit den Füßen auf jene Kreuze und spuckten darauf wie auf den Erdboden. Da ergriff der Sultan das Wort und tadelte sie heftig: ‚Ihr predigt das Kreuz und achtet es so gering? Mir scheint, daß ihr euern Gott nur in Worten liebt, nicht aber in Werken. Eure Art und euer Verhalten gefallen mir nicht.‘ Damit war der Waffenstillstand zu Ende, und der Krieg begann wieder.“[32]

Die älteste christliche Quelle der Ringparabel

Deutlich wird: Die christliche Lebensform wird durch die Kritik eines Fremden, eines Muslimen, in Frage gestellt. Dieser erscheint

[32] *Il Novellino,* S. 72–75 (s. Anm. 29). Der Vollständigkeit halber muß ergänzt werden: Dieser positiven Saladin-Darstellung steht eine negative Geschichte (Nr. 76) gegenüber. Der Sultan (Saladin wird nicht mit Namen genannt) schenkt König Richard von England, dessen Tapferkeit er bewundert, ein edles Streitroß, da dieser ohne Pferd kämpft. Dieses Geschenk aber erweist sich als List. Denn das Pferd ist abgerichtet, den Reiter zum Zelt des Sultans zu tragen, ohne daß dieser das Pferd beeinflussen kann. König Richard durchschaut die List, und die Geschichte endet mit dieser Pointe: „Der Sultan, der schon König Richard erwartete, war enttäuscht. Das zeigt, daß man sich nicht auf Gesten der Freundschaft verlassen darf, wenn sie vom Feind kommen“ (a. a. O., S. 173). Im Kommentar dazu wird mit Recht angemerkt: „Die noble Geste des Sultans, der seinem militärischen Gegner ein Pferd schickt, bezog sich ursprünglich auf den Bruder des Sultans und wurde erst im Laufe der Zeit auf den Sultan (Saladin) übertragen. Die Umkehrung dieser noblen Geste in eine hinterhältige List in unserer Version zeigt die widersprüchliche Einstellung zur islamischen Welt, die auch als Widerspruch in diese Geschicht eingegangen ist: einerseits Bewunderung und Gleichsetzung aufgrund einer gemeinsamen ritterlichen Ethik und im gleichen Atemzug Revokation dieser Auffassung und ihr erzählerisches Dementi.“ (a. a. O., S. 278; s. Anm. 29)

als der neugierig Fragende, der sogar mit der Möglichkeit spielt, seinen Glauben zu wechseln. Er ist nicht nur religiös tolerant, sondern auch geistig offen. Exemplarisch wird so ausgerechnet ein Muslim in einer Novellensammlung christlicher Provenienz positiv herausgestellt. Und Saladin dürfen wir auch (obwohl nicht direkt genannt) hinter der *Geschichte Nr. 73* vermuten, welche die älteste christliche Quelle für die Ringparabel ist:

„Als der Sultan einmal in Geldnot war, riet man ihm, einen Vorwand zu suchen, um gegen einen reichen Juden, der im Lande wohnte, vorzugehen und ihm seine unermeßlichen Reichtümer wegzunehmen. Der Sultan schickte nach dem Juden und fragte ihn, welches der rechte Glaube sei. Er dachte nämlich: Sagt er, der jüdische, werde ich sagen, daß er sich gegen meinen Glauben versündigt. Sagt er, der sarazenische, werde ich antworten: Weshalb hältst du dann am jüdischen Glauben fest? Als der Jude die Frage seiner Herrschers vernommen hatte, antwortete er wie folgt: ‚Ein Vater, der drei Söhne hatte, besaß *einen Ring mit einem sehr wertvollen Edelstein* von so großer Kraft, wie es keinen andern je gegeben hat. Jeder der drei Söhne bat seinen Vater, ihm nach seinem Tode den Ring zu vermachen. Als der Vater sah, daß jeder der drei ihn wollte, schickte er nach einem geschickten Goldschmied und gab ihm den Auftrag: ‚Meister, macht mir zwei Ringe, genau wie diesen, und setzt jedem einen Edelstein ein, der diesem ähnlich sieht.‘ Der Meister machte die Ringe so genau ähnlich, daß niemand außer dem Vater den echten erkennen konnte. Er ließ die Söhne einzeln zu sich kommen und gab jedem insgeheim einen Ring. Und jeder glaubte, den richtigen zu haben, und nur der Vater kannte den echten. Und so ist es mit dem rechten Glauben: Nur der Vater im Himmel weiß, welcher von den dreien der richtige ist; und seine Söhne, das heißt wir, glauben jeder für sich, den richtigen zu haben.‘ Als der Sultan hörte, wie geschickt sich der Jude aus der Affäre zog, wußte er nicht, wie er gegen ihn vorgehen konnte, und ließ ihn ziehen.“[33]

Der Unterschied zu allen anderen Texten aus dem christlichen Kontext ist offenkundig. Erstmals erzählt ein christlicher Autor oder Tradent (den wir hinter der Anonymität vermuten können) die

[33] *Il Novellino,* S. 165–167.

Ring-Geschichte nicht, um das Christentum gegen Judentum und Islam zu profilieren. Erstmals wird die Ring-Geschichte christlicherseits *projüdisch* und *proislamisch* weitererzählt. Denn gut steht in dieser Geschichte nicht nur der Jude da, der sich „geschickt" aus der Affäre zu ziehen weiß. Gut steht auch der Sultan da, der in der Lage ist, seine anfangs gehegte Geldgier zurückzustellen und sich durch die Klugheit des Juden mäßigen zu lassen. Mehr noch: Erstmals im christlichen Kontext taucht auch das Motiv der Theozentrik bei der Toleranzbegründung auf. Wie der Jude Salomo Ibn Verga verweist auch der christliche Erzähler oder Tradent im „Alten Novellenbuch" auf den „Vater im Himmel", der allein weiß, welche von den drei Religionen die richtige ist.

Erzählkunst als Überlebenskunst: Boccaccio

Jetzt endlich können wir die Spur aufnehmen, die Lessing selber gelegt hat: die Spur des *Giovanni Boccaccio* (1313–1375). Man weiß von diesem knapp eine Generation nach Abschluß des „Il Novellino" geborenen Autor nicht genau, ob er das Buch der alten Novellen benutzt hat. Seine unmittelbare Quelle für die Ring-Geschichte ist der 1311 entstandene Roman „L'Avventuroso Ciciliano" des Schriftstellers Busone de' Raffaelli aus Gubbio, der seinerseits das Novellenbuch kannte, dessen Werk aber darüber hinaus möglicherweise die Brücke darstellt zur jüdischen Welt, der – wie wir hörten – die Ringparabel entstammt. Er könnte die jüdische Überlieferung in die christliche Kultur eingeführt haben.[34]

In jedem Fall reflektiert der in Florenz geborene Boccaccio noch stärker als das „Alte Novellenbuch" ein neues Weltgefühl, das in den großen, reichen Handelsstädten Italiens in dieser Zeit aufkommt. Die Welt bestand ja nicht nur aus Menschen unterschiedlicher sozialer Schichten und unterschiedlicher Nationen, sondern auch aus

[34] Vgl. dazu *M. Landau,* Die Quellen des Decamerone, Wien 1869, bes. S. 62–66 u. 142f. *F. Niewöhner* hat in seinem Buch zur Ringparabel (s. Anm. 18) zu zeigen versucht, daß Busone im engeren Kontakt stand mit dem italienischen jüdischen Dichter Imanuel von Rom (Manoello), dessen Toleranzverständnis seinerseits auf Moses Maimonides (geb. 1135 in Cordoba, gest. 1204 in Kairo) zurückgeht, der im Kairo des Sultan Saladin als Arzt und Gelehrter gewirkt hat. Zwar gibt es von Maimonides keine Ringparabel, aber es ist durchaus denkbar, daß im Geiste seines interreligiösen Toleranzverständnisses eine solche Parabel erzählt wurde, die dann über Imanuel und Busone auf Boccaccio kam, von dem sie dann Lessing übernahm.

Menschen verschiedener Religionen. Und Italien ist — neben Spanien — das einzige europäische Land, in dem es einen nennenswerten Anteil von Muslimen gab: in Süditalien, insbesondere auf Sizilien, wie wir hörten. Ohnehin ist der Reichtum italienischer Städte nicht zu denken ohne die Beziehungen zum Orient; die kulturelle Vielfalt nicht ohne orientalisch-muslimische Einflüsse. Es war eine komplexere, unübersichtlicher gewordene Welt. Christlich war oft nur der Firnis; Kirchliches bildete oft nur die Tarnung für Menschlich-Allzumenschliches. Klerus und Mönche? Oft korrupt bis auf die Knochen. Päpste und Prälaten? Nicht selten von unbekümmerter Freizügigkeit. Eine Welt im Umbruch, die zu neuen Beschreibungen, neuen Deutungen zwang, zumal wenn große Krisen dazukamen.

Das Florenz des 14. Jahrhunderts muß mit Katastrophen leben.[35] 1317 hatte es erstmals wieder eine Hungersnot gegeben; 1333 hatte Florenz eine große Überschwemmung erlebt; 1339 war es zu einem großen Bankenkrach gekommen. Hinzu kamen politische Wirren, wie sie durch den unerwartet frühen Tod des Kaisers Heinrich VII. und den Daueraufenthalt der Päpste in Avignon entstanden waren. 1341 hatte die Stadt einen auswärtigen Herrn, den Herzog von Athen, gewählt, um der inneren Kämpfe Herr zu werden — vergeblich. Doch die Pest von 1348 übertrifft alles bisher Erlittene; sie wird als ungeheure Katastrophe erfahren, und die Menschen grübeln, reden und schreiben über ihre Gründe und Hintergründe. Diese Situation reflektiert die Novellensammlung „Il Decamerone" von Giovanni Boccaccio, die kurz nach der Pest, in den Jahren 1349–1351, entsteht. Uns interessieren dabei die ersten vier Novellen des ersten Tages besonders, denn in der dritten Novelle befindet sich die Erzählung von den drei Ringen, die Lessing zu seinem „Nathan" inspirieren sollte.[36]

Boccaccio läßt seine Leser nicht im Unklaren, was die Pest bedeutet: eine Hölle auf Erden, ein unvorstellbares Maß an Elend, Leid, Angst und Tod. Sie ist der Kontext seines Zehn-Tage-Werks („Decameron"), in dem alle Geschichten gelesen werden müssen. Die

[35] Ich halte mich hier an die eindrucksvolle Darstellung von *K. Flasch,* G. Boccaccio. Poesie nach der Pest. Der Anfang des „Decameron", Mainz 1992.

[36] Ich zitiere nach folgender Ausgabe: *G. Boccaccio,* Das Dekameron Bd. I–II, übers. v. A. Wesselski (1909), Franfkurt/M. 1972 (Insel-Taschenbuch 718).

Struktur des Werkes ist dabei von mathematischer Exaktheit: Zehn junge Leute aus besten Kreisen (drei junge Männer und sieben junge Damen) erzählen sich zehn Tage lang zehn Geschichten. Sie haben sich in eine Villa außerhalb der Stadt zurückgezogen, um erzählend zu überleben. Diese Grundkonstellation gibt der Literatur schon früh in ihrer Geschichte eine einzigartige Funktion: Poesie ist hier buchstäblich Überlebenskunst, An-Reden gegen die drohende Vernichtung, Angstbewältigung des Todestraumas. Poesie ist trotzige Lust am Leben, Lebensfeier, Lebensgier.

Eine Welt im Umbruch

Während es in der „Welt da draußen" drunter und drüber geht, läßt Boccaccio Geschichten erzählen, die auf ihre Weise zeigen, daß die Welt anders ist als ihr Schein. Nichts ist im Grunde so, wie es sein sollte. Das gilt für den weltlichen wie für den kirchlichen Bereich. Die Ringparabel als dritter Text des ersten Tages steht denn auch im Kontext von Geschichten mit überraschenden Wendungen und unerwarteten Umkehrungen, die allesamt die Ungesichertheit des Lebens dokumentieren:

- In der *ersten Novelle* gelingt es einem Gauner und Betrüger, der sein ganzes Leben lang auf die Religion zu pfeifen pflegte, einem Mönch in der Beichte ein so heiligmäßiges Leben vorzutäuschen, daß dieser Mönch nach dessen Tod aus ihm einen Heiligen macht und einen entsprechenden Kult ankurbelt.

  Die *zweite Novelle* handelt von einem Juden namens Abraham in Paris, den ein befreundeter Kaufmann unter allen Umständen zum Christentum bekehren will. Der Jude denkt zunächst nicht daran, verspricht aber eine Wallfahrt nach Rom, um sich vom hohen Klerus der Kirche einen eigenen Eindruck zu verschaffen; sollte er positiv sein, ist er zur Konversion bereit. Das gefällt dem Christen ganz und gar nicht, denn er ist überzeugt: Reist ein Jude nach Rom und sieht dort das ruchlose Lotterleben der Kleriker, dann bekehrt er sich erst recht nicht zum Christentum. Ja, selbst ein Christ würde aus diesem Rom als Jude zurückkommen! Ist dies schon eine ironische Umkehr vertrauter Denkschemata, so ist die Pointe dieser zweiten Novelle erst recht von triefender Ironie. Der Jude reist nach Rom, trifft alles in genau dem moralisch verkommenen Zustand an, wie prophezeit, kehrt nach Paris zurück und wird — zur Überraschung seines christlichen Partners — trotzdem Christ, und zwar mit der ironischen Begründung: Wenn eine Religion trotz solcher Repräsentanten sich ständig ausbreitet und immer mehr an Ansehen gewinnt, dann kann nur der Heilige Geist selber dahinterstecken; dann muß sie die wahre Religion sein!

- Die *vierte Novelle* karikiert die moralische Heuchelei im christlichen Mönchtum. Ein junger Mönch hat sich in seiner Klosterzelle ein erotisches Stündchen mit einer Frau gestattet und ist dabei von seinem Abt beobachtet worden. Der Abt schickt den jungen Mann fort, mit der Absicht, ihn später hart zu bestrafen; in der Zwischenzeit bedient sich der Abt auf die gleiche Weise. Und da dies vom jungen Mönch ebenfalls beobachtet wird, sind die beiden am Ende „quitt". Ironische Pointe auch hier: „Es ist wohl glaublich, daß sie sie (die Frau) zu mehrern Malen haben wiederkommen lassen"...

Ein Jude und ein Muslim stehen gut da

In diesen Kontext einer verkehrten Welt, in der Gauner zu Heiligen werden, Juden zum Christentum konvertieren, und zwar nicht wegen, sondern trotz der Kirche; in der Klöster Brutstätten der Heuchelei und Unmoral sein können, gibt Boccaccio in der *dritten Novelle* nicht nur einmal mehr einem Juden glänzendes Profil, sondern jetzt auch einem Muslimen. Denn wie im „Alten Novellenbuch" steht auch bei ihm Sultan Saladin im Zentrum; Lessing traf hier gewissermaßen einen „alten Bekannten" wieder.[37] Ja, Boccaccio wertet beide „Ungläubige" noch dadurch auf, daß er diese Geschichte — im Vergleich zum „Alten Novellenbuch" — von der „Position" 73 auf die „Position" 3 in seinem Werk vorzieht. Sie wirkt so wie eine Eröffnungsfanfare für das Ganze.

Auch in Boccaccios Geschichte sind es Geldschwierigkeiten, die Saladin veranlassen, einen reichen Juden (er heißt hier Melchisedek

[37] Die Figur des Saladin wird noch in einer weiteren Geschichte des „Decameron" glänzend geschildert: 9. Geschichte des 10. Tages.

aus Alexandria) kommen zu lassen, um ihn zur Zahlung zu bewegen. Wieder merkt der Jude die Falle der Religionsfrage und versucht, sich mit einer Geschichte aus der Affäre zu ziehen. Er erzählt die Geschichte einer Familiendynastie, in der die Gewohnheit herrschte, einen „herrlichen, kostbaren Ring" immer demjenigen Sohn zu vermachen, der zum Familienoberhaupt bestimmt war. Das geht so lange gut, bis ein Vater drei Söhne hat, die er alle gleichermaßen liebt. Und da er sich aus dieser seiner Liebe heraus nicht entscheiden kann, entschließt er sich zur Anfertigung von zwei weiteren identischen Ringen mit der Folge, daß er selber den echten „kaum" noch erkennen kann. Erst recht können die Söhne nach des Vaters Tod den echten Ring und damit ihre Rangfolge untereinander nicht mehr bestimmen. Die Pointe bei Boccaccio lautet so:

> „Und weil sich nun ergab, daß die Ringe einander so ähnlich waren, daß man den richtigen nicht erkennen konnte, blieb die Frage, wer der wahre Erbe des Vaters sei, in Schwebe und schwebt noch heute. Und so sage ich Euch, Herr, auch von den drei Gesetzen, die Gott, der Vater, den drei Völkern gegeben hat und derentwegen Ihr die Frage aufgeworfen habt: jedes Volk glaubt seine Erbschaft, nämlich sein wahres Gesetz zu haben und seine Gebote befolgen zu müssen; wer sie aber hat, diese Frage ist so wie bei den Ringen noch immer in der Schwebe."[38]

Damit hat Boccaccio zwei Generationen später die Linien des „Alten Novellenbuchs" verstärkt und etwas für einen Christen des 14. Jahrhunderts ganz und gar Ungewöhnliches getan: Als *christlicher Erzähler* hat auch Boccaccio einen *Juden zum Subjekt der Geschichte* gemacht. Dessen Geschichte wird auch bei ihm so erzählt, daß ein Jude als moralischer Sieger aus ihr hervorgeht, ohne den muslimischen Partner zurückzusetzen. Im Gegenteil: Boccaccio läßt als Christ einen Juden vor einem Muslimen gut aussehen. Oder anders gesagt: Boccaccio zeigt einem christlichen Publikum, daß ein Jude und ein Muslim im Zusammenwirken gut aussehen können. Gut — im Sinne von klug, tolerant, großzügig. Diesen Italiener interessieren dabei keine dogmatischen Probleme, sondern Fragen der Lebensklugheit. Er läßt ja seine dritte Novelle die Dame Filomena

[38] *G. Boccaccio,* Das Dekameron, Bd. I, S. 56 (s. Anm. 36).

erzählen, die mit ihrer Geschichte exemplarisch zeigen will, daß „Klugheit den Weisen aus größten Gefahren" befreien und ihm „zu großer und sicherer Ruhe" verhelfen kann. Und diese menschliche Klugheit ist ein religionsübergreifendes Phänomen. Weisheit kennt zwar menschliche Grenzen; diese sind aber nicht identisch mit den Grenzen zwischen den Religionen.

Der dunkle Ton der Skepsis

Auch Boccaccio verbindet damit das Motiv der *Toleranz* mit dem der *Theozentrik*. Denn ähnlich wie das „Alte Novellenbuch" vor ihm und wie Ibn Verga später nach ihm ist es auch bei Boccaccio der Vater („Gott"), der von sich aus die Ringe ununterscheidbar macht. Boccaccio aber ist motivgeschichtlich der erste, der als Grund für den Vater (und damit für Gott) ausdrücklich *die Liebe* bestimmt. Daß Menschen also Rangfolgen zwischen den Religionen nicht mehr erkennen sollen, ist hier explizit Ausdruck von Gottes Liebe. Zugleich wirkt sich diese Liebe zugunsten menschlicher Demut aus. Denn Menschen wissen nicht länger — unter irdischen Bedingungen —, welche Religion die wahre ist. Das ist Sache Gottes. Für sie bleibt dadurch letztlich die Wahrheitsfrage „in der Schwebe".

Dabei wählt Boccaccio ein raffiniertes narratives Verfahren der *Tarnung*. Wohl wissend um die dogmatische Gefährlichkeit seiner Schwebe-Geschichte, wendet er als Erzähler die Technik mehrfacher Brechungen an. Als Subjekt nimmt er sich ganz zurück und verschwindet hinter mehrfachen Verpuppungen. Denn der Erzähler Boccaccio erzählt ja die Geschichte einer gewissen Filomena, die ihrerseits die Geschichte von einem alexandrinischen Juden erzählt, der seinerseits von einem Vater erzählt, der drei Söhne hatte... Aus der einen Puppe Boccaccio kommen so drei weitere hervor, und keiner der Leser dieser Geschichte weiß, wo der Urerzähler Boccaccio wirklich steht. Das ist narrative Tarnung in Vollendung — die indirekt der Toleranz unter den Religionen dient.

Der Philosoph *Kurt Flasch*, dem wir nicht nur eine glänzende Neuübersetzung der ersten vier Novellen, sondern auch eine kluge Einführung in das „Decameron" unter dem Titel „Poesie nach der Pest" verdanken, hat deshalb zu Recht Boccaccios Ringparabel in den Kontext einer Reflexion über die „Anfänge der Aufklärung im Mittelalter" gestellt: „Daraus folgt (bei Boccaccio) noch kein explizites Toleranzkonzept. Von der Duldung fremder Kulte ist nicht die Rede; ebenso wenig von dem individuellen Recht, sich seine Religion zu wählen… Boccaccios Stein beweist nicht mehr wie in älteren Legenden durch Heilungswunder seine Echtheit… Filomena präpariert künstlich, cool, nur diese *eine* Eigenschaft heraus: Der echte Stein ist und bleibt unerkennbar… Wer begriffen hat, für den sind Diskussionen über die Wahrheit der Religionen zu Ende… Argumentationen und das Erzählen von Geschichten erscheinen als schlaue Manöver der Ablenkung. Filomena fördert den Verdacht, tiefsinnige Reden dienten der Verschleierung. Der reale, teils argumentative, teils militärische Streit um Religionen erscheint als unverantwortbarer Zank um nichterkennbare Differenzen. Filomena spricht auch dies nicht aus. Sie appelliert an nichts. Sie mischt den dunklen Ton der Skepsis in das Spiel der hundert Farben. Sie vertritt keinen generellen Skeptizismus, aber sie sät Mißtrauen in den Anspruch, das Innere des Rings und seine Jenseitsrolle zu kennen. Sanft, ohne Umsturzpose, stellt sie sich auf die Seite der Vernunft im Zeitalter des Glaubens."[39]

Und 400 Jahre später? Zur Zeit von Lessing? Was ist aus dem Glauben geworden im Zeitalter der Vernunft?

6. Vom Streit zum Wettstreit der Religionen: Lessings Parabel

Auch bei Lessings Parabel (III/7) geht es um einen Vater von drei Söhnen, der einen kostbaren Ring besitzt. Dessen Wert besteht bei Lessing aber nicht mehr in einer magisch-wundersamen Heilkraft, sondern nur noch – entmythologisiert – darin, daß der Stein im Ring, ein Opal, die „geheime Kraft" besitzt, „vor Gott und Menschen angenehm zu machen". Und dies gerade nicht automatisch-magisch, sondern nur für den, der in der „Zuversicht" dieser Kraft den Ring trägt. Diese Hinzufügung von Lessing ist motivgeschicht-

[39] So *K. Flasch*, Boccaccios Ringparabel, in: Das Licht der Vernunft. Die Anfänge der Aufklärung mit Mittelalter, hrsg. v. K. Flasch – U.R. Jeck, München 1997, S. 123–133, Zitat S. 132f.

lich einzigartig und offenbart, wie wir sehen werden, Lessings genuine Konzeption.

Auch bei Lessing hat der jeweilige Besitzer den Ring stets auf den ihm liebsten (nicht ältesten!) Sohn übertragen, wodurch dieser „das Haupt, der Fürst des Hauses" werden konnte. Und auch bei Lessing wird das alles in dem Moment anders, in dem ein Vater drei Söhne hat und alle drei gleichermaßen liebt, so daß er keinen bei der Erbfolge bevorzugen will. Auch bei Lessing entschließt sich dieser Vater endlich, nach dem Muster des Originalrings zwei „vollkommen gleiche" Ringe anfertigen zu lassen mit dem Resultat, daß er selber die Ringe jetzt nicht mehr unterscheiden kann; er übergibt jedem der Söhne — getrennt — einen Ring — und stirbt.

Gott will die Gleichrangigkeit der Religionen — aus Liebe

Dadurch hat sich auch Lessing — gegen die exklusivistische Lesart der Ringparabel — auf die Seite der jüdischen und christlichen Theozentriker geschlagen. Denn auch bei ihm besagt das *theozentrische Argument* auf der Gleichnisebene ein Doppeltes:

(1) War früher die Unterscheidbarkeit zwischen den Söhnen (im Sinne der Vorrangstellung und Erwählung *eines Sohnes*) Wille des Vaters, so ist es jetzt die Ununterscheidbarkeit im Sinne der Gleichrangigkeit und Gleichwertigkeit der Söhne. Für die Sachebene folgt daraus: War früher eine Rangfolge zwischen den Religionen im Sinne einer besonderen Erwählung Wille Gottes, so ist es jetzt die Gleichrangigkeit und Gleichwertigkeit der Religionen Judentum, Christentum und Islam. Gott selber will diese Religionen so, daß sie weder durch ihn selbst noch gar durch Menschen unterschieden werden können. Eine nicht unwichtige kleine Veränderung gegenüber Boccaccio verdeutlicht das: Beim Italiener konnte der Vater „kaum" noch die drei Ringe unterscheiden (mit etwas Mühe also doch), bei Lessing ist die Unterscheidbarkeit nun selbst dem Vater (selbst Gott!) unmöglich.

(2) Zentral ist damit auch für Lessings Gottesverständnis das Moment der Liebe. Hier beerbt und verstärkt er Boccaccio, und beide, der Italiener und der Deutsche, stehen mit ihrer Deutung der Liebe

als Motiv göttlicher Handlung gegen die gesamte sonstige europäische Motivgeschichte:

- *Exklusivisten* christlicher (von Étienne de Bourbon bis Gesta Romanorum) oder jüdischer Provenienz (Abulafia) hatten Gott nur jeweils eine Tochter oder einen Sohn gegen alle anderen lieben lassen.
- *Eschatologiker* christlicher (Il Novellino), jüdischer (Ibn Verga) oder muslimischer Provenienz (Religionsgespräch) hatten stets nach vorne verwiesen und den Entscheid Gottes über die wahre Religion der Zukunft überlassen. Von einer Liebe Gottes war nirgendwo die Rede.
- *Skeptiker* wie Abu Sulaiman hatten Gott völlig aus dem Spiel gelassen. *Mystiker* wie Ibn ʻArabi hatten die *menschliche* Liebe zu allen religiösen Ausdrucksformen gefeiert.

Lessing führt als tiefste Begründung der Gleichrangigkeit der Religionen die Liebe *Gottes* an. Und Gott entscheidet nicht irgendwann in der Zukunft, ob er die Menschen aller Religionen liebt; er hat sich schon dafür entschieden. Damit ist nicht gesagt, daß Lessings Nathan die konkreten äußeren Unterschiede, ja die tiefgreifenden inhaltlichen Differenzen zwischen den Religionen leugnete. Dies anzunehmen, hieße Nathan (bzw. Lessing) religionsgeschichtliche Ahnungslosigkeit unterstellen. Gemeint ist, daß *Gott* selbst eine Rangfolge unter den verschiedenen und verschieden bleibenden Religionen aufheben wollte; sie sind wie die Ringe ununterscheidbar in dem Sinne, daß es von Gott her keine Wahrheitshierarchie mehr zwischen ihnen gibt. Und da die Religionen selbst für Gott ununterscheidbar sind, ist eine Berufung auf den „Vater“ künftig sinnlos.

Genau diese Berufung hatte Lessing ja vor allem im „Fragmentenstreit“ oft genug erlebt. Ungezählte Male hatten sich seine „orthodoxen“ Gegner auf Gott selbst für den Absolutheitsanspruch „ihres“ Christentums berufen. Ungezählte Male hatten sie sich für den göttlichen Ursprung des Christentums auf die Einlösung göttlicher Prophezeihungen und auf Wunder berufen. Mit seiner Parabel unterläuft Lessing genau dieses Argumentationsmuster: Niemand kann und darf sich länger auf Gott berufen und damit seine Vorzugsstellung als die liebste und beste Religion begründen. Gott selbst wollte die Pluralität der Religionen, nicht die „Tyrannei“ einer als der exklusiv wahren.

Hinzu kommt: Wie Boccaccio wertet auch Lessing als Christ einen Juden dadurch auf, daß er ihn nicht zum Objekt dieser Geschichte, sondern zu deren Subjekt macht. Aber anders als Boccaccio weiß Lessing um die kühne theologische Symbolik dieses Rollenwechsels. Denn einen Juden *so* reden zu lassen, den Angehörigen des auserwählten Volkes auf *diese* Weise zu präsentieren, heißt im Klartext: Der Vertreter desjenigen Volkes, das Gottes erste Offenbarung empfing, interpretiert hier gewissermaßen auch Gottes „letzte Offenbarung“: die freiwillige, aus Liebe zu allen Menschen inspirierte *Selbstzurücknahme des Auserwähltheitsanspruchs* einer Religion – stellvertretend für alle anderen Religionen, die sich später nicht weniger als „Auserwählte“ und „Bevorzugte“ aufzuspielen pflegten. Indem Nathan aber den Auserwähltheitsanspruch seines Volkes zurücknimmt, wird er im Lessingschen Sinn zu einem Auserwählten der Vorsehung. Ja, indem er die durch den Ring ermöglichte Auserwähltheit nicht geltend macht, hat er deutlich signalisiert: Wo Auserwähltheit durch Gott als Anspruch gegen Andersglaubende behauptet wird, hat man diesen Gott schon verfehlt.

Wie aber kommt die Liebe Gottes in die Sphäre des Menschlichen? Wie wird die alle Religionen gleichermaßen umgreifende göttliche Liebesenergie zu einer innerweltlichen Kraft, mit der Menschen anfangen, ihrerseits die Rangunterschiede zwischen den einzelnen Religionen aufzuheben? Kurz: Wie ist die Theozentrik mit der Anthropozentrik vermittelt?

In Sachen Offenbarung alle Menschen gleich

Insbesondere im zweiten Hauptargument seiner Ringparabel, dem *anthropozentrischen,* ist Lessing im Vergleich zur gesamten europäischen Motivgeschichte völlig originell. Nirgendwo gibt es dazu eine Parallele. Man beachte hier zunächst Nathans geschickte Argumentations-*Taktik.* Denn der entsprechenden Frage Saladins, es gäbe doch wohl Unterschiede zwischen den Religionen – bis hin zu Kleidung und Essensgewohnheiten –, weicht Nathan aus. Er beantwortet die Frage nach den inhaltlichen Differenzen der Religionen (und damit nach ihrem Streitpotential um die Wahrheit) gerade nicht, sondern verschiebt die Argumentation in die Erkenntnistheorie, die für alle gilt. Wir hören:

„Denn gründen alle sich nicht auf Geschichte?
Geschrieben oder überliefert! — Und
Geschichte muß doch wohl allein auf Treu
Und Glauben angenommen werden? — Nicht? —
Nun wessen Treu und Glauben zieht man denn
Am wenigsten in Zweifel? Doch der Seinen?
Doch deren Blut wir sind? doch deren, die
Von Kindheit an uns Proben ihrer Liebe
Gegeben? die uns nie getäuscht, als wo
Getäuscht zu werden uns heilsamer war? —
Wie kann ich meinen Vätern weniger,
Als du den deinen glauben? Oder umgekehrt. —
Kann ich von dir verlangen, daß du deine
Vorfahren Lügen strafst, um meinen nicht
Zu widersprechen? Oder umgekehrt.
Das nemliche gilt von den Christen. Nicht? —" (III/7)

Wir hören also: Alle Religionen beruhen gleichermaßen auf geschriebener oder überlieferter Geschichte und nötigen dadurch ihre Anhänger, die eben nur geschichtlich verbürgte Wahrheit „auf Treu und Glauben" anzunehmen. Was im Klartext heißt (und des Reimarus' Argumente schlagen hier voll durch): Auch darin sind Menschen aller Religionen gleich, daß sie in jeder Tradition nach demselben Muster reagieren, reagieren *müssen:* Juden vertrauen naturgemäß ihrer jüdischen, Christen ihrer christlichen und Muslime ihrer muslimischen Überlieferung. Was umgekehrt heißt: Niemand hat den anderen an „objektiver Wahrheit" etwas voraus. Alle müssen *im Vertrauen* ihre Geschichte für wahr halten, und in diesem Vertrauen liegt ein Risiko, das alle teilen: das Risiko des Getäuschtseins, des Betrogenwerdens. Woraus folgt: Nicht nur von Gott her sind die Rangunterschiede der Religionen aufgehoben, sondern auch von der Grundstruktur menschlichen Erkennens, Glaubens und Vertrauens her. Steht aber damit am Ende der Ringparabel nicht auch bei Lessing der Indifferentismus, die Klugheit des Offenlassens und der Schwebe wie bei Boccaccio oder gar der Skeptizismus der Karavanseray-Geschichte eines Abu Sulaiman? Keineswegs, denn Lessings Parabel geht noch weiter, ja spitzt sich noch einmal dramatisch zu.

Jeder der Söhne hat nun seinen Ring, vom Vater im Glauben gelassen, der je eigene sei der echte und somit sei er persönlich der Bevorzugte. So können die Söhne gar nicht auf die Idee kommen, daß die Ununterscheidbarkeit der Ringe Wille ihres Vaters gewesen sein könnte. Warum auch? Dieser hatte sie ja von seiner Maßnahme gar nicht unterrichtet. Er hatte wie eh und je den Ring übergeben und wie eh und je jeden der Söhne in dem Glauben gelassen, der ihm liebste zu sein. Jetzt aber gibt es plötzlich drei identische Ringe! Was nur bedeuten kann: Entweder hat der Vater jeden der Söhne getäuscht oder die Brüder treiben untereinander ein „falsches Spiel". Beides wäre unausdenkbar! Der Vater – ein Betrüger? Die Brüder – Verräter? Ein Richter soll entscheiden.

Auch die *Einführung eines Richters* oder Schiedsrichters ist – wie wir hörten – motivgeschichtlich nicht neu. Im „Novellenbuch" und bei Boccaccio gab es ihn nicht. Nur bei Étienne von Bourbon und Abraham Abulafia war ein Richter aufgetaucht, aber hier war er stets dazu da, die exklusive Legitimation *einer* Religion gegen alle anderen zu bestätigen. Lessing sprengt auch diese Tradition und führt die Figur des Richters ein, um *alle drei* Söhne/Religionen gleichermaßen herauszufordern. Denn für die *Argumentation seines Richters* ist ausschlaggebend, daß dieser die „Wunderkraft" des Ringes in Erinnerung ruft: „beliebt zu machen; vor Gott und Menschen angenehm" (III/7); dies kann er nun gegen die streitenden Erben ausspielen. Schon daß sie einander verklagen, zeigt ihre ganze Entfremdung untereinander. Von Liebe keine Spur. Jeder frönt nur seinem Egoismus, möchte bestätigt haben, daß er der eigentliche „Fürst des Hauses" ist. Jeder „liebt sich selbst nur / Am meisten" (III/7).

Damit aber sind die Söhne in den Augen des Richters doppelt schlimm dran, sind sie im Grunde *„betrogene Betrüger"*. Betrogen von ihrem eigenen Vater. Betrüger, weil jeder durch sein Verhalten die Kraft des Steins im Ring verrät. Jeder behauptet zwar, den echten Ring zu haben, ihre konkrete Praxis aber beweist das Gegenteil: Nichts wird im Verhalten der Söhne spürbar von der „Wunderkraft", beliebt zu machen, vor Gott und Menschen angenehm. Und da dies so ist, folgert der Richter kühl, müssen wohl alle drei Ringe unecht, ja muß der echte Ring verlorengegangen sein. Der Vater hatte vermutlich drei Ringe machen lassen, um den Verlust des echten zu verbergen. Was also? Alles noch schlimmer als zuvor? Nicht nur Indifferentismus und Skeptizismus gegenüber der Wahrheit, sondern sogar Verlust der Wahrheit? Doppelter Betrug des Vaters?

Rettung aus dem Abgrund des Betrugs: die Liebe

Man muß sehen, daß Lessings Parabel zunächst einen Abgrund von Täuschung und Wahrheitsbetrug aufreißt, bevor sie uns eine Lösung zeigt. Diese verliert dadurch jede Harmlosigkeit und Erbaulichkeit. Die Lösung muß durchgehalten werden – trotz *bleibender* Abgründigkeit. Nur wenn man erkennt, daß Lessing sehr ernsthaft die Möglichkeit einer völligen Täuschung des Menschen in Sachen Religion gelten läßt, begreift man das Riskante seiner Rettungsoperation, die ihrerseits jederzeit gefährdet erscheint. Halten wir noch einmal fest, welche Betrugsmöglichkeiten die Ringparabel andeutet:
(1) Fest steht in jedem Fall: Der Vater hat vor seinem Tod alle Söhne in der Frage der Echtheit der Ringe getäuscht. Obwohl er wußte, daß nur ein Ring der echte ist, hat er jeden der Söhne im Glauben gelassen, den echten zu haben. Der Vater ist so zumindest an zwei Söhnen zum Betrüger geworden.
(2) Die Hypothese des Richters: Der Vater selber hat den echten Ring verloren und die drei identischen Ringe nur deshalb machen lassen, um diesen Verlust zu verbergen. Er täuscht gegenüber den Söhnen die Echtheit aller Ringe nur vor. Wieder wäre der Vater ein Betrüger, diesmal an allen Söhnen.
(3) Die Künstler-Hypothese: Der Vater hat den echten Ring aus der Hand gegeben, erhält vom Künstler drei identische Ringe zurück, kann selber aber – wie es ausdrücklich heißt – seinen „Musterring" nicht mehr unterscheiden. Ist es auszuschließen, daß der Künstler den echten Ring unterschlug und so den Vater täuschte? Wir erfahren nichts darüber, aber auszuschließen ist es nicht. Der Vater wäre dann selber ein betrogener Betrüger.

Angesicht dieser Abgründigkeiten von Betrug und Täuschung kennt Lessings Parabel nur einen Ausweg: das radikale Vertrauen, daß der echte Ring noch da ist; daß einer der Söhne ihn am Finger trägt.

Denn nicht aufgehoben ist ja die Verheißung: Wer mit Zuversicht den echten Ring trägt, bei dem wirkt sich die „geheime Kraft" aus dem Stein des Ringes aus, „vor Gott und Menschen angenehm zu machen". Die Echtheit des Ringes kann sichtbar gemacht werden — und zwar dadurch, daß seine Träger die „Wunderkraft" des Ringes durch ihre Praxis zum Leuchten bringen:

„Es eifre jeder seiner unbestochnen
Von Vorurteilen freien Liebe nach!
Es strebe von euch jeder um die Wette,
Die Kraft des Steins in seinem Ring' an Tag
Zu legen! komme dieser Kraft mit Sanftmut,
Mit herzlicher Verträglichkeit, mit Wohltun,
Mit innigster Ergebenheit in Gott
Zu Hülf'! Und wenn sich dann der Steine Kräfte
Bei euern Kindes-Kindeskindern äußern:
So lad' ich über tausend tausend Jahre
Sie wiederum vor diesen Stuhl. Da wird
Ein weisrer Mann auf diesem Stuhle sitzen,
Als ich; und sprechen. Geht!" (III/7)

Damit sind die theozentrische und die anthropozentrische Dimension der Ringparabel innerlich miteinander verknüpft — und zwar im Motiv der Liebe. Was auf der Ebene Gottes gilt, soll offensichtlich auch auf der Ebene des Menschen gelten: Geltenlassen der Unterschiede unter den Religionen im Geiste der Liebe. Zwar werden Theozentrik und Anthropozentrik in der Ringparabel nicht explizit deduktiv miteinander verknüpft (wir befinden uns hier im Raum der Poesie, nicht im Begriffskorsett eines philosophischen Traktats). Aber ein verbindendes Glied zwischen beiden Ebenen dürfte im Stein des Rings zu suchen sein. Daß der Stein die Wunderkraft hat, „vor Gott und Menschen angenehm zu machen", ist ja nicht magisch mißzuverstehen. Er hat diese Kraft nicht als Stein. Er hat sie, weil sich durch ihn die universale Liebe Gottes auswirkt und weil sich Menschen von dieser Kraft bestimmen lassen. Woraus folgt: Nur durch die *menschliche Praxis der göttlichen Liebe* kann man dem Abgrund an möglichem Verrat begegnen. Gewiß: Durch diese Praxis verschwindet dieser Abgrund nicht. Man kann ihn nicht einfach weglieben. Denn auch die Liebe kann ja auf Täuschung beruhen.

Aber die Liebe rettet vor der Verzweiflung und der Lähmung. Sie eröffnet eine Lebensperspektive; sie stiftet Praxis, die einen Wert in sich hat. Ob von Gott betrogen oder nicht, die Liebe allein zählt.

In Übertragung auf die drei Religionen Judentum, Christentum und Islam heißt das: Aus theologischen wie anthropologischen Gründen kann es keine Über- und Unterordnung mehr zwischen den Religionen geben. Die traditionellen Kriterien einer Scheidung in wahre und falsche Gotteskinder ist aufgehoben: Wahrheit und Falschheit bemißt sich jetzt nach dem neuen Kriterium des Miteinanders und Füreinanders vor Gott im Geist der Liebe. Was auf der Ebene der Spielhandlung inhaltlich ausgesagt wird (Juden, Christen und Muslime bilden eine Schicksalsgemeinschaft, in der alle in ihrem Glück voneinander abhängen), wird so auch durch die Ringparabel vertieft: Da alle Kinder des einen Vaters sind, gleich geliebt, gleich behandelt, sollten alle sich auch als geschwisterliche Erben begreifen, die untereinander nicht wieder Unterscheidungen (Rangfolgen, Vorrangstellungen) einführen, die Gott, der Vater, gerade beseitigt haben wollte.

Mehr noch: Durch die Tatsache, daß der echte Ring „vor Gott und Menschen angenehm" machen kann, ist ein Moment des *Wettbewerbs in die Erbengemeinschaft* eingebracht. Denn ob jemand den echten Ring hat, entscheidet nicht mehr formal die Übergabe durch den Vater (die jeder der Söhne sogar nachweisen kann), sondern allein die Praxis im Geist der „von Vorurteilen freien Liebe". Hier dürfte die Erklärung dafür liegen, warum in Lessings Parabel der Vater seine Söhne auf dem Sterbebett nicht von seinen Maßnahmen direkt unterrichtet. Denn hätte der Vater den Söhnen autoritativ mitgeteilt, daß von jetzt an nur noch die Gleichrangigkeit gilt und daß die Abschaffung jeder Rangfolge seinem Willen entspricht, hätte er das Movens des Wettbewerbs aus der Erbengemeinschaft genommen. Gerade das letzte Nicht-Wissen in der Wahrheitsfrage aber vermag hier den Wettstreit in Gang zu setzen. Denn jeder muß *glauben,* den echten Ring zu haben; und nur durch diesen Glauben kann die „Kraft des Steins" zur Wirksamkkeit kommen. Woraus folgt: Nicht im Streit, nur im Wettstreit um das Gute wird man vor Gott und Menschen angenehm. Die Erben, konkret Juden, Christen und Muslime, sollen sich in nichts anderem übertreffen als in vorurteilsfreier Liebe, in Sanftmut, herzlicher Verträglichkeit, Wohltun und innigster Gottergebenheit. Der „Betrug" des Vaters entsprang also keiner Bösartigkeit, sondern einer Lebensweisheit, entsprang letztlich demselben Grund, mit dem er die Rangfolgen beseitigen wollte: der Liebe.

Die große Wende in der Religionstheologie

Damit läßt sich die Religionstheologie der Ringparabel so zusammenfassen:

(1) *Nicht* propagiert wird die *Überwindung* aller konkreten Religionen zugunsten einer religionsfreien Humanität; *nicht* propagiert wird die *Aufhebung* der Religionen zugunsten reiner Menschlichkeit. Zu Recht hat der katholische Theologe *Hans Küng* in seinem Lessing-Essay (1985) betont: „Lessing sieht die großen Religionen nicht, wie Reimarus aus vulgäraufklärerischer Sicht, als abzulegende, vorläufige Hüllen einer reinen Vernunft- oder Naturreligion; er denkt nicht unhistorisch, will die geschichtlich gewachsenen Religionen nicht einfach zugunsten einer rein vernünftigen Universalreligion abschaffen... Nein, Lessing will auch das Christentum trotz aller historischen Schwierigkeiten nicht wie eine alte Haut abstreifen; er will es neu interpretieren und von innen her kühn nach vorne transponieren."[40] In der Tat besteht ja gerade darin die Logik des anthropozentrischen Arguments, von dem wir in der Ringparabel gehört haben: „Wie kann ich meinen Vätern weniger / Als du den deinen glauben? oder umgekehrt." Hier wird ja die Loyalität gegenüber gewachsenen Bindungen, der Respekt vor gegebenen Traditionen, zum Toleranzargument. Die Duldung der anderen wird also gerade nicht gekoppelt mit der Forderung nach Selbstaufgabe der je eigenen Familie. Toleranz entsteht somit nicht erst jenseits der Religionen, sondern in und durch die Religionen, wenn sie der Verheißung würdig leben.

(2) *Nicht* propagiert wird eine *Indifferenz* gegenüber allen Religionen, Toleranz als Ergebnis einer Vergleichgültigung der Wahrheitsfrage. Hier liegt gerade der Unterschied zu Boccaccio. Denn seine

[40] *H. Küng*, Lessing „Nathan der Weise", in: W. Jens — H. Küng, Dichtung und Religion, München 1985, S. 97.

Geschichte schloß mit der Auskunft, daß die Ringe ununterscheidbar sind und daß von daher auch die Wahrheitsfrage in der „Schwebe" bleiben müsse. Lessing geht einen wichtigen Schritt weiter. Er überwindet die Indifferenz durch Hinzufügen des Motivs der „Wunderkraft" im Stein des Rings sowie des Wettbewerbs zwischen den Erben. Wahrheit einer Religion steht bei ihm (im Unterschied zu aller Orthodoxie) weder objektiv offenbarungstheologisch fest, noch bleibt sie neutralisiert in einer vergleichgültigenden Indifferenz. Wahrheit objektiviert sich für Lessing als Praxis der Liebe. Wir erinnern uns an Lessings „Testament Johannis": *Wo geliebt wird, da ist wahre Religion.* „Wahrheit" ist nach dieser Konzeption weder exklusiver Besitz einzelner noch eine Sache beliebiger Offenheit, sondern als Praxis der Liebe Aufgabe für alle. Diese Wahrheit muß und kann durch Menschen aus allen Religionen in alltäglicher Praxis je neu bewahrheitet werden. Zugleich wird als „heilsgeschichtliche" Zielperspektive offengelassen: Wenn in Generationen, wenn in „über tausend tausend Jahren", die Kraft des echten Rings sich positiv ausgewirkt haben wird, dann kann vielleicht ein Richter entscheiden, bei wem sich der echte Ring bewahrt hat.

(3) Die durch die Ringparabel vorgeschlagene *Wende in der Religionstheologie* läßt sich somit als große Wende von einer Unkultur rechthaberischen Streites zu einer *Kultur des liebenden Wettstreits* beschreiben. Der Philosoph *Helmut Fuhrmann* hat diese Wende einmal so charakterisiert: Vom Objekt zum Subjekt, vom Inhalt zur Form der Aneignung, von der Theorie zur Praxis, vom Besitz zum Streben, vom Streit zum Wettstreit, vom Ausschließlichkeitsanspruch zur Toleranz[41] – eine Wende, die Mittelalter und Reformation von der Neuzeit unterscheidet und die sich mit dem evangelischen Theologen *Hermann Timm* so präzisieren läßt: „Statt den Ring zu kapitalisieren und berechenbar gleiche Anteile des Unschätzbaren zu vererben, hat der Vater ihn vervielfältigen lassen, so daß aus dem Unikum deren drei geworden sind, drei in jeder Beziehung gleiche Vermächtnisse. Also zuviel des Guten, zu viele Edelsteine des Weisen, zu viele jedenfalls, um irgendeinen als Faustpfand oder Schlagring des Absoluten verwenden zu können. Vordergrün-

[41] *H. Fuhrmann,* Lessings „Nathan der Weise" und das Wahrheitsproblem, in: Lessing Yearbook 15 (1983), S. 69f.

dig meint Lessing die Paradoxie der drei Monotheismen von Judentum, Christentum und Islam, alle dem *einen* Gott verpflichtet und doch unversöhnlich im Streit um den Alleinvertretungsanspruch. Er deutet aber zugleich auf die näherliegende Aporie der religiösen Moderne, welche man mit dem Stichwort *Pluralisierung* der Absoluta bezeichnen kann."[42]

[42] *H. Timm,* Der dreieinige Ring. Lessings parabolischer Gottesbeweis mit der Ringparabel des „Nathan", in: Euphorion 77 (1983), S. 113–126, Zitat S. 117f.

VI. DIE BASIS EINES MITEINANDERS VON JUDEN, CHRISTEN UND MUSLIMEN

Ist das alles aber nur eine westlich-europäische Sicht der Dinge? Ist eine solche religionstheologische Konzeption nur auf dem Boden des abendländischen Christentums denkbar, nur unter der Voraussetzung der europäischen Aufklärung? Wir werden noch einmal und diesmal noch grundsätzlicher zeigen, daß die Religionstheologie der Ringparabel, ja daß die im „Nathan" propagierte und geforderte religiöse Grundhaltung gerade auch muslimische Wurzeln hat. Es sind drei Schlüsselaussagen, die tief in muslimischer Spiritualität gründen: das Nebeneinander der Religionen als Ausdruck des Willens Gottes; der Wetteifer um das Gute; Ergebenheit in Gott.

1. Wetteifer um das Gute

Nirgendwo gibt es einen Beleg dafür, daß Lessing gerade die Stellen des Koran gelesen und verwertet hat, von denen im folgenden die Rede sein wird. Aber strukturelle Analogien zwischen seiner Theologie der Religionen und der des Koran sind unübersehbar. In strukturellen Analogie denken heißt dabei, Nähe und Differenz zugleich zu denken. So kann es nicht darum gehen, Lessings auf dem Boden europäischer Aufklärung entstandene Religionstheologie mit der des Koran zu identifizieren. Das wäre hermeneutisch fahrlässig, sind doch auch Unterschiede offenkundig vorhanden. Aber zugleich wird man auf Beziehungen, auf Entsprechungen verweisen können, welche die These als gut begründet erscheinen lassen, daß Lessings Konzeption des Neben- und Miteinanders der Religionen muslimische Anklänge verrät.

Schlüsselbedeutung für unseren Zusammenhang hat im Koran Sure 5. Hier ist ausdrücklich von einem *gottgewollten Nebeneinander von Judentum, Christentum und Islam* die Rede:

> „Siehe, hinabgesandt haben Wir die Tora, in der sich eine Leitung und ein Licht befinden, mit der die Propheten, welche Muslime waren, die Juden richteten; und die Rabbinen und Lehrer (richteten) nach dem vom Buche Allahs, was ihrer Hut anvertraut ward und das sie bezeugten. Drum fürchtet nicht die Menschen, sondern fürchtet Mich und verkaufet nicht Meine Zeichen um geringen Preis. Und wer nicht richtet nach dem, was Allah hinabgesandt hat — das sind Ungläubige.
>
> Und Wir schrieben ihnen darin vor: ‚Leben um Leben, Auge um Auge, Nase für Nase, Ohr für Ohr, Zahn für Zahn und Wiedervergeltung von Wunden‘. Und wer es vergibt als ein Almosen, so ist's ihm eine Sühne. Wer aber nicht richtet nach dem, was Allah herniedergesandt hat, das sind die Ungerechten.
>
> Und in ihren Spuren ließen Wir folgen Jesus, den Sohn der Maria, zu bestätigen die Tora, die vor ihm war, und Wir gaben ihm das Evangelium, darinnen eine Leitung und ein Licht, bestätigend die Tora, die vor ihm war, eine Leitung und Ermahnung für die Gottesfürchtigen;
>
> Und damit das Volk des Evangeliums richte nach dem, was Allah in ihm herabgesandt hat; und wer nicht richtet nach dem, was Allah hinabgesandt hat — das sind die Frevler.
>
> Und wir sandten hinab zu dir das Buch der Wahrheit, bestätigend, was ihm an Schriften vorausging, und Amen darüber sprechend. Drum richte zwischen ihnen nach dem, was Allah hinabsandte, und folge nicht ihren Gelüsten, (abweichend) von der Wahrheit, die zu dir gekommen. Jedem von euch gaben Wir eine Norm und eine Heerstraße.
>
> Und so Allah es wollte, wahrlich Er machte euch zu einer einzigen Gemeinde." (Sure 5, 44–48)

Noch einmal sei betont: Diese Koranaussage ist weder für Lessings aufgeklärte Religionstheologie noch gar für ein postmodernes Pluralismus-Verständnis zu vereinnahmen, wie es gegenwärtig die angelsächsische „Pluralistische Religionstheologie" propagiert.[1] Denn es gilt sich zunächst klarzumachen, welche *Geschichtskonzeption* der Koran im Blick auf die Religionen vertritt. Drei Phasen sind zu unterscheiden. Der Koran kennt — *erste Phase* — die Vorstellung einer *Urreligion* von den Anfängen der Schöpfung an. Diese Urreligion war bereits „Islam", d. h. reine Hingabe an Gott, und in dieser Perspektive ist die Menschheit von Urzeiten her und jeder einzelne Mensch vom Beginn seines Lebens an „Muslim". Da die Menschen aber — *zweite Phase* — diesen Urislam im Verlaufe der *Geschichte* immer wieder vergaßen, bedurfte es immer wieder neuer Propheten, um diese Urreligion in Erinnerung zu rufen. Und in dieser geschichtlichen Periode sind insbesondere die Propheten des Alten Testaments und Jesus als größter Prophet vor Mohammed für den Koran hochgeschätzte Markierungspunkte in dieser „Erinnerungsgeschichte". Insofern werden die Bücher, in denen diese prophetische Botschaft aufgezeichnet wurde (Altes und Neues Testament), an ungezählten Stellen vom Koran immer wieder gewürdigt. Für Juden und für Christen waren diese Bücher legitime Wegweisung vor Gott und zu Gott.

Mit dem Auftritt des Propheten Mohammed aber — *dritte Phase* — ist diese Erinnerungsgeschichte an ihr Ende gekommen. Und kein Zweifel wird im Koran daran gelassen, daß jetzt der Islam diese Urreligion rein verkörpert und somit die wahre Religion ist. Anhänger aller anderen Religionen sollten streben, sich diese Wahrheit zu eigen zu machen. Das gilt auch für die Gläubigen der Buch-Religionen, die Leute der Schrift, Juden und Christen. Der Koran vertritt also kein relativistisches Pluralismuskonzept, für das alle Religionen gleich gültig sind, so daß eine Aufforderung zur Bekehrung zum Islam völlig sinnlos wäre. Im Gegenteil: Nach dem Erscheinen des Propheten Mohammed und der Herabsendung des Koran werden alle Menschen immer wieder aufgefordert, sich um den Islam als den wahren Glauben zu kümmern (Sure 3,85; 5,5; 30,30f). Der Islam versteht sich als große Einladung für alle Menschen.

Gewiß: Es gibt in der *islamischen Theologie* einen Auslegungsstreit darüber, wie man sich auf der Basis des Koran zum Dialog mit

[1] Zu Recht hat der katholische Theologe *H. Zirker* vor einem solchen Verständnis gewarnt: Zur „Pluralistischen Religionstheologie" im Blick auf den Islam, in: Christus allein? Der Streit um die Pluralistische Religionstheologie, hrsg. v. R. Schwager, Freiburg/Br. 1996, S. 189–202.

anderen Religionen verhalten soll. Anhänger eines strengen Absolutheitsanspruchs (außerhalb des Islam kein Heil) streiten mit Anhängern, welche die Heilsrelevanz auch nichtislamischer Religionen betonen, insbesondere der Buch-Religionen Christentum und Judentum. Aber klar ist auch für die gesamte klassische islamische Theologie: Der Islam ist die wahre Religion, der große Heilsweg für alle Menschen. Im maßgebenden deutschsprachigen Koran-Kommentar von *A. Th. Khoury* ist dazu das Nötige gesagt.[2] Der Unterschied zu Lessing ist damit offensichtlich: Lessings Religionstheologie läuft auf eine theologische Rechtfertigung des prinzipiellen Pluralismus der Religionen hinaus: Gott will aus Liebe zu allen Menschen die Unterschiedlichkeit der Religionen ohne Rangfolge, ohne Bekehrungsaufforderung gegeneinander. Dafür ist aber weder der Koran, noch sind dafür das Alte und das Neue Testament zu vereinnahmen.

Erst wenn dies klar gesehen ist, kann man auch das folgende richtig verstehen: Der Koran kennt auch die Anerkennung einer *faktischen Pluralität der Religionen.* Da nun einmal nicht alle Menschen aus den verschiedensten Gründen Muslime werden können, findet der Koran Wege, mit diesem faktisch gegebenen Nebeneinander von Menschen verschiedener Religionen umzugehen. In diesem Sinne gilt: Gott hat für Menschen unterschiedlicher Religionen einen je eigenen Weg bestimmt. Es war Gott selber, der — schon in vorislamischer Zeit — die Menschen in verschiedene Gemeinschaften aufteilte (vgl. auch Sure 42, 8). Und insofern kann der Koran in der zitierten Sure 5 sagen, daß Juden und Christen (wenn sie nun einmal nicht Muslime werden können) sich an die Tora und das Evangelium zu halten haben. Gott wird sie im Endgericht nach ihrer Schrift beurteilen, und nicht danach, ob sie Muslime geworden sind. Im Sinne dieses faktischen, praktisch gelebten Pluralismus kennt der Koran also eine Rechtfertigung des Nebeneinanders der Religionen. Und da es nun einmal verschiedene Religionsgemeinschaften im Diesseits gibt, ist gegenseitiger Respekt Pflicht für alle, die an den wahren Gott glauben. Bei diesem Punkt, und nur bei ihm, besteht eine strukturelle Analogie zwischen der Religionstheologie Lessings und der des Korans.

2 Vgl. dazu *Der Koran,* übersetzt und kommentiert von *A. Th. Khoury,* Bd. I, Gütersloh 1990, S. 285–290.

In Lessings Ringparabel aber gibt es nicht nur das Motiv des gottgewollten Nebeneinanders von Juden, Christen und Muslimen. Es gibt auch das Motiv des Miteinanders. Die Schlüsselkategorie dafür heißt *Wetteifer um das Gute.* In der Ringparabel war ja ausdrücklich vom „Eifer“ in vorurteilsfreier Liebe die Rede; vom Streben „um die Wette“.

Auch diese Vorstellung vom Wetteifer um das Gute ist im Koran verwurzelt. Denn auch der Koran (unter den eben gemachten Voraussetzungen) kennt nicht nur ein Nebeneinander der drei Offenbarungsreligionen, er kennt darüber hinaus auch die Vorstellung eines Wettbewerbs von Juden, Christen und Muslimen um das Gute. Sure 5 ist auch hier der klassische Ort. Denn unmittelbar an die lange, oben zitierte Textstelle aus Sure 5 heißt es:

> „Und so Allah es wollte, wahrlich Er machte euch zu einer einzigen Gemeinde; doch will Er euch prüfen in dem, was er euch gegeben. Wetteifert darum im Guten. Zu Allah ist eure Heimkehr allzumal, und Er wird euch aufklären, worüber Ihr uneins seid.“ (Sure 5, 48)

Der gleiche Gedanke auch in Sure 2:

> „Und jeder hat eine Richtung, nach der er sich kehrt; wetteifert daher nach dem Guten; wo immer ihr seid, Allah wird euch zusammenbringen; siehe, Allah hat Macht über alle Dinge.“ (Sure 2, 148; ebenso 35, 32; vgl. auch 3, 14, 133; 21, 90; 23, 61)

Auch hier ist nicht einfach ein Pluralismus postmoderner Spielart hineinzulesen. Auch hier steht die Einheitskonzeption des Koran im Hintergrund, zugleich aber auch die Einsicht, daß die Einheit der Menschheit sich nicht einfach — schon gar nicht mit Gewalt — herstellen läßt. Folgt man auch hier dem Koran-Kommentar von Khoury (zu Sure 2, 148), so gilt: „Gleichwohl weiß Mohammed, daß dies (die Herstellung der Einheit der Menschheit) in erster Linie vom Willen Gottes abhängt und daß die erste Aufgabe der islamischen Gemeinschaft darin besteht, im Wettstreit mit den anderen

Gemeinschaften um die guten Dinge ihre bevorzugte Stellung auszubauen (vgl. 2,148; 5,48). Damit erkennt der Koran eine praktische Pluralität der Religionen an. Und, insofern diese Religionen ihren Anhängern den Glauben an Gott und die Bereitschaft, ihm zu dienen, vermitteln, können sie ihre Gläubigen zum Heil führen (vgl. 2,62).“[3] Das gilt nach Sure 5,48 für das Diesseits; für das Jenseits wird Gott die Menschen über alle Uneinigkeiten aufklären. Das dürfte so zu verstehen sein, daß es im Jenseits nur die eine Religion geben wird, die von Anfang an da war: die vorbehaltlose, ganz und gar vertrauensvolle Ergebung in Gott.

Saladin, Lessing und ein Muslim heute

Wenn es aber diese muslimischen Anklänge in Lessings Religionstheologie, insbesondere der Ringparabel, gibt, dann ist die Frage nur konsequent: „Warum läßt Lessing Nathan und nicht Sultan Saladin die Ringparabel erzählen?“[4] Die Antwort gibt ein zeitgenössischer Muslim, der in Deutschland mehr als andere für den Dialog Christentum — Islam getan hat: *Muhammad Salim Abdullah.* Und die Antwort ist einfach — aus der Sicht eines Muslim. Lessing mußte Saladin deshalb die Ringparabel nicht erzählen lassen, weil in der entscheidenden Aussage auch der Jude Nathan sehr spezifisch Muslimisches zum Ausdruck gebracht hat. M.S. Abdullah wörtlich: „Geht man die Parabel vom Islam an, so muß zunächst festgestellt werden, daß der Lessingsche Nathan den Koran sehr gut gekannt haben muß, denn was der dem Sultan nach dem Dialog schließlich deutet, ist gut koranisch, und Saladins Verwunderung gilt daher wohl weniger der Weisheit seines Gesprächspartners als vielmehr dem Umstand, daß er in der Erzählung des Juden Nathan sein ureigenes islamisches Glaubenserbe entdecken muß. Nathan ist hier meines Erachtens in die Rolle eines Muslim geschlüpft, um dem

[3] *Der Koran,* übersetzt und kommentiert von *A. Th. Khoury,* Bd. II, Gütersloh 1991, S. 168. Die Doppelseite der islamischen Religionstheologie (Einladung zur wahren Religion und zugleich Anerkennung der faktischen Pluralität von Religionen) hat jüngst noch einmal überzeugend zusammengefaßt der türkische Gelehrte *H. Yasar,* Das Verhältnis der Muslime zu den Nichtmuslimen nach dem Koran, in: CIBEDO. Beiträge zum Gespräch zwischen Christen und Muslimen 10 (1996), S. 101–106.

[4] *F. Niewöhner,* Veritas sive Varietas. Lessings Toleranzparabel und das Buch Von den drei Betrügern, Heidelberg 1988, S. 220.

‚Herrscher der Gläubigen' Antwort auf die Frage nach der Wahrheit zu geben."[5]

Und was ist von daher der *Sinn der Ringparabel* für den Muslim Salim Abdullah? Wir hören: „Der Ring ‚von unschätzbarem Wert', dessen Stein ‚hundert schöne Farben spiegelte', und der zudem die ‚geheime Kraft' besaß, ‚vor Gott und Menschen angenehm zu machen', ist eine kostbare Gottesbotschaft, die in der *umm al-kitab,* in der ‚Mutter des Buches', einer kostbaren Tafel bei Gott aufbewahrt wird, und die er Juden, Christen, Muslimen (als gleichschöner Ring) zum Erbe gab. Bereits der große Muslimgelehrte Ibn Taimijja stellte den Islam, gestützt auf den Koran, in eine zusammenhängende Tradition mit den Lehren der Tora und des Evangeliums: Sie seien die übereinstimmende Heilsbotschaft, das Wort Gottes; und der große islamische Reformator, Mufti Mohammad Abdu (Lessing und Mohammad Abdu gehörten beide der Freimaurerloge an) verkündete den Lehrsatz: ‚Die Bibel, das Evangelium und der Koran sind drei zusammenhängende Bücher. Die religiös eingestellten Menschen lesen aufmerksam alle drei und verehren sie gleichermaßen. So vervollständigt sich die göttliche Belehrung, und die wahre Religion zeigt ihren Glanz durch die Jahrhunderte'. Hier wird sie also deutlich, die *Fraternité d'Abraham,* aber auch die Konsequenz, die Lessing in dem Satz zusammenfaßt: ‚Es strebe von euch jeder um die Wette, die Kraft des Steins in seinem Ring an Tag zu legen', und die im Koran in der Forderung gipfelt: ‚Wetteifert miteinander in guten Werken'."[6]

Strukturelle Analogien zwischen dem geschichtlich differenzierten dreifachen Offenbarungsverständnis des Koran und Lessings Konzeption eines Neben- und Miteinanders von Juden, Christen und Muslimen sind somit unübersehbar. Aber das alles wäre buchstäblich grundlos, beruhte das Neben- und Miteinander nicht auf einem spirituellen Fundament. Im „Nathan" gibt es dafür eine Schlüsselkategorie: Ergebenheit in Gott.

5 *M. S. Abdullah,* Zur Ringparabel in Lessings „Nathan der Weise", in: Toleranz heute. 250 Jahre nach Mendelssohn und Lessing, Berlin 1979, S. 41–43, Zitat S. 41.

6 *M. S. Abdullah,* a. a. O. S. 42. Vgl. auch *ders.,* Islam. Für das Gespräch mit Christen, Gütersloh 1992, S. 139f. Vertieft werden diese Gedanken noch einmal in: *M. S. Abdullah — W. Jens — H. Küng — S. Mosès,* Dogmatik, Fundamentalisten und Toleranz. Dialoge zur Ringparabel, in: Sprache im technischen Zeitalter 30 (1992), S. 4–29. Auch in: Moslemische Revue 73 (1997), S. 81–99.

2. Ergebenheit in Gott

Wir haben gesehen: Es geht im „Nathan" — negativ — um die Überwindung von Auserwähltheitsideologien auf allen Seiten und — positiv — um die Möglichkeit eines Miteinander von Menschen verschiedener Religionen unter dem Primat der universalen Liebe. In Figuren wie Nathan, Recha, Tempelherr, Sittah und Saladin ist die Vorwegnahme einer von Vernunft und Menschlichkeit geprägten religiösen Existenzform veranschaulicht. All diese Figuren — ob jüdischer, christlicher oder muslimischer Provenienz — sind die in ihren Traditionen bereitliegenden und möglichen Idealgestalten religiöser Existenz, die vorausentwerfen sollen, was in Zukunft allen Juden, Christen und Muslimen möglich sein sollte.

Die Tiefendimension menschlicher Existenz

Eine Schlüsselbedeutung hat dabei das Wort Gottergebenheit. Im Stück begegnet es zum *ersten Mal* dort, wo Recha der Glaubenseiferin Daja entgegenhält:

> „... Doch so viel tröstender
> War mir die Lehre, daß Ergebenheit
> In Gott von unserm Wähnen über Gott
> So ganz und gar nicht abhängt." (III/1)

Recha macht hier einen klaren Unterschied zwischen dem „Wähnen" (d. h. dem abstrakt-theoretischen Spekulieren) über Gott und der Grundhaltung der Ergebenheit in Gott. Beides ist voneinander unabhängig, was im Umkehrschluß heißt: Selbst wenn auf der Ebene des Spekulierens die Sache mit Gott logisch zwingend dargelegt wäre oder widersprüchlich-unauflösbar bliebe, so könnte dies ein radikales Vertrauen auf Gott, eine letzte Hingabe an Gott, weder erzwingen noch verunmöglichen. Gottergebenheit ist also nicht Ergebnis abstrakten Theologisierens, sondern dessen unerschütterte, unerschütterliche Basis. Gottergebenheit reicht in eine ganz andere Tiefe als das, was durch „Wähnen" erschlossen werden kann. Gottergebenheit also ist für Lessing das *Gegenteil von Theoretisieren* über Gott.

Daß Gottergebenheit im Lessingschen Sinn aber auch das *Gegenteil von Passivität* ist, geht aus der *zweiten Stelle* hervor, an der das Wort vorkommt: aus dem Rat des Richters, der dazu auffordert, aus „innigster Ergebenheit in Gott“ die Kraft des Steins im Ring zur Geltung zu bringen:

„Es eifre jeder seiner unbestochnen
Von Vorurteilen freien Liebe nach!
Es strebe von euch jeder um die Wette,
Die Kraft des Steins in seinem Ring' an Tag
Zu legen! komme dieser Kraft mit Sanftmut,
Mit herzlicher Verträglichkeit, mit Wohltun,
Mit innigster Ergebenheit in Gott
Zu Hülf'!“ (III/7)

Mit Gottergebenheit ist hier die Tiefendimension menschlicher Existenz gemeint, aus der heraus konkretes Handeln in der Welt erst begründet und sinnvoll ist.

Konsequent kann sich denn auch Nathan dem ihm liebsten Christen, dem Klosterbruder, gegenüber einen „gottergebnen Menschen“ (IV/7) nennen. Denn an dieser *dritten Stelle* will er gerade dem Klosterbruder mit seiner Lebensgeschichte verdeutlichen, daß sich der gottergebene Mensch durchaus *„Taten“* abgewinnen kann. Gottergebenheit ist hier das *Gegenteil von Fatalismus oder Resignation;* es ist Zynismusprophylaxe. Das Stück klärt uns ja darüber auf, was es Nathan gekostet hat, diese Gottergebenheit auch dann nicht durch Zynismus zu ersetzen, als ihm von Christen das Schrecklichste angetan wurde, was denkbar ist, die Ermordung seiner Kinder. Dem Klosterbruder gegenüber enthüllt Nathan, wie es trotz allem Haß und aller Verzweiflung zu einer Wende in seinem Leben gekommen ist:

„Doch nun kam die Vernunft allmählig wieder.
Sie sprach mit sanfter Stimm': ‚und doch ist Gott!
Doch war auch Gottes Ratschluß das! Wohlan!
Komm! übe, was du längst begriffen hast;
Was sicherlich zu üben schwerer nicht,
Als zu begreifen ist, wenn du nur willst.
Steh auf!‘ — Ich stand! und rief zu Gott: ‚Ich will!
Willst du nur, daß ich will!‘ — Indem stiegt Ihr

Vom Pferd' und überreichtet mir das Kind
In Euern Mantel eingehüllt — Was Ihr
Mir damals sagtet; was ich Euch: hab ich
Vergessen. Soviel weiß ich nur; ich nahm
Das Kind, trugs auf mein Lager, küßt' es, warf
Mich auf die Knie und schluchzte: Gott! auf Sieben
Doch nun schon Eines wieder!" (IV/7)

Jüdische und christliche Wurzeln

Für Lessings „Nathan" ist das Wort Gottergebenheit zentral, und in der Lessing-Forschung wurde die Frage bereits erörtert, aus welcher Tradition die Rede von der Gottergebenheit wohl komme. Dabei hat man schon früh in diesem Jahrhundert auf das Leibnizsche Theodizee-Verständnis verwiesen[7] oder generell auf das Judentum. So schreibt der Literaturwissenschaftler *Otto Mann* in seinem Lessing-Buch von 1949:

„Daß Lessing den Juden wählt, entspricht auch dem tiefen religiösen Bezug: er (Nathan) ist Angehöriger des Volkes, das sich ganz unter die Herrschaft Gottes gestellt hat, dessen Kultur und politische Geschichte sich in diesem religiösen Verhältnis erschöpft. Auch Nathan ist ganz in diesem persönlichen Verhältnis begründet."[8]

Diese Bezüge werden zweifellos dadurch erhärtet, daß schon der große jüdische Freund *Moses Mendelssohn* im Blick auf Lessing zwar nicht den Begriff Gottergebenheit, wohl aber einen verwandten Begriff, Vorsehungsglauben, benutzt und Lessing hierbei ausdrücklich von Voltaire abgegrenzt hatte:

„Es kömmt mir vor,... als wenn Lessing die Absicht gehabt hätte, in seinem *Nathan* eine Art von *Anti-Candide* zu schreiben. Der Französische Dichter (Voltaire) sammelte alle Kräfte seines Witzes, spornte die unerschöpfliche Laune seines satyrischen Gei-

[7] Vgl. dazu *A. Höltermann*, Lessings Nathan im Lichte von Leibniz' Philosophie, in: Zeitschrift für Deutschkunde 42 (1928), S. 494–507.
[8] *O. Mann*, Lessing. Sein und Leistung, Hamburg 1949, S. 372f.

stes, mit einem Worte, strengte alle ausserordentliche Talente, die ihm die Vorsehung gegeben, an, um auf diese Vorsehung selbst eine Satyre zu verfertigen. Der Deutsche that eben dieses, um sie zu rechtfertigen, und um sie den Augen der Sterblichen in ihrer reinsten Verklärung zu zeigen... Und eben dieses herrliche Lobgedicht auf die Vorsehung..., eben diese selige Bemühung, die Wege Gottes vor den Menschen zu rechtfertigen, wie theuer ist sie nicht unserm unsterblichen Freunde geworden!" (IX, 1231f)

Darüber hinaus hat die Literaturwissenschaftlerin *Ingrid Strohschneider-Kohrs*, der wir eine umfangreiche Studie zum späten Lessing unter dem Titel „Vernunft als Weisheit" (1991) verdanken, *Bezüge zur alttestamentlichen Hiob-Tradition* namhaft gemacht und dabei in präzisen Interpretationen Kontinuität und Diskontinuität herausgearbeitet.[9] Überzeugend kann diese Arbeit zeigen, daß Nathans Haltung in der Tat in einer authentischen, personalen religio-Erfahrung gründet und daß diese religio-Erfahrung, die Vernunft und Vertrauen, Ergebenheit und Tat vereint, abzusetzen ist gegenüber einer passiven Gottergebenheit (Fatalismus) einerseits und einer rein moralisierenden Praxis (Aktivismus) andererseits.

Diese alttestamentlich-jüdischen Wurzeln sind nicht zu leugnen, wohl aber zu ergänzen. Der katholische Theologe und Lessing-Spezialist *Arno Schilson* hat in seinem Buch „Lessings Christentum" (1980) darauf hingewiesen, daß die für Lessing so zentrale Schlüsselkategorie „Ergebenheit in Gott" auch *christliche Wurzeln* hat. Sie bilde nach einstimmiger Überzeugung heutiger Theologie den „innersten Kern der Lebensgestaltung Jesu von Nazarets". Dabei handle es sich um nichts anderes als um jene Gottergebenheit, die man als „Glaube" im ursprünglichen Sinn des Wortes bezeichnen könne und die sich in Jesus Christus, dem „Urheber und Vollender des Glaubens" (Hebr. 12,2), einzigartig verwirklicht habe. Auch bei diesem Glauben gehe es nicht um einen rein intellektuell-geistigen Vollzug, vielmehr um eine die ganze Person und alle Einzelvollzüge umfassende und durchdringende Grundhaltung Gott gegenüber, die sich im alttestamentlichen Sinne in Anlehnung an Jesaia 7,9 („Glaubt ihr nicht, so überlebt ihr nicht") beschreiben lasse als vollkommenes

9 *I. Strohschneider-Kohrs,* Vernunft als Weisheit. Studien zum späten Lessing, Tübingen 1994, S. 68–107.

Vertrauen Gott gegenüber, als liebende Hingabe an seinen Willen, als völliges Wegblicken von sich selbst im Festmachen und Verwurzeln seines Lebens in Gott. Solch bedingungsloser Glaube, der Gehorsam und Hingabe an Gott meine, finde seinen einzigartigen Ausdruck in einem schonungslosen Einsatz für die Welt.[10] Und der Islam?

Islam heißt Gottergebenheit

Die muslimische Tradition muß gerade hier ins Spiel kommen. Denn nur in ihr ist die Wörtlichkeit dieser Aussage belegt. „Ergebenheit in Gott" ist traditionellerweise die deutsche Übersetzung des Wortes *Islam* — und zwar schon zu Lessings Zeiten. Er selber war sich dieser Bedeutung nicht nur bewußt, er hat sie benutzt. In seiner Voltaire-Übersetzung („Von dem Korane und dem Mahomed") gebraucht Lessing dieses Wort dort, wo er Mohammeds Motivation beschreibt: „Ergebenheit in den göttlichen Willen". Aus Marins „Histoire de Saladin" hatte er sich den Satz notiert: „*Islam* ein Arabisches Wort, welches die Überlassung seiner in den Willen Gottes bedeutet" (IX, 660). Und bei Marin selber hatte es im Anschluß daran noch weiter geheißen: „Und *Muslimin* bedeutet diejenigen, die sich denselben überlassen. Von diesem letzten Worte haben wir das Wort *Muselmänner* oder *Muselmans, Muselmannen,* gemacht, und Muselman heißt also ein Mensch, der sich den Führungen Gottes ergiebt." (IX, 1288)[11]

Die Folgerung hat von daher viel für sich, daß das Schlüsselwort „Ergebenheit in Gott" bei Lessing nicht nur jüdisch-alttestamentliche und christliche, sondern vor allem muslimische Wurzeln hat, wird doch im Koran das Wort „Islam" immer dort, wo nicht die religiöse Gemeinschaft, sondern die religiöse Grundhaltung gemeint ist, mit Gottergebenheit übersetzt. Muslime werden diejenigen ge-

10 *A. Schilson,* Lessings Christentum, Göttingen 1980, S. 91. Voraus ging die große Studie, mit der *A. Schilson* die theologische Lessing-Rezeption auf ein neues Niveau hob: Geschichte im Horizont der Vorsehung. G. E. Lessings Beitrag zu einer Theologie der Geschichte, Mainz 1974. Vgl. dort bes. S. 194–199; 248–256.

11 Im Vorwort zur Koran-Ausgabe von *G. Sale,* die Lessing benutzt hat, konnte er den gleichen Grundgedanken beschrieben finden: „And to this religion he (Mohammed) gives the name of Islam, which word signifies *resignation,* or *submission* to the service and commands of God" (S. 50).

nannt, die Gott ergeben sind. Schon den Ur-Muslimen und Gründervätern des Islam, Abraham und Ismael, schreibt der Koran dieses Gebet zu (die folgenden drei Texte nach der hier deutlicheren Übersetzung von R. Paret):

„Herr! nimm (es) von uns an! Du bist der, der (alles) hört und weiß. Und mach, daß wir (beide) dir ergeben sind, und (mach) Leute aus unserer Nachkommenschaft zu einer dir ergebenen Gemeinde." (Sure 2, 127f.)

Ja, der Koran bezeichnet in diesem Sinne auch alle Propheten vor Mohammed als Muslime, als Menschen, die diese radikale Gottergebenheit schon vorgelebt haben:

„Wir glauben an Gott und (an das) was (als Offenbarung) auf uns und was auf Abraham, Ismael, Isaak, Jakob und die Stämme (Israels) herabgesandt worden ist, und was Mose, Jesus und die Propheten von ihrem Herrn erhalten haben, ohne daß wir bei einem von ihnen (den anderen gegenüber) einen Unterschied machen. Ihm sind wir ergeben." (Sure 3, 84)

Und gerade auch für den Koran ist wichtig, daß Ergebenheit in Gott nicht (so ein westliches Klischee) Passivität und Fatalität fördert, sondern gute Werke ermöglicht:

„Wer hätte etwas Besseres zu sagen, als einer, der (die Menschen) zu Gott ruft, tut, was recht ist und sagt: ‚Ich bin (einer) von denen, die sich (Gott) ergeben haben'? Die gute Tat ist nicht der schlechten gleich(zusetzen). Weise (die Übeltat) mit etwas zurück, was besser ist (als sie), und gleich wird derjenige, mit dem du (bis dahin) verfeindet warst, wie ein warmer Freund (zu dir) sein. Aber es (d. h. die Fähigkeit, Böses mit Gutem zu vergelten und dadurch aus einem Feind einen Freund zu machen?) wird nur denen dargeboten, die geduldig sind — nur einem, der großes Glück hat." (Sure 41, 34f)

„Im Islam leben und sterben wir alle": Goethe

Ob Lessing diese Koran-Stellen gekannt hat, muß offen bleiben. Einen direkten Beleg dafür gibt es nicht, wohl aber genügend Indizien, daß Lessing diese Vorstellung als typisch islamisch gekannt hat. Dies ist auch der Fall bei einem anderen Großen der deutschen Literatur, bei *Johann Wolfgang von Goethe,* der ein profunder Islam-Kenner war und auf den wir uns hier einen Seitenblick gestatten, nicht um seiner selbst willen, sondern weil gerade er uns noch einmal eine Deutung Lessings im Kontext des Islam zu geben vermag.[12] In Goethes Gedichten zum „West-östlichen Divan“ (1819), im „Buch der Sprüche“, kann man lesen:

> „Närrisch, daß jeder in seinem Falle
> Seine besondere Meynung preißt!
> Wenn *Islam* Gott ergeben heißt,
> Im Islam leben und sterben wir alle.“[13]

Diese Verse könnten fast ein Kommentar zur „Ringparabel“ sein. Denn Goethe erklärt ja hier ebenfalls das rechthaberische Pochen auf „besondere“ Meinung in Sachen Religion für „närrisch“ und verweist stattdessen auf die für alle maßgebende Grundhaltung der „Ergebenheit“ in Gott. Die Übereinstimmung mit Lessing an diesem Punkt ist mit Händen zu greifen. Darüber hinaus sind Äußerungen von Goethe bemerkenswert, die gerade Lessing in die Nähe muslimischer Geistigkeit rücken, Äußerungen des altgewordenen Weimarers, die *Johann Peter Eckermann* in seinen Aufzeichnungen „Gespräche mit Goethe“ überliefert hat.

Seltsam: Als Tischgespräche im Hause Goethe am 11. April 1827 einmal auf das Thema „Religionslehren“ einschwenken, kommt Goethe plötzlich auf die Muslime zu sprechen und den für sie so typischen *Vorsehungsglauben.* Zugleich verweist Goethe auf eine Parallele im Christlichen:

> „Ihr müßtet wie ich seit 50 Jahren die Kirchengeschichte studiert haben, um zu begreifen, wie das alles zusammenhängt. Dagegen ist es höchst merkwürdig, mit welchen Lehren die Mohammedaner ihre Erziehung beginnen. Als Grundlage in der Religion be-

[12] Den Hinweis auf Goethe verdanke ich *F. Niewöhner,* Das muslimische Familientreffen. G. E. Lessing und die Ringparabel, oder: Der Islam als natürliche Religion, in: Frankfurter Allgemeine Zeitung vom 5. Juni 1996.

[13] *J. W. Goethe,* West-östlicher Divan, Bd. I, hrsg. v. H. Birus, Frankfurt/M. 1994, S. 65 (Bibliothek deutscher Klassiker Bd. 113). Hilfreich zum Verständnis dieser Dichtung ist auch die Ausgabe: J. W. Goethe, West-östlicher Divan, hrsg. v. H.-J. Weitz. Mit Essays zum „Divan“ von H. von Hofmannsthal, O. Loerke u. K. Krolow, Frankfurt/M. 1974 (Insel-TB 75).

festigen sie ihre Jugend zunächst in der Überzeugung, daß dem Menschen nichts begegnen könne, als was ihm von einer alles leitenden Gottheit längst bestimmt worden; und somit sind sie denn für ihr ganzes Leben ausgerüstet und beruhigt und bedürfen kaum eines Weiteren.

Ich will nicht untersuchen, was an dieser Lehre Wahres oder Falsches, Nützliches oder Schädliches sein mag; aber im Grunde liegt von diesem Glauben doch etwas in uns allen, auch ohne daß es uns gelehrt worden. Die Kugel, auf der mein Name nicht geschrieben steht, wird mich nicht treffen, sagt der Soldat in der Schlacht, und wie sollte er ohne diese Zuversicht in den dringendsten Gefahren Mut und Heiterkeit behalten! Die Lehre des christlichen Glaubens: kein Sperling fällt vom Dache ohne den Willen eures Vaters, ist aus derselbigen Quelle hervorgegangen und deutet auf eine Vorsehung, die das Kleinste im Auge hält und ohne deren Willen und Zulassen nichts geschehen kann."[14]

Goethe-Spezialisten wie *Katharina Mommsen*, der wir eine bewundernswert materialreiche Studie über Goethes Verhältnis zum Islam verdanken,[15] haben Vermutungen darüber angestellt, wieso Goethe ausgerechnet in dieser Stunde auf das Thema Islam und Vorsehungsglaube gekommen sei und dabei auf die Spinoza-Lektüre desselben Tages verwiesen: „Aus Goethes Tagebüchern ist nämlich ersichtlich, daß der Dichter an jenem 11. April des Jahres 1827 gerade ein Buch über Spinoza gelesen hatte, und zwar eine der wenigen Schriften, die im frühen 18. Jahrhundert zu Schutz und Verteidigung des verfemten Philosophen verfaßt worden waren: das ebenso berühmte wie seltene Buch von Johann Christian Ebelmann ‚Moses mit dem aufgedeckten Angesicht'. Es dürfte kein Zweifel sein, daß die Beschäftigung mit der Philosophie des Spinoza Goethes Gedanken an jenem Tag auf den Islam gelenkt hat. Gerade weil beide Lehren in der für Goethe so wesentlichen Haltung des ‚amor fati' übereinstimmen, rief die Beschäftigung mit der einen auch die Erinnerung an die andere hervor."[16]

[14] *J.P. Eckermann*, Gespräche mit Goethe in den letzten Jahren seines Lebens (1835) mit einer Einführung, hrsg. v. E. Beutler, TB-Ausgabe München 1976, S. 245f.

[15] *K. Mommsen*, Goethe und die arabische Welt, Frankfurt/M. 1988. Neuerdings auch aus türkisch-islamischer Sicht: *B. Yilmaz*, Goethe ve Islâmiyet, Istanbul 1996.

[16] *K. Mommsen*, a. a. O., S. 253f. Ob bei dieser Assoziation Spinoza – Lessing Goethe an die seit Jacobis Lessing-Buch höchst umstrittene Frage nach Lessings Spinozismus gedacht hat, muß

Den Spinoza-Einfluß können wir hier nur vermuten. Mit Sicherheit aber können wir sagen, daß Goethe im Verlauf desselben Gesprächs bemerkenswerterweise auf *Lessing* zu sprechen kommt — und zwar nach wie vor im Kontext des Islam. Zunächst breitet Goethe vor seinen Zuhörern sein Wissen über Unterrichtsmethoden der Muslime „in der Philosophie" aus. Er scheint hier genau Bescheid zu wissen, erklärt er doch wie selbstverständlich:

> „Sodann ihren Unterricht in der Philosophie beginnen die Mahommedaner mit der Lehre: daß nichts existiere, wovon sich nicht das Gegenteil sagen lasse; und so üben sie den Geist der Jugend, indem sie ihre Aufgaben darin bestehen lassen, von jeder aufgestellten Behauptung die entgegengesetzte Meinung zu finden und auszusprechen, woraus eine große Gewandtheit im Denken und Reden hervorgehen muß.
>
> Nun aber, nachdem von jedem aufgestellten Satze das Gegenteil behauptet worden, entsteht der Zweifel, welches denn von beiden das eigentlich Wahre sei. Im Zweifel aber ist kein Verharren, sondern er treibt den Geist zu näherer Untersuchung und Prüfung, woraus denn, wenn diese auf eine vollkommene Weise geschieht, die Gewißheit hervorgeht, welches das Ziel ist, worin der Mensch seine völlige Beruhigung findet.
>
> Sie sehen, daß dieser Lehre nichts fehlt und daß wir mit all unsern Systemen nicht weiter sind und daß überhaupt niemand weiter gelangen kann."[17]

Man weiß nicht genau, woher Goethe sein Wissen ausgerechnet über muslimische Lehrmethoden in der Philosophie bezog, welche Form des Unterrichts und welchen Philosophen er konkret vor Augen hatte.[18] Klar ist, daß der letzte Satz des Zitats die Pointe des

hier ebenfalls offen bleiben. Vgl. dazu: *H. Timm*, Gott und die Freiheit. Studien zur Religionsphilosophie der Goethezeit (Bd. I: Die Spinozarenaissance), Frankfurt/M. 1974.

17 *J. P. Eckermann*, a. a. O., S. 246 (s. Anm. 14).

18 Dazu informiert *K. Mommsen* wie folgt: „Woher Goethe seine Informationen über diese Art des Unterrichts in der Philosophie hat, ist ungeklärt. Für die sachliche Richtigkeit von Goethes Darstellung bzw. Eckermanns Wiedergabe konnte ich von muslimischer Seite keine Bestätigung erhalten. ... Mir scheinen Goethes Gedankengänge und Schlußfolgerungen auf Lektüreeindrücken wie dem ‚Mesnewi' des Dschelâl-eddîn Rumi und anderer sufischer Dichter zu basieren, in deren religiösem System alle Widersprüche durch den Glauben an die höchste

Ganzen enthält. Goethe ist offensichtlich daran interessiert, den Islam zu loben und ihm dieselbe philosophische Höhe zuzumessen wie vergleichbaren Denksystemen in Europa. Und in diesem Zusammenhang fällt nun auch der Hinweis auf Lessing:

> „Wir standen von Tisch auf, und Goethe nahm mich mit hinab in den Garten, um unsere Gespräche fortzusetzen. An Lessing, sagte ich, ist es merkwürdig, daß er in seinen theoretischen Schriften, zum Beispiel im Laokoon, nie geradezu auf Resultate losgeht, sondern uns immer erst jenen philosophischen Weg durch Meinung, Gegenmeinung und Zweifel herumführt, ehe er uns endlich zu einer Art von Gewißheit gelangen läßt. Wir sehen mehr die Operation des Denkens und Findens, als daß wir große Ansichten und große Wahrheiten erhielten, die unser eigenes Denken anzuregen und selbst produktiv zu machen geeignet wären.
>
> ‚Sie haben wohl recht', sagte Goethe. ‚Lessing soll selbst einmal geäußert haben, daß, wenn Gott ihm die Wahrheit geben wolle, er sich dieses Geschenk verbitten, vielmehr die Mühe vorziehen würde, sie selber zu suchen. Jenes philosophische System der Mohammedaner ist ein artiger Maßstab, den man an sich und andere anlegen kann, um zu erfahren, auf welcher Stufe geistiger Tugend man denn eigentlich stehe.'"[19]

Wir haben dieses Wort von Lessing ebenfalls bereits zitiert, auf das Goethe anspielte. Es stammt aus der ersten Runde des „Fragmentenstreits", als Lessing in einer „Duplik" sich Angriffen erwehrt und seine religiöse Grundhaltung vor Gott zu veranschaulichen sucht. Und hier, in der Überzeugung, daß für Menschen die Wahrheitssuche angemessener sei als die Wahrheitssicherheit, waren sich Goethe und Lessing sehr nahe. Nahe auch bei der gezielten Aufwertung des Islam. Denn auch Goethe wollte ja mit diesen seinen Äußerungen ganz offensichtlich das religiöse (Ergebenheit in Gott) und philosophische (Methode der Wahrheitsfindung) Potential des Islam positiv herausstellen. Deshalb ist die Erwähnung Lessings kaum bloßer Zufall. Ja, die Schlußfolgerung drängt sich auf: Wenn Goethe hier

Instanz aufgelöst werden, ‚worin der Mensch seine völlige Beruhigung findet'" (a. a. O., S. 253, s. Anm. 15).

19 *J. P. Eckermann*, a. a. O., S. 247 (s. Anm. 14)

den Islam zum Verständnis Lessings, und Lessing zum Verständnis des Islam heranzieht, dann sieht er offensichtlich eine gewisse Affinität zwischen Lessingschem und muslimischem Denken.

3. Glaube an die Alltäglichkeit des Wunderbaren

Es ist nun an der Zeit, Perspektiven nach vorn zu riskieren. Wir haben schon davon gesprochen, daß der Schluß des „Nathan" märchenhaft-wunderbar klingt und daß auch dies konzeptionelle Absicht ist. Denn gerade dieser Schluß erweist sich als Konkretion dessen, was in der allerersten Szene schon angedeutet wurde — im Gespräch Dajas mit dem heimkehrenden Nathan. Wir erinnern uns: Als Nathan von Rechas Vorstellungen hört, ein Engel müsse sie gerettet haben, und darüber lächelt, weist Daja ihn darauf hin:

> „Lächelt nicht! — Wer weiß?
> Laßt lächelnd wenigstens ihr einen Wahn,
> In dem sich Jud' und Christ und Muselmann
> Vereinigen; — so einen süßen Wahn!" (I/1)

Was der „Nathan" uns zumutet

Diesen „süßen Wahn" stellt das Stück uns vor Augen: die Möglichkeit einer „Vereinigung", d. h. eines versöhnten Neben- und Miteinander von Juden, Christen und Muslimen. Vom Streit zum Wettstreit der Religionen — das war die Devise. Daß sie alles andere als naiv ist, zeigt die Erinnerung daran, was Lessing uns Zuhörern/Lesern an Glauben zumutet:
(1) Über Kontinente verstreute, durch unterschiedliche Religionen getrennte, durch die Macht ihrer jeweiligen Traditionen gespaltene Menschen erkennen sich als *Angehörige einer Familie* wieder, einer Familie des Blutes und des Geistes.
(2) Angesichts eines jederzeit wieder aufflackernden Kriegs zwischen Christen und Muslimen im *Jerusalem der Kreuzzugszeit,* angesichts jederzeit wieder möglicher Pogrome von Christen an Juden, ange-

sichts also einer äußerst fragilen militärischen und religionspolitischen Situation, bei welcher der auf Waffenstillstand beruhende Friede jederzeit wieder umschlagen kann in Gewalt und Blutvergießen, in der Atempause des Todes also, wagt es Lessing, eine Gruppe von Juden, Christen und Muslimen auf die Bühne zu stellen, die fähig sind, sich gegenseitig in die Arme zu fallen.

Thomas Koebner hat dieses Zugleich von tragischem Umfeld und antitragischer Vision einmal treffend so beschrieben: „Lessing wollte es offenbar nicht vermeiden, daß es wiederholt in seinem Stück wetterleuchtet — die Turbulenzen von einst und von außerhalb doch bei den handelnden Personen immer wieder für Augenblicke zumindest Schauer erregen. Nicht von ungefähr deutet der letzte Satz des Stückes diese weitgehend ausgesparte und ausgeblendete andere Realität an, wenn Saladin zum Tempelherrn, seinem wiedergefundenen Neffen, dem Abbild seines Bruders Assad, sagt (wenn auch ironisch vorwurfsvoll): Er konnte mich beinahe ‚zu seinem Mörder machen wollen'! Der normale Gang der Dinge wird so in Erinnerung gerufen: Da findet keine Rettung in nächster Minute statt, da entdeckt der Henker nicht auf dem Gesicht des Opfers die Ähnlichkeit mit seinesgleichen; da kommt nicht rechtzeitig ein just begnadigter Tempelherr vorbei, um ein Mädchen aus den Flammen zu retten; da heißt der Sultan nicht Saladin und der Jude nicht Nathan."[20]

Den „Nathan" versteht man somit nur, wenn man beides sieht: den Kontext der Religionstragödien und die in diesen Kontext hineingestellte Vision. Hier wollte der Dramatiker bewußt ein antitragisches Stück schreiben im Bewußtsein aller Tragödien des Lebens, eine Geschichte gegen den Tod erzählen — im Horizont furchtbarer Katastrophen. Auch das hatte er offensichtlich bei Boccaccio gelernt: Große Literatur entsteht nicht selten in Momenten der Bedrohung, als Widerstand gegen Blut und Tod. Kunst wird dann zur Überlebens-Kunst. Auch Lessings „Nathan" ist ein Stück Angstbewältigung des Todestraumas: Menschen sollen für ihre Religion oder im Namen ihrer Religion nicht mehr leiden oder sterben. Insofern ist sein „Nathan" wie Boccaccios „Decamerone" Ausdruck trotziger Lust am Leben, ein Stück Lebensfeier, Lebensglück.

[20] *Th. Koebner*, „Nathan der Weise". Ein polemisches Stück?, in: Lessings Dramen, Stuttgart 1987, S. 138–206, Zitat S. 146.

So märchenhaft die Schlußlösung des Stückes ist — „der Christensohn und die Judentochter als die leiblichen Kinder eines Muselmanen"[21] —, so illusionsfrei war Lessing im Blick auf die gesellschaftlichen und religionspolitischen Chancen, die er diesem Miteinander einräumte. Nur schon sein Stück aufzuführen, hielt er für aussichtslos. Viele seiner Äußerungen lassen dies schon früh ahnen. In der *geplanten Vorrede* ist fast schon alles gesagt:

> „Noch kenne ich keinen Ort in Deutschland, wo dieses Stück schon jetzt aufgeführt werden könnte. Aber Heil und Glück dem, wo es zuerst aufgeführt wird." (IX, 666)

Und schon im Januar 1779 schreibt Lessing an Johann Gottfried Herder nach Weimar:

> „Nathan kann nicht eher als in der Ostermesse erscheinen, und Sie sollen von Leipzig aus die verlangten Exemplare erhalten. Ich will hoffen, daß Sie weder den Prophet Nathan noch eine Sartyre auf Goezen erwarten. Es ist ein Nathan, der beim Boccaz *(Giornata 1. Novella 3.)* Melchisedek heißt, und dem ich diesen Namen nur immer hätte lassen können, da er doch wohl wie Melchisedek, ohne Spur vor sich und nach sich, wieder aus der Welt gehen wird. Introite, et hic Dei sunt! kann ich indes sicher meinen Lesern zurufen, die dieser Fingerzeig noch unmutiger machen wollte."[22]

Das lateinische Zitat ist das Motto, das Lessing seinem Nathan mitgab: Tretet ein, denn auch hier sind Götter! Und ohne auf die komplexen Bedeutungsschichten dieses bewußt gewählten Zitates hier einzugehen,[23] läßt sich doch so viel für Lessings „Nathan" sagen: Mit diesem Satz ist noch einmal programmatisch formuliert, daß Lessing plädiert für die Umwertung herkömmlicher Vorstellungen vom Göttlichen und Profanen (es ist das blutige Jerusalem, das zum Er-

[21] *H. Politzer*, a. a. O., S. 359 (s. „Grundliteratur zu Lessing").

[22] *G. E. Lessing*, Brief an J. G. Herder vom 10. 1. 1779, in: Briefe von und an Lessing (1776–1781), hrsg. v. H. Kiesel, Frankfurt/M. 1994, S. 225.

[23] Die verschiedenen Sinnschichten im intertextuellen Beziehungsgefüge hat glänzend herausgearbeitet: *H. Birus*, Introite, nam et heic Dii sunt! Einiges über Lessings Mottoverwendung und das Motto zum *Nathan*, in: Euphorion 75 (1981), S. 379–410.

wählungsort der Vorsehung wird); daß er die ganze Wirklichkeit „einschließlich aller Religionen" durchwaltet sieht vom göttlichen Geist, daß er so in der ganzen Geschichte auch immer wieder einen Ort des Gnadenhaften und Wunderbaren erblickt. Das alles aber wird ermöglicht durch eine entschiedene Absage an alle Ausschließlichkeitsansprüche der geoffenbarten Religionen. Aber auch hier war Lessing nüchtern in der Einschätzung der Wirkung seines Stükkes: An den Bruder Karl schreibt er im April 1779 nach Berlin:

> „Es kann wohl sein, daß mein Nathan im Ganzen wenig Wirkung tun würde, wenn er auf das Theater käme, welches wohl nie geschehen wird. Genug, wenn er sich mit Interesse nur lieset und unter tausend Lesern nur Einer daraus an der Evidenz und Allgemeinheit seiner Religion zweifeln lernt."[24]

„Nathan" als Zynismusprophylaxe

Ja, Lessing kannte den Geist bzw. Ungeist der Zeiten und daß der *„Wahn"* — um mit Walter Jens zu sprechen — nur vorscheinweise, nur in den antizipierenden Träumen der Kunst, *Wahrheit* werden könne: „Nur auf dem Theater ließ sich die autonome Gesellschaft jener sympathisierenden Geister realisieren, die keiner Regierung mehr bedürften, keiner weltlichen Tyrannei und keiner religiösen Disziplinierung".[25] Und *Walter Jens* hat selber einmal in einem Stück Theater uns die faszinierende Möglichkeit vor Augen gestellt, daß Lessing im Geistergespräch mit Heinrich Heine die große Idee verraten habe, die ihm beim Schreiben des „Nathan" vorgeschwebt habe. Noch niemandem habe er davon erzählt. Heinrich Heine, sein Bruder im Geist, sei der erste, denn nur er würde sie verstehen — die große Idee. Was ist sie? Nathan, so der Jens'sche Lessing, sei als „Zurücknahme Shakespeares" gedacht gewesen, als Zurücknahme desjenigen Stücks vom „Kaufmann von Venedig", in dem der Jude Shylock als haßerfüllter, rachedürstiger jüdischer Antiheld dargestellt ist. Lessing dagegen:

[24] *G. E. Lessing*, Brief an K. Lessing vom 18. 4. 1779, in: a. a. O., S. 247 (s. Anm. 22).

[25] *W. Jens*, Lessings „Nathan der Weise", in: W. Jens — H. Küng, Dichtung und Religion, München 1985, S. 119.

„Ich wollte den Wucherer Shylock mit seinem Opfer versöhnen — mit Antonio, dem Kaufmann, aus dessen Leib sich der Jud sein Pfund Fleisch herausschneiden möchte. Den Handelsherrn, der keinen Zins nimmt — den Christen also! — und den Schacherer — diesen unseligen Vater... Diese beiden in einer einzigen Figur zu vereinen — einem Menschen-Bürger, der für alles steht, die guten Willens sind... das, lieber Heine, war mein Ziel. Am Beispiel Nathans, des erlösten Shylock, eine Welt vorwegzunehmen, in der Jud so viel wie Christ gilt, Frau so viel wie Mann. Aber es ist mir nicht gelungen: Familiarität und blutiger Haß, Wirklichkeit und Utopie... das wollte sich einfach nicht fügen. Das ging nicht zusammen. Aber wenn *wir* uns zusammentun..."[26]

Doch so ergreifend diese Vision ist, sie muß ergänzt werden. Nathan ist gewiß die Zurücknahme Shakespeares, die Erlösung Shylocks. Der Anti-Jude aufgehoben in der Figur dessen, der den jüdischen Humanismus verkörpert. Aber zugleich darf die muslimische Dimension nicht länger ausgeblendet werden. „Nathan" ist auch die Zurücknahme Tassos und Cronegks. Sein Saladin „erlöst" alle muslimischen Anti-Helden vom Schlage Aladins, wie sie bei Tasso und Cronegk noch zu finden waren: verschlagene, grausame, gewalttätige, Christen verfolgende muslimische Herrschernaturen. Saladin und Sittah „erlösen" auch den Jahrhunderte alten, tiefeingefressenen christlichen Antiislamismus, der ebenso wie der Antijudaismus derart unausrottbar scheint, daß er zu allen Zeiten wieder neu aktiviert werden kann. Auch hier ist der „Nathan" von uneingeholter utopischer Qualität; er bleibt das „Gegenbild einer Gesellschaft".[27]

Lessing aber war eben nie Zyniker genug, um jede Hoffnung auf ein versöhntes Miteinander von Juden, Christen und Muslimen in sich abzutöten oder durch die Geschichte als endgültig widerlegt zu betrachten. Gesellschaftliche, politische und kirchliche Gründe für Verzweiflung gab es genug. Nicht erst George Tabori hat sie im fahlen Licht von Auschwitz bewußt gemacht. Der „Fragmentenstreit"

[26] *W. Jens,* Der Teufel lebt nicht mehr, mein Herr! Ein Totengespräch zwischen Lessing und Heine, in: ders., In Sachen Lessing. Vorträge und Essays, Stuttgart 1983, S. 62–90, Zitat S. 86f.

[27] Vgl. dazu *K. Bohnen,* „Nathan der Weise". Über das „Gegenbild einer Gesellschaft" bei Lessing, in: Deutsche Vierteljahrschrift für Literaturwissenschaft und Geistesgeschichte 53 (1979), S. 394–416.

hatte Lessing in aller Drastik gezeigt, wie tief der christliche Antijudaismus und Antiislamismus verwurzelt war. Auch persönlichste Gründe für bittersten Zynismus hatte es in Lessings Leben gegeben. Wer könnte vergessen, unter welchen persönlichen Umständen Lessing im Wolfenbüttel der Jahre 1778/79 seinen „Nathan" zu Papier brachte:

- *Tod seines Neugeborenen:* Im Oktober 1776 hatte Lessing nach langer, fünfjähriger Verlobungszeit endlich seine geliebte Frau, Eva König, heiraten können, und eine glückliche Zeit schien angebrochen. Da stirbt am 26. Dezember 1777, einen Tag nach der Geburt, sein soeben geborenes Söhnchen, und für Lessing bricht eine Welt zusammen. Einem Freund schreibt er:

  „Meine Freude war nur kurz: Und ich verlor ihn so ungern, diesen Sohn! denn er hatte so viel Verstand! so viel Verstand! — Glauben Sie nicht, daß die wenigen Stunden meiner Vaterschaft, mich schon zu so einem Affen von Vater gemacht haben! Ich weiß, was ich sage. — War es nicht Verstand, daß man ihn mit eisern Zangen auf die Welt ziehen mußte? daß er sobald Unrat merkte? — War es nicht Verstand, daß er die erste Gelegenheit ergriff, sich wieder davon zu machen? — Freilich zerrt mir der kleine Ruschelkopf auch die Mutter mit fort! — Denn noch ist wenig Hoffnung, daß ich sie behalten werde. — Ich wollte es auch einmal so gut haben wie andere Menschen. Aber es ist mir schlecht bekommen."[28]

- *Tod der eigenen Frau:* 14 Tage später, am 10. Januar 1778, erliegt auch die geliebte Frau den Folgen des Kindbetts. Demselben Freund wird dies in aller Kürze mitgeteilt, und die Lakonie der Sätze, durchmischt mit schwarzem Sarkasmus, wirkt auf uns ergreifender als alles weitschweifige Trauerpathos:

  „Meine Frau ist tot: und diese Erfahrung habe ich nun auch gemacht. Ich freue mich, daß mir viel dergleichen Erfahrungen nicht mehr übrig sein können zu machen; und ich bin ganz leicht."[29]

Der Schmerz über den Verlust der beiden geliebten Wesen sitzt tief in Lessing. Einsamkeit prägt von nun an noch mehr als zuvor sein

[28] *G. E. Lessing*, Brief an J. J. Eschenburg vom 31. 12. 1777, in: a. a. O., S. 116 (s. Anm. 22).
[29] *G. E. Lessing*, Brief an J. J. Eschenburg vom 10. 1. 1778, in: a. a. O., S. 119 (s. Anm. 22).

Leben; die Krankheiten verschlimmern sich. Der „Nathan" entsteht in dieser Situation und Stimmung. Zwei Tage, bevor er von seinem nächtlichen „närrischen Einfall", den „Nathan" zu schreiben, sprechen sollte, hatte er noch an Elise Reimarus nach Hamburg geschrieben:

> „Ich bin mir hier ganz allein überlassen. Ich habe keinen einzigen Freund, dem ich mich ganz anvertrauen könnte. Ich werde täglich von hundert Verdrießlichkeiten bestürmt. Ich muß ein einziges Jahr, das ich mit einer vernünftigen Frau gelebt habe, teuer bezahlen. Ich muß alles, alles aufopfern, um mich einem Verdachte nicht auszusetzen, der mir unerträglich ist. Wie oft möchte ich es verwünschen, daß ich auch einmal so glücklich sein wollen, als andere Menschen! Wie oft wünsche ich, mit eins in meinen alten isolierten Zustande zurückzutreten; nichts zu sein, nichts zu wollen, nichts zu tun, als was der gegenwärtige Augenblick mit sich bringt!"[30]

Parallelen zur Situation des „Nathan" drängen sich auf und sind in den Kommentaren zum Stück auch immer wieder gezogen worden. Wer könnte in der Tat übersehen, daß Lessing Nathans Unglücksgeschichte, das Hadern mit Gott und doch die letzte „Ergebenheit in Gott" deshalb so ergreifend beschreiben konnte, weil er ein durch die eigene Unglücksgeschichte verwundeter Mensch war? Vom Tod von „Weib und Kind" hatte Lessing seinen Nathan berichten lassen, vom Weinen, vom Zürnen, vom Toben gegen Gott und vom Verwünschen der Welt. Und doch auch von der Wiederkehr der Vernunft:

> „Sie sprach mit sanfter Stimm': ‚Und doch ist Gott!
> Doch war auch Gottes Ratschluß das! Wohlan!
> Komm! übe, was du längst begriffen hast;
> Was sicherlich zu üben schwerer nicht
> Als zu begreifen ist, wenn du nur willst
> Steh auf!' — Ich stand! und rief zu Gott: ich will!
> Willst du nur, daß ich will!" (IV/7)

Vernünftige „Ergebenheit in Gott" aber ist Lessing auch die Basis seiner Hoffnung auf eine Verständigung gerade der abrahamischen

[30] *G. E. Lessing*, Brief an E. Reimarus vom 9. 8. 1778, in: a. a. O., S. 184 (s. Anm. 22).

Religionen. In dieser Theozentrik sah er das theologische und spirituelle Minimum, das als Basis für ein solidarisches Miteinander von Juden, Christen und Mulsimen ausreichen müßte. Arno Schilson hat mit Recht auf diese die Religionen verbindende theozentrische Dimension hingewiesen: „Dieser vom Bekenntnis zur Gottessohnschaft Jesu unbelastete, allein auf *Gott* bzw. *Vorsehung*, *Mensch* und *geschichtliche Praxis* verweisende Kern eines glaubenden Menschseins steht jedem offen, der seine Vernunft im ursprünglichen und schöpfungsgemäßen Sinn (als Vernehmen von Gottes Stimme) zu brauchen weiß und so den Sinn der Geschichte in gottergebenem und humanem Handeln verwirklicht.“[31]

„Jud, Christ und Muselman“ – vereinigt?

Auch für seinen „Nathan“ vertraute Lessing darauf, daß das geschilderte „Wunder“ eine erzieherische Kraft entwickeln würde. Wie sein Nathan hat auch er sich den Glauben daran bewahrt, daß die Wunder, die „wahren, echten Wunder alltäglich werden können, werden sollen“ (I/2). Zumindest auf der Spielebene des Stücks ist denn auch dieses „Wunder“ geschehen, wenn unter „stummer Wiederholung allseitiger Umarmungen“ der Vorhang fällt. Ob aber auch dieses Wunder „alltäglich“ wird, hängt davon ab, ob Juden, Christen und Muslime sich herausfordern lassen, aus dem Spiel Ernst, aus dem Wahn Wirklichkeit werden zu lassen, ob sie ihrerseits fähig sind wie der Lessingsche Tempelherr (III/8), im „gelobten Land“ endlich einmal Frieden zu geloben und einzuhalten:

> „Lächelt nicht! – Wer weiß?
> Laßt lächelnd wenigstens ihr einen Wahn,
> In dem sich Jud' und Christ und Muselmann
> Vereinigen; – so einen süßen Wahn!“ (I/1)

„Er war ein vollendeter und vollendender Mensch des 18. Jahrhunderts, und er war ein ganzer Fremdling in dieser seiner Zeit“[32] – mit diesem Satz Karl Barths hatten wir das Buch eingeleitet. Wir

[31] *A. Schilson*, Lessings Christentum, S. 92 (s. Anm. 10).

[32] *K. Barth*, Lessing, in: ders., Die protestantische Theologie im 19. Jahrhundert. Ihre Vorgeschichte und ihre Geschichte, Zürich 1946, S. 208–236, Zitat S. 208.

können ihn am Ende mit noch größerem Recht wiederholen. Denn wir können jetzt erst voll begreifen: An dieser Fremdheit Lessings in Sachen Judentum,Christentum und Islam hat sich bis heute nichts geändert. Und ich rufe noch einmal die Gegenerfahrung in Erinnerung, die der Dramatiker George Tabori in seinem Stück „Nathans Tod“ (1991) beschrieben hat. Die Vision der Ringparabel — zerfetzt durch die Geschichte, widerlegt durch Auschwitz. Und doch — von Karachi bis Los Angeles, von Europa bis Israel — ist Lessings „dramatisches Gedicht“ vom Wettstreit der Religionen um das Gute ein Programm geblieben, das allen Verrat überlebte und dessen Schändung nicht das letzte Wort blieb. Lessings Entwurf kann auch heute noch Menschen ergreifen und zu versöhnter Verschiedenheit inspirieren — ob in Deutschland, Palästina oder anderswo.

Dies gilt insbesondere für die Stadt Jerusalem, für den Ort, in dem am Ende des 20. Jahrhundert Juden, Christen und Muslime noch stärker als früher aufeinander angewiesen sind, sollen nicht alle miteinander in den Abgrund gerissen werden. Jerusalem, Palästina?

Daja:

„O! das ist das Land
Der Wunder!“

Tempelherr:

„Nun! — des Wunderbaren. Kann
Es auch wohl anders sein? Die ganze Welt
Drängt sich ja hier zusammen.“ (III/10)

EPILOG

NICHT UNTER LESSINGS NIVEAU ODER: PERSPEKTIVEN EINER RELIGIONSTHEOLOGIE DER ZUKUNFT

„Sei keinem Juden, keinem Muselmanne
Zum Trotz ein Christ"
Saladin zum Tempelherrn

Kein Schlußwort ist hier am Platz, vielmehr ein Blick nach vorn. Denn Lessings Entwurf einer Theologie der Religionen ist eine bleibende Herausforderung für Judentum, Christentum und Islam. Lessings Agenda ist auch für eine heutige Theologie der Religionen noch nicht erledigt.

Deutlich wurde: Die theologische Beunruhigung des Islam hat Lessing wahrgenommen. Die Erschütterung des Absolutheitsanspruchs des Christentums angesichts konkurrierender lebendiger Offenbarungsreligionen wie Judentum und Islam hat er registriert und im „Fragmentenstreit" öffentlich verstärkt. Die Konsequenzen, die er daraus zog, waren folgenreich: Das Christliche kann sich nicht länger gegen, sondern nur mit den anderen Religionen behaupten und behält nur dann Glaubwürdigkeit, wenn es im Geiste der Liebe Menschen auf Menschlichkeit hin verwandelt.

So besteht Lessings Herausforderung *im Zutrauen zu einer anderen Form des Miteinanders.* Lessings Konzeption traut Juden, Christen und Muslimen zu, ihren Glauben so zu verstehen, daß am Ende ein Mehr an Miteinander als an Gegeneinander steht, mehr Wettstreit als Streit. Ja, Lessing traut Juden, Christen und Muslimen zu, durch Besinnung auf eine gemeinsame Grundbasis — Gottergebenheit und Ethos — ihre Beziehung untereinander zum Besseren zu wenden. Denn für Lessing bedeutet Ergebenheit in Gott *zugleich* eine Rückbesinnung auf die Liebe Gottes:

- mit der der Schöpfer von Anfang an „Mann und Männin" ausgestattet hat;

- mit der eine rechthaberisch-arrogante Rangfolge unter den Religionen beseitigt ist;
- mit der Menschen fähig sind zu vorurteilsfreiem Verhalten, zu Sanftmut, Verträglichkeit und Wohltun.

Das aber heißt zugleich: Lessing registriert zwar die theologische Beunruhigung des Islam, inhaltlich aber geht er in diese Religion nicht hinein. Nirgendwo betreibt Lessing eine detaillierte theologische Sachauseinandersetzung — mit keiner der nichtchristlichen Religionen. Glänzend kann er die Gleichrangigkeit der Religionen begründen, nicht interessiert ist er daran, die inhaltlichen Unterschiede herauszuprofilieren oder gar zu legitimieren. Nicht „von innen" argumentiert Lessing, sondern „von außen". Binnentheologische Probleme sind nicht die seinen. Er beantwortet nicht unsere zahlreichen theologischen Einzelfragen, warum denn in letzten Fragen des Offenbarungs- und Wahrheitsverständnisses Juden, Christen und Muslime Unvereinbares gegeneinandersetzen. Warum auch? Er ist Schriftsteller, und als solcher hat er sich stets bescheiden als „Liebhaber der Theologie" (IX, 57) bezeichnet, nicht als professionellen Theologen. Ein Liebhaber der Theologie — aber auf welchem Niveau!

Daraus aber folgt nun: Lessings im Gewande der Literatur präsentierte Religionstheologie ist kein Ersatz für eine genuin jüdische, christliche oder muslimische Theologie der Religionen. Hier kann es für keine der drei Religionen ein simples „Zurück zu Lessing" geben. Aber Lessing gibt das denkerische und ethische Niveau für jede künftige Religionstheologie vor, unter das keine jüdische, christliche oder muslimische Theologie fallen sollte — bei Strafe ihrer moralischen Unglaubwürdigkeit. Lessings Herausforderung lautet vielmehr: Religionen sind in ihrer Glaubwürdigkeit vor Gott und den Menschen daran zu messen, ob sie Menschen verständigungsbereiter, friedensfähiger und solidarischer machen können. Eine authentische jüdische, christliche oder muslimische Religionstheologie wäre also gut beraten, auf ihre je spezifische Weise dasselbe Niveau anzustreben.

Konkret heißt das: Im vollen Bewußtsein der unvereinbaren Geltungsansprüche wäre es Aufgabe der Zukunft, aus jüdischen, christlichen und muslimischen Quellen heraus eine Theologie des je Anderen, des religiös Fremden, des Andersglaubenden zu entwickeln, die im Ergebnis ein Mehr an Menschlichkeit, Friedensbereitschaft und Solidarität hervorbringt. Eine solch genuin jüdische, christliche und muslimische Religionstheologie hat dabei einen prinzipiell anderen Ausgangspunkt als Lessing. Während Lessing im „Nathan" der Frage der inhaltlichen Differenzen zwischen den Offenbarungsreligionen bewußt auswich — und zwar, wie wir sahen, mit Hilfe des theozentrischen und anthropozentrischen Arguments —, kann eine Religionstheologie, die aus der Loyalität zu ihren Traditionen heraus entwickelt wird, von diesen Differenzen zwischen den Religionen nicht einfach absehen. Sie muß sie benennen, begreifen, begründen, sind doch diese Differenzen zwischen Judentum, Christentum und Islam sind nicht einfach mit der Parole „Wir sind doch alle nur Menschen" aus der Welt zu schaffen. Ist es denn so sicher, daß das theozentrische Argument nur zugunsten des „Gleichviel" der Religionen spielt und nicht möglicherweise auch zugunsten der Unterschiede? Vielleicht wollte Gott ja gerade auch die innere Differenzierung und geschichtliche Rangfolge der Religionen?

Die authentischen Offenbarungsschriften (die Hebräische Bibel, das Neue Testament, der Koran) jedenfalls sprechen eher für die letztere Annahme. Der große protestantische Theologe *Karl Barth* hatte an diesem Punkt wohl recht, wenn er gegenüber Lessing einwandte: „In ihren entscheidenden Sätzen trifft (die Lessingsche Polemik) den Begriff der Heiligen Schrift als des maßgebenden Dokuments der für die Kirche mit der Offenbarung identischen Geschichtswahrheit, d. h. aber sie trifft den eben in diesem Begriff festgehaltenen Autoritätscharakter dessen, was die Kirche Offenbarung nennt, ihren Charakter als von oben hereinfallende, aller sonstigen Geschichtswahrheit von außen gegenübertretende besondere, und zwar einzigartig qualifizierte Geschichtswahrheit. Denn das ist der Charakter, der der Offenbarung konkret gerade durch das protestantische Schriftprinzip zugeschrieben wird."[33] Und dies gilt mutatis mutandis auch für das orthodox-jüdische wie das muslimische Schriftverständnis. Die Frage aber an Barth (und Lessing) muß lauten, ob es nicht eine Exegese der Offenbarungsschriften gibt, die eine theologische Begründung interreligiöser Verständigung ermöglicht und nicht verhindert.

Wer also in Loyalität zu seinen Offenbarungsschriften nicht ein

[33] *K. Barth*, Lessing, in: ders., Die protestantische Theologie im 19. Jahrhundert, ihre Vorgeschichte und ihre Geschichte, Zürich 1946, 3. Aufl. 1960, S. 234.

Zurück zu Goeze, sondern eine Orientierung an Lessings Niveau sucht, der ist aufgefordert, an einer *kritischen Exegese der Offenbarungsschriften* zu arbeiten und aufs Neue zu prüfen, ob sich nicht eine Theologie der Religionen im Interesse von mehr Menschlichkeit, Friedlichkeit und Solidarität begründen lasse. Der ist aufgefordert zu dem Versuch, der Irrsinnsalternative zu entkommen: entweder die Bibel gegen die Religionen auszulegen — im Ungeist von Goeze und aller Fundamentalisten seither — oder die Pluralität der Religionen unter Ignorierung der Bibel zu akzeptieren — im Irrgeist aller Pluralisten und Postmodernen von heute.

Die Warnung aus Lessings „Nathan“ ist dabei wohl zu beherzigen: „Sei keinem Juden, keinem Muselmanne / Zum Trotz ein Christ“ (IV, 4). Vielleicht aber, daß die Offenbarungsurkunden des Alten und Neuen Testaments gerade umgekehrt eine Theologie des Fremden, des Anderen, des Andersglaubenden kennen, die entdeckt zu werden verdient, da sie vor lauter Ausgrenzungs- und Verurteilungstheologie jahrhundertelang ignoriert oder gar unterdrückt wurde? Vielleicht, daß es im Namen des Gottes Abrahams und seiner Geschichte, wie sie die Hebräische Bibel, das Neue Testament und der Koran bezeugen, die Möglichkeit gibt, Menschen zu mehr Verständnis zu erziehen, zu einem Mehr an Miteinander und Füreinander?[34]

Ich greife hier einen Gedanken auf, den der Freiburger Literaturwissenschaftler *Gerhard Kaiser*, ein „Liebhaber der Theologie“ wie Lessing, im Anschluß an seine „Nathan“-Interpretation uns Theologen ins Stammbuch geschrieben hat: „Lessings Drama formuliert eine Vision der Versöhnung der miteinander verwandten Weltreligionen, die dringlichst auf das hinweist, was heute nottut: Besinnung auf die Gemeinsamkeiten des Menschen- und Gottesbildes, des Glaubensverständnisses und des Gebots praktischer Glaubensbewährung. Sie — wie Lessings Drama es tut — als Liebe zu verstehen, die durch eine vorgängige göttliche Liebe ermöglicht wird, sollte uns naheliegen, desgleichen das Dialogische des Gottesverhältnisses. Gleichwohl bin ich überzeugt, daß die Gemeinsamkeiten der Religionen erst dann inhaltlich prägnant gefaßt werden können, wenn

[34] Einen Versuch in diese Richtung stellt dar: *K.-J. Kuschel*, Streit um Abraham. Was Juden, Christen und Muslime trennt — und was sie eint, München 1994, TB-Ausgabe München 1996.

sie ein Verständnis für deren substantielle Eigentümlichkeiten gewinnen. Hier ist, vor allem für das Verhältnis zum Islam, noch eine gewaltige Arbeit zu leisten, während ein wechselseitiges Verständnis zwischen Juden und Christen schon seit längerem eingeübt wird. Verstehen wir *mit* Lessings Toleranz als Wetteifer in unbestochener Liebe; verstehen wir *über Lessing hinaus* Toleranz als Anstrengung, zu begreifen und einander verständlich zu machen, was das Besondere je unserer Religion ist. Vielleicht, daß wir uns bei der geduldigen Auseinandersetzung am Ende zusammenfinden, in Glaube, Liebe und Hoffnung. Es ist diese christliche Trias des Korintherbriefs, auf die das nichtchristliche Toleranz- und Heilsdrama ‚Nathan der Weise' baut und hinzielt."[35]

Dieser Versuch einer biblisch begründeten Theologie der Religionen, wo das je Eigentümliche herausgearbeitet werden kann, ohne daß es zum Trennenden würde, steht noch aus. Eine Theologie der Religionen auf biblischer Grundlage — im Interesse des Dialogs der Religionen — steht auf der Agenda einer interkulturell und interreligiös offenen Theologie. Es ist aller Anstrengungen wert, diesen Versuch zu wagen.[36]

[35] *G. Kaiser*, Lessings „Nathan der Weise". Glaube, Liebe, Hoffnung: der Grund des Toleranzdramas, in: Pastoraltheologie 80 (1991), S. 16f.

[36] Programmatisch gefordert habe ich eine Theologie der Religionen auf biblischer Grundlage im Interesse der interreligiösen Verständigung in: *K.-J. Kuschel (Hrsg.)*, Christentum und nichtchristliche Religionen. Theologische Modelle im 20. Jahrhundert, Darmstadt 1994, S. 1–20 u. S. 135–154. Dieses selbstgestellte Desiderat hoffe ich in nicht allzu langer Zeit einlösen zu können.

EIN WORT DES DANKES

Bücher haben ihre oftmals verborgene Initialzündung, aber an die zu diesem Buch erinnere ich mich ganz genau. Bei der Arbeit an meiner Studie „Streit um Abraham" (1994) war ich auf die Aussage des Koran in Sure 5,48 gestoßen. Menschen der drei von Gott gewollten Religionen Judentum, Christentum und Islam werden hier aufgefordert: „Wetteifert darum im Guten". Mehr assoziativ als reflektiert hatte ich in diesem Buch schon auf das „große Versöhnungsdrama des deutschen Dichters Gotthold Ephraim Lessing" verwiesen, wo im Rahmen eines Familienstücks die drei großen abrahamischen Religionen als Teile einer einzigen Familie dargestellt und aufgefordert würden, um das Gute miteinander zu wetteifern. Ich hatte daraus gefolgert: „Die Pointe dieses Stückes besteht denn auch darin, daß sich am Schluß der Handlung die unterschiedlichen Personen als Mitglieder einer einzigen großen Familie erkennen. Alle sind miteinander verwandt und, weil sie dies begreifen, am Ende auch zur Versöhnung bereit. Lessing dürfte damit den Geist muslimischer Toleranz kongenial erkannt und entsprechend umgesetzt haben."

Ein Gespräch mit dem katholischen Theologen und Islam-Spezialisten *Hans Zirker* dagegen machte mich etwas skeptischer in Bezug auf diese Aussage. Zirker warnte zu Recht davor, diese Koran-Aussage einfach im Sinne eines modernen oder gar postmodernen Toleranzverständnisses auszulegen. Ich hatte dies ohnehin nicht getan, aber meine „Assoziation" vor Mißverständnissen nicht geschützt. Dieser Einwand Zirkers ließ mich nicht mehr los, und ich wollte genauer den Dingen bei Lessing auf den Grund gehen. Hinzu kam, daß in vielen Veranstaltungen, die ich im gesamten deutschsprachigen Raum in den letzten Jahren zum Thema Judentum, Christentum und Islam durchführen konnte, Menschen immer wieder die Rede auf Lessing brachten, insbesondere seine Ringparabel. Sie ist nun einmal für Ungezählte in diesem Lande glücklicherweise Handlungsorientierung, Trost und Hoffnung. Aber gerade dies ließ die Frage noch spannender erscheinen: Was hat ein Mann wie Lessing nicht nur vom Judentum, sondern auch vom Islam gewußt? War ihm der Islam eine geistige Herausforderung? Und ließe sich in der Aufarbeitung des Islam-Bildes der Lessing-Zeit etwas gewinnen zur Analyse unserer heutigen mentalen Verfassung? Gleichzeitig wurde für mich als christlichen Theologen die Frage brisant: Können wir heute Religionstheologie so treiben wie Lessing? Gilt es schlicht, ein „Zurück zu Lessing" zu fordern? Ich beschloß, all diesen Fragen nachzugehen. Das vorliegende Buch ist der Versuch einer Antwort.

Hilfe habe ich wieder erfahren von Menschen, die mir besonders nahestehen. Hier in Tübingen von Dipl.-Theol. *Hans-Peter Bippus,* der mir – wie nun schon seit drei Jahren – ein unverzichtbarer Helfer ist bei der Beschaffung der Literatur, bei der kritischen Lektüre des Manuskripts sowie bei den Korrekturen der Druckfahnen. Frau *Ute Netuschil* hat sich auch bei diesem Buch wieder in einzigartiger Weise bewährt; sie hat die ungezählten Fassungen dieses Manuskripts computertechnisch in meisterhafter Weise umgesetzt. Akademischer Rat Dr. *Georg Langenhorst* (Weingarten) hat auch diesmal das Manuskript kritisch durchgesehen, desgleichen mein Freund, Realschullehrer *Walter Lange* (Castrop-Rauxel). Ihnen allen meinen herzlichen Dank.

Aber ich hätte – angesichts einer höchst komplexen Forschungslage zu Lessing – dieses Manuskript nicht gewagt, hätte ich nicht Kolleginnen und Kollegen der Literaturwissenschaft und der Islamkunde um ihren kritischen Rat bitten können. Hinweise verdanke ich einem mir sehr wichtigen muslimischen Gesprächspartner, mit dem ich schon einige interreligiöse Dialoge bestreiten konnte: *Wolf Ahmet Aries* (Gütersloh). Eine erste Fassung des Manuskripts haben gelesen: Frau Professor Dr. *Monika Fick,* Literaturwissenschaftlerin und Lessing-Spezialistin an der TU in Aachen, sowie Professor Dr. *Arno Schilson* (Universität Mainz), dessen Name unter anderem für ein neues Niveau theologischer Lessing-Rezeption steht. Beide haben mir nicht nur Anregungen gegeben, sondern mich vor allem ermutigt, das Manuskript so bald wie möglich zu veröffentlichen. Diese Ermutigung war für mich entscheidend, hatte doch bisher niemand umfassend zu diesem Thema gearbeitet. Und so entstand eine zweite, wesentlich erweiterte Fassung, die ich noch einmal zur Kontrolle an Spezialisten schickte. Ich bin Professor Dr. *Friedrich Niewöhner* von der Herzog-August-Bibliothek in Wolfenbüttel (Lessings alter Wirkungsstätte) und Professor Dr. *Josef van Ess,* Islamologe an unserer Universität hier in Tübingen, von Herzen dankbar, daß sie sich die Zeit nahmen, das Manuskript ebenfalls kritisch durchzusehen. Beiden verdanke ich noch einige inhaltliche Präzisierungen und bibliographische Hinweise.

Gewidmet habe ich dieses Buch *Hans Küng* in Tübingen zum 70. Geburtstag, der am 19. März 1998 begangen wird. Was Küngs Theologie mir bedeutet, ist vielfach dokumentiert. Ich verweise nur auf die von mir mitgestalteten Bücher „Hans Küng. Neue Horizonte des Denkens und Glaubens. Ein Arbeitsbuch" (1993) sowie „Dialog mit Hans Küng" (1996). Auch nach der Emeritierung Küngs verbindet uns freundschaftliche Zusammenarbeit. Insbesondere eint uns dasselbe Engagement für eine interkulturelle und interreligiöse Verständigungsarbeit im Rahmen der „Stiftung Weltethos", deren Vizepräsident zu sein ich die Ehre habe. Überragend sind Küngs Verdienste insbesondere im Blick auf eine Theologie des Friedens unter den Weltreligionen. Neben seinen umfassenden Arbeiten zur Problematik des Weltethos liegen zwei wichtige Bände der geplanten Trilogie über die drei abrahamischen Religionen vor: der Band über „Das Judentum" (1991) sowie die Studie über „Das Christentum" (1994). Ein Band über den Islam wird, so hoffe ich, bald folgen; wenn er erscheint, wird er — angesichts einer erschreckenden Ignoranz in der westlichen Christenheit über Wesen und Geschichte des Islam — zu den wichtigsten Publikationen gehören, die Hans Küng je vorgelegt haben wird. Der 70. Geburtstag ist ein würdiger Anlaß, um das Wirken dieses großen ökumenischen Vordenkers zu ehren — mit einem Buch, das demselben Geist und Ethos verpflichtet ist. Ad multos annos...

Tübingen, im Januar 1998 *Karl-Josef Kuschel*

GRUNDLITERATUR ZU LESSING

Aufgeführt wird hier nur die Literatur, die für unseren thematischen Zusammenhang zum Verständnis der Forschungsgeschichte sowie der Lebens- und Werkgeschichte Lessings unverzichtbar war und ständig konsultiert wurde. Alle sonstige Literatur ist bei den einzelnen Kapiteln angeführt.

I. Zur Forschungsgeschichte

W. Barner — G.E. Grimm — H. Kiesel — M. Kramer, Lessing. Epoche — Werk — Wirkung, München ^{5}1987 (Lit!).

W. Albrecht, Gotthold Ephraim Lessing, Stuttgart — Weimar 1997 (Lit!).

II. Zur Lebens- und Werkgeschichte

E. Schmidt, Lessing. Geschichte seines Lebens und seiner Schriften Bd. I–II, Berlin 1884–1892, 4. Aufl. Berlin 1923.

R. Daunicht (Hrsg.), Lessing im Gespräch. Berichte und Urteile von Freunden und Zeitgenossen, München 1971.

D. Hildebrandt, Lessing. Biographie einer Emanzipation, München — Wien 1979.

G. Sichelschmidt, Lessing. Der Mann und sein Werk, Düsseldorf 1989.

D. Hart, G.E. Lessing oder die Paradoxien der Selbsterkenntnis, München 1993.

III. Zum Thema Judentum

H. Mayer, Außenseiter, Frankfurt/M. 1975, S. 311–458 (Kap.: Shylock).

Ch. Shoham, Nathan der Weise unter seinesgleichen. Zur Rezeption Lessings in der hebräischen Literatur des 19. Jahrhunderts in Osteuropa, in: Lessing Yearbook 12 (1980), S. 1–30.

K.S. Guthke, Lessing und das Judentum, in: ders., Das Abenteuer der Literatur. Studien zum literarischen Leben, Bern — München 1981, S. 123–143.

W. Jens, Nathan der Weise aus der Sicht von Auschwitz. Juden und Christen in Deutschland, in: ders., Kanzel und Katheder. Reden, München 1984, S. 31–49.

W. Barner, Vorurteil, Empirie, Rettung. Der junge Lessing und die Juden, in: Juden und Judentum in der Literatur, hrsg. v. H.A. Strauss u. Ch. Hoffmann, München 1985, S. 52–77.

J. Stenzel, Idealisierung und Vorurteil. Zur Figur des „edlen Juden“ in der deutschen Literatur des 18. Jahrhunderts, in: Juden in der deutschen Literatur. Ein deutsch-israelisches Symposion, hrsg. v. St. Moses u. A. Schöne, Frankfurt/M. 1986, S. 114–126.

M. Zimmermann, „Lessing contra Sem“. Literatur im Dienste des Antisemitismus, in: Juden in der deutschen Literatur, S. 179–193.

J.-J. Eckhardt, Lessing's Nathan the Wise and the critics: 1779–1991, Columbia, SC 1993, Kap. 4: 1879 und 1881: Lessing and the Jews.

IV. Zum Thema Islam

Der Grundgedanke von Lessing's Nathan schon im Koran, in: Cotta's Morgenblatt für gebildete Leser vom 29. Oktober 1850 (Nr. 259).

O.F. Best, Noch einmal: Vernunft und Offenbarung. Überlegungen zu Lessings „Berührung“ mit der Tradition des mystischen Rationalismus, in: Lessing Yearbook 12 (1980), S. 123–156.

E. Tornero, Lessing y el Islam, in: Sharq Al-Andalus. Estudios Árabes Nr. 7, 1990, S. 113–119 (Anales de la Universidad de Alicante, Spanien).

G. Pons, L'interêt de Lessing pour le monde islamique, in: Tijdschrift voor de studie van de verlichting en van het vrije denken 10 (1982), S. 41–55.
E. Niewöhner, Das muslimische Familientreffen. G.E. Lessing und die Ringparabel, oder: Der Islam als natürliche Religion, in: Frankfurter Allgemeine Zeitung vom 5. Juni 1996.

V. Zu „Nathan der Weise"

B. Bothe, Glauben und Erkennen. Studien zur Religionsphilosophie Lessings, Meisenheim 1972.
H. Göbel (Hrsg.), Lessings „Nathan". Der Autor, der Text, seine Umwelt und seine Folgen, Berlin 1977, 2. Aufl. 1993.
H. Fuhrmann, Lessings „Nathan der Weise" und das Wahrheitsproblem, in: Lessing Yearbook 15 (1983), S. 63–94.
P. v. Düffel, G.E. Lessing. „Nathan der Weise", Stuttgart 1985 (Erläuterungen und Dokumente).
W. Jens – H. Küng, Dichtung und Religion, München 1985, S. 81–119.
Th. Koebner, „Nathan der Weise". Ein polemisches Stück?, in: Lessings Dramen. Interpretationen, Stuttgart 1987, S. 138–206.
G. Kaiser, Lessings „Nathan der Weise". Glaube, Liebe, Hoffnung als Grund des Toleranzdramas, in: Pastoraltheologie 80 (1991), S. 1–17.

VI. Zur Ringparabel

1. Zur Motivgeschichte

A. Wünsche, Der Ursprung der Parabel von den drei Ringen, in: Lessing Mendelssohn-Gedenkbuch, hrsg. v. Deutsch-Israelitischen Gemeindebund, Leipzig 1879, S. 329–349.
E. Schmidt, Lessing. Geschichte seines Lebens und seiner Schriften, Bd. II, Berlin 1892, S. 489–507.

B. Heller, Zur Geschichte der Parabel vom echten Ringe, in: Zeitschrift für vergleichende Literaturgeschichte NF 16 (1906), S. 479–485.
H. Adolf, Wesen und Art des Rings. Lessings Parabel nach mittelalterlichen Quellen gedeutet, in: German Quarterly 34 (1961), S. 228–234.
F. Niewöhner, Veritas sive Varietas. Lessings Toleranzparabel und das Buch Von den drei Betrügern, Heidelberg 1988, bes. S. 27–67.
W. Woesler, Zur Ringparabel in Lessings „Nathan". Die Herkunft der Motive, in: Wirkendes Wort 43 (1993), S. 557–568.

2. Zur Textauslegung

H. Politzer, Lessings Parabel von den drei Ringen (1958), in: G.E. Lessing, hrgs. v. G. u. S. Bauer, Darmstadt 1968, S. 343–361.
H. Timm, Der dreieinige Ring. Lessings parabolischer Gottesbeweis mit der Ringparabel des „Nathan", in: Euphorion 77 (1983), S. 113–126.
M. Nierenberg, The Opal: Lessing's Ring examined, in: Modern Language Notes 85 (1970), S. 686–696.
H. Göbel, „Nicht die Kinder bloß speist man / Mit Märchen ab". Zur Toleranzbegründung in Lessings Spätwerk, in: Lessing Yearbook 14 (1982), S. 119–132.

NAMENSREGISTER

BÜCHER VON KARL-JOSEF KUSCHEL NACH SACHGEBIETEN

Zur Systematischen und Ökumenischen Theologie

Lust an der Erkenntnis. Die Theologie des 20. Jahrhunderts. Ein Lesebuch, München 1986, Neuausgabe München 1994 (Serie Piper 1853).

Wörterbuch des Christentums (Hrsg. zus. mit V. Drehsen, H. Häring, H. Siemers), Gütersloh (Gütersloher Verlagshaus Gerd Mohn) 1988.

Gegenentwürfe. 24 Lebensläufe für eine andere Theologie (Hrsg. zus. mit H. Häring), München (Piper-Verlag) 1988.

Geboren vor aller Zeit? Der Streit um Christi Ursprung, München (Piper-Verlag) 1990 (auch in englischer, amerikanischer und italienischer Ausgabe).

Leben in ökumenischem Geist. Ein Plädoyer wider die Resignation, Ostfildern (Schwabenverlag) 1991.

„Ich schaffe Finsternis und Unheil". Ist Gott verantwortlich für das Übel? (zus. mit W. Gross), Mainz (Grünewald-Verlag) 1992, 2. Aufl. 1995.

Hans Küng: Denkwege. Ein Lesebuch, München 1992 (Serie Piper 1670).

Hans Küng. Neue Horizonte des Glaubens und Denkens. Ein Arbeitsbuch (Hrsg. zus. mit H. Häring), München (Piper-Verlag) 1993 (auch in englischer und amerikanischer Ausgabe).

Lachen. Gottes und der Menschen Kunst, Freiburg/Br. (Herder-Verlag) 1994 (auch in englischer und amerikanischer Ausgabe).

Zur Theologie des interreligiösen Dialogs

Weltfrieden durch Religionsfrieden. Antworten aus den Weltreligionen (Hrsg. zus. mit H. Küng), München 1993 (Serie Piper 1862).

Erklärung zum Weltethos. Die Deklaration des Parlaments der Weltreligionen (Hrsg. zus. mit H. Küng), München 1993 (Serie Piper 1958; auch in amerikanischer, englischer, finnischer, spanischer, französischer, türkischer, japanischer, italienischer und chinesischer Ausgabe).

Christentum und nichtchristliche Religionen. Theologische Modelle im 20. Jahrhundert, Darmstadt (Wissenschaftliche Buchgesellschaft) 1994.

Streit um Abraham. Was Juden, Christen und Muslime trennt — und was sie eint, München (Piper-Verlag) 1994 (auch in englischer, amerikanischer, italienischer, spanischer und tschechischer Ausgabe), TB-Ausgabe München 1996 (Serie Piper 2288).

Vom Streit zum Wettstreit der Religionen. Lessing und die Herausforderung des Islam, Düsseldorf (Patmos Verlag) 1998.

Intolerant im Namen Gottes? Grundriß einer Theologie der Religionen (in Vorbereitung).

Zur Theologie der Kultur

Jesus in der deutschsprachigen Gegenwartsliteratur. Mit einem Vorwort von Walter Jens, Zürich — Gütersloh (Benziger — Gütersloher Verlagshaus Gerd Mohn) 1978, TB-Ausgabe München 1987 (Serie Piper 627).

Stellvertreter Christi? Der Papst in der zeitgenössischen Literatur, Zürich — Gütersloh 1980.

Der andere Jesus. Ein Lesebuch moderner literarischer Texte, Zürich — Gütersloh 1983, TB-Ausgabe München 1987, 2. Aufl. 1991 (Serie Piper 625).

Weil wir uns auf dieser Erde nicht ganz zu Hause fühlen. 12 Schriftsteller über Religion und Literatur, München 1985 (Serie Piper 414; auch in chinesischer Ausgabe).

Theologie und Literatur. Zum Stand des Dialogs (Hrsg. zus. mit W. Jens und H. Küng), München (Kindler-Verlag) 1986.

Und Maria trat aus ihren Bildern. Literarische Texte, Freiburg/Br. (Herder-Verlag) 1990.

Wie kann denn ein Mensch schuldig werden? Literarische und theologische Perspektiven von Schuld (zus. mit U. Baumann), München 1990 (Serie Piper 1292).

„Vielleicht hält Gott sich einige Dichter“. Literarisch-theologische Portraits, Mainz (Grünewald-Verlag) 1991, 2. Aufl. 1996.

„Ich glaube nicht, daß ich Atheist bin“. Neue Gespräche über Religion und Literatur, München 1992 (Serie Piper 1561).

Im Spiegel der Dichter. Mensch, Gott und Jesus in der Literatur des 20. Jahrhunderts, Düsseldorf (Patmos Verlag) 1997.